中國佛教思想資料選編

（全十册，附索引）

石　峻　樓宇烈　方立天　許抗生　樂壽明 編

一

漢魏六朝卷

中華書局

圖書在版編目（CIP）數據

中國佛教思想資料選編：全 10 冊，附索引/石峻等編. —北京：中華書局，2014.1（2023.9 重印）
 ISBN 978-7-101-09704-7

Ⅰ．中… Ⅱ．石… Ⅲ．佛教史–思想史–史料–中國
Ⅳ．B949.2

中國版本圖書館 CIP 數據核字（2013）第 236318 號

書　　名　中國佛教思想資料選編（全 10 冊，附索引）
編　　者　石　峻　樓宇烈　方立天　許抗生　樂壽明
責任編輯　朱立峰
責任印製　管　斌
出版發行　中華書局
　　　　　（北京市豐臺區太平橋西里 38 號　100073）
　　　　　http://www.zhbc.com.cn
　　　　　E-mail：zhbc@zhbc.com.cn
印　　刷　河北新華第一印刷有限責任公司
版　　次　2014 年 1 月第 1 版
　　　　　2023 年 9 月第 2 次印刷
規　　格　開本/880×1230 毫米　1/32
　　　　　印張 164¼　字數 3840 千字
印　　數　1501-2100 冊
國際書號　ISBN 978-7-101-09704-7
定　　價　798.00 元

前　言

　　這部中國佛教思想資料選編，主要是想爲中國哲學史專業工作者研究或講授中國哲學史，提供一部比較系統而簡要的中國佛教思想的參考資料。同時，也可供中國思想史、文學史、藝術史專業工作者參考。

　　佛教傳入中國後，與中國傳統思想結合起來，經過適合中國情況的改造，形成了獨具中國特色的佛教理論體系。它與印度佛教既有聯繫，又有極大的不同。

　　由於歷代統治者的重視和提倡，佛教對我國有着持續而廣泛的影響。其中，對我國古代哲學、文學、藝術等領域的影響尤爲顯著，成爲我國古代思想文化領域的一個重要組成部分。同時，中國佛教思想向外傳播，對朝鮮和日本等國古代社會的影響也是很大的。

　　就我國古代哲學思想發展情況來看，南北朝以後，尤其是宋明以後，著名的思想家，幾乎無不出入於佛老。因此，研究中國佛教是深入研究中國古代思想文化形態的一個重要方面。不研究佛教，就很難把古代中國哲學史、文學史和藝術史等領域的探索深入推進下去。

　　中國佛教理論，各宗各派衆説紛紜，莫衷一是，加之其論證煩瑣，文字艱澀，典籍浩瀚，給一般的研究者帶來不少的困難。我們提供這部簡要的資料選編，希望對研究中國佛教思想的各界人士提供一些方便。

　　關於這部資料選編的一些具體原則和體例擇要說明如下：

　　一、本選編以中國的佛教思想著述爲取録原則。因此，以選録中國僧人和世俗信仰者的具有理論意義的著述爲主。對於一般的佛教史資料，則僅擇要選録少量有助於瞭解中國佛教思想發展、演變的社會背景和有影響的材料，並分別附入有關部分。至於佛教經論傳譯本，則選編其中對中國佛教理論影響最大的幾種，以便瞭解中國佛教的思想淵源。

　　二、本選編對所選録的代表人物中，其傳世著作少而重要者，原則上全選；所選録的著作中，凡短篇者也原則上全録。對於著作多或篇幅長者，則視具體情況適當節選。

　　三、本選編對所選録的代表人物和漢譯經論，均作一簡要的介紹，對其中一些重要代表人物，還選録部分傳記資料附入。

　　四、本選編原則上按各代表人物生活年代和著作發表年代的先後次序編排。其中有些年代不可詳考者，人物則按與他同時代人的次序編排，著作則按其內容編排。此外，考慮到佛教宗派的興起和並峙是隋唐五代時期中國佛教的重要特點，爲了便於讀者使用，這一部分將按中國佛教宗派編排，而每宗派中的代表人物和著作則仍按上述原則編排。

　　五、本選編儘量選擇最好版本作爲底本，不作校勘，個別文字涉及意義差異，有參考價值者，視情況在本字之後出校説明。同時，由於這部資料是供專業工作者使用的，因此本選編所選録的資料只加新式標點，不作注釋。

　　這部資料選編原計劃分四卷十二册，分册陸續出版。從一九八一年到一九九二年，共出版了前面的十册，受到海內外學者的重視和歡迎。由於各種原因，最後兩册未能完成，是一大遺憾。自第十册的出版算起，轉瞬間二十年過去，已經出版過的十册，現在亦難覓

蹤跡。中華書局欲將前十册重印，整套推出，來徵詢我們的意見，我
們完全支持。從佛教在中國的發展歷史來説，這套資料選編是首尾
完整的；佛教經論譯本雖然只有一册，但是晉唐間重要的譯本已經
選録在内，具有相當的代表性。另外未完成的兩册經論譯本選，待
日後有機會再予補齊吧。

　　對於目前的十册選編，重新劃分卷册爲：第一册爲漢魏六朝卷，
第二、三、四、五册爲隋唐五代卷，第六、七、八册爲宋元明清卷，第九
册爲近代卷，第十册爲漢譯經論卷。

　　爲方便讀者利用和檢索，借此再版之機，中華書局哲學編輯室
爲全書增補了書眉，在書前補排了一個總目，還編製了人名索引和
文獻索引，涵蓋全書十册的正文内容，附於第十册的末尾。具體的
編録體例，詳見索引前的説明文字，此不贅述。

　　由於本書編寫時間跨度較長，最早的成稿於上世紀八十年代
初，書中某些“簡介”文字不免帶有時代痕迹，提請讀者明鑑。另外，
我們在選録和標點中也一定有許多不妥或錯誤之處，此次雖做了少
量修訂，遺漏尚多，希望各界專家和讀者不吝指正。

　　本資料選編由石峻、樓宇烈、方立天、許抗生、樂壽明完成，最後
由樓宇烈負責統稿工作。

　　本資料選編在選編過程中得到中華書局哲學編輯室的大力支
持，特此志謝。

編　　者

二〇一三年十月

選編者簡介

　　石峻（1916—1999），湖南零陵（今永州市）人。著名中國哲學

史家、佛學家、教育家。畢業於北京大學哲學系，曾任教於武漢大學、北京大學、北京師範大學、中國人民大學等。主編中國近代思想史講授提綱、中國哲學史參考資料、漢英對照中國哲學名著選讀，參與中國哲學史的編寫工作，論文輯爲石峻文存。

　　樓宇烈，1934年生，浙江嵊縣人。著名佛學家、中國哲學史家。畢業於北京大學哲學系，北京大學哲學系教授。著有中國佛教與人文精神、中日近現代佛教的交流和比較研究、温故知新——中國哲學研究論文集，古籍整理有王弼集校釋、康有爲學術著作選等，主編、參編著作多種。

　　方立天，1933年生，浙江永康人。著名佛學家、中國哲學史家。畢業於北京大學哲學系，中國人民大學哲學院哲學系、宗教學系教授、中國人民大學佛教與宗教學理論研究所所長、中央文史研究館館員。著有魏晉南北朝佛教論叢、慧遠及其佛學、中國佛教與傳統文化、中國古代哲學問題發展史、中國佛教哲學要義等，古籍整理有華嚴金師子章校釋等，已出版的絶大部分論著集爲十卷本方立天文集，另主編、參編著作多種。

　　許抗生，1937年生於江蘇武進縣。著名中國哲學史家。畢業於北京大學哲學系，北京大學哲學系教授。主要著作有帛書老子注譯與研究、魏晉南北朝哲學思想研究概論、三國兩晉玄佛道簡論、魏晉思想史、僧肇評傳、佛教的中國化等。

　　樂壽明，安徽大學哲學系已故教授，發表有佛教的理事説與朱熹的理氣觀、朱元璋與佛教、論佛教的“頓悟”、大乘佛教對小乘佛教的變革、我國唐宋以後佛教的特點、佛法與名教關係的演變等論文。

中國佛教思想資料選編總目

目　録

牟　子

【簡介】　牟子理惑論全文載梁僧佑編弘明集卷一，作者題爲漢牟融，題名下又有小注：“一云蒼梧太守牟子博傳。”此論全文前有序，是爲牟子傳，後有跋，中有本論三十七篇。唐宋以後，清末以前，没有單行本流傳。梁劉孝標世説新語注、唐李善文選注、宋太平御覽等書所引牟子若干條，雖文字略有異同，但大體上都在今本牟子理惑論中。隋書經籍志子部儒家類，有牟子二卷，注云漢太尉牟融撰，很可能就是指此文。此後，新舊兩唐書藝文志都有著録。所以，牟子理惑論爲漢魏時期的舊帙，似無可疑。但是，據現存此論全文情況看，論文作者不一定是一人，更不一定就是牟融或牟子博，而很可能是經過多人之手加工、删補編輯而成。

因此，關於牟子理惑論的真僞問題，國内外學者一直存在着兩種不同的看法，或認其爲全真，或證其爲全僞，迄無定論。這方面的争議情況，讀者可參閱近人周叔迦牟子叢殘、湯用彤漢魏兩晉南北朝佛教史上卷、吕澂中國佛學源流略講等書的有關部份，這裏就不再一一贅述了。盡管如此，我們認爲牟子理惑論一文所涉及的内容相當廣泛，其中部份事蹟也多與歷史情況大體相符，因而仍不失爲現存介紹我國早期佛教思想狀況的重要著述之一。現全文照録，以供研究。

一、理惑論

　　牟子既修經傳諸子，書無大小，靡不好之。雖不樂兵法，然猶讀焉。雖讀神仙不死之書，抑而不信，以爲虛誕。是時靈帝崩後，天下擾亂，獨交州差安。北方異人，咸來在焉，多爲神仙辟穀長生之術。時人多有學者。牟子常以五經難之，道家術士，莫敢對焉。比之於孟軻距楊朱墨翟。先是時，牟子將母避世交趾，年二十六歸蒼梧娶妻。太守聞其守學，謁請署吏。時年方盛，志精於學，又見世亂，無仕宦意，竟遂不就。是時諸州郡相疑，隔塞不通，太守以其博學多識，使致敬荆州。牟子以爲榮爵易讓，使命難辭，遂嚴當行。會被州牧優文處士辟之，復稱疾不起。牧弟爲豫章太守，爲中郎將笮融所殺。時牧遣騎都尉劉彥將兵赴之，恐外界相疑，兵不得進。牧乃請牟子曰："弟爲逆賊所害，骨肉之痛，憤發肝心。當遣劉都尉行，恐外界疑難，行人不通。君文武兼備，有專對才。今欲相屈之零陵桂陽，假塗於通路，何如？"牟子曰："被秣伏櫪，見遇日久，烈士忘身，期必騁効。"遂嚴當發。會其母卒亡，遂不果行。久之，退念以辯達之故，輒見使命，方世擾攘，非顯己之秋也。乃歎曰："老子絕聖棄智，修身保真，萬物不干其志，天下不易其樂，天子不得臣，諸侯不得友，故可貴也。"於是銳志於佛道，兼研老子五千文。含玄妙爲酒漿，翫五經爲琴簧。世俗之徒多非之者，以爲背五經而向異道。欲爭則非道，欲默則不能，遂以筆墨之間，略引聖賢之言證解之，名曰牟子理惑云。

　　或問曰：佛從何出生？寧有先祖及國邑不？皆何施行，狀何類乎？牟子曰：富哉問也！請以不敏，略説其要。蓋聞佛化之爲狀也,積累道德數千億載,不可紀記。然臨得佛時,生於天竺,假形於白淨王夫人,晝寢夢乘白象,身有六牙,欣然悦之,遂感而孕。以四月八日,從母右脅而生,墮地行七步,舉右手曰:"天上天下靡有踰我者也。"時天地大動,宮中皆明。其日王家青衣復產一兒,廄中白馬亦乳白駒。奴字車匿,馬曰犍陟,王常使隨太子。太子有三十二相,八十種好,身長丈六,體皆金色,頂有肉髻,頰車如師子,舌自覆面,手把千輻輪,頂光照萬里,此略説其相。年十七,王爲納妃,鄰國女也。太子坐則遷座,寢則異牀,天道孔明,陰陽而通,遂懷一男,六年乃生。父王珍偉太子,爲興宮觀,妓女寶玩,並列於前。太子不貪世樂,意存道德。年十九,二月八日夜半,呼車匿,勒犍陟跨之,鬼神扶舉,飛而出宮。明日廓然,不知所在。王及吏民莫不獻欷,追之及田。王曰:"未有爾時,禱請神祇。今既有爾,如玉如珪。當續禄位,而去何爲?"太子曰:"萬物無常,有存當亡。今欲學道,度脱十方。"王知其彌堅,遂起而還。太子徑去,思道六年,遂成佛焉。所以孟夏之月生者,不寒不熱,草木華英,釋狐裘,衣絺綌,中吕之時也。所以生天竺者,天地之中,處其中和也。所著經凡有十二部,合八億四千萬卷。其大卷萬言已下,小卷千言已上。佛教授天下,度脱人民,因以二月十五日泥洹而去。其經戒續存,履能行之,亦得無爲,福流後世。持五戒者,一月六齋,齋之日,專心壹意,悔過自新。沙門持二百五十戒,日日齋,其戒非優婆塞所得聞也。威儀進止,與古之典禮無異。終日竟夜,講道誦經,不預世事。老子曰:"孔德之容,唯道是從。"其斯之謂也。

問曰:何以正言佛,佛爲何謂乎?牟子曰:佛者,謚號也。猶名三皇神,五帝聖也。佛乃道德之元祖,神明之宗緒。佛之言覺也,悦惚變化,分身散體,或存或亡,能小能大,能圓能方,能老能少,能隱能彰,蹈火不燒,履刃不傷,在污不染,在禍無殃,欲行則飛,坐則揚光，故號爲佛也。

問曰：何謂之爲道，道何類也？牟子曰：道之言導也，導人致於無爲，牽之無前，引之無後，舉之無上，抑之無下，視之無形，聽之無聲，四表爲大，綩綖其外，毫釐爲細，間關其內，故謂之道。

問曰：孔子以五經爲道教，可拱而誦，履而行。今子説道，虛無悦惚，不見其意，不指其事，何與聖人言異乎？牟子曰：不可以所習爲重，所希爲輕，惑於外類，失於中情。立事不失道德，猶調弦不失宮商，天道法四時，人道法五常。老子曰：“有物混成，先天地生”，“可以爲天下母，吾不知其名，强字之曰道。”道之爲物，居家可以事親，宰國可以治民，獨立可以治身，履而行之，充乎天地，廢而不用，消而不離。子不解之，何異之有乎？

問曰：夫至實不華，至辭不飾。言約而至者麗，事寡而達者明。故珠玉少而貴，瓦礫多而賤。聖人制七經之本，不過三萬言，衆事備焉。今佛經卷以萬計，言以億數，非一人力所能堪也，僕以爲煩而不要矣。牟子曰：江海所以異於行潦者，以其深廣也。五嶽所以別於丘陵者，以其高大也。若高不絶山阜，跛羊淩其巔；深不絶涓流，孺子浴其淵。麒麟不處苑囿之中，吞舟之魚，不遊數仞之谿。剖三寸之蚌，求明月之珠，探枳棘之巢，求鳳凰之雛，必難獲也。何者？小不能容大也。佛經前説億載之事，卻道萬世之要，太素未起，太始未生，乾坤肇興，其微不可握，其纖不可入。佛悉彌綸其廣大之外，剖析其寂窈妙之內，靡不紀之，故其經卷以萬計，言以億數，多多益具，衆衆益富，何不要之有？雖非一人所堪，譬若臨河飲水，飽而自足，焉知其餘哉！

問曰：佛經衆多，欲得其要，而棄其餘；直説其實，而除其華。牟子曰：否！夫日月俱明，各有所照。二十八宿，各有所主。百藥並生，各有所愈。狐裘備寒，絺綌御暑。舟輿異路，俱致行旅。孔子不以五經之備，復作春秋孝經者，欲博道術、恣人意耳。佛經雖多，其歸爲一也，猶七典雖異，其貴道德仁義亦一也。孝所以説多者，隨人行而與之。若子張子游俱問一孝，而仲尼答之各異，攻其短也。何棄之有哉！

問曰：佛道至尊至大，堯舜周孔曷不修之乎？七經之中，不見其辭。子既耽詩書，悦禮樂，奚爲復好佛道、喜異術？豈能踰經傳，美聖業哉！竊爲吾子不取也。牟子曰：書不必孔丘之言，藥不必扁鵲之方，合義者從，愈病者良。君子博取衆善以輔其身。子貢云："夫子何常師之有乎？"堯事尹壽，舜事務成，且學吕望，丘學老聃，亦俱不見於七經也。四師雖聖，比之於佛，猶白鹿之與麒麟，燕烏之與鳳凰也。堯舜周孔且猶學之，況佛身相好變化，神力無方，焉能捨而不學乎！五經事義，或有所闕，佛不見記，何足怪疑哉！

問曰：云佛有三十二相，八十種好，何其異於人之甚也？殆富耳之語，非實之云也。牟子曰：諺云：少所見，多所怪，覩馲駝言馬腫背。堯眉八彩，舜目重瞳子，皋陶烏喙，文王四乳，禹耳三漏，周公背僂，伏羲龍鼻，仲尼反頨，老子日角月玄，鼻有雙柱，手把十文，足蹈二五，此非異於人乎？佛之相好，奚足疑哉！

問曰：孝經言身體髮膚，受之父母，不敢毀傷。曾子臨没，"啟予手，啟予足"。今沙門剃頭，何其違聖人之語，不合孝子之道也。吾子常好論是非，平曲直，而反善之乎？牟子曰：夫訕聖賢不仁，平不中不智。不仁不智，何以樹德？德將不樹，頑嚚之儔也，論何容易乎！昔齊人乘船渡江，其父墮水，其子攘臂捽頭顛倒，使水從口出，而父命得穌。夫捽頭顛倒，不孝莫大，然以全父之身；若拱手修孝子之常，父命絶於水矣。孔子曰：可與適道，未可與權。所謂時宜施者也。且孝經曰：先王有至德要道，而泰伯短髮文身，自從吳越之俗，違於身體髮膚之義。然孔子稱之"其可謂至德矣"，仲尼不以其短髮毀之也。由是而觀，苟有大德，不拘於小。沙門捐家財，棄妻子，不聽音，不視色，可謂讓之至也，何違聖語不合孝乎」豫讓吞炭漆身，聶政剢面自刑，伯姬蹈火，高行截容，君子以爲勇而有義，不聞譏其自毀没也。沙門剃除鬚髮，而比之於四人，不已遠乎」

問曰：夫福莫踰於繼嗣，不孝莫過於無後。沙門棄妻子，捐財貨，或終身不娶，何其違福孝之行也？自苦而無奇，自拯而無異矣。牟子曰：夫長左者必短右，大前者必狹後。孟公綽爲趙魏老則優，不可以爲滕薛大夫。妻子財物，世之餘也；清躬無爲，道之妙也。老子曰："名與身孰親，身與貨孰多。"又曰："觀三代之遺風，覽乎儒墨之道術，誦詩書，修禮節，崇仁義，視清潔，鄉人傳業，名譽洋溢。此中士所施行，恬淡者所不恤。故前有隋珠，後有虓虎，見之走而不敢取，何也？先其命而後其利也。"許由栖巢木，夷齊餓首陽，孔聖稱其賢曰："求仁得仁者也。"不聞譏其無後無貨也。沙門修道德以易遊世之樂，反淑賢以貿妻子之歡，是不爲奇，孰與爲奇，是不爲異，孰與爲異哉」

問曰：黃帝垂衣裳，製服飾，箕子陳洪範，貌爲五事首。孔子作孝經，服三德始。又曰正其衣冠，尊其瞻視。原憲雖貧，不離華冠。子路遇難，不忘結纓。今沙門剃頭髮，披赤布，見人無跪起之禮，威儀無盤旋之容止，何其違貌服之制，乖搢紳之飾也。牟子曰：老子云："上德不德，是以有德；下德不失德，是以無德。"三皇之時，食肉衣皮，巢居穴處，以崇質朴，豈復須章黼之冠、曲裘之飾哉」然其人稱有德而敦龐，允信而無爲。沙門之行，有似之矣。或曰：如子之言，則黃帝堯舜周孔之儔，棄而不足法也？牟子曰：夫見博則不迷，聽聰則不惑。堯舜周孔，修世事也；佛與老子，無爲志也。

仲尼栖栖，七十餘國；許由聞禪，洗耳於淵。君子之道，或出或處，或默或語，不溢其情，不淫其性，故其道爲貴。在乎所用，何棄之有乎！

問曰：佛道言人死當復更生，僕不信此言之審也。牟子曰：人臨死，其家上屋呼之。死已，復呼誰？或曰：呼其魂魄。牟子曰：神還則生，不還，神何之乎？曰：成鬼神。牟子曰：是也。魂神固不滅矣，但身自朽爛耳。身譬如五穀之根葉，魂神如五穀之種實；根葉生必當死，種實豈有終亡，得道身滅耳。老子曰："吾所以有大患，以吾有身也。若吾無身，吾有何患！"又曰："功成名遂身退，天之道也。"或曰，爲道亦死，不爲道亦死，有何異乎？牟子曰：所謂無一日之善，而問終身之譽者也。有道雖死，神歸福堂；爲惡既死，神當其殃。愚夫闇於成事，賢智預於未萌。道與不道，如金比草，善之與福，如白方黑，焉得不異，而言何異乎？

問曰：孔子云："未能事人，焉能事鬼？未知生，焉知死？"此聖人之所紀也。今佛家輒說生死之事，鬼神之務，此殆非聖喆之語也。夫履道者，當虛無澹泊，歸志質朴，何爲乃道生死以亂志，說鬼神之餘事乎？牟子曰：若子之言，所謂見外未識內者也。孔子疾子路不問本末，以此抑之耳。孝經曰："爲之宗廟，以鬼享之，春秋祭祀，以時思之。"又曰："生事愛敬，死事哀慼。"豈不教人事鬼神、知生死哉？周公爲武王請命曰："旦多才多藝，能事鬼神。"夫何爲也？佛經所說生死之趣，非此類乎？老子曰："既知其子，復守其母，沒身不殆。"又曰："用其光，復其明，無遺身殃。"此道生死之所趣，吉凶之所住。至道之要，實貴寂寞。佛家豈好言乎？來問不得不對耳。鐘鼓豈有自鳴者？桴加而有聲矣。

問曰：孔子曰：夷狄之有君，不如諸夏之亡也。孟子譏陳相更學許行之術，曰："吾聞用夏變夷，未聞用夷變夏者也。"吾子弱冠學堯舜周孔之道，而今舍之，更學夷狄之術，不已惑乎！牟子曰：此吾未解大道時之餘語耳。若子可謂見禮制之華，而闇道德之實；闚炬燭之明，未覩天庭之日也。孔子所言，矯世法矣。孟軻所云，疾專一耳。昔孔子欲居九夷，曰："君子居之，何陋之有？"及仲尼不容於魯衛，孟軻不用於齊梁，豈復仕於夷狄乎？禹出西羌而聖喆，瞽叟生舜而頑嚚，由余產狄國而霸秦，管蔡自河洛而流言。傳曰："北辰之星，在天之中，在人之北。"以此觀之，漢地未必爲天中也。佛經所說，上下周極含血之類，物皆屬佛焉，是以吾復尊而學之，何爲當捨堯舜周孔之道？金玉不相傷，精魄不相妨，謂人爲惑，時自惑乎！

問曰：蓋以父之財乞路人，不可謂惠。二親尚存，殺己代人，不可謂仁。今佛經云："太子須大挐，以父之財，施與遠人，國之寶象，以賜怨家，妻子勾與他人。"不敬其親，而敬他人者，謂之悖禮；不愛其親，而愛他人者，謂之悖德。須大挐不孝不仁，而佛家尊之，豈不異哉？牟子曰：五經之義，立嫡以長。太王見昌之志，轉季爲嫡，遂成周業，以致太平。娶妻之義，必告父母。舜不告而娶，以成大倫。貞士須聘請，賢臣待徵召。伊尹負鼎干湯，寧戚叩角要齊，湯以致王，齊以之霸。禮，男女不親授，嫂溺則援之以手，權其急也。苟見其大，不拘於小，大人豈拘常也。須大挐覩世之無常，財貨非己寶，故恣意布施，以成大道。父國受其祚，怨家不得入，至於成佛，父母兄弟皆得度世。是不爲孝，是不爲仁，孰爲仁孝哉！

問曰：佛道崇無爲，樂施與，持戒兢兢，如臨深淵者。今沙門耽好酒漿，或畜妻子，取賤賣貴，專行詐紿，此乃世之僞，而佛道謂之無爲耶？牟子曰：工（公）輸能與人斧斤繩墨，而不能使人巧；聖人能授人道，不能使人履而行之也。皋陶能罪盜人，不能使貪夫爲夷齊；五刑能誅無狀，不能使惡人爲曾閔。堯不能化丹朱，周公不能訓管蔡，豈唐教之不著，周道之不備哉？然無如惡人何也。譬之世人學通七經，而迷於財色，可謂六藝之邪婬乎！河伯雖神，不能溺陸地人，飄風雖疾，不能使湛水揚塵。當患人不能行，豈可謂佛道有惡乎！

問曰：孔子稱："奢則不遜，儉則固，與其不遜也，寧固。"叔孫曰："儉者德之恭，侈者惡之大也。"今佛家以空財布施爲名，盡貨與人爲貴，豈有福哉？牟子曰：彼一時也，此一時也。仲尼之言，疾奢而無禮，叔孫之論，刺嚴公之刻楹，非禁布施也。舜耕歷山，恩不及州里，太公屠牛，惠不逮妻子，及其見用，恩流八荒，惠施四海。饒財多貨，貴其能與，貧困屢空，貴其履道。許由不貪四海，伯夷不甘其國，虞卿捐萬戶之封，救窮人之急，各其志也。僖負羈以壹飱之惠，全其所居之閭。宣孟以一飯之故，活其不貲之軀。陰施出於不意，陽報皎如白日。況傾家財，發善意，其功德巍巍如嵩泰，悠悠如江海矣。懷善者應之以祚，挾惡者報之以殃，未有種稻而得麥，施禍而獲福者也。

問曰：夫事莫過於誠，說莫過於實。老子除華飾之辭，崇質朴之語。佛經說不指其事，徒廣取譬喻。譬喻非道之要，合異爲同，非事之妙。雖辭多語博，猶玉屑一車，不以爲實矣。牟子曰：事嘗共見者，可說以實。一人見一人不見者，難與誠言也。昔人未見麟，問嘗見者："麟何類乎？"見者曰："麟如麟也。"問者曰："若吾嘗見麟，則不問子矣；而云麟如麟，寧可解哉！"見者曰："麟，麚（麇）身牛尾鹿蹄馬背。" 問者霍解。孔子曰："人不知而不慍，不亦君子乎。"老子云："天地之間，其猶橐籥乎。"又曰："譬道於天下，猶川谷與江海。"豈復華飾乎！論語曰："爲政以德，譬如北辰。"引天以比人也。子夏曰："譬諸草木。"區以別之矣。詩之三百，牽物合類，自諸子纖緯，聖人祕要，莫不引譬取喻，子獨惡佛說經牽譬喻耶！

問曰：人之處世，莫不好富貴而惡貧賤，樂歡逸而憚勞倦。黃帝養性，以五肴爲上。孔子云："食不厭精，膾不厭細。"今沙門被赤布，日一食，閉六情，自畢於世。若茲，何聊之有？牟子曰：富與貴是人所欲，不以其道得之，不處也；貧與賤是人之所惡，不以其道得之，不去也。老子曰："五色令人目盲，五音令人耳聾，五味令人口爽，馳騁畋獵令人心發狂，難得之貨令人行妨，聖人爲腹不爲目。"此言豈虛哉！柳下惠不以三公之位易其行，段干木不以其身易魏文之富。許由巢父栖木而居，自謂安於帝宇。夷齊餓於首陽，自謂飽於文武。蓋各得其志而已，何不聊之有乎？

問曰：若佛經深妙靡麗，子胡不談之於朝廷，論之於君父，修之於閨門，接之於朋友，何復學經傳讀諸子乎！牟子曰：子未達其源，而問其流也。夫陳俎豆於壘門，建旌旗於朝堂，衣狐裘以當蒸賓，被絺綌以御黃鐘，非不麗也，乖其處、非其時也。故持孔子之術入商鞅之門，賚孟軻之說詣蘇張之庭，功無分寸，過有丈尺矣。老子曰："上士聞道，勤而行之；中士聞道，若存若亡；下士聞道，大而笑之。"吾懼大笑，故不爲談也。渴不必待江河而飲，井泉之水何所不飽，是以復治經傳耳。

問曰：漢地始聞佛道，其所從出耶？牟子曰：昔孝明皇帝夢見神人，身有日光，飛在殿前，欣然悅之。明日，博問羣臣："此爲何神？"有通人傅毅曰："臣聞天竺有得道者，號之曰佛，飛行虛空，身有日光，殆將其神也。"於是上悟，遣使者張騫、羽林郎中秦景、博士弟子王遵等十二人，於大月支（氏）寫佛經四十二章，藏在蘭臺石室第十四閒。時於洛陽城西雍門外起佛寺，於其壁畫千乘萬騎，繞塔三匝，又於南宮清涼臺，及開陽城門上作佛像。明帝存時，預修造壽陵，陵曰顯節，亦於其上作佛圖像。時國豐民甯，遠夷慕義，學者由此而滋。

問曰：老子云：“知者不言，言者不知。”又曰：“大辯若訥，大巧若拙”，“君子恥言過行”。設沙門有至道，奚不坐而行之，何復談是非、論曲直乎！僕以爲此德行之賤也。牟子曰：來春當大飢，今秋不食，黃鍾應寒，蕤賓重裘，備預雖早，不免於愚。老子所云，謂得道者耳。未得道者何知之有乎！大道一言而天下悦，豈非大辯乎！老子不云乎？“功遂身退，天之道也。”身既退矣，又何言哉！今之沙門，未及得道，何得不言？老氏亦猶言也，如其無言，五千何述焉？若知而不言，可也。既不能知，又不能言，愚人也。故能言不能行，國之師也；能行不能言，國之用也；能行能言，國之寶也。三品各有所施，何德之賤乎！唯不能言，又不能行，是謂賤也。

問曰：如子之言，徒當學辯達，修言論，豈復治情性，履道德乎？牟子曰：何難悟之甚乎！夫言語談論，各有時也。璩瑗曰：“國有道則直，國無道則卷而懷之。”甯武子曰：“國有道則智，國無道則愚。”孔子曰：“可與言而不與言，失人；不可與言而與言，失言。”故智愚自有時，談論各有意，何爲當言論而不行哉！

問曰：子云佛道至尊至快，無爲澹泊，世人學士多譏毀之，云其辭説廓落難用，虛無難信，何乎？牟子曰：至味不合於衆口，大音不比於衆耳。作咸池，設大章，發簫韶，詠九成，莫之和也。張鄭衛之弦，歌時俗之音，必不期而拊手也。故宋玉云：“客歌於郢，爲下里之曲，和者千人。引商徵角，衆莫之應。”此皆悦邪聲，不曉於大度者也。韓非以管闚之見而謗堯舜，接輿以毛氂之分而刺仲尼，皆耽小而忽大者也。夫聞清商而謂之角，非彈弦之過，聽者之不聰矣。見和璧而名之石，非璧之賤也，視者之不明矣。神蛇能斷而復續，不能使人不斷也。靈龜發夢於宋元，不能免豫且之網。大道無爲，非俗所見。不爲譽者貴，不爲毀者賤。用不用自天也，行不行乃時也，信不信其命也。

問曰: 吾子以經傳理佛之説, 其辭富而義顯, 其文熾而説美, **得**無非其誠, 是子之辯也。牟子曰: 非吾辯也, 見博故不惑耳。問曰: 見博其有術乎? 牟子曰: 由佛經也。吾未解佛經之時, 惑甚於子, 雖誦五經, 適以爲華, 未成實矣。吾既覩佛經之説, 覽老子之要, 守恬惔之性, 觀無爲之行, 還視世事, 猶臨天井而闚溪谷, 登嵩岱而見丘垤矣。五經則五味, 佛道則五穀矣。吾自聞道已來, 如開雲見白日, 炬火入冥室焉。

問曰: 子云佛經如江海, 其文如錦繡, 何不以佛經答吾問, 而復引詩書, 合異爲同乎? 牟子曰: 渴者不必須江海而飲, 飢者不必待厫倉而飽, 道爲智者設, 辯爲達者通, 書爲曉者傳, 事爲見者明。吾以子知其意, 故引其事。若説佛經之語, 談無爲之要, 譬對盲者説五色, 爲聾者奏五音也。師曠雖巧, 不能彈無弦之琴, 狐貉雖煴, 不能熱無氣之人。公明儀爲牛彈清角之操, 伏食如故, 非牛不聞, 不合其耳矣。轉爲蚉蝱之聲、孤犢之鳴, 卽掉尾奮耳, 蹀躞而聽。是以詩書理子耳。

問曰: 吾昔在京師, 入東觀, 遊太學, 視俊士之所規, 聽儒林之所論, 未聞修佛道以爲貴, 自損容以爲上也。吾子曷爲耽之哉? 夫行迷則改路, 術窮則反故, 可不思歟? 牟子曰: 夫長於變者不可示以詐, 通於道者不可驚以怪, 審於辭者不可惑以言, 達於義者不可動以利也。老子曰: "名者身之害, 利者行之穢。"又曰: "設詐立權, 虛無自貴。"修閭門之禮術、時俗之際會, 赴趣間隙, 務合當世, 此下士之所行, 中士之所廢也。況至道之蕩蕩, 上聖之所行乎? 杳兮如天, 淵兮如海, 不合闤牆之士、數仞之夫, 固其宜也。彼見其門, 我覩其室; 彼採其華, 我取其實; 彼求其備, 我守其一。子速改路, 吾請屢之。故禍福之源, 未知何若矣。

問曰: 子以經傳之辭、華麗之説, 襃讚佛行, 稱譽其德, 高者陵青雲，廣者踰地圻，得無踰其本、過其實乎？而僕譏刺，頗得疹中而其病也。牟子曰，吁！吾之所褒，猶以塵埃附嵩泰，收朝露投江海；子之所謗，猶握瓢瓠欲減江海，躡耕耒欲損崑崙，側一掌以翳日光，舉土塊以塞河衝。吾所褒不能使佛高，子之毀不能令其下也。

問曰：王喬赤松，入仙之籙，神書百七十卷，長生之事，與佛經豈同乎？牟子曰：比其類，猶五霸之與五帝，陽貨之與仲尼；比其形，猶丘垤之與華恆，涓瀆之與江海；比其文，猶虎鞹之與羊皮，斑紵之與錦繡也。道有九十六種，至於尊大，莫尚佛道也。神仙之書，聽之則洋洋盈耳，求其效，猶握風而捕影。是以大道之所不取，無為之所不貴，焉得同哉！

問曰：為道者或辟穀不食，而飲酒啖肉，亦云老氏之術也。然佛道以酒肉為上戒，而反食穀，何其乖異乎？牟子曰：眾道叢殘，凡有九十六種，澹泊無為，莫尚於佛。吾觀老氏上下之篇，聞其禁五味之戒，未覩其絕五穀之語，聖人制七典之文，無止糧之術。老子著五千之文，無辟穀之事。聖人云：食穀者智，食草者癡，食肉者悍，食氣者壽。世人不達其事，見六禽閉氣不息，秋冬不食，欲效而為之。不知物類各自有性，猶磁石取鐵，不能移毫毛矣。

問曰：穀寧可絕不？牟子曰：吾未解大道之時，亦嘗學焉。辟穀之法，數千百術，行之無效，為之無徵，故廢之耳。觀吾所從學師三人，或自稱七百、五百、三百歲，然吾從其學，未三載間，各自殂沒。所以然者，蓋由絕穀不食，而啖百果，享肉則重盤，飲酒則傾罇，精亂神昏，穀氣不充，耳目迷惑，婬邪不禁，吾問其故何？答曰：老子云："損之又損，以至於無為。"徒當日損耳。然吾觀之，但日益而不損也，是以各不至知命而死矣。且堯舜周孔，各不能百載，而末世愚惑，欲服食辟穀，求無窮之壽，哀哉！

問曰：為道之人，云能卻疾不病，弗御鍼藥而愈，信有之乎？何以佛家有病而進鍼藥耶？牟子曰：老子云："物壯則老，謂之不道，不道早已。"唯有得道者，不生亦不壯，不壯亦不老，不老亦不病，不病亦不朽。是以老子以身爲大患焉。武王居病，周公乞命，仲尼有疾，子路請禱。吾見聖人皆有疾矣，未覩其無病也。神農嘗草，殆死者數十；黃帝稽首，受鍼於岐伯。此之三聖，豈當不如今之道士乎？察省斯言，亦足以廢矣。

問曰：道皆無爲，一也。子何以分別羅列，云其異乎？更令學者狐疑，僕以爲費而無益也。牟子曰：俱謂之草，衆草之性不可勝言；俱謂之金，衆金之性不可勝言。同類殊性，萬物皆然，豈徒道乎？昔楊墨塞羣儒之路，車不得前，人不得步，孟軻闢之，乃知所從。師曠彈琴，俟知音之在後；聖人制法，冀君子之將覩也。玉石同匱，猗頓爲之於悒；朱紫相奪，仲尼爲之歎息。日月非不明，衆陰蔽其光；佛道非不正，衆私掩其公，是以吾分而別之。臧文之智，微生之直，仲尼不假者，皆正世之語，何費而無益乎？

問曰：吾子詘神仙，抑奇怪，不信有不死之道，是也。何爲獨信佛道當得度世乎？佛在異域，子足未履其地，目不見其所，徒觀其文而信其行。夫觀華者不能知實，視影者不能審形，殆其不誠乎？牟子曰：孔子曰："視其所以，觀其所由，察其所安，人焉廋哉！"昔呂望周公問於施政，各知其後所以終。顏淵乘駟之日，見東野車之馭，知其將敗；子貢觀邾魯之會，而昭其所以喪；仲尼聞師曠之絃，而識文王之操；季子聽樂，覽衆國之風。何必足履目見乎？

問曰：僕嘗遊于闐之國，數與沙門道人相見，以吾事難之，皆莫對而詞退，多改志而移意，子獨難改革乎？牟子曰：輕羽在高，遇風則飛；細石在谿，得流則轉；唯泰山不爲飄風動，磐石不爲疾流移。梅李遇霜而落葉，唯松柏之難彫矣。子所見道人，必學未浹、見未博，故有屈退耳。以吾之頑，且不可窮，況明道者乎！子不自改，而欲改人，吾未聞仲尼追盜跖，湯武法桀紂者矣。

問曰：神仙之術，秋冬不食，或入室累旬而不出，可謂澹泊之至也。僕以爲可尊而貴。殆佛道之不若乎！牟子曰：指南爲北，自謂不惑；以西爲東，自謂不矇；以鴟梟而笑鳳凰，執蟆蚓而調龜龍；蟬之不食，君子不貴；蛙蟒穴藏，聖人不重。孔子曰：天地之性，以人爲貴。不聞尊蟬蟒也。然世人固有啖菖蒲而棄桂薑，覆甘露而啜酢漿者矣。毫毛雖小，視之可察；泰山之大，背之不見。志有留與不留，意有銳與不銳。魯尊季氏，而卑仲尼，吳賢宰嚭，不肖子胥。子之所疑，不亦宜乎！

問曰：道家云，堯舜周孔七十二弟子，皆不死而仙。佛家云，人皆當死，莫能免。何哉？牟子曰：此妖妄之言，非聖人所語也。老子曰："天地尚不得長久"，而況人乎？孔子曰："賢者避世"，"仁孝常在"。吾覽六藝，觀傳記，堯有殂落，舜有蒼梧之山，禹有會稽之陵，伯夷叔齊有首陽之墓，文王不及誅紂而没，武王不能待成王大而崩，周公有改葬之篇，仲尼有兩楹之夢，伯魚有先父之年，子路有菹醢之語，伯牛有亡命之文，曾參有啟足之詞，顏淵有不幸短命之記，苗而不秀之喻，皆著在經典，聖人至言也。吾以經傳爲證，世人爲驗。而云不死者，豈不惑哉！

問曰：子之所解，誠悉備焉，固非僕等之所聞也。然子所理，何以止著三十七條，亦有法乎？牟子曰：夫轉蓬漂而車輪成，窳木流而舟楫設，蜘蛛布而罻羅陳，鳥跡見而文字作。故有法成易，無法成難。吾覽佛經之要，有三十七品；老氏道經亦三十七篇，故法之焉。

於是惑人聞之，跳然失色，叉手避席，逡巡俯伏曰：鄙人矇瞽，生於幽仄。敢出愚言，弗慮禍福。今也聞命，霍如湯雪。請得革情，洒心自敕。願受五戒，作優婆塞。

（選自四部叢刊影印本弘明集卷一）

郗　超

【簡介】　郗超，字景興，或作敬興（見文選天台山賦注、褚淵碑注），一字嘉賓，生卒年不可詳考，約生活在公元三三一至三七三年左右，年四十二卒，高平金鄉人（今山東金鄉西）。他曾爲桓溫帳下征西椽、參軍、散騎侍郎。晉書卷六十七有傳。

郗超之父郗愔服事天師道，而他却奉信佛教，深爲當時名僧支遁所推重。他的奉法要是一篇宣揚佛教基本教義、教規的通俗而簡要的論文。

一、奉　法　要

三自歸者，歸佛，歸十二部經，歸比丘僧。過去、現在、當來三世十方佛，三世十方經法，三世十方僧。每禮拜懺悔，皆當至心歸命，並慈念一切衆生，願令悉得度脱。外國音稱南無，漢曰歸命。佛者，漢音曰覺。僧者，漢音曰衆。

五戒：一者不殺，不得教人殺，常當堅持盡形壽。二者不盜，不得教人盜，常當堅持盡形壽。三者不婬，不得教人婬，常當堅持形壽。四者不欺，不得教人欺，常當堅持盡形壽。五者不飲酒，不得以酒爲惠施，常當堅持盡形壽。若以酒爲藥，當推其輕重，要於不可致醉。醉有三十六失，經教以爲深戒。不殺則長壽，不盜則常泰，不婬則清淨，不欺則人常敬信，不醉則神理明治。

已行五戒，便修歲三、月六齋。歲三齋者，正月一日至十五日，五月一日至十五日，九月一日至十五日。月六齋者，月八日、十四日、十五日、二十三日、二十九日、三十日。凡齋日，皆當魚肉不御，迎中而食，既中之後，甘香美味一不得嘗。洗心念道，歸命三尊，悔過自責，行四等心，遠離房室，不著六欲，不得鞭撾罵署、乘駕牛馬、帶持兵仗。婦人則兼去香花脂粉之飾，端心正意，務存柔順。齋者，普爲先亡見在，知識親屬，並及一切衆生，皆當因此至誠，玄想感發。心既感發，則終免罪苦。是以忠孝之士，務加勉勵，良以兼拯之功，非徒在己故也。齋日唯得專惟玄觀，講誦法言。若不能行空，當習六思念。六思念者，念佛、念經、念僧、念施、念戒、念天。

何謂念天？十善四等，爲應天行。又要當稱力所及，勉濟衆生。十善者，身不犯殺、盜、婬，意不嫉、恚、癡，口不妄言、綺語、兩舌、惡口。何謂不殺？常當矜愍一切蠕動之類，雖在困急，終不害彼利己。凡衆生危難，皆當盡心營救，隨其水陸，各令得所。疑有爲己殺者，皆不當受。何謂爲盜？凡取非己有，不問小大，及莅官不清，皆謂之盜。何謂爲婬？一切諸著，普謂之婬。施之色欲，非正匹偶，皆不得犯。又私竊不公，亦兼盜罪。所謂嫉者，謂妬忌也。見人之善，見人有德，皆當代之懽喜，不得有爭競憎嫉之心。所謂恚者，心懷忿恨，藏結於內。所謂癡者，不信大法，疑昧經道。何謂妄言？以無爲有，虛造無端。何謂綺語？文飾巧言，華而不實。何謂兩舌？背向異辭，對此説彼。何謂惡口？謂罵署也，或云口説不善之事，令人承以爲辜，亦爲惡口。凡此十事，皆不得暫起心念，是爲十善，亦謂十戒。五戒檢形，十善防心。事有疎密，故報有輕重。

凡在有方之境，總謂三界。三界之內，凡有五道。一曰天，二曰人，三曰畜生，四曰餓鬼，五曰地獄。全五戒則人相備，具十善則生天堂。全一戒者，則亦得爲人。人有高卑，或壽夭不同，皆由戒有多少。反十善者，謂之十惡，十惡畢犯，則入地獄。抵揆强梁，不受忠諫，及毒心内盛，徇私欺紿，則或墮畜生，或生蛇虺。慳貪專利，常苦不足，則墮餓鬼。其罪差輕少，而多陰私，情不公亮，皆墮鬼神。雖受微福，不免苦痛，此謂三塗，亦謂三惡道。

色、痛痒、思想、生死、識，謂之五陰。凡一切外物，有形可見者爲色。失之則憂惱，爲痛；得之則懽喜，爲痒。未至逆念，爲思；過去追憶，爲想。心念始起，爲生；想過意識滅，爲死。曾關於心，戢而不忘，爲識。識者，經歷累劫，猶萌之於懷，雖昧其所由，而滯於根。潛結始自毫釐，終成淵岳，是以學者務慎所習。

五蓋，一曰貪婬，二曰瞋恚，三曰愚癡，四曰邪見，五曰調戲。別而言之，求欲爲貪，耽著爲婬；外發爲瞋，内結爲恚；繫於纏著，觸理倒惑爲愚癡。生死因緣癡爲本，一切諸著，皆始於癡。地獄苦酷，多由於恚。經云："卒鬭殺人，其罪尚輕，懷毒陰謀，則累劫彌結，無解脱之期。"

六情，一名六衰，亦曰六欲。謂目受色，耳受聲，鼻受香，舌受味，身受細滑，心受識。識者，即上所謂識陰者也。五陰六欲，蓋生死之原本，罪苦之所由，消禦之方，皆具載衆經。經云："心作天，心作人，心作地獄，心作畜生，乃至得道者也，亦心也。"

凡慮發乎心，皆念念受報。雖事未及形，而幽對冥構。夫情念圓速，倏忽無間，機動毫端，遂充宇宙。罪福形道，靡不由之，吉凶悔吝，定於俄頃。是以行道之人，每慎獨於心，防微慮始，以至理爲城池。常領本以御末，不以事形未著，而輕起心念。豈唯言出乎室，千里應之，莫見乎隱，所慎在形哉？異出十二門經云："人有善，恆當掩之；有惡，宜令彰露。"夫君子之心，無適無莫，過而無悔。當不自得，宜其任行藏於所遇，豈有心於隱顯？然則教之所施，其在常近乎？

原夫天理之於罪福，外泄則愈輕，內結則彌重，既跡著於人事，必有損於冥應。且伐善施勞，有生之大情，匿非文過，品物之所同，善著則跡彰，跡彰則譽集。苟情係沮勸，而譽集於外，藏吝之心，必盈乎內。且人之君子，猶天之小人，況乎仁德未至，而名浮於實？獲戾幽冥，固必然矣。夫苟非備德，安（按，全晉文校曰："安"字當作"必"字）有不周，坦而公之，則與事而散。若乃負理之心，銘之懷抱，而外修情懇以免人，尤收集俗譽，大誣天理，自然之疊，得不愈重乎！是以莊生亦云："爲不善於幽昧之中，鬼神得而誅之。"且人之情也，不愧於理，而愧乎物。愆著則毀至，毀至而耻生。情存近復，則弊不至積；恃其不彰，則終莫悛革。加以天疊內充，而懼其外顯，則幽慮萬端，巧防彌密，窮年所存，唯此之務，天殃物累，終必頓集。蓋由不防萌謀始，而匿非揚善故也。正齋經云："但得說人百善，不得說人一惡。"說人之善，善心便生；說人之惡，便起忿意。意始雖微，漸相資積，是以一善生巨億萬善，一惡生巨億萬惡。古人云："兵家之興，不過三世。"陳平亦云："我多陰謀，子孫不昌。"引以爲教，誠足以有弘。

然齊、楚享遺嗣於累葉，顏、冉靡顯報於後昆，既已著之於事驗，不俟推理而後明也。且鯀殛禹興，舒鮒異形，四皐不及。百代通典，哲王御世，猶無婬濫，況乎自然玄應，不以情者，而令罪福錯受，善惡無章？其誣理也，固亦深矣。且秦制收帑之刑，猶以犯者爲主，主嬰其罰，然後責及其餘。若疊不當身，而殃延親屬，以茲制法，豈唯聖典之所不容，固亦申、韓之所必去矣！是以泥洹經云："父作不善，子不代受；子作不善，父亦不受。善自獲福，惡自受殃。"至矣哉！斯言允心應理。然原夫世教之興，豈不以情受所存，不止乎己，所及彌廣，則誠懼愈深？是以韜理實於輼櫝，每申近以斂粗，進無虧於懲勸，而有適於物宜。有懷之流，宜略其事而喻，深領幽旨。若乃守文而不通其變，徇教而不達教情，以之處心循理，不亦外乎？

　　夫罪福之於逆順，固必應而無差者也。苟昧斯道，則邪正無位，寄心無準矣。至於考之當年，信漫而少徵。理無恣違，而事不恆著，豈得不歸諸宿緣，推之來世邪？是以有心於理者，審影響之難誣，廢事證而冥奇。達天網之宏疏，故期之於靡漏；悟運往之無間，混萬刼於一朝；括三世而玄同，要終歸於必至。豈以顯昧改心，淹遠革慮哉！此最始信之根主，而業心所深期也。十二門經云："有時自計，我端正好，便當自念身中無所有，但有肝腸脾肺骨血屎溺，有何等好？復觀他人身中惡露皆如是。"若慳貪意起，當念財物珍寶，生不持來，死不俱去，而流遷變化，朝夕難保。身不久存，物無常主，宜及當年施恩行惠，贍之以財，救疾以藥，終日欣欣，務存營濟。若瞋恚意起，當深生平等，兼護十戒差。摩竭云："菩薩所行，忍辱爲大。"若罵詈者，嘿而不報；若搤捶者，受而不校；若瞋怒者，慈心向之；若謗毀者，不念其惡。法句又云："受辱心如地，行忍如門閫。"地及門閫，蓋取其藏垢納汚，終日受踐也。成具經曰："彼以四過加己，則覺知口之失。報以善言和語，至誠不飾。"四過者，上之所謂兩舌、惡口、妄言、綺語也。夫彼以惡來，我以善應，苟心非木石，理無不感，福報顯於將來。賢者德經云："心所不安，未常加物。卽近而言，則忠恕之道；推而極之，四等之義。"四等者何？慈、悲、喜、護也。何謂爲慈？愍傷衆生，等一物我，推己恕彼，願令普安，愛及昆蟲，情無同異。何謂爲悲？博愛兼拯，雨淚惻心，要令實功潛著，不直有心而已。何謂爲喜？歡悅柔軟，施而無悔。何謂爲愛護？隨其方便，觸類善救，津梁會通，務存弘濟。能行四等，三界極尊，但未能冥心無兆，則有數必終。是以本起經云："諸天雖樂，福盡亦喪；貴極而無道，與地獄對門。"成具又云："福者，有苦、有盡、有煩勞、有往還。"泥洹經曰："五道無安，唯無爲快。"經稱行道者，先當捨世八事，利衰毀譽，稱譏苦樂，聞善不喜，聞惡不懼。信心天固，沮勸無以動其志；理根於中，外物不能干其慮。且當年所遇，必由宿緣，宿緣玄運，信同四時。其來不可禦，其去不能止，固當順而安之，悦而畢之。精勤增道習，期諸安心，形報既廢，乃獲大安耳。

夫理本於心，而報彰於事。猶形正則影直，聲和而響順，此自然玄應，孰有爲之者哉？然則契心神道，固宜期之通理，務存遠大，虚中正己，而無希外助，不可接以卑瀆，要以情求。此乃厝懷之關鍵，學者所宜思也。或謂心念必報，理同影響，但當求己而已，固無事於幽冥。原經教之設，蓋所以悟夫求己。然求己之方，非教莫悟。悟因乎教，則功由神道。欣感發中，必形於事，亦由詠歌不足，係以手舞。然則奉而尊之，蓋理所不必須，而情所不能廢。宜縱己深體教旨，忘懷欣想，將以己引物，自周乎衆，所以固新涉之志，而令寄懷有擬。經云："生苦、老苦、病苦、死苦、怨憎會苦，恩愛別離苦，所求不得苦。"遇此諸苦，則宜深惟緣對，兼覺魔僞，開以達觀，弘以等心。且區區一生，有同過隙，所遇雖殊，終歸枯朽。得失少多，固不足計，該以數塗，則此心自息。又，苟未入道，則休戚迭用，聚散去來，賢愚同致。是以經云："安則有危，得則有喪，合會有離，生則有死。"蓋自然之常勢，必至之定期，推而安之，則無往不夷。維摩詰云："一切諸法，從意生形。"然則兆動於始，事應乎末；念起而有，慮息則無。意之所安，則觸遇而夷；情之所閡，則無往不滯。因此而言，通滯之所由，在我而不在物也。若乃懼生於心，則疊乘於外，外疊既乘，内懼愈結，苟患失之，無所不至矣。是以經稱，“丈夫畏時，非人得其便”。誠能住心以理，天關內固，則人鬼罔間，緣對自息，萬有無以纓（按，全晉文校曰：“纓”字當作“嬰”字），衆邪不能襲。

四非常：一曰無常，二曰苦，三曰空，四曰非身。少長殊形，陵谷易處，謂之無常。盛衰相襲，欣極必悲，謂之爲苦。一切萬有，終歸於無，謂之爲空。神無常宅，遷化靡停，謂之非身。經稱，“處惑樂之地，覺必苦之對”。蓋推代謝於往復，審樂往則哀來，故居安慮危，夕惕榮觀。若夫深於苦者，謂之見諦達。有心則有滯，有滯則苦存。雖貴極人天，地兼崇高，所乘愈重，矜著彌深，情之所樂，於理愈苦。故經云：“三界皆苦，無可樂者。”又云：“五道衆生，共在一大獄中。”苟心係乎有，則罪福同貫，故總謂三界爲一大獄。佛問諸弟子：“何謂無常？”一人曰：“一日不可保，是爲無常。”佛言：“非佛弟子。”一人曰：“食頃不可保，是爲無常。”佛言：“非佛弟子。”一人曰：“出息不報，便就後世，是爲無常。”佛言：“真佛弟子。”夫無常顯證，日陳於前，而萬代同歸，終莫之悟。無瞬息之安，保永世之計。懼不在交，則每事殆懈；以之進德，則功無覆簣；以之治心，則墮其所習。是以有道之士，指寸陰而惜逝，恆自強於鞭後。業與時競，惟日不足，則亂念無因而生，緣對靡由而起。

六度：一曰施，二曰戒，三曰忍辱，四曰精進，五曰一心，六曰智慧。積而能散，潤濟衆生，施也。謹守十善，閑邪以誠，戒也。犯而不校，常善下人，忍辱也。勤行所習，夙夜匪懈，精進也。專心守意，以約斂衆，一心也。凡此五事，行以有心，謂之俗度；領以兼忘，謂之道慧。本起經云：“九十六種道術，各信所事，皆樂生安，孰知其惑？”夫欣得惡失，樂存哀亡，蓋弱喪之常滯，有生所感同。然冥力潛謝，非矜戀所留，對至而應，豈智用所制？是以學者必歸心化本，領觀玄宗，玩之珍之，則衆念自廢。廢則有忘，有忘則緣絕。緣報既絕，然後入於無生。既不受生，故能不死。是以普耀經云："無所從生，靡所不生。於諸所生，而無所生。"泥洹經云："心識靜休，則不死不生。"心爲種本，行爲其地，報爲結實。猶如種殖，各以其類，時至而生，弗可遏也。

種十善戒善，則受生之報具於上章。加種禪等四空，則貴極天道。四空及禪數，經具載其義。從第一天至二十八天，隨其事行，福轉倍增。種非常禪諦，背有著無，則得羅漢泥洹。不忌有爲，不係空觀，過理而冥，無執無寄，爲無所種。既無所種，故不受報；廓然玄廢，則佛之泥洹。泥洹者，漢曰無爲，亦曰滅度。維摩詰曰："彼六師者，說倚爲道。"從是師者，爲住諸見，爲墮邊際，爲歸八難，不得離生死道也。雖玄心屢習，而介然微動，猶均被六師，同滯一有。況貪生倚想，執我捍化？雖復福踰山河，貴極三界，倚伏旋還，終墜罪苦。豈獲寧神大造，泊然玄夷哉？

夫生必有情，天勢率至，不宅於善，必在於惡。是以始行道者，要必有寄，寄之所因，必因乎有，有之所資，必資乎煩。是以經云："欲於空中造立宮室，終不能成。"取佛國者，非於空也。然則五度四等，未始可廢，但當即其事用，而去其恡心。歸佛則解佛、無歸於戒，則無功於戒（按，全晉文校曰：此句當作："歸於佛，則無解於佛；歸於戒，則無功於戒"）。則禪諦與五陰俱冥，未用與本觀同盡。雖復衆行兼陳，固是空中行空耳。或以爲空則無行，行則非空，既已有行，無乃失空乎？夫空者，忘懷之稱，非府宅之謂也。無誠無矣，存無則滯封；有誠有矣，兩忘則玄解。然則有無由乎方寸，而無係於外物。器象雖陳於事用，感絕則理冥，豈滅有而後無，階損以至盡哉？由此言之，有固非滯，滯有則背宗。反流歸根，任本則自暢。是以開士深行，統以一貫。達萬象之常冥，乘所寓而玄領，知來理之先空，恆得之於同致。悟四色之無朕，順本際而偕廢，審衆觀之自然，故雖行而靡跡。方等深經：“每泯一三世”，而未嘗謂見在爲有，則空中行空，旨斯見矣。

（選自四部叢刊影印本弘明集卷一三）

孫　綽

【簡介】　孫綽，字興公，生卒年不可詳考，約生活於公元三二〇至三八〇年左右，年五十八卒，太原中都人（今山西太原市西南）。他曾任領著作郎，襲爵長樂侯。晉書卷五十六有傳。

孫綽是當時著名的文學家之一。他熟悉儒學、玄學，並精通佛理，與當時的名僧支遁交往甚密。他曾專門作論以名僧比當時名士，影響很大。本書所選他的喻道論，其主旨在於以佛教教義爲主，而調和儒釋思想。如他說："周、孔即佛，佛即周、孔，蓋外内名之耳。""周、孔救時弊，佛教明其本耳"，等等。

一、喻　道　論

或有疑至道者。喻之曰：夫六合遐邈，庶類殷充，千變萬化，渾然無端，是以有方之識，各期所見。鱗介之物，不達皐壤之事；毛羽之族，不識流浪之勢；自得於窌井者，則怪遊溟之量；翻翥於數仞者，則疑沖天之力。纏束世教之内，肆觀周、孔之跡，謂至德窮於堯、舜，微言盡乎老、易，焉復覩夫方外之妙趣，寰中之玄照乎？悲夫！章甫之委裸俗，韶夏之棄鄙俚，至真絶於漫習，大道廢於曲士也。若窮迷而不遷者，非辭喻之所感，試明其旨，庶乎有悟於其聞者焉。

夫佛也者，體道者也。道也者，導物者也；應感順通，無爲而無不爲者也。無爲，故虛寂自然；無不爲，故神化萬物。萬物之求，卑高不同，故訓致之術，或精或粗。悟上識則舉其宗本。不順者復殃，放酒者羅刑，婬爲大罰，盜者抵罪，三辟五刑，犯則無赦，此王者之常制，宰牧之所司也。若聖王御世，百司明達，則向之罪人必見窮測，無逃形之地矣。使姦惡者不得容其私，則國無違民，而賢善之流必見旌敍矣。且君明臣公，世清理治，猶能令善惡得所，曲直不濫，況神明所莅，無遠近幽深，聰明正直，罰惡祐善者哉！故毫釐之功，錙銖之釁，報應之期，不可得而差矣！歷觀古今禍福之證，皆有由緣，載籍昭然，豈可掩哉？何者陰謀之門，子孫不昌；三世之將，道家明忌？斯非兵凶戰危，積殺之所致邪？若夫魏顆從治，而致結草之報；子都守信，而受驄驥之錫；齊襄委罪，故有墜車之禍；晉惠棄禮，故有弊韓之困，斯皆死者報生之驗也。至於宣孟愍翳桑之饑，漂母哀淮陰之憊，並以一餐拯其懸餒，而趙蒙倒戈之祐，母荷千金之賞，斯一獲萬，報不踰世。故立德暗昧之中，而慶彰萬物之上，陰行陽曜，自然之勢。譬猶灑粒於土壤，而納百倍之收，地穀無情於人，而自然之利至也。

　　或難曰：報應之事誠皆有徵，則周、孔之教何不去殺？而少正卯刑，二叔伏誅邪？答曰：客可謂達聲教而不體教情者也。謂聖人有殺心乎？曰：無也。答曰：子誠知其無心於殺，殺固百姓之心耳。夫時移世異，物有薄淳。結繩之前，陶然太和。暨於唐虞，禮法始興。爰逮三代，刑網兹彰，刀斧雖嚴，而猶不懲。至于君臣相滅，父子相害，吞噬之甚，過於豺虎。聖人知人情之固於殺，不可一朝而息，故漸抑以求厥中。猶蝮蛇螫足，斬之以全身；癰疽附體，決之以救命。亡一以存十，亦輕重之所權。故刑依秋冬，所以順時殺；春蒐夏苗，所以簡胎乳。三驅之禮，禽來則韜弓，聞聲覩生，肉至則不食，釣而不綱，弋不射宿，其於昆蟲每加隱惻。至於議獄緩死，眚災肆赦，刑疑從輕，寧失有罪，流涕授鉞，哀矜勿喜，生育之恩篤矣，仁愛之道盡矣！所謂"爲而不恃，長而不宰"，"德被而功不在我"，"日用而萬物不知"。舉茲以求，足以悟其歸矣！

或難曰：周、孔適時而教，佛欲頓去之，將何以懲暴止姦，統理羣生者哉？答曰：不然。周、孔即佛，佛即周、孔，蓋外内名耳。故在皇爲皇，在王爲王。佛者梵語，晉訓覺也。覺之爲義，悟物之謂。猶孟軻以聖人爲先覺，其旨一也。應世軌物，蓋亦隨時。周、孔救極蔽，佛教明其本耳。共爲首尾，其致不殊，即如外聖有深淺之跡。堯、舜世夷，故二后高讓；湯、武時難，故兩君揮戈。淵默之與赫斯，其跡則胡越。然其所以跡者，何嘗有際哉？故逆尋者每見其二，順通者無往不一。

或難曰：周、孔之教以孝爲首，孝德之至，百行之本，本立道生，通于神明。故子之事親，生則致其養，没則奉其祀。三千之責，莫大無後，體之父母，不敢夷毀，是以樂正傷足，終身含愧也。而沙門之道，委離所生，棄親即疏，刓剔鬚髮，殘其天貌，生廢色養，終絶血食，骨肉之親，等之行路，背理傷情，莫此之甚。而云弘道敦仁，廣濟羣生，斯何異斬刈根本而修枝幹，而言不殞碩茂，未之聞見。皮之不存，毛將安附，此大乖於世教，子將何以祛之？答曰：此誠窮俗之所甚惑，倒見之爲大謬，諮嗟而不能默已者也。夫父子一體，惟命同之。故母嚙其指，兒心懸駭者，同氣之感也，其同無間矣。故唯得其歡心，孝之盡也。父隆則子貴，子貴則父尊。故孝之爲貴貴，能立身行道，永光厥親。若匍匐懷袖，日御三牲，而不能令萬物尊己，舉世我賴，以之養親，其榮近矣。夫緣督以爲經，守柔以爲常，形名兩絶，親我交忘，養親之道也。既已明其宗，且復爲客言其次者。夫忠孝名不並立，潁叔違君，書稱純孝；石碏戮子，武節乃全。傳曰："子之能仕，父教之忠，策名委質，二乃辟

也。”然則縶公朝者，子道廢矣。何則？見危授命，誓不顧親，皆名
注史筆，事標教首，記注者豈復以不孝爲罪？故諺曰：“求忠臣必於
孝子之門。”明其雖小遠於此，而大順於彼矣。且鯀放殛裔，禹不告
退，若令委堯命以尋父，屈至公於私感，斯一介之小善，非大者遠者
矣。周之泰伯，遠棄骨肉，託跡殊域，祝髮文身，存亡不反，而論稱
至德，書著大賢，誠以其忽南面之尊，保沖虛之貴，三讓之功遠，而
毀傷之過微也。故能大革夷俗，流風垂訓。夷、齊同餓首陽之上，
不恤孤竹之胤，仲尼目之爲仁賢，評當者寧復可言悖德乎？梁之高
行，毀容守節，宋之伯姬，順理忘生，並名冠烈婦，德範諸姬。秉二
婦之倫，免愚悖之譏耳。率此以談，在乎所守之輕重可知也。昔佛
爲太子，棄國學道，欲全形以遁，恐不免維縶，故釋其鬚髮，變其章
服，既外示不及，内修簡易。於是捨華殿而卽曠林，解龍袞以衣
鹿裘，遂垂條爲宇，藉草爲茵，去櫛梳之勞，息湯沐之煩，頓馳騖之
轡，塞欲動之門。目過玄黃，耳絕淫聲，口忘甘苦，意放休戚，心去
於累。胸中抱一，載平營魄，内思安般，一數二隨，三止四觀，五還
六淨，游志三四，出入十二門，禪定拱默，山停淵淡，神若寒灰，形猶
枯木，端坐六年，道成號佛。三達六通，正覺無上，雅身丈六，金色
焜燿，光遏日月，聲協八風，相三十二，好姿八十，形偉羣有，神足無
方。於是遊步三界之表，恣化無窮之境，迴天僊地，飛山結流，存亡
倏忽，神變縣邈，意之所指，無往不通，大範羣邪，遷之正路，衆魔小
道，靡不遵服。于斯時也，天清地潤，品物咸亨，蠢蠕之生，浸毓靈
液，枯槁之類，改瘁爲榮。還照本國，廣敷法音，父王感悟，亦升道
場。以此榮親，何孝如之？於是後進篤志之士，被服弘訓，思齊高
軌，皆由父老不異所尚，承歡心而後動耳。若有昆弟之列者，則服
養不廢，既得弘修大業而恩紀不替，且令逝没者得福報以生天，不
復顧歆於世祀，斯豈非兼善大通之道乎！夫東鄰宰牛，西鄰禴祀，

殷美黍稷,周尚明德,興喪之期,於兹著矣！佛有十二部經,其四部專以勸孝爲事,慇懃之旨可謂至矣。而俗人不詳其源流,未涉其場肆,便瞽言妄説,輒生攻難。以螢燭之見,疑三光之盛;芸隙之滴,怪淵海之量。以誣罔爲辨,以果敢爲名,可謂狎大人而侮天命者也。

（選自四部叢刊影印本弘明集卷三）

羅　含

【簡介】 羅含，字君章，生卒年不詳，桂陽耒陽人（今湖南耒陽）。他曾爲桓温征西參軍，桓温封南郡公後，引爲郎中令，年七十七卒。晉書卷九十二有傳。

羅含的更生論雖然没有徵引佛教典籍或教義，但他主張“神之與質”“偶有離合”，“今生之生，爲卽昔生”等“更生”理論，則與當時流行的佛教神不滅思想是完全一樣的。

一、更　生　論

善哉！向生之言曰：“天者何？萬物之總名。人者何？天中之一物。”因此以談，今萬物有數，而天地無窮。然則無窮之變，未始出於萬物。萬物不更生，則天地有終矣。天地不爲有終，則更生可知矣。尋諸舊論，亦云萬兆懸定，羣生代謝。聖人作易，已備其極。窮神知化，窮理盡性。苟神可窮，有形者不得無數。是則人物有定數，彼我有成分。有不可滅而爲無，彼不得化而爲我。聚散隱顯，環轉於無窮之塗；賢愚壽夭，還復其物。自然貫次，毫分不差。與運泯復，不識不知，遐哉邈乎，其道冥矣！天地雖大，渾而不亂；萬物雖衆，區已別矣。各自其本，祖宗有序；本支百世，不失其舊。

又，神之與質，自然之偶也。偶有離合，死生之變也。質有聚散，往復之勢也。人物變化，各有其往，往有本分，故復有常物。散雖混濟，聚不可亂。其往彌遠，故其復彌近。又神質冥期、符契自合。世皆悲合之必離，而莫慰離之必合；皆知聚之必散，而莫識散之必聚。"未之思也，豈遠乎"？若者，凡今生之生，爲卽昔生。生之故事，卽故事。於體無所厝，其意與己冥，終不自覺，孰云覺之哉？今談者徒知向我非今，而不知今我故昔我耳。達觀者所以齊死生，亦云死生爲寤寐，誠哉是言！

（選自四部叢刊影印本弘明集卷五）

二、答孫安國書

獲書，文略旨辭，理亦兼情，雖欣清酬，未喩乃懷。區區不已，請尋前本。

本亦不謂物都不化，但化者各自得其所化，穨者亦不失其舊體。孰主陶是？載混載判，言然之至，分而不亂也。如此，豈徒一更而已哉？將與無窮而長更矣。終而復始，其數歷然。未能知今，安能知更？蓋積悲忘言，諮求所通。豈云唯慰？聊以寄散而已矣！

（選自四部叢刊影印本弘明集卷五）

道　安

　　【簡介】　道安，本姓衞，生於公元三一二年（西晉懷帝永嘉六年），死於公元三八五年（東晉孝武帝太元十年），常山扶柳（今河北冀縣）人。早喪父母，十二歲出家爲僧，後拜當時著名佛教徒佛圖澄爲師，深得賞識。道安早年在華北一帶講學傳教，公元三六四年率徒衆往東晉境內傳教，行至新野，分出一批人往揚州等地，自己則到了襄陽。在襄陽十五年間，他大力從事佛典的整理。前秦苻丕率兵圍攻襄陽時，道安又分散徒衆往各地傳教。道安被苻丕送往長安，爲前秦最高統治者苻堅所尊信，徒衆更多。在長安七年，他以全力主持佛典譯事。道安是我國東晉時最博學的佛學家，最有影響的佛教宣傳者和組織者，是當時的佛教領袖。

　　道安一生最主要的佛教活動和佛教思想是：

　　（一）組織翻譯、整理和介紹佛教經典。道安晚年在長安主持譯經十部一百八十七卷，百餘萬言。他還注經作序，據史書記載共有著作約六十多種，其中佚失約四十種，現存二十多種。僧祐出三藏記集道安傳：“安……序致淵富，妙盡玄旨，條貫既序，文理會通，經義克明，自安始也。”他所作的經序，對於闡明經義也有很大作用。此外，道安還纂輯了我國第一部佛經目錄。道安這部經錄雖然還比較簡略，但由於他對當時流傳的佛經能嚴別真僞，分門別類，標明年代和譯者，給後人繼續整理經錄帶來極大的方便。僧祐編輯的出三藏記集中經錄部分，就是在道安經錄基礎上補充而成的。它在我國目錄學史上也是有一定貢獻的。

（二）宣法傳教，培養弟子，擴大佛教地盤。道安認爲："教化之體，宜令廣布。"（高僧傳釋道安傳）他在華北和襄陽時都有弟子僧衆數百人，是當時我國最龐大的僧團。弟子中有繼道安之後的佛教領袖慧遠等。道安爲適應晉王朝南下的需要，注意擴大佛教在南方的據點，東至揚州西至四川，南至長沙，長江流域都有他的弟子，這對佛教勢力由北向南推移，由黃河流域擴大到長江流域，起了重大的作用，在我國佛教史上佔有重要的一頁。

（三）開創本無宗。道安是我國開始在佛學上創立學派的第一批佛教學者中最重要的代表。他對從印度傳入的佛教各派思想是兼收並容的，其中對般若學研究最爲用力，其次是對禪學的研究。從漢到晉，印度佛教傳入我國主要是禪學和般若學體系，而道安是當時這兩系的集大成者。他初步融合了這兩系的思想，創立了本無宗。

道安宣傳的般若學是對般若經的根本原理——"空"的含義的闡發。當時我國的佛教學者基本上是用魏晉玄學的觀點去理解、注釋和說明般若學的。道安也是用"玄"解"佛"，用玄學唯心主義哲學家王弼、何晏的貴無說去迎接和宣揚般若學的。他也主張"無在元化之前，空爲衆形之始，故謂本無"（名僧傳曇濟傳引七宗論）。這個"無"、"空"就是事物的本體，宇宙的最後本源。道安正是由於把般若學思想解釋爲玄學家的"以無爲本"的思想，而被稱爲"本無"宗的。

道安的禪學是"般若"智慧的具體運用，他認爲人只有通過禪法的修鍊，才能真正體會和得到般若，達到佛教嚮往的境界。禪法的主要內容是"執寂以御有，崇本以動末"（安般注序，出三藏記集經序卷六）。道安認爲："人之所滯，滯在末（末）有，苟宅心本無，則斯累豁矣。"（續藏經第壹輯第貳編乙第七套第一冊）即主張人心去掉異想，空掉外物，直接體會"本無"，和"本無"合一。在道安之前，玄學家王弼從"以無爲本"的思想出發，也認爲指導人生的原則是"反本"。十分明顯，道安的禪學在一定程度上也是受到王弼"反本"思想的影響的。

道安深深懂得，"不依國主，則法事難立"（高僧傳釋道安傳）。而他的思想也正適應了當時封建地主階級的需要，是爲統治階級服務的。因此，他得到了東晉王朝和前秦統治者的賞識和隆遇。

一、安 般 注 序

安般者，出入也。道之所寄，無往不因；德之所寓，無往不託。是故安般寄息以成守，守四禪寓骸以成定也。寄息故有六階之差，寓骸故有四級之別。階差者，損之又損之，以至于無爲。級別者，忘之又忘之，以至于無欲也。無爲故無形而不因，無欲故無事而不適。無形而不因，故能開物；無事而不適，故能成務。成務者，卽萬有而自彼；開物者，使天下兼忘我也。彼我雙廢者，守于唯守也。故修行經以斯二法而成寂。得斯寂者，舉足而大千震，揮手而日月捫，疾吹而鐵圍飛，微噓而須彌舞，斯皆乘四禪之妙止，御六息之大辯者也。夫執寂以御有，崇本以動末，有何難也？安般居十念之一，於五根則念根也。故撰法句者，屬惟念品也。昔漢氏之末，有安世高者，博聞稽古，特專阿毘曇學，其所出經，禪數最悉。此經其所譯也。兹乃趣道之要徑，何莫由斯道也。魏初康會爲之注義，義或隱而未顯者。安竊不自量，敢因前人爲解其下，庶欲蚊翻以助隨藍，霧潤以增巨壑也。

（選自金陵刻經處本出三藏記集經序卷六）

二、陰持入經序

陰持入者，世之深病也：馳騁人心，變德成狂；耳聾口爽，躭醉榮寵；抱癡投冥，酸號三趣。其爲病也，猶癩疾焉，入骨徹髓，良醫拱手；猶癲蹶焉，來則冥然，莫有所識。大聖悼兹，痛心內發，忘身安赴塗炭，含厚德忍舞擊，觀羅蜜于重雲，止置網于八極，洪癡不得振其翼，巨愛不得逞其足，採善心于毫芒，拔兒頑于虎口。以大寂爲至樂，五音不能聾其耳矣；以無爲爲滋味，五味不能爽其口矣。曜形濁世，拯擢難計。陜降教終，潛淪無名。諸無著等，尋各騰逝。大弟子衆，深懼妙法混然廢没，於是令迦葉集結阿難所傳，凡三藏焉。該羅幽廓，難度難測也。世雄授藥必因本病，病不能均，是故衆經相待乃備，非彥非聖，罔能綜練。自兹以後，神通高士，各爲訓釋，或覽撰諸經以爲行式。譬瓔璣歟？擇彼珍珠，以色相發，佩之冠之，爲光爲飾。喻繪事歟？調別衆采，以圖暉烈。諸明叡者，所撰亦然，此經則是其數也。有捨家開士，出自安息，字世高，大慈流治，播化斯土，譯梵爲晉，微顯闡幽，其所敷宣，專務禪觀，醇玄道數，深矣遠矣。是經其所出也。陰入之弊，人莫知苦，是故先聖照以止觀，陰結日損，成泥洹品。自非知機，其孰能與於此乎？從首至于九絶，都是四十五藥也。以慧斷知入三部者，成四諦也。十二因緣訖淨法部者，成四信也。其爲行也，唯神矣，故不言而成；唯妙矣，故不行而至。統斯行者，則明白四達，立根得眼，成十力子，紹胄法王，奮澤大千。若取證則拔三結，住壽成道，徑至應真，此乃大乘之舟檝，泥洹之關路。于斯晉土，禪觀弛廢，學徒雖興，蔑有盡漏。何者？禪思守玄，練微入寂，在取何道，猶覘于掌，墮替斯要，而怖見證，不亦難乎？安未近積罪，生逢百羅，戎狄孔棘，世乏聖導。潛遯晉山，孤居離衆，幽處窮壑。竊覽篇目，淺識獨見，滯而不達，凤宵抱疑，諮諏靡質。會太陽比丘竺法濟、并州道人支曇講，陟徂冒寇，重爾遠集。此二學士高朗博通，誨而不倦者也。遂與折槃暢礙，造兹注解。世不值佛，又處邊國，音殊俗異，規矩不同，又以愚量聖，難以逮也。冀未踐緒者，少有微補，非敢自必析究經旨。

（選自金陵刻經處本出三藏記集經序卷六）

三、人本欲生經序

人本欲生經者，照乎十二因緣而成四諦也。本者，癡也。欲者，愛也。生者，生死也。略舉十二之三以爲目也。人在生死，莫不浪滯於三世，飄縈於九止，綢繆於八縛者也。十二因緣於九止，則第一人亦天也。四諦所鑒，鑒乎九止，八解所正，正乎八邪。邪正則無往而不恬，止鑒則無往而不愉。無往而不愉，故能洞照傍通，無往而不恬，故能神變應會。神變應會，則不疾而速，洞照傍通，則不言而化。不言而化，故無棄人；不疾而速，故無遺物。物之不遺，人之不棄，斯禪智之由也。故經曰："道從禪智得近泥洹"，豈虚也哉？誠近歸之要也。斯經似安世高譯爲晉言也，言古文，悉義妙理婉，覩其幽堂之美，闚庭之富或寡矣。安每覽其文，欲疲不能。所樂而玩者，三觀之妙也；所思而存者，想滅之辭也。敢以餘暇爲之撮注，其義同而文別者，無所加訓焉。

（同上）

四、了本生死經序

　　夫四信妙興者，衆祐之寶軒也。以運連縛倒見衆生。凡在三界，罔弗冠癡佩行（按，全晉文無行字，據前後文義，行字疑衍）嬰，舞生死而趍陰堂，揖讓色味，驂惑載疑，驅馳九止者也。既則狎賢侮聖，縱其姦慝，貪劍恚鍼，梟截玄路，羣誹上要，殃禍備嘗矣。世雄顧愍，深圖變謀，法旆曜于重霄，道鼓震於雷吼，寂千障乎八紘，慧戈陷乎三有，於是碎癡冠，決嬰佩，升信車，入諦軌，則因緣息成四喜矣。故曰了本生死也。了猶解也，本則癡也，頑也。如來指舉一隅，身子伸敷高旨，引興幽讚，美矣，盛矣。夫計身有命，則隨緣縛，謗佛毀信，若彌綸於幽室矣。夫解空無命，則成四諦，昭然立信，若日殿之麗乾矣。斯乃五十六藥之崇基。淵乎！蓋衆行之宗也。開微成務，孰先者乎？佛始得道，隆建大哀，此經則十六之一也。其在天竺，三藏聖師莫不以爲教首而研幾也。漢之季世，此經始降茲土，雅邃奧邈，少達旨歸者也。魏代之初，有高士河南支恭明爲作注解，探玄暢滯，真可謂入室者矣。俊哲先人足以析中也。然蒙童之倫，猶有未悟。故仍前迹，附釋未訓。苟非穿鑿以紫亂朱也，儻孤居始進者，可以辯惑焉。

　　　　　　　　　　　（選自金陵刻經處本出三藏記集經序卷六）

五、十二門經序

　　十二門者，要定之目號，六雙之關徑也。定有三義焉，禪也，等也，空也。用療三毒，綢繆重病，嬰斯幽厄，其日深矣。貪图恚圖，癡城至固，世人遊此猶登春臺，甘處欣欣，如居華殿，嬉樂自娛，莫知爲苦，嘗酸速禍，困憊五道，夫唯正覺乃識其謬耳。哀倒見之苦，傷蓬流之痛，爲設方便，防萌塞漸，關茲慧定，令自澣滌，挫銳解紛，返神玄路。苟非至德，其道不凝也。夫邪僻之心，必有微著，是故禪法以四爲差焉。貪淫罔者，荒色勃烝，不別尊卑，渾心怵惕，習以成狂，亡國傾身，莫不由之。虛迷空醉，不知爲幻，故以死屍散落自悟，漸斷微想，以至于寂，味乎無味，故曰四禪也。瞋恚罔者，爭纖芥之虛聲，結瀝血之重咎，恩親絕於快心，交友腐於縱忿，含怒徹髓，不悔滅族。聖人見强梁者不得其死，故訓之以等。丹心憐親，至柔其志，受垢含苦，治之未亂，醇德邃厚，兕不措角，況人害乎？故曰四等也。愚癡城者，誹古聖，謗真諦，慢二親，輕師傅，斯病尤重矣。以慧探本，知從癡愛，分別末流，了之爲惑，練心攘匿，狂病瘳矣，故曰四空也。行者挹禪海之深醴，漑昏迷之盛火，激空淨之淵流，蕩癡塵之穢垢，則皎然成大素矣。行斯三者，則知所以宰身也。所以宰身者，則知所以安神也。所以安神者，則知所以度人也。然則經無巨細，出自佛口，神心所制，言爲世寶。慧日既没，三界喪目，經藏雖存，淵玄難測，自非至精，孰達其微？於是諸開士應真，各爲訓解，釋其幽賾，辯其差貫，則爛然易見矣。窮神知化，何復加乎？從十二門已後，則是訓傳也。凡學者行十二門，却盡神足，滅外止粗，謂成五道也。三向諸根，進消内結，謂盡諸漏也。殆入盡漏，名不退轉。諸佛嘉嘆，記其成號。深不可測，獨見曉焉，神不可量，獨能精焉。陵雲輕舉，淨光爥幽。移海飛嶽，風出電入。淺者如是，況成佛乎？是乃三乘之大路，何莫由斯定也。自始發迹，逮于無漏，靡不周而復始。習茲定也，行者欲崇德廣業；而不進斯法者，其猶無柯而求伐，不飯而徇飽，難以獲矣。醒寤之士得聞要定，不亦妙乎？安宿不敏，生值佛後，又處異國，楷範多闕，仰希古烈,滯而未究,寤寐憂悸,有若疾首。每惜茲邦禪業替廢,敢作注于句末,雖未足光融聖典,且發蒙者儻易覽焉。安世高善開禪數,斯經似其所出,故錄之于末。

(選自金陵刻經處本出三藏記集經序卷六)

六、大十二門經序

夫婬義存乎解色,不係防閑也;有絕存乎解形,不系念空也。色解則冶容不能轉,形解則無色不能滯。不轉者,雖天魔玉顏,窈窕艷姿,莫足傾之,之謂固也。不滯者,雖游空無識,泊然永壽,莫足礙之,之謂真也。何者?執古以御有,心妙以了色,雖羣居猶豹靈,泥洹猶如幻,豈多制形而重無色哉?是故,聖人以四禪防淫,淫無遺焉。以四空滅有,有無現焉。淫有之息,要在明乎萬形之未始有,百化猶逆旅也。怨憾之興,興於此彼,此彼既興,遂成仇敵。仇敵適成,勃然赫怒。赫怒已發,無所不至。至不可至,神幽想獄,乃毒乃辛,欣之甘之。是以如來訓之以等,等所難等,何往不等?等心既富,怨本息矣。豈非爲之乎未有,圖難於其易者乎?夫然,則三事凶軌,廢然息矣,十二重關,廓然闕(按,"闕"全晉文作"闢")矣。根立而道生,覺立而道成,莫不由十二門,立乎定根以逆道休也。大人揮變,榮光四塞,彈撤安明,吹沫千刃(按,"刃"全晉文作"萬"),默動異剎,必先正受,明夫匪禪,無以統乎無方而不留;匪定,無以周乎萬形而不礙。禪定不愆,於神變乎何有也!至矣,盡矣,蔑以加矣。此經世高所出也,辭旨雅密,正而不艷,比諸禪經最爲精悉。案經後記云:"嘉禾七年,在建鄴周司隸舍寫。"緘在篋匱,向二百年矣。冥然不行,無聞名者。比丘竺道護於東垣界賢者經中得,送詣濩澤，乃得流布。得經之後，俄而其家遇火。護若不視，爲灰炭矣，自然將喪斯禪也，後死者不得與聞此經也。此經也，八音所誨，四道作□，訓約無乏，文重無簡矣。精義入神，何以上乎！前世又爲懸解，一家之傳，故筌而次之。然世高出經貴本不飾，天竺古文文通尚質，倉卒尋之，時有不達。今爲略注，繼前人之末，非敢亂朱，冀有以寤焉。

（選自金陵刻經處本出三藏記集經序卷六）

七、道行經序

大哉智度，萬聖資通，咸宗以成也。地合日照，無法不周，不恃不處，累彼有名。既外有名，亦病無形，兩忘玄漠，塊然無主，此智之紀也。夫永壽莫美乎上乾，而齊之殤子；神偉莫美于凌虛，而同之涓滯；至德莫大乎真人，而比之朽種；高妙莫大乎世雄，而喻之幻夢。由此論之，亮爲衆聖宗矣。何者？執道御有，卑高有差，此有爲之域耳。非據真如，遊法性，冥然無名也。據真如，遊法性，冥然無名者，智度之奧室也。名教遠想者，智度之蘧廬也。然存乎證者，莫不契其無生而惶眩；存乎迹者，莫不忿其蕩冥而誕誹。道動必反，優劣致殊，玄誹不其宜乎？不其宜乎？要斯法也，與進度齊軫，逍遙俱遊，千行萬定，莫不以成。衆行得字而智進，令名諸法參相成者，求之此列也。且其經也，進咨第一義以爲語端，追述權便以爲談首。行無細而不歷，數無微而不極，言似煩而各有宗，義似重而各有主。瓌見者慶其邇教而悦寤，宏哲者望其遠標而絶目，陟者彌高而不能階，涉者彌深而不能測，謀者慮不能規，尋者度不能盡。既杳冥矣，真可謂大業淵藪，妙矣者哉！然凡論之者，考文以徵其理

者，昏其趣者也；察句以驗其義者，迷其旨者也。何則？考文則異
同每爲辭，尋句則觸類每爲旨。爲辭則喪其卒成之致，爲旨則忽其
始擬之義矣。若率初以要其終，或忘文以全其質者，則大智玄通居
可知也。從始發意逮一切智，曲成決著，八地無染，謂之智也。故
曰遠離也。三脫照空，四非明有，統鑑諸法，因後成用，藥病雙亡，
謂之觀也。明此二行，於三十萬言，其如視諸掌乎！顛沛造次，無
起無此也。佛泥洹後，外國高士鈔九十章爲道行品。桓靈之世，朔
佛賣詣京師，譯爲漢文。因本順旨，轉音如已，敬順聖言，了不加飾
也。然經既鈔撮，合成章指，音殊俗異，譯人口傳，自非三達，胡能
一一得本緣故乎？由是道行頗有首尾隱者。古賢論之，往往有滯。
士行恥此，尋求其本，到于闐乃得。送詣倉垣，出爲放光品。斥重
省刪，務令婉便，若其悉文，將過三倍。善出無生，論空持巧，傳譯如
是，難爲繼矣。二家所出足令大智煥爾闡幽。支讖全本，其亦應然。
何者？鈔經刪削，所害必多。委本從聖，乃佛之至誠也。安不量末
學，庶幾斯心，載詠載玩，未墜于地，檢其所出，事本終始，猶令折傷
玷缺，戢然無際。假無放光，何由解斯經乎？永謝先哲，所蒙多矣。
今集所見，爲解句下，始況現首，終隱現尾。出經見異，銓其得否，
舉本證鈔，敢增損也。幸我同好，飾其瑕讁也。

　　　　　　（選自金陵刻經處本出三藏記集經序卷七）

八、合放光光讚隨略解序

　　放光、光讚同本異譯耳。其本俱出于闐國持來，其年相去無幾。
光讚，于闐沙門祇多羅以泰康七年賫來，護公以其年十一月二十五
日出之。放光分如檀以泰康三年于闐爲師送至洛陽，到元康元年

五月乃得出耳。先光讚來四年，後光讚出九年也。放光，于闐沙門無叉羅執胡，竺叔蘭爲譯，言少事約，刪削複重，事事顯炳，焕然易觀也。而從約必有所遺，於天竺辭及（按，"及"疑當作"反"）騰，每大簡焉。光讚，護公執胡本，聶承遠筆受，言準天竺，事不加飾，悉則悉矣，而辭質勝文也。每至事首，輒多不便，諸反復相明又不顯灼也。考其所出，事周密耳，互相補益，所悟實多。恨其寢逸涼土九十一年，幾至泯滅，乃達此邦也。斯經既殘不具，并放光尋出，大行華京，息心居士翕然傳焉。中山支和上遣人于倉垣斷絹寫之，持還中山，中山王及衆僧城南四十里幢幡迎經，其行世如是。是故光讚人無知者。昔在趙魏併得其第一品，知有兹經而求之不得。至此，會慧常進行慧辯等將如天竺，路經涼州寫而因焉。展轉秦雍，以晉泰元元年五月二十四日乃達襄陽。尋之玩之，欣有所益，輒記其所長，爲略解如左。般若波羅蜜者，成無上正真道之根也。正者等也，不二入也。等道有三義焉：法身也，如也，真際也。故其爲經也，以如爲首，以法身爲宗也。如者，爾也，本末等爾，無能令不爾也。佛之興滅，縣縣常存，悠然無寄，故曰如也。法身者，一也，常净也。有無均净，未始有名，故於戒則無戒無犯，在定則無定無亂，處智則無智無愚。泯爾都忘，二三盡息，皎然不緇，故曰淨也，常道也。真際者，無所著也，泊然不動，湛爾玄齊，無爲也，無不爲也。萬法有爲，而此法淵默，故曰無所有者，是法之真也。由是其經萬行兩廢，觸章輒無也。何者？癡則無往而非徹，終日言盡物也，故爲八萬四千塵垢門也。慧則無往而非妙，終日言盡道也，故爲八萬四千度無極也。所謂執大淨而萬行正，正而不害妙乎大也。凡論般若，推諸病之疆服者，理徹（按，"徹"全晉文作"轍"，下文兩"徹迹"並同）者也。尋衆藥之封域者，斷迹者也。高談其徹迹者，失其所以指南也。其所以指南者，若假號章之不住，五通品之不貢高，是其涉百辟而不失午者也。宜精理其徹迹，又思存其所指，則始可與言智已矣。何者？諸五陰至薩云若，則是菩薩來往所現法慧，可道之道也。諸一相無相，則是菩薩來往所現真慧，明乎常道也。可道，故後章或曰世俗，或曰說已也。常道，則或曰無爲，或曰復說也。此兩者同謂之智而不可相無也。斯乃轉法輪之目要，般若波羅蜜之常例也。

（選自金陵刻經處本出三藏記集經序卷七）

九、摩訶鉢羅若波羅蜜經鈔序

昔在漢陰十有五載，講放光經歲常再遍，及至京師漸四年矣，亦恒歲二，未敢惶息。然每至滯句，首尾隱没，釋卷深思，恨不見護公叉羅等。會建元十八年正車師前部王名彌第來朝，其國師字鳩摩羅跋提，獻胡大品一部四百二牒言二十千失盧，失盧三十二字，胡人數經法也。卽審數之，凡十七千二百六十失盧，殘二十七字，都并五十五萬二千四百七十五字。天竺沙門曇摩蜱執本，佛護爲譯，對而檢之，慧進筆受，與放光光讚同者，無所更出也。其二經譯人所漏者，隨其失處稱而正焉，其義異不知孰是者，輒併而兩存之，往往爲訓其下，凡四卷。其一紙二紙異者，出別爲一卷，合五卷也。譯胡爲秦有五失本也：一者胡語盡倒而使從秦，一失本也；二者胡經尚質秦人好文，傳可衆心非文不合，斯二失本也；三者胡經委悉至于嘆詠，叮嚀反覆，或三或四，不嫌其煩，而今裁斥，三失本也；四者胡有義説，正似亂辭，尋説向語，文無以異，或千五百刈而不存，四失本也；五者事已全成，將更傍及，反騰前辭，已乃後説，而悉除此，五失本也。然般若經三達之心，覆面所演，聖必因時，時俗有易，而删雅古以適今時，一不易也；愚智天隔，聖人叵階，乃欲以千歲之上微言，傳使合百王之下末俗，二不易也；阿難出經去佛未久，尊者大迦葉令五百六通迭察迭書，今離千年而以近意量裁，彼阿羅漢乃兢兢若此，此生死人而平平若此，豈將不知法者勇乎？斯三不易也。涉茲五失經、三不易，譯胡爲秦，詎可不慎乎？正當以不聞異言，傳令知會通耳，何復嫌大匠之得失乎？是乃未所敢知也。前人出經，支讖世高審得胡本難繫者也；又羅支越斷鑿之巧者也，巧則巧矣，懼竅成而混沌終矣。若夫以詩爲煩重，以尚書爲質朴，而刪令合今，則馬鄭所深恨者也。近出此撮欲使不雜，推經言旨，唯懼失實也。其有方言古辭，自爲解其下也。於常首尾相違句不通者，則冥如合符，厭如復折，乃見前人之深謬，欣通外域之嘉會也。於九十章蕩然無措疑處，毫芒之間泯然無微疹，已矣乎！

（選自金陵刻經處本出三藏記集經序卷八）

十、增一阿含序

四阿含義同。中阿含首已明其指，不復重序也。增一阿含者，比法條貫以數相次也。數終十，今加其一，故曰增一也。且數數皆增，以增爲義也。其爲法也，多錄禁律，繩墨切厲，乃度世撿括也。外國巖岫之士，江海之人，於四阿含多詠味茲焉。有外國沙門曇摩難提者，兜佉勒國人也，齠齔出家，孰與廣聞，誦二阿含，溫故日新，周行諸國，無土不涉。以秦建元二十年來詣長安，外國鄉人咸皆善之。武威太守趙文業求令出焉。佛念譯傳，曇嵩筆受，歲在甲申夏出，至來年春乃訖，爲四十一卷，分爲上下部，上部二十六卷，全無遺忘，下部十五卷，失其錄偈也。余與法和共考正之，僧略、僧茂助校漏失，四十日乃了。此年有阿城之役，伐鼓近郊，而正專在斯業之中，全具二阿含一百卷、鞞婆沙、婆和須蜜、僧伽羅刹。傳此五大經，自法東流，出經之優者也。四阿含四十應真之所集也。十人撰一部，題其起盡爲録偈焉，懼法留世久遺逸散落也。斯土前出諸經班班有其中者，今爲二阿含，各爲新録一卷，全其故目，注其得失，使見經尋之差易也。合上下部四百七十二經。凡諸學士撰此二阿含，其中往往有律語，外國不通與沙彌白衣共視也，而今以後幸共護之，使與律同，此乃兹邦之急者也。斯諄諄之誨，幸勿藐藐聽也。廣見而不知其護禁，乃是學士通中創也。中本起康孟祥出，出大愛道品，乃不知是禁經比丘尼法，堪慊切直割而去之，此乃是大鄙可痛恨者也。此二經，有力道士乃能見當以著心焉，如其輕忽不以爲意者，幸我同志鳴鼓攻之可也。

（選自金陵刻經處本出三藏記集經序卷九）

十一、道地經序

　　夫道地者，應真之玄堂，升仙之奥室也。無本之城杳然難陵矣，無爲之牆邈然難踰矣，微門妙闥少闚其庭者也。蓋爲器也，猶海與？行者日酌之而不竭，返精者無數而不滿。其爲像也，含弘静泊，縣縣若存，寂寥無言，辯之者幾矣；怳惚無行，求矣漭乎其難測。聖人有以見因華可以成實，覩末可以達本，乃爲布不言之教，陳無轍之軌，闔止啓觀，式成定諦。髦彦六雙率由斯路，歸精谷神於乎羨矣。夫地也者，苞潤施毓稼穡以成，鏐鐐瓊琛罔弗以載，有喻止觀莫近于此，故曰道地也。昔在衆祐，三達遐鑑，八音四辯，赫奕敷化，識病而療，聲典難算。至如來善逝而大訓絶，五百無著遷而靈教乖。於是有三藏沙門，厥名衆護，仰惟諸行，布在羣籍，俯愍發進，不能悉洽，祖述衆經，撰要約行，目其次序以爲一部二十七章。其於行也，要猶人首與？可終身戴，不可須臾下。猶氣息與？可終身通，不可須臾閉。息閉則命殞，首下則身殪。若行者暫去斯法，姦宄之匿入矣。有開士世高者，安息王元子也。禪國高讓，納萬乘位，克明俊德，改容修道，越境流化，爰適此邦。其所傳訓，淵微優邃。又析護所集者七章，譯爲漢文，音近雅質，敦兮若樸，或變質從文，或因質不飾。皇矣世高審得厥旨。夫絕愛原、滅榮冀、息馳騁，莫先於止；了癡惑、達九道、見身幻，莫首于觀。大聖以是達五根，登無漏，揚美化，易頑俗，莫先於正。靡不由兹也。真可謂盛德大業，至矣哉。行自五陰盡于成壞，則是苦諦漏盡之迹也。神足章者，則是禪思五通之要也。五十五觀者，則是四非常度三結之本也。人之處世，矇昧未袪，熙熙甘色，如饗大牢。由處穢海，幽厄九月，既生迍邅，罹遘百凶。尋旋老死，嬰苦萬端，漂溺五流，莫能自返。聖人深見，以爲苦證，遊神八路，長陟永安。專精稽古，則逸樂若此，開情縱欲，則酸毒若彼。二道顯著，宜順所從。石以淬辟，剝堅截剛，素質精染，五色炳燦。由是論之，可不勉哉！予生不辰，值皇綱紐絕，獫狁猾夏，山左蕩没，避難濩澤，師殞友析，周爰諮謀，顧靡所詢。時鴈門沙門支曇講、鄴都沙門竺僧輔，此二仁者，聰明有融，信而好古，冒嶮遠至，得與酬酢，尋章察句，造此訓傳，希權與進者暫可微寤。蚊蚋奮翼以助隨嵐，蟻蝱增封嵩岳之頂，豈其能益高猛哉！探賾奧邈唯八輩難之，況末學小子，庶幾兹哉！然天竺聖邦，道岨遼遠，幽見碩儒，少來周化。先哲既逝，來聖未至，進退狼跋，咨嗟涕洟。故作章句，申己丹赤。冀諸神通照我嗚嗚，必枉靈趾燭謬正闕也。

　　　　　　　　（選自金陵刻經處本出三藏記集經序卷一〇）

十二、十法句義經序

夫有欲之激，百轉千化，搖蕩成教，亦何得一端乎？是故，正覺因心所遷，卽名爲經。邪止名正，亂止名定，方圓隨器，合散從俗。隨器故因質而立名，從俗故緣對而授藥。立名無常名，則神道矣；授藥無常藥，則感而通故矣。卽已不器，又通其故，則諸行汎然因法而結也。二三至十，在乎其人，病有衆寡，以人爲目耳。譬藥分劑有單有複，診脈視色，投藥緣疾，法參相成，不其然乎？自佛卽幽，阿難所傳，分爲三藏，纂乎前緖，部別諸經。小乘則爲阿含，四行中阿含者，數之藏府也。阿毗曇者，數之苑藪也。其在赤澤，碩儒通人，不學阿毗曇者，蓋闕如也。夫造舟而濟者，其體也安，粹數而立者，其業也美。是故，般若啓卷必數了諸法。卒數已成經，斯乃衆經之喉衿，爲道之樞極也。可不務乎，可不務乎！於戲！前徒不忘玄數者，鷟鷟子也。于兹繼武有自來矣。篤斯業者，或不成也。爰晉土者，世高其儔也。偉哉數學，淵源流清，抱德惠和，搖馨此域。安雖希高迹末由已也。然旋焉，周焉，臧焉，修焉，未墜地也。並一不惑以成積習，移志蹈遠，移質緣以高尚，欲疲不能也。人亦有言曰，聖人也者，人情之積也。聖由積靡爐錘之間，惡可已乎？經之大例皆異説同行。異説者，明夫一行之歸致；同行者，其要不可相無，則行必俱行。全其歸致，則同處而不新。不新故頓至而不惑，俱行故叢萃而不迷也。所謂知異知同是乃大通，既同既異是謂大備也。以此察之，義焉廋哉，義焉廋哉！夫玄覽莫美乎同異，而得其門者或寡矣；明白莫過乎辯數，而入其室者鮮矣。昔嚴調撰十慧章句，康僧會集六度要目，每尋其迹，欣有寤焉。然猶有闕文行未錄者，今鈔而第之，名曰十法句義。若其常行之注解，若昔未集之貽後，同我之倫，儻可察焉。

（選自<u>金陵刻經處</u>本<u>出三藏記集經序</u>卷一〇）

十三、阿毗曇序

　　<u>阿毗曇</u>者，<u>秦</u>言大法也。衆祐有以見道果之至賾，擬性形容執乎真相，謂之大也。有以道慧之至齊，觀如司南察乎一相謂之法，故曰大法也。<u>中阿含</u>世尊責優陀耶曰："汝致詰<u>阿毗曇</u>乎？"夫然，佛以身子五法爲大<u>阿毗曇</u>也。佛般涅槃後，<u>迦旃延</u>以十二部經浩博難究，撰其大法爲一部八揵度四十四品也。其爲經也，富莫上焉，邃莫加焉，要道無行而不由，可不謂之富乎？至德無妙而不出，可不謂之邃乎？富邃洽備故，故能顯微闡幽也。其說智也周，其說根也密，其說禪也悉，其說道也具。周則二八用各適時，密則二十迭爲賓主，悉則昧净遍遊其門，具則利鈍各別其所以，故爲高座者所咨嗟，三藏者所鼓舞也。其<u>身毒</u>來諸沙門，莫不祖述此經，憲章<u>鞞婆沙</u>，詠歌有餘味者也。然乃在大荒之外，葱嶺之表，雖欲從之，末由見也。以建元十九年，<u>罽賓</u>沙門<u>僧迦禘婆</u>，誦此經甚利，來詣<u>長安</u>，比丘<u>釋法和</u>請令出之。<u>佛念</u>譯傳，<u>慧力</u>僧茂筆受，<u>和</u>理其指歸，自四月二十日出，至十月二十三日乃訖。其人檢校譯人，頗雜義辭，龍蛇同淵，金鍮共肆者，彬彬如也。<u>和</u>撫然恨之，余亦深謂不可，遂令更出。夙夜匪懈，四十六日而得盡定，損可損者四卷焉。至於事須懸解起盡之處，皆爲細其下。<u>胡</u>本十五千七十二首盧，<u>秦</u>語十九萬五千二百五十言。其人忘因緣一品，云言數可與十門等也。周攬斯經，有碩人所尚者三焉，以高座者尚其博，以盡漏者尚其要，以

研機者尚其密。密者，龍象翹鼻，鳴不造耳，非人中之至恬，其孰能
與于此也。要者，八忍九斷，巨細畢載，非人中之至練，其孰能致於
此也。博者，衆微衆妙，六八曲備，非人中之至懿，其孰能綜於此也。
其將來諸學者游槃於其中，何求而不得乎？

（選自金陵刻經處本出三藏記集經序卷一〇）

十四、鞞婆沙序

　　阿難所出十二部經，於九十日中佛意三昧之所傳也。其後別
其逕至小乘法爲四阿含，阿難之功於斯而已。迦旃延子撮其要行，
引經訓釋爲阿毗曇四十四品，要約婉顯，外國重之。優波離裁之所
由爲毗尼，與阿毗曇四阿含並爲三藏。身毒甚珍，未墜於地也。其
後曇摩多羅刹集修行，亦大行于世也。又有三羅漢，一名尸陀槃
尼，二名達悉，三名鞞羅尼，撰鞞婆沙，廣引聖證，言輒據古釋阿毗
曇焉，其所引據，皆是大士真人佛印印者也。達悉迷而近煩，鞞羅
要而近略，尸陀最折中焉。其在身毒登無畏座，僧中唱言，何莫由
斯道也。其經猶大海與？深廣浩汗千寶出焉。猶崑岳歟？崑峨幽
藹百珍之藪，資生之徒於焉斯在。兹經如是，何求而不有乎？有祕
書郎趙政文業者，好古索隱之士也，常聞外國尤重此經，思存想見，
然乃在崑岳之右𦱸野之西，眇爾絕域，末由也已。會建元十九年，罽
賓沙門僧迦跋澄諷誦此經四十二處，是尸陀槃尼所撰者也，來至長
安，趙郎饑虛在往求令出焉。其國沙門曇無難提筆受爲梵文，弗圖
羅刹譯傳，敏智筆受爲此秦言，趙郎正義起盡，自四月出至八月二
十九日乃訖。胡本一萬一千七百五十二首盧長五字也，凡三十七
萬六千六十四言也。秦語爲十六萬五千九百七十五字。經本甚多，

其人忘失，唯四十事，是釋阿毗曇十門之本，而分十五事爲小品迴著前，以二十五事爲大品而著後，此大小二品全無所損。其後二處是忘失之遺者，今第而次之。趙郎謂譯人曰："爾雅有釋古、釋言者，明古今不同也，昔來出經者，多嫌胡言方質而改適今俗，此政所不取也。何者？傳胡爲秦，以不閑方言求識辭趣耳，何嫌文質？文質是時，幸勿易之，經之巧質有自來矣，唯傳事不盡，乃譯人之咎耳。"衆咸稱善，斯真實言也。遂案本而傳，不令有損言遊字，時改倒句，餘盡實録也。余欣秦土忽有此經，擎海移岳，奄在兹域，載玩載詠，欲疲不能，遂佐對校一月四日，然後乃知大方之家富，昔見之至狹也，恨八九之年方闚其牖耳。願欲求如意珠者，必牢裝强伴，勿令不周滄海之實者也。

（選自金陵刻經處本出三藏記集經序卷一〇）

十五、比丘大戒序

世尊立教法有三焉：一者戒律也，二者禪定也，三者智慧也。斯三者，至道之由户，泥洹之關要也。戒者斷三惡之干將也，禪者絶分散之利器也，慧者齊藥病之妙醫也。具此三者，於取道乎何有也。夫然用之有次，在家出家莫不始戒以爲基址也。何者？戒雖檢形，形乃百行舟輿也，須臾不矜不莊，則傷戒之心入矣。傷戒之心入而後欲求不入三惡道，未所前聞也。故如來舉爲三藏之首也。外國重律，每寺立持律，月月相率説戒。説戒之日，終夜達曉，諷乎切教，以相維攝，犯律必彈，如鷹隼之逐鳥雀也。大法東流，其日未遠，我之諸師，始秦受戒，又乏譯人，考校者尟，先人所傳相承謂是，至澄和上所正焉。余昔在鄴，少習其事，未及檢戒，遂遇世亂，每以怏怏不盡於此。至歲在鶉火，自襄陽至關右，見外國道人曇摩侍諷阿毗曇，於律特善，遂令涼州沙門竺佛念寫其梵文，道賢為譯，慧常筆受。經夏漸冬其文乃訖。考前常行世戒，其謬多矣，或殊失旨，或粗舉意。昔從武遂法濟得一部戒，其言煩直，意常恨之。而今侍戒規矩與同，猶如合符，出門應轍也。然後乃知淡乎無味，乃直道味也。而慊其丁寧，文多反復稱，即命慧常，令斥重去複，常乃避席謂："大不宜爾！戒猶禮也，禮執而不誦，重先制也，慎舉止也。戒乃逡廣長舌相三達心制，八輩聖士珍之寶之，師師相付，一言乖本有逐無赦，外國持律其事實爾。此土尚書及與河洛，其文樸質無敢措手，明祇先王之法言而順神命也。何至佛戒聖賢所貴，而可改之以從方言乎？恐失四依不嚴之教也。與其巧便，寧守雅正，譯胡為秦，東教之士，猶或非之，願不刊削以從飾也。"眾咸稱善。於是按梵文書，唯有言倒時從順耳。前出戒十三事中起室與檀越議，三十事中至大姓家及綺紅錦繡衣及七因緣法，如斯之比，失旨多矣。將來學者審欲求先聖雅言者，宜詳覽焉。諸出為秦言，便約不煩者，皆葡萄酒之被水者也。外國云戒有七篇，而前出戒皆八篇，今戒七悔過，後曰尸叉罽賴尼。尸叉罽賴尼有百七事明也。如斯則七篇矣。又，侍尸叉罽賴尼有百一十事，余慊其多。侍曰："我持律許口受，十事一記，無長也。"尋僧純在丘慈國，佛陀舌彌許得比丘尼大戒來出之，正與侍同，百有一十爾，乃知其審不多也。然則比丘戒不止二百五十，阿夷戒不止五百也。"比丘大戒本欲說戒，維那出堂前唱，不凈者出。次曰，庚跋門怒鉢羅鞞慮，然後入唱行籌，曰頒籤舍陀、阿素、舍羅遮麗史、布薩陀、心蜜栗楴、娑楡鞞度、舍羅姑隸怒。說戒者乃曰，僧和集會，未受大戒者出，僧何等作為，答說戒。不來者囑授清凈說，說已，那春夏冬若干日已過去。僧盡共思惟一切生死過，求於度世道。若精進持戒，同亦當歸死，不精進持戒，同亦當歸死。寧持戒而死，不犯戒而生。譬如駛水流，日月不常住，人命疾于彼，去者不復還。自此偈以後，有布薩羯磨及戒文，不復具寫。

（選自金陵刻經處本出三藏記集經序卷一一）

〔附〕　道安傳（節）

釋道安，姓衛氏，常山扶柳人也。家世英儒，早失覆蔭，爲外兄孔氏所養。年七歲讀書，再覽能誦，鄉鄰嗟異。至年十二出家，神性聰敏，而形貌甚陋，不爲師之所重，驅役田舍，至于三年，執勤就勞，曾無怨色。篤性精進，齋戒无闕。數歲之後，方啟師求經。師與辯意經一卷，可五千言。安齎經入田，因息就覽，暮歸，以經還師，更求餘者。師曰：“昨經未讀，今復求耶？”答曰：“即已暗誦。”師雖異之，而未信也，復與成具光明一卷，減一萬言，齎之如初，暮復還師。師執經覆之，不差一字，師大驚嗟而敬異之。後爲受具戒，恣其遊學。

至鄴，入中寺，遇佛圖澄。澄見而嗟歎，與語終日。衆見形貌不稱，咸共輕怪。澄曰：“此人遠識，非爾儔也。”因事澄爲師。澄講，安每覆述，衆未之愜，咸言：“須待後次，當難殺崑崙子。”即安後更覆講，疑難鋒起，安挫銳解紛，行有餘力。時人語曰：“漆道人，驚四鄰。”

後避難，潛於濩澤。太陽竺法濟、并州支曇講陰持入經，安後從之受業。頃之，與同學竺法汰俱憩飛龍山。沙門僧先、道護已在彼山，相見欣然，乃共披文屬思，妙出神情。安後於太行恒山創立寺塔，改服從化者中分河北。時武邑太守盧歆，聞安清秀，使沙門敏見苦要之，安辭不獲免，乃受請開講，名實既符，道俗欣慕。

至年四十五，復還冀部，住受都寺，徒衆數百，常宣法化。石虎死，彭城王嗣立，遣中使竺昌蒲，請安入華林園，廣修房舍，安以石氏之末，國運衰危，乃西適牽口山。迄冉閔之亂，人情蕭索，安乃謂其衆曰："今天災旱蝗，寇賊縱橫，聚則不立，散則不可。"遂復率衆入王屋女林山。頃之，復渡河依陸渾，山棲木食修學。俄而慕容俊逼陸渾，遂南投襄陽，行至新野，謂徒衆曰："今遭凶年，不依國主，則法事難立，又教化之體，宜令廣布。"咸曰："隨法師教。"乃令法汰詣揚州，曰："彼多君子，好尚風流。法和入蜀，山水可以修閑。"安與弟子慧遠等四百餘人渡河。……既達襄陽，復宣佛法。

初，經出已久，而舊譯時謬，致使深義隱沒未通，每至講說，唯叙大意，轉讀而已。安窮覽經典，鈎深致遠，其所注般若、道行、密迹、安般諸經，並尋文比句，爲起盡之義，及析疑甄解，凡二十二卷。序致淵富，妙盡深旨，條貫既序，文理會通，經義克明，自安始也。

自漢魏迄晉，經來稍多，而傳經之人，名字弗說，後人追尋，莫測年代。安乃總集名目，表其時人，詮品新舊，撰爲經録，衆經有據，實由其功。四方學士，競往師之。

時征西將軍桓朗子鎮江陵，要安暫往。朱序西鎮，復請還襄陽。安以白馬寺狹，乃更立寺，名曰檀溪，即清河張殷宅也。大富長者，並加贊助，建塔五層，起房四百。涼州刺史楊弘忠送銅萬斤，擬爲承露盤。安曰："露盤已託汰公營造，欲迴此銅鑄像，事可然乎？"忠欣而敬諾。於是衆共抽捨，助成佛像，光相丈六，神好明著。安既大願果成，謂言夕死可矣。苻堅遣使送外國金箔倚像，高七尺，又金坐像、結珠彌勒像、金縷繡像、織成像各一尊，每講會法聚，輒羅列尊像，布置幢幡，珠珮迭暉，煙華亂發，使夫升階履闥者，莫不肅焉盡敬矣。……

時襄陽習鑿齒鋒辯天逸，籠罩當時，其先藉安高名，早已致書通好，曰："承應真履正，明白內融，慈訓所兼照，道俗齊蔭，自大教東流四百餘年，雖蕃王居士時有奉者，而真丹宿訓，先行上世，道運時遷，俗未僉悟，自頃道業之隆，咸無以匹。所謂月光將出，靈鉢應降，法師任當洪範，化洽深幽。此方諸僧，咸有思慕，各願慶雲東徂，摩尼迴曜，一蹴七寶之座，暫現明哲之燈，雨甘露于豐草，植栴檀于江湄，則如來之教，復崇于今日，玄波溢漾，重蕩於一代矣。”文多不悉載。及聞安至止，卽往修造，既坐，稱言：“四海習鑿齒”。安曰：“彌天釋道安。”時人以爲名答。……高平郄超遣使遺米千斛，修書累紙，深致慇懃。安答書云：“損米千斛，彌覺有待之爲煩。”習鑿齒書與謝安，書云：“來此見釋道安，故是遠勝，非常道士，師徒數百，齋講不倦，無變化技術可以惑常人之耳目，無重威大勢可以整羣小之參差，而師徒肅肅，自相尊敬，洋洋濟濟，乃是吾由來所未見。其人理懷簡衷，多所博涉，內外羣書，略皆偏覩，陰陽算數，亦皆能通，佛經妙義，故所游刃，作義乃似法簡法道，恨足下不同日而見。其亦每言思得一叙。”其爲時賢所重，類皆然也。

安在樊沔十五載，每歲常再講放光般若，未嘗廢闕。晉孝武皇帝，承風欽德，遣使通問，并有詔曰：“安法師器識論通，風韻標朗，居道訓俗，徽績兼著，豈直規濟當今，方乃陶津來世，俸給一同王公，物出所在。”時苻堅素聞安名，每云：“襄陽有釋道安，足神器，方欲致之，以輔朕躬。”后遣苻丕南攻襄陽，安與朱序俱獲於堅。堅謂僕射權翼曰：“朕以十萬之師取襄陽，唯得一人半。”翼曰：“誰耶？”堅曰：“安公一人，習鑿齒半人也。”既至，住長安五重寺，僧衆數千，大弘法化。

初，魏晉沙門依師爲姓，故姓各不同。安以爲大師之本，莫尊釋迦，乃以釋命氏。後獲增一阿含，果稱四河入海，無復河名，四姓爲沙門，皆稱釋種。既懸與經符，遂爲永式。

安外涉羣書，善爲文章。長安中衣冠子弟爲詩賦者，皆依附致譽。時藍田縣得一大鼎，容二十七斛，邊有篆銘，人莫能識，乃以示安，安云："此古篆書，云魯襄公所鑄。"乃寫爲隸文。又有人持一銅斛於市賣之，其形正圓，下向爲斗，橫梁昂者爲升，低者爲合，梁一頭爲籥，籥同黃鍾，容半合，邊有篆銘。堅以問安，安云："此王莽自言出自舜，皇龍戊辰，改正卽真，以同律量，布之四方，欲小大器鈞，令天下取平焉。"其多聞廣識如此。堅勑學士内外有疑，皆師于安，故京兆爲之語曰："學不師安，義不中難。"

　　初，堅承石氏之亂，至是民户殷富，四方略定，東極滄海，西併龜茲，南苞襄陽，北盡沙漠，唯建業一隅，未能抗伏。堅每與侍臣談話，未嘗不欲平一江左，以晉帝爲僕射，謝安爲侍中。堅弟平陽公融及朝臣石越、原紹等並切諫，終不能迴。衆以安爲堅所信敬，乃共請曰："主上將有事東南，公何能不爲蒼生致一言耶？"會堅出東苑，命安升輦同載，僕射權翼諫曰："臣聞天子法駕，侍中陪乘，道安毀形，寧可參廁。"堅勃然作色曰："安公道德可尊，朕以天下不易，輿輦之榮，未稱其德。"卽勑僕射扶安登輦。俄而顧謂安曰："朕將與公南游吳越，整六師而巡狩，涉會稽以觀滄海，不亦樂乎？"安對曰："陛下應天御世，有八州之富，居中土而制四海，宜棲神無爲，與堯舜比隆。今欲以百萬之師，求厥田下下之土，且東南區地，地卑氣厲，昔舜禹而不反，秦王適而不歸，以貧道觀之，非愚心所同也。平陽公懿戚，石越重臣，並謂不可，猶尚見距，貧道輕淺，言必不允，既荷厚遇，故盡丹誠耳。"堅曰："非爲地不廣，民不足治也，將簡天心，明大運所在耳。順時巡狩，亦著前典，若如來言，則帝王無省方之文乎？"安曰："如鑾駕必動，可先幸洛陽，枕威蓄銳，傳檄江南，如其不服，伐之未晚。"堅不從，遣平陽公融等精銳二十五萬爲前鋒，堅躬率步騎六十萬。到頃，晉遣征虜將軍謝石、徐州刺史謝玄距之。堅前軍大潰于八公山西，晉軍逐北三十餘里，死者相枕。融馬倒殞首,堅單騎而遁,如所諫焉。

安常著諸經,恐不合理,乃誓曰:"若所説不甚遠理,願見瑞相。"乃夢見梵道人,頭白眉毛長,語安云:"君所注經,殊合道理,我不得入泥洹,住在西域,當相助弘通。可時時設食。"後十誦律至,遠公乃知和尚所夢賓頭盧也。於是立座飯之,處處成則。

安既德爲物宗,學兼三藏,所制僧尼軌範,佛法憲章,條爲三例:一曰,行香定座上經上講之法;二曰,常日六時行道飲食唱時法;三曰,布薩差使悔過等法。天下寺舍,遂則而從之。安每與弟子法遇等,於彌勒前立誓,願生兜率。後至秦建元二十一年……二月八日忽告衆曰:"吾當去矣。"是日齋畢,無疾而卒。葬城内五級寺中。是歲晉太元十年也。

未終之前,隱士王嘉往候安。安曰:"世事如此,行將及人,相與去乎?"嘉曰:"誠如師所言,師且前行,僕有小債未了,不得俱去。"及姚萇之得長安也,嘉時故在城内,萇與苻登相持甚久,萇乃問嘉:"朕當得登不?"答曰:"略得。"萇怒曰:"得當言得,何略有之。"遂斬之。此嘉所謂負債者也。萇死後,其子興方殺登。興字子略,卽嘉所謂略得者也。嘉字子年,洛陽人也。形貌鄙陋,似若不足,本滑稽,好語笑,然不食五穀,清虚服氣,人咸宗而事之。往問善惡,嘉隨而應答,語則可笑,狀如調戲,辭似讖記,不可領解,事過多驗。初,養徒於加眉谷中,苻堅遣大鴻臚徵,不就,及堅將欲南征,遣問休否,嘉無所言,乃乘使者馬,佯向東行數百步,因落靴帽,解棄衣服,奔馬而還,以示堅壽春之敗,其先見如此。及姚萇正害嘉之日,有人于隴上見之,乃遺書于萇。安之潛契神人,皆此類也。

安先聞羅什在西國,思共講析,每勸堅取之。什亦遠聞安風,謂是東方聖人,恒遥而禮之。……安終後十六年,什公方至,什恨不相見,悲恨無極。

安既篤好經典，志在宣法，所請外國沙門僧伽提婆、曇摩難提及僧伽跋澄等，譯出衆經百餘萬言。常與沙門法和，詮定音字，詳覈文旨，新出衆經，於是獲正。

孫綽爲名德沙門論，自云：“釋道安博物多才，通經名理。”又爲之讚曰：“物有廣贍，人固多宰，淵淵釋安，專能兼倍。飛聲汧隴，馳名淮海，形雖草化，猶若常在。”有別記云，河北別有竺道安，與釋道安齊名，謂習鑿齒致書于竺道安。道安本隨師姓竺，後改爲釋。世見其二姓，因謂爲兩人，謬矣。

（選自金陵刻經處本梁慧皎高僧傳卷五）

支　道　林

【簡介】　支道林，名遁，俗姓關，約生於公元三一三年（西晉愍帝建興元年），死于公元三六六年（東晉廢帝太和元年），陳留人（今河南開封市南，一說是河東林慮人）。他是東晉著名僧人，般若學六大家之一，卽色宗的代表人物。他在二十五歲出家後，主要活動在浙江、蘇南一帶，晚年曾被哀帝詔往京師講道行般若經，弘揚佛法三年。支道林好談玄理、交遊甚廣，與當時一代名流王洽、劉恢、殷浩、許詢、郄超、桓彥表、王敬仁、何次道、王文度、謝長遐、袁彥伯等過往甚密。王濛贊美他的玄學思辨所達到的精微程度，不減於王弼，孫綽道賢論把他比爲玄學家向秀，謝安、王羲之也非常推崇他的佛學、莊學的造詣。所以支道林在歷史上是有一定影響的。他一生著作頗多，據高僧傳支遁傳載，曾集爲十卷，盛行於世。但是一些重要著述今多佚失，所存僅有大小品對比要鈔序等序、書、讚、銘，約三十篇，保存在弘明集、廣弘明集和出三藏記集中，世說新語文學篇注也保留了一些殘篇。

“卽色論”是支道林對般若空觀的一種理解，是他佛教哲學思想的基礎。他說：“夫色之性也，不自有色，色不自有，雖色而空，故曰：‘色卽爲空，色復異空。’”（世說新語文學篇注引妙觀章）意思是說，一切物質現象都是依靠其他條件而存在的，沒有自性，沒有實體，所以是空的，這就是“色卽是空”。同時正因爲無自性，無實體，所以又和作爲本體的空有區別，這就是“色復異空”。

支道林也是當時莊學的權威，他對莊子逍遙遊的解釋，曾名噪一時，博得名士學者的傾倒。他的逍遙遊論，講的是所謂至人的理想境界問題。他認爲，至人的理想境界，應當是内心冥寂，與萬物相應而動，隨萬物而遷化，從而達到外遊無窮，無所不適。這是支道林的人生觀，即追求超脱物質世界的主觀的絕對自由。它表現了在即色論基礎上形成的虛無飄渺的玄想。支道林結合般若學去發揮莊子逍遙遊的思想，强調芸芸衆生是達不到逍遙的，只有至人、聖人才能達到逍遙，從而爲佛教的脱離人間、遁入山林的出世主義作論證。

支道林佛教信仰的歸宿是“馳心神國”，他在阿彌陀佛像讚並序中描繪了遠離中國的西方，有阿彌陀（無量壽）爲君的佛國，在佛國裏沒有王制班爵的等級制度，男女都極爲清淨，大家都按佛教教義生活。另外，館宇宫殿，苑囿池沼，莊嚴宏偉，瑰麗奇榮。這種幻想的天堂，反映了人們擺脱人間地獄的願望，追求幸福生活的憧憬。同時，支道林也正是以西方佛國這種子虛烏有的空中樓閣來自欺欺人，從而客觀上爲維護封建社會這個勞動人民的人間地獄作辯護。

一、大小品對比要鈔序

夫般若波羅蜜者，衆妙之淵府，羣智之玄宗，神王之所由，如來之照功。其爲經也，至無空豁，廓然無物者也。無物於物，故能齊於物；無智於智，故能運於智。是故夷三脱于重玄，齊萬物於空同，明諸佛之始有，盡羣靈之本無，登十住之妙階，趣無生之徑路。何者？賴其至無，故能爲用。

夫無也者，豈能無哉！無不能自無，理亦不能爲理。理不能爲理，則理非理矣；無不能自無，則無非無矣。是故妙階則非階，無生則非生。妙由乎不妙，無生由乎生。是以十住之稱興乎未足定號，般若之智生乎教迹之名。是故言之則名生，設教則智存。智存於物，實無迹也；名生于彼，理無言也。何則？至理冥壑，歸乎無名。無名無始，道之體也。無可不可者，聖之慎也。苟慎理以應動，則不得不寄言，宜明所以寄，宜暢所以言。理冥則言廢，忘覺則智全。若存無以求寂，希智以忘心，智不足以盡無，寂不足以冥神。何則？故有存於所存，有無於所無。存乎存者，非其存也；希乎無者，非其無也。何則？徒知無之爲無，莫知所以無；知存之爲存，莫知所以存。希無以忘無，故非無之所無；寄存以忘存，故非存之所存。莫若無其所以無，忘其所以存。忘其所以存，則無存于所存；遺其所以無，則忘無於所無。忘無故妙存，妙存故盡無，盡無則忘玄，忘玄故無心。然後二迹無寄，無有冥盡。是以諸佛因般若之無始，明萬物之自然；衆生之喪道，溺精神乎欲淵。悟羣俗以妙道，漸積損以至無；設玄德以廣教，守谷神以存虛；齊衆首於玄同，還羣靈乎本無。

　　蓋聞出小品者，道士也。嘗遊外域，歲數悠曩，未見典載而不詳其姓名矣。嘗聞先學共傳云，佛去世後，從大品之中鈔出小品，世傳其人，唯目之以滔德，驗之以事應，明其至到而已，亦莫測其由也。

　　夫至人也，覽通羣妙，凝神玄冥，靈虛響應，感通無方。建同德以接化，設玄教以悟神，述往迹以搜滯，演成規以啟源。或因變以求通，事濟而化息，適任以全分，分足則教廢。故理非乎變，變非乎理，教非乎體，體非乎教。故千變萬化，莫非理外，神何動哉？以之不動，故應變無窮。無窮之變，非聖在物，物變非聖，聖未始于變。故教遺興乎變，理滯生乎權，接應存乎物，理致同乎歸，而辭數異乎本事，備乎不同。不同之功，由之萬品，神悟遲速，莫不緣分。分闇則功重，言積而後悟，質明則神朗，觸理則玄暢。輕之與重，未始非分，是以聖人之爲教，不以功重而廢分。分易而存輕，故羣品所以悟，分功所以成，必須重以運通，因其宜以接分，此爲悟者之功重，非聖教之有煩。令統所以約，教功所以全，必待統以適任，約文以領玄。領玄則易通，因任則易從，而物未悟二本之不異統，致同乎宗，便以言數爲大小，源流爲精粗。文約謂之小，文殷謂之大，順常之爲通，因變之爲澌，守數之爲得，領統之爲失。而彼揩文之徒，騃見束教，頂著阿含，神匱分淺，才不經宗，儒墨大道，域定聖人。志局文句，詰教難權，謂崇要爲達諒，領統爲傷宗，須徵驗以明實，效應則疑伏。是以至人順羣情以徵理，取驗乎沸油，明小品之體，本塞羣疑幽滯，因物之徵驗，故示驗以應之。今不可以趣徵于一驗，目之爲淳德，効喪於事實，謂之爲常人，而未達神化之權。

統玄應於將來，暢濟功於殊塗，運無方之一致，而察殊軌爲異統，觀奇化爲逆理，位大寶爲欣王，聚濟貨爲欲始，徒知至聖之爲教，而莫知所以教。是以聖人標域三才，玄定萬品。教非一塗，應物萬方，或損教違無，寄通適會；或抱一御有，繫文明宗，崇聖典爲世軌則。夫體道盡神者，不可詰之以言教；遊無蹈虛者，不可求之於形器。是以至人於物，遂通而已。

明乎小大之不異，暢玄標之有寄，因順物宜，不拘小派。或以大品辭茂事廣，喻引宏奧，雖窮理有外，終於玄同，然其明宗統一，會致不異，斯亦大聖之時教，百姓之分致。苟以分致之不同，亦何能求簡於聖哉！若以簡不由聖，豈不寄言於百姓？夫以萬聲鐘響，響一以持之，萬物感聖，聖亦寂以應之，是以聲非乎響，言非乎聖明矣。且神以知來，夫知來者，莫非其神也。機動則神朗，神朗則逆鑒，明夫來往常在鑒內。是故至人鑒將來之希纂，明才致之不並，簡教迹以崇順，擬羣智之分。向關之者易統，知希之者易行。而大品言數豐具，辭領富溢，問對奧衍，而理統宏邃。雖玄宗易究，而詳事難備，是以明夫爲學之徒，須尋迹旨，關其所往，究攬宗致，標定興盡，然後悟其所滯，統其玄領。或須練綜羣問，明其酬對，探幽研賾，盡其妙致；或以教衆數溢，諷讀難究，欲爲寫崇供養，力致無階。諸如此例，羣仰分狹，關者絶希。是故出小品者，參引王統，簡領羣目，筌域事數，標判由宗，以爲小品，而辭喻清約，運旨亹亹。然其往往明宗而標其會致，使宏統有所，於理無損，自非至精，孰其明矣。又察其津塗，尋其妙會，攬始原終，研極奧旨，領大品之王標，備小品之玄致，縹縹焉覽津乎玄味，精矣盡矣，無以加矣！斯人也，將神王於冥津，羣形於萬物，量不可測矣。宜求之於筌表，寄之於玄外。

惟昔聞之曰：夫大小品者，出於本品，本品之文，有六十萬言，今遊天竺，未適於晉。今此二鈔亦興於大本，出者不同也，而小品出之在先。然斯二經雖同出於本品，而時往有不同者。或小品之所具，大品所不載，大品之所備，小品之所關。所以然者，或以二者之事同，互相以爲賴，明其本一，故不並矣。而小品至略玄總，事要舉宗，大品雖辭致婉巧，而不喪本歸。至於說者，或以專句推事，而不尋況旨；或多以意裁，不依經本。故使文流相背，義致同乖，羣義偏狹，喪其玄旨。或失其引統，錯徵其事，巧辭辯僞，以爲經體，雖文藻清逸，而理統乖宗。是以先哲出經以胡爲本，小品雖鈔，以大爲宗，推胡可以明理，徵大可以驗小。若苟任胸懷之所得，背聖教之本旨，徙常於新聲，苟競於異常，異常未足以徵本，新聲不可以經宗。而遣異常之爲談，而莫知傷本之爲至。傷本則失統，失統則理滯，理滯則或殆。若以殆而不思其源，困而不尋其本，斯則外不關於師資，內不由於分得。豈非仰資於有知，自塞於所尋，困蒙於所滯，自窮於所通？進不闇常，退不研新，説不依本，理不經宗，而忽詠先舊，毀呰古人，非所以爲學，輔其自然者哉！

夫物之資生，靡不有宗，事之所由，莫不有本，宗之與本，萬理之源矣。本喪則理絶，根朽則枝傾，此自然之數也。末紹不然矣。於斯也，徒有天然之才，淵識邈世，而未見大品攬其源流，明其理統，而欲寄懷小品，率意造義，欲寄其分得，標顯自然，希邈常流，徒尚名賓，而竭其才思，玄格聖言，趣悦羣情，而乖本違宗，豈相望乎大品也哉！如其不悟，將恐遂其所惑，以罔後生。是故推考異同，驗其虛實，尋流窮源，各有歸趣。而小品引宗，時有諸異，或辭倒事同，而不乖旨歸；或取其初要，廢其後致；或筌次事宗，倒其首尾；或散在羣品，略撮玄要。時有此事，乖互不同。又，大品事數甚衆，而辭曠浩衍，本欲推求本宗，明驗事旨，而用思甚多勞，審功又寡，且稽驗廢事，不覆速急。

是故，余今所以例玄事以駢比，標二品以相對，明彼此之所在，辯大小之有光，雖理或非深奧，而事對之不同，故采其所究，精粗並兼，研盡事迹，使驗之有由。故尋源以求實，趣定於理宗。是以考大品之宏致，驗小品之總要，搜玄没之所存，求同異之所寄。□□有在，尋之有軌，爾乃也貫綜首尾，推步玄領，究其盤結，辯其凝滯，使文不違旨，理無負宗，棲驗有寄，辯不失徵，且於希詠之徒，浪神遊宗，陶冶玄妙，推尋源流，關虛考實，不亦夷易乎？若其域乖體極，對非理標，或其所寄者，願俟將來摩訶薩，幸爲研盡，備其未詳也。

（選自金陵刻經處本出三藏記集經序卷八）

二、逍 遥 遊 論

夫逍遥者，明至人之心也。莊生建言大道，而寄指鵬鷃。鵬以營生之路曠，故失適於體外；鷃以在近而笑遠，有矜伐於心内。至人乘天正而高興，遊無窮於放浪，物物而不物於物，則遥然不我得；玄感不爲，不疾而速，則逍然靡不適。此所以爲逍遥也。若夫有欲，當其所足，足於所足，快然有似天真，猶饑者一飽，渴者一盈，豈忘烝嘗於糗糧，絶觴爵於醪醴哉？苟非至足，豈所以逍遥乎？

（選自世説新語文學篇注引）

三、妙 觀 章

夫色之性也，不自有色。色不自有，雖色而空，故曰色即爲空，色復異空。

（同上）

四、卽色遊玄論

山門玄義第五卷云：第八，支道林著卽色遊玄論云："夫色之性，色不自色，不自，雖色而空。知不自知，雖知而寂也。"

（選自大正藏卷六五安澄中論疏記）

五、與桓太尉論州符求沙門名籍書

隆安三年四月五日，京邑沙門等頓首白：夫標極有宗，則仰之者至，理契神冥，則沐浴彌深。故尼父素室，顏氏流連，豈不以道隆德盛，直往忘返者哉？貧道等雖人凡行薄，奉修三寶，愛自天至，信不待習，但日損功德，撫心增愾。賴聖主哲王，復躬弘其道，得使山居者騁業，城傍者閑道，緣皇澤曠灑，朽幹蒙榮。然沙門之於世也，猶虛舟之寄大壑耳，其來不以事，退亦乘間，四海之內，竟自無宅。邦亂則振錫孤遊，道洽則欣然俱萃。所以自遠而至，良有以也，將振宏綱于季世，展誠心于百代。而頃，頻被州符求沙門名籍，煎切甚急，未悟高旨，野人易懼，抱憂實深，遂使禪人失靜，勤士廢行，喪精絕氣，達旦不寐，索然不知何以自安。伏願明公扇唐風於上位，待白足於其下，使懷道獲濟，有志俱全，則身亡體盡，畢命此矣。天聽殊邈，或未具簡，謹以上聞，伏追悚息。

（選自四部叢刊影印本弘明集卷一二）

六、八關齋會詩序

間與何驃騎期，當爲合八關齋。以十月二十二日集同意者在吳縣土山墓下，三日清晨爲齋始，道士白衣凡二十四人，清和肅穆，莫不靜暢。至四日朝，衆賢各去。余既樂野室之寂，又有掘藥之懷，遂便獨住。於是乃揮手送歸，有望路之想，靜拱虛房，悟外身之真，登山採藥，集巖水之娛，遂援筆染翰，以慰二三之情。

（選自四部叢刊影印本廣弘明集卷三〇上）

七、釋迦文佛像讚

　　夫立人之道，曰仁與義。然則仁義有本，道德之謂也。昔姬周之末，有大聖號佛，天竺釋王白淨之太子也。俗氏母族，厥姓裘曇焉。仰靈胄以丕承，藉儁哲之遺芳，吸中和之誕化，禀白淨之顯然。生自右脅，弱而能言。諒天爵以不加爲貴，誠逸禄以靡須爲足，故常夕惕上位，逆旅紫庭，紆軫儲宫，擬翮區外。俄而高逝，周覽郊野，四闚皇扉，三鑒疾苦，風人厲辭以激輿，乃甘心受而莫逆。訊大猷于有道，慨在兹之致淹，遂乃明發遐征，栖遲幽閒，脱皇儲之重任，希無待以輕舉，褫龍章之盛飾，貿窮巖之襤褐，資送之儔，自崖而反矣。爾乃抗志匪石，安仁以山，斑卉匡居，摧心立盟。釐安般之氣緒，運十算以質心，併四籌之八記，從二隨而簡巡。絶送迎之兩際，緣妙一於鼻端，發三止之曚秀，洞四觀而合泯，五陰遷於還府，六情虚於静林，涼五内之欲火，廓太素之浩心。濯般若以進德，潛七住而挹玄，搜冥魚于六絶，茴既立而廢筌。豁萬刧之積習，同生知於當年，掩五濁以擅曜，嗣六佛而徵傳。偉唯丈六，體佩圓光，啟度黄中，色豔紫金。運動陵虚，悠往倏忽，八音流芳，逸豫揚彩。沙覽未兆，則卓絶六位，曲成已著，則化隆三五。沖量弘乎太虚，神蓋宏於兩儀，易簡待以成體，太和擬而稱邵。圓著者象其神寂，方卦者法其智周，照積祐之留詳，元宿命以制作，或綱之以德義，或疏之以沖風。亮形摇於日新，期妙主於不盡，美既青而青藍，逞百練以就粹。導庶物以歸宗，拔堯孔之外犍，屬八億以語極，罩墳索以興典，掇道行之三無，絡聃周以曾玄，神化著于西域，若朝暉升於暘谷，民望景而興行，猶曲調諧於宫商。當是時也，希夷緬邈于羲風，神奇卓絕於皇軒，蔚彩沖漠於周唐，頌味有餘於鄒魯，信可謂神化之都領，皇王之宗譔也。年逾縱心，泯迹泥洹。夫至人時行而時止，或隱此而顯彼，迹絕於忍土，冥歸於維衞，俗徇常以駭奇，固以存亡而統之。至於靈覺之性，三界殄悴，豁若川傾，頹如乾墜，黔首與永夜同幽，冥流與涸津並匱，六度與崩岑俱褫，三乘與絕軸解轡，門徒泣血而心喪，百靈銜哀而情悸。夫道高者應卑，因巡者親譽，故不祈哭而哭，豈非兼忘天下易，使天下兼忘難？靈風播越，環周六合，曆數終於赤縣，後死所以與聞，景仰神儀，而事絕於千載，祇洹既已漂落，玉樹卒亦荒蕪，道喪人亡，時亦已矣。遁以不才，仰遵大猷，追朝陽而弗暨，附桑榆而未升，神馳在昔，願言再欽，遂援筆興古，述厥遐思，其詞曰：

太上邈矣，有唐統天，孔亦因周，篹廬三傳。明明釋迦，實惟帝先，應期叡作，化融竺乾。交養恬和，濯粹沖源，邁軌世王，領宗中玄。堂構洪模，揭秀負靈，峻誕崑岳，量哀太清。太象罕窺，乃圓其明，玄音希和，文以八聲。煌煌慧炬，燭我宵征，人欽其哲，孰識其冥？望之霞皋，卽亦雲津，威揚夏烈，溫柔晞春。比器以形，卓機以神，卷卽煙滅，騰亦龍伸。鼓舞舟塹，靈氣惟新，誰與兹作，獨運陶鈞。三無衷玄，八億致遠，二部既弘，雙翰惟典。充以瓌奇，恬以易簡，藏諸蘊匵，寔之令善。可善善因，乃讚乃演，致存言性，豈伊弘闡。日月貞朗，顯晦周遍，生如紛霧，曖來已晞。至人全化，迹隨世微，假云泥洹，言告言歸。遺風六合，佇方赤畿，象罔不存，誰與悟機，鏡心乘翰，庶覿冥暉。

（選自四部叢刊影印本廣弘明集卷一五）

八、阿彌陀佛像讚並序

夫六合之外，非典籍所模，神道詭世，豈意者所測？故曰："人之所知，不若其所不知。" 每在常，輒欲以所不能見，而斷所未能了，故令井蛙有坎宅之矜，馮夷有秋水之伐，故其冥矣。余遊大方，心倦無垠，因以靜暇，復伸諸奇麗。佛經記西方有國，國名安養，迴遼迴邈，路踰恒沙，非無待者，不能遊其疆，非不疾者，焉能致其速？其佛號阿彌陀，晉言無量壽。國無王制班爵之序，以佛爲君，三乘爲教，男女各化育於蓮華之中，無有胎孕之穢也。館宇宮殿，悉以七寶，皆自然懸構，制非人匠。苑囿池沼，蔚有奇榮，飛沈天逸於淵藪，近寓羣獸而率真，閶闔無扇於瓊林，玉嚮天諸於簫管，冥霄隕華以闇境，神風拂故而納新，甘露徵化以醴被，蕙風導德而芳流，聖音應感而雷嚮，慧澤雲垂而沛清，學文嚼今而貴言，真人冥宗而廢翫，五度憑虛以入無，般若遷知而出玄，衆妙於茲大啟，神化所以永傳。別有經記以錄其懿，云此晉邦，五末之世，有奉佛正戒，諷誦阿彌陀經，誓生彼國，不替誠心者，命終靈逝，化往之彼，見佛神悟，即得道矣。遁生末蹤，忝廁殘迹，馳心神國，非所敢望。乃因匠人，圖立神表，仰瞻高儀，以質所天，詠言不足，遂復係以微頌。其詞曰：

王猷外薈，神道内綏，皇矣正覺，寔兼宗師。泰定軫曜，黄中秀姿，恬智交泯，三達玄夷。啟境金方，緬路悠迴，於彼神化，悟感應機。五度砥操，六慧研微，空有同狀，玄門洞開。詠歌濟濟，精義順神，玄肆洋洋，三乘詵詵。藏往摹故，知來惟新，二才孰降，朗滯由人。造化營域，雲搆峩峩，紫館辰峙，華宇星羅。玉闥通方，金墉啟阿，景傾朝日，豔蔚晨霞。神提迴互，九源曾深，浪無筌忘，鱗罕餌淫。澤不司虞，駁翼懷林，有客驅徒，雨埋機心，甘露敦洽，蘭蕙助馨，化隨雲濃，俗與風清。葳蕤消散，靈飆掃英，瓊林諧鷽，八音文成。珉瑤沈粲，芙渠晞陽，流澄其潔，薝播其香。潛爽冥萃，載哲來翔，孕景中葩，結靈幽芳。類諸風化，妙兼于長，邁軌一變，同規坐忘。

（選自四部叢刊影印本廣弘明集卷一五）

九、善思菩薩讚

玄和吐清氣，挺茲命世童，登臺發春詠，高興希退蹤。乘虛感靈覺，震網發童蒙，外見憑寥廓，有無自冥同。忘高故不下，蕭條歊仞中，因華請無著，陵虛散芙蓉。能仁暢玄句，卽色自然空，空有交映迹，冥知無照功。神期發筌悟，谿爾自靈通。

（同上）

十、閒首菩薩讚

閒首齊吾我，造理因兩虛，兩虛似得妙，同象反入粗。何以絕塵迹？忘一歸本無。空同何所貴，所貴乃恬愉。

（同上）

十一、不眴菩薩讚

有愛生四淵，淵沈世路永，未若觀無得，德物物自靜。何以虛静閒？恬智翳神穎。絕迹遷靈梯，有無無所騁，不眴冥玄和，棲神不二境。

（選自四部叢刊影印本廣弘明集卷一五）

十二、善宿菩薩讚

體神在忘覺，有慮非理盡。色來投虛空，嚮朗生應軫。託陰遊重宴，冥亡影迹隕。三界皆勤求，善宿獨玄泯。

（同上）

十三、善多菩薩讚

自大以跨小，小者亦駁大。所謂大道者，遣心形名外。都忘絕鄙當，冥默自玄會。善多體沖姿，豁豁高懷泰。

（同上）

十四、首立菩薩讚

爲勞由無勞，應感無所思，悠然不知樂，物通非我持。渾形同色欲，思也誰及之，嘉會言玄志，首立必體茲。

（同上）

十五、月光童子讚

靈童綏神理,恬和自交忘。弘規愍昏俗,統體稱月光。心爲兩儀蘊,迹爲流溺梁。英姿秀乾竺,名播赤縣鄉。神化詭俗網,玄羅摰遊方,丘巖積陳痾,長驅幸玉堂。汲引興有待,冥歸無盡場,戢翼栖高崝,淩風振奇芳。

（選自四部叢刊影印本廣弘明集卷一五）

十六、維摩詰讚

維摩體神性,陵化昭機庭,無可無不可,流浪入形名。民動則我疾,人恬我氣平,恬動豈形影,形影應機情。玄韻乘十哲,頡頏傲四英,忘期遇濡首,疊疊讚死生。

（同上）

〔附〕 支遁傳（節）

支遁字道林,本姓關氏,陳留人,或云河東林慮人。幼有神理,聰明秀徹。初至京師,太原王濛甚重之,曰:"造微之功,不減輔嗣。"陳郡殷融,嘗與衛玠交,謂其神情儁徹,後進莫有繼之者。及見遁歎息,以爲重見若人。家世事佛,早悟非常之理。隱居餘杭山,沈思道行之品,委曲慧印之經,卓焉獨拔,得自天心。年二十五出家,每至講肆,善標宗會,而章句或有所遺,時爲守文者所陋。謝

安聞而善之，曰："此乃九方歅之相馬也，略其玄黃而取其駿逸。"王
洽、劉恢、殷浩、許詢、郗超、孫綽、桓彥表、王敬仁、何次道、王文度、
謝長遐、袁彥伯等，並一代名流，皆著塵外之狎。

遁常在白馬寺，與劉系之等談莊子逍遙篇，云各適性以爲逍
遙。遁曰："不然，夫桀跖以殘害爲性，若適性爲得者，彼亦逍遙
矣。"於是退而注逍遙篇，羣儒舊學莫不歎伏。後還吳，立支山寺。
晚欲入剡，謝安爲吳興守，與遁書曰："思君日積，計辰傾遲，知欲還
剡自治，甚以悵然。人生如寄耳，頃風流得意之事，殆爲都盡，終日
戚戚，觸事惆悵，唯遲君來，以晤言消之，一日當千載耳。此多山
縣，閑靜差可養疾，事不異剡，而醫藥不同，必思此緣，副其積想
也。"王羲之時在會稽，素聞遁名，未之信，謂人曰："一往之氣，何足
可言？"後遁既還剡，經由於郡，王故往詣遁，觀其風力。既至，王謂
遁曰："逍遙篇可得聞乎？"遁乃作數千言，標揭新理，才藻驚絶，王
遂披襟解帶，留連不能已，仍請住靈嘉寺，意存相近。

俄又投迹剡山，于沃州小嶺立寺行道，僧衆百餘，常隨稟學。
時或有惰者，遁乃著座右銘以勖之，曰："勤之勤之，至道非彌，奚爲
淹滯，弱喪神奇。茫茫三界，眇眇長羈，煩勞外湊，冥心內馳。徇赴
欽渴，緬邈忘疲，人生一世，涓若露垂，我身非我，云云誰施？達人
懷德，知安必危，寂寥清舉，濯累禪池，謹守明禁，雅玩玄規，綏心神
道，抗志無爲，寥朗三蔽，融冶六疵，空同五陰，虛豁四肢。非指喻
指，絶而莫離。妙覺既陳，又玄其知，宛轉乎任，與物推移。過此以
往，勿思勿議，敦之覺父，志在嬰兒。"

時論以遁才堪經濟，而潔己拔俗，有違兼濟之道，遁乃作釋
矇論。

晚移石城山，又立棲光寺，宴坐山門，遊心禪苑，木食澗飲，浪
志無生，乃注安般四禪諸經，乃卽色遊玄論、聖不辯知論、道行旨

歸、學道誠等，追蹤馬鳴，躡影龍樹，義應法本，不違實相。

晚出山陰，講維摩經，遁爲法師，許詢爲都講。遁通一義，衆人咸謂詢無以厝難，詢每設一難，亦謂遁不復能通，如此至竟，兩家不竭。凡在聽者，咸謂審得遁旨，迴令自說，得兩三反便亂。

至晉哀帝卽位，頻遣兩使，徵請出都，止東安寺，講道行般若，白黑欽崇，朝野悅服。

太原王濛，宿構精理，撰其才辭，往詣遁，作數百語，自謂遁莫能抗，遁徐曰："貧道與君別來多年，君語了不長進。"濛慚而退焉，乃歎曰："實緇鉢之王何也。"郗超問謝安："林公談何如嵇中散？"安曰："嵇努力裁得去耳。"又問："何如殷浩？"安曰："亹亹論辯，恐殷制支；超拔直上淵源，實有慚德。"郗超後與親友書云："林法師神理所通，玄拔獨悟，數百年來，紹明大法，令眞理不絕，一人而已。"

遁淹留京師，涉將三載，乃還東山，上書告辭曰："遁頓首言，敢以不才，希風世表，未能鞭後，用愆靈化。蓋沙門之義，法出佛之聖，彫淳反樸，絕欲歸宗。遊虛玄之肆，守內聖之則，佩五戒之貞，毗外王之化，諧無聲之樂，以自得爲和。篤慈愛之孝，蠕動無傷，銜撫恤之哀，永悼不仁。秉未兆之順，遠防宿命，把無位之節，履亢不悔。是以哲王御世，南面之重，莫不欽其風尚，安其逸軌，探其順心，略其形敬，故令歷代彌新矣。陛下天鍾聖德，雅尚不倦，道遊靈模，日昃忘御，可謂鐘鼓晨極，聲滿天下，清風既劭，莫不幸甚。上願陛下，齊齡二儀，弘敷至法，去陳信之妖誣，尋丘禱之弘議，絕小塗之致泥，奮宏響於夷路。若然者，泰山不淫季氏之旅，得一以成靈；王者非員丘而不禋，得一以永貞。若使貞靈各一，人神相忘，君君而下無親舉，神神而呪不加靈，玄德交被，民荷冥祐，恢恢六合，成吉祥之宅，洋洋大晉，爲元亨之宇，常無爲而萬物歸宗，執大象而天下自往，國典刑殺，則有司存焉。若生而非惠，則賞者自得，戮而非怒，則罰者自刑。弘公器以厭神意，提銓衡以極冥量，所謂天何言哉？四時行焉。貧道野逸東山，與世異榮，菜蔬長阜，漱流清壑，檻褸畢世，絶窺皇階，不悟乾光曲曜，猥被蓬蓽，頻奉明詔，使詣上京，進退惟咎，不知所厝。自到天庭，屢蒙引見，優遊賓禮，策以微言，每愧才不拔滯，理無拘新，不足對揚玄模，允塞視聽，踧踖侍人，流汗位席。曩四翁赴漢，干木蕃魏，皆出處有由，默語適會。今德非昔人，動静乖理，遊魂禁省，鼓言帝側，將困非據，何能有爲？且歲月僶俛，感若斯之歎，況復同志索居，綜習遼落，迴首東顧，孰能無懷？上願陛下，特蒙放遣，歸之林薄，以鳥養鳥，所荷爲優。謹露板以聞，伸其愚管，裹糧望路，伏待慈詔。"詔即許焉，資給發遣，事事豐厚，一時名流，並餞離于征虜。蔡子叔前至，近遁而坐，謝安石後至，值蔡暫起，謝便移就其處。蔡還，合褥舉謝擲地，謝不以介意，其爲時賢所慕如此。既而收迹剡山，畢命林澤。

　　人嘗有遺遁馬者，遁受而養之。時或有譏之者，遁曰："愛其神駿，聊復畜耳。"後有餉鶴者，遁謂鶴曰："爾沖天之物，寧爲耳目之玩乎？"遂放之。遁幼時嘗與師共論物類，謂鷄卵生用，未足爲殺，師不能屈。師尋亡，忽現形，投卵于地，殼破鷇行，頃之俱滅，遁乃感悟，由是蔬食終身。遁先經餘姚塢山中住，至于明辰，猶還塢中。或問其意，答云："謝安石昔數來見就，輒移旬日，今觸情舉目，莫不興想。"後病甚，移還塢中。以晉太和元年閏四月四日終于所住，春秋五十有三。即窆于塢中，厥塚存焉。或云終剡，未詳。

　　遁善草隸。郗超爲之序傳，袁宏爲之銘讚，周曇寶爲之作誄。孫綽道賢論以遁方向子期，論云："支遁向秀，雅尚莊老，二子異時，風好玄同矣。"又喻道論云："支道林者，識清體順，而不對于物，玄道冲濟，與神情同任，此遠流之所以歸宗，悠悠者所以未悟也。"後高士戴逵行經遁墓，乃歎曰："德音未遠，而拱木已繁，冀神理綿綿，不與氣運俱盡耳。”

　　遁有同學法虔，精理入神，先遁亡，遁歎曰：“昔匠石廢斤于郢人，牙生輟絃于鍾子，推己求人，良不虛矣。寶契既潛，發言莫賞，中心蘊結，余其亡矣。”乃著切悟章，臨亡成之，落筆而卒。凡遁所著文翰集有十卷，盛行於世。

　　　　　　　　　　（選自金陵刻經處本梁慧皎高僧傳卷四）

支愍度　竺法蘊

【簡介】　支愍（敏）度和竺法蘊　是晉代名僧，生平事蹟及其佛教思想已不可詳考，僅在慧皎高僧傳卷四康僧淵傳和竺道潛傳中附有極簡略的記載。據現有史料來看，支愍度在西晉惠帝時已是有影響的僧人了。後在東晉成帝時過江。在過江前曾和同行的一個江北僧人商量説，用舊的一套佛教説法到江東去恐怕找不到飯吃，於是共立“心無義”。他是“心無義”的開創人。支愍度曾作經論都録和經論別録各一卷，今并佚失，現僅存合首楞嚴經記和合維摩詰經序兩篇序文，保存在出三藏記集中。

　　竺法蘊是竺道潛（法深）的高足弟子。竺法蘊和支愍度都是主張“心無義”的。“心無義”是晉代般若學六家之一，是當時一個有影響的重要學派。它的基本思想是主張心無，卽從主觀方面排除外界萬物對心的干擾，以保持心神的安寧和清静。它並没有論證外界萬物是虚無的，因此被認爲唯心主義還不徹底，後來受到僧肇的批評。

一、有關支愍度、竺法蘊思想的資料

　　晉成之世，（康僧淵）與康法暢、支敏度等俱過江。暢亦有才思，善爲往復，著人物始義論等。暢常擊塵尾行，每值名賓，輒清談盡日。……敏度亦聰哲有譽，著傳譯經録，今行於世。

　　　　　　（選自金陵刻經處本梁慧皎高僧傳卷四康僧淵傳）

愍度道人始欲過江，與一傖道人爲侶，謀曰："用舊義往江東，恐不辦得食。"便共立心無義。既而此道人不成渡。愍度果講義積年。後有傖人來，先道人寄語云："爲我致意愍度，無義那可立？治此計權救饑爾，無爲遂負如來也！"

（選自世説新語假譎篇）

竺法蘊悟解入玄，尤善放光般若，康法識亦有義學之譽，而以草隸知名。……凡此諸人，皆潛之神足，孫綽並爲之讚。

（選自金陵刻經處本梁慧皎高僧傳卷四竺道潛傳）

舊義者曰：種智有是，而能同照，然則萬累斯盡，謂之空無，常住不變，謂之妙有。而無義者曰：種智之體，豁如太虛，虛而能知，無而能應，居宗至極，其唯無乎？

（選自世説新語假譎篇注引）

無心萬物，萬物未嘗無。謂經中言空者，但於物上不起執心，故言其空，然物是有，不曾無也。

（選自大正藏卷四五元康肇論疏）

溫法師用心無義。心無者，無心於萬物，萬物未嘗無。此釋意云：經中説諸法空者，欲令心體虛妄不執，故言無耳，不空外物，卽萬物之境不空。

（選自大正藏卷四二吉藏中觀論疏）

山門玄義第五云：第一，釋僧溫著心無二諦論云："有，有形也。無，無象也。有形不可無，無象不可有。而經稱色無者，但内止其心，不空外色。"此壹公破，反明色有，故爲俗諦；心無，故爲真諦也。

（選自大正藏卷六五安澄中論疏記）

二諦搜玄論云：晉竺法溫，爲釋法琛法師之弟子也。其製心無論云："夫有，有形者也。無，無象者也。然則有象不可謂無。無形不可謂無(按,"無"疑當作"有")是故有爲實有,色爲真色。經所謂色爲空者,但内止其心,不滯外色。外色不存餘情之内,非無而何?豈謂廓然無形,而爲無色者乎?"

(選自大正藏卷六五安澄中論疏記)

竺法温法師心無論云:夫有,有形者也。無,無象者也。有象不可言無,無形不可言有。而經稱色無者,但内正(按,"正"疑當作"止"字)其心,不空外色。但内停其心,令不想外色,卽色想廢矣。

(選自續藏經第壹輯第貳編乙第二十三套第四册慧達肇論疏)

〔附:道恒、法汰、慧遠關於心無義的爭論〕

時沙門道恒,頗有才力,常執心無義,大行荆土。汰曰:"此是邪説,應須破之。"乃大集名僧,令弟子曇壹難之,據經引理,析駁紛紜。恒拔其口辯,不肯受屈,日色既暮,明旦更集。慧遠就席,攻難數番,關責鋒起。恒自覺義途差異,神色微動,塵尾扣案,未卽有答。遠曰:"不疾而速,杼柚何爲?"坐者皆笑。心無之義,於此而息。

(選自金陵刻經處本梁慧皎高僧傳卷五竺法汰傳)

慧　遠

【簡介】　慧遠，本姓賈，生於公元三三四年（東晉成帝咸和九年），死於公元四一六年（東晉安帝義熙十二年），雁門樓煩人（今山西代縣）。慧遠一生大體上和東晉同始終，是東晉時繼道安後的佛教領袖。他的佛教活動和哲學思想在中國佛教史和中國哲學史上占有重要的地位。他的著作，據高僧傳釋慧遠傳的記載，曾集爲十卷五十餘篇。但今多佚失。現存的有沙門不敬王者論、明報應論、三報論等論文五篇，各種序五篇，書信十四篇，以及一些銘、贊、記、詩等，主要收集在弘明集、廣弘明集和出三藏記集中。

慧遠的一生基本上可分爲三個階段。第一階段是出家前的求學活動。他曾遊學河南洛陽等地，閱讀儒家、道家的典籍，這對他後來佛教思想的發展，有重大的影響。

第二階段是跟隨道安的二十五年。慧遠出身於仕宦家庭，由於政局動蕩，產生避世思想，終於歸依道安。慧遠接受佛教教義之後，思想發生重大變化，認爲“儒道九流，皆糠粃耳”。（高僧傳本傳）慧遠的佛教思想也屬於般若學的本無派，並且善於引用老莊解釋般若學，深得道安賞識。道安曾贊嘆説：“使道流東國，其在遠乎」”（同上）公元三七七年，符丕攻陷襄陽，道安被留後，慧遠經荊州到了廬山。

第三階段是到廬山後，直至老死的三十多年。這也是慧遠開展多方面佛教活動的主要階段。在這一時期中，他廣泛結交文人名士、朝廷權貴、以至皇帝，書信往來不絕，關係極爲密切。因此，他雖然身不出廬山，而在上層社會中有着很大的影響。

在佛教理論上，慧遠主要是繼承和發展了道安的思想，着重地發揮了佛教三世報應和神不滅的理論。他從道安的本無説出發，進一步闡述了佛教所謂的最高實體和最高精神修養境界的關係。他在法性論（殘篇）中説："至極以不變爲性，得性以體極爲宗。"這是説，佛教的最高實體和最高精神境界在實際上是二而一的東西，也就是説，人只要體認到"空"這個最高的實體，也就認識了自己的本性。這是他佛教出世主義的重要理論基礎。同時，慧遠還從"至極以不變爲性"論點出發，進一步發揮了神不滅的理論。他説："神也者，圓應無生，妙盡無名，感物而動，假數而行。感物而非物，故物化而不滅；假數而非數，故數盡而不窮。"（沙門不敬王者論）意思是説，神（精神、靈魂）能感應發生一切事物和變化，但神本身是"無生"的，不變的，因而神也是"不滅"的，"不窮"的。他這個所謂不生不滅的神，也就是他爲輪迴、受報、以至成佛所尋找出來的主體承担者。慧遠篤信靈魂不滅，又深怕陷入生死輪迴，所以一心嚮往超脱輪迴，投生西方淨土佛國。因此，他與當時許多文人名士一起結社，建齋立誓，奉行息心忘念、心注西方、觀想念佛，即所謂念佛三昧，作爲實現往生淨土的修持方法。這也是以後淨土宗的先導。

此外，慧遠到廬山後深感江東一帶佛經不全，禪法缺乏，律藏殘缺，於是派弟子法淨、法領等西行求經，取得不少梵文經本。經他組織翻譯，毗曇學和禪法的經典在江南得以廣泛流行。這也是他在佛教史上的一大貢獻。

一、沙門不敬王者論五篇並序

晉成、康之世，車騎將軍庾冰，疑諸沙門抗禮萬乘。所明理，何驃騎有答。二家論各在本集至元興中，太尉桓公亦同此義，謂庾言之未盡。與八座書云："佛之爲化，雖誕以茫浩，推乎視聽之外，以敬爲本，此出處不異。蓋所期者，殊非敬恭宜廢也。老子同王侯於三大，原其所重，皆在於資生通運，豈獨以聖人在位，而比稱二儀哉？將以天地之大德曰生，通生理物，存乎王者，故尊其神器而體寔惟隆。豈是虛相崇重，義存弘御而已？沙門之所以生生資國存，亦日用於理命，豈有受其德而遺其禮，沾其惠而廢其敬哉？"于時朝士名賢答者甚衆。雖言未悟時，並互有其美，徒咸盡所懷而理蘊於情。遂令無上道服毀於塵俗，亮到之心屈乎人事。悲夫！斯乃交喪之所由，千載之否運。深懼大法之將淪，感前事之不忘，故著論五篇，究敍微意。豈曰淵壑之待晨露，蓋是伸其罔極，亦庶後之君子，崇敬佛教者，式詳覽焉！

在　家　一

原夫佛教所明大要，以出家（按，"家"或作"處"）爲異。出家之人，凡有四科，其弘教通物，則功侔帝王，化兼治道。至於感俗悟時，亦無世不有。但所遇有行藏，故以廢興爲隱顯耳。其中可得論者，請略而言之：在家奉法，則是順化之民，情未變俗，跡同方内，故有天屬之愛，奉主之禮。禮敬有本，遂因之而成教。本其所因，則功由在昔。是故因親以教愛，使民知其有自然之恩；因嚴以教敬，使民知有自然之重。二者之來，實由冥應，應不在今，則宜尋其本。故以罪對爲刑罰，使懼而後慎；以天堂爲爵賞，使悦而後動。此皆卽其影響之報，而明於教，以因順爲通，而不革其自然也。何者？夫厚身存生，以有封爲滯，累根深固，存我未忘。方將以情欲爲苑囿，聲色爲遊觀，沈湎世樂，不能自勉而特出，是故教之所檢，以此爲崖，而不明其外耳。其外未明，則大同于順化，故不可受其德而遺其禮，沾其惠而廢其敬。是故悦釋迦之風者，輒先奉親而敬君；變俗投簪者，必待命而順動。若君親有疑，則退求其志，以俟同悟。斯乃佛教之所以重資生、助王化於治道者也。論者立言之旨，貌有所同，故位夫內外之分，以明在三之志。略敍經意，宣寄所懷。

出 家 二

　　出家則是方外之賓，跡絶於物。其爲教也，達患累緣於有身，不存身以息患；知生生由於稟化，不順化以求宗。求宗不由於順化，則不重運通之資；息患不由於存身，則不貴厚生之益。此理之與形乖，道之與俗反者也。若斯人者，自誓始於落簪，立志形乎變服，是故凡在出家，皆遯世以求其志，變俗以達其道。變俗則服章不得與世典同禮，遯世則宜高尚其跡。夫然者，故能拯溺俗於沈流，拔幽根於重劫。遠通三乘之津，廣開天人之路。如令一夫全德，則道洽六親，澤流天下，雖不處王侯之位，亦已協契皇極，在宥生民矣。是故內乖天屬之重，而不違其孝；外闕奉主之恭，而不失其敬。從此而觀，故知超化表以尋宗，則理深而義篤；照泰息以語仁，則功末而惠淺。若然者，雖將面冥山而旋步，猶或恥聞其風，豈況與夫順化之民，尸禄之賢，同其孝敬者哉？

求宗不順化三

問曰：尋夫老氏之意，天地以得一爲大，王侯以體順爲尊。得一，故爲萬化之本；體順，故有運通之功。然則明宗必存乎體極，體極必由於順化。是故先賢以爲美談，衆論所不能異。異夫衆論者，則義無所取，而云不順化，何耶？

答曰：凡在有方，同稟生於大化，雖羣品萬殊，精粗異貫，統極而言，唯有靈與無靈耳。有靈則有情於化，無靈則無情於化。無情於化，化畢而生盡，生不由情，故形朽而化滅。有情於化，感物而動，動必以情，故其生不絕。其生不絕，則其化彌廣而形彌積，情彌滯而累彌深，其爲患也，焉可勝言哉！是故經稱：泥洹不變，以化盡爲宅；三界流動，以罪苦爲場。化盡則因緣永息，流動則受苦無窮。何以明其然？夫生以形爲桎梏，而生由化有。化以情感，則神滯其本，而智昏其照，介然有封，則所存唯己，所涉唯動。於是靈轡失御，生塗日開，方隨貪愛於長流，豈一受而已哉？是故反本求宗者，不以生累其神；超落塵封者，不以情累其生。不以情累其生，則生可滅；不以生累其神，則神可冥。冥神絕境，故謂之泥洹。泥洹之名，豈虛稱也哉？請推而實之。天地雖以生生爲大，而未能令生者不死；王侯雖以存存爲功，而未能令存者無患。是故前論云：達患累緣於有身，不存身以息患，知生生由於稟化，不順化以求宗，義存於此。義存於此，斯沙門之所以抗禮萬乘，高尚其事，不爵王侯，而沾其惠者也。

體極不兼應四

問曰：歷觀前史，上皇已來，在位居宗者，未始異其原本。本不可二，是故百代同典，咸一其統，所謂“唯天爲大，唯堯則之”。如此，則非智有所不照，自無外可照；非理有所不盡，自無理可盡。以此而推，視聽之外，廓無所寄。理無所寄，則宗極可明。今諸沙門，不悟文表之意，而惑教表之文，其爲謬也，固已甚矣，若復顯然有驗，此乃希世之聞‖

　　答曰：夫幽宗曠邈，神道精微，可以理尋，難以事詰。既涉乎教，則以因時爲撿。雖應世之見，優劣萬差，至於曲成在用，感卽民心而通其分。分至則止其智之所不知，而不關其外者也。若然，則非體極者之所不兼，兼之者不可並御耳。是以古之語大道者，五變而形名可舉，九變而賞罰可言。此但方内之階差，而猶不可頓設，況其外者乎？請復推而廣之，以遠其旨。六合之外，存而不論者，非不可論，論之或乖。六合之内，論而不辯者，非不可辯，辯之或疑。春秋經世，先王之志，辯而不議者，非不可議，議之者或亂。此三者，皆卽其身耳目之所不至，以爲關鍵，而不關視聽之外者也。因此而求，聖人之意，則内外之道可合而明矣。常以爲道法之與名教，如來之與堯孔，發致雖殊，潛相影響；出處誠異，終期則同。詳而辯之，指歸可見。理或有先合而後乖，有先乖而後合。先合而後乖者，諸佛如來，則其人也。先乖而後合者，歷代君王，未體極之主，斯其流也。何以明之？經云：佛有自然神妙之法，化物以權，廣隨所入，或爲靈仙轉輪聖帝，或爲卿相國師道士。若此之倫，在所變現，諸王君子，莫知爲誰。此所謂合而後乖者也。或有始創大業，而功化未就，迹有參差，故所受不同，或期功於身後，或顯應於當年，聖王則之而成教者，亦不可稱算，雖抑引無方，必歸塗有會。此所謂乖而後合者也。若令乖而後合，則擬步通塗者，必不自崖於一揆。若令合而後乖，則釋迦與堯孔，發致不殊，斷可知矣。是故自乖而求其合，則知理會之必同；自合而求其乖，則悟體極之多方。

但見形者之所不兼，故惑衆塗而駭其異耳。因兹而觀，天地之道，功盡於運化；帝王之德，理極於順通。若以對夫獨絶之教、不變之宗，固不得同年而語其優劣，亦已明矣。

形盡神不滅五

問曰：論旨以化盡爲至極，故造極者，必違化而求宗。求宗不由于順化，是以引歷代君王，使同之佛教，令體極之至，以權居統，此雅論之所託，自必於大通者也。求之實當，理則不然。何者？夫禀氣極於一生，生盡則消液而同無，神雖妙物，故是陰陽之所化耳。既化而爲生，又化而爲死；既聚而爲始，又散而爲終。因此而推，固知神形俱化，原無異統，精麤一氣，始終同宅。宅全則氣聚而有靈，宅毀則氣散而照滅；散則反所受於天本，滅則復歸于無物。反復終窮，皆自然之數耳。孰爲之哉？若令本異，則異氣數合，合則同化，亦爲神之處形。猶火之在木，其生必存，其毀必滅。形離則神散而罔寄，木朽則火寂而靡託，理之然矣。假使同異之分，昧而難明，有無之説，必存乎聚散。聚散，氣變之總名，萬化之生滅。故莊子曰："人之生，氣之聚，聚則爲生，散則爲死。"若死生爲彼徒苦，吾又何患？古之善言道者，必有以得之。若果然邪，至理極於一生，生盡不化，義可尋也。

答曰：夫神者何耶？精極而爲靈者也。精極則非卦象之所圖，故聖人以妙物而爲言，雖有上智，猶不能定其體狀，窮其幽致，而談者以常識生疑，多同自亂，其爲誣也，亦已深矣。將欲言之，是乃言夫不可言。今於不可言之中，復相與而依稀。神也者，圓應無生，妙盡無名，感物而動，假數而行。感物而非物，故物化而不滅；假數而非數，故數盡而不窮。有情則可以物感，有識則可以數求。數有精粗，故其性各異；智有明暗，故其照不同。推此而論，則知化以情感，神以化傳，情爲化之母，神爲情之根，情有會物之道，神有冥移之功。但悟徹者反本，惑理者逐物耳。古之論道者，亦未有所同，請引而明之。莊子發玄音於大宗曰：“大塊勞我以生，息我以死。”又，以生爲人羈，死爲反真。此所謂知生爲大患，以無生爲反本者也。文子稱黃帝之言曰：“形有靡而神不化，以不化乘化，其變無窮。”莊子亦云：“持犯人之形，而猶喜之。”若人之形萬化，而未始有極。此所謂知生不盡於一化，方逐物而不反者也。二子之論，雖未究其實，亦嘗傍宗而有聞焉。論者不尋無方生死之說，而惑聚散於一化；不思神道有妙物之靈，而謂精粗同盡，不亦悲乎？火木之喻，原自聖典，失其流統，故幽興莫尋，微言遂淪於常教，令談者資之以成疑。向使時無悟宗之匠，則不知有先覺之明，冥傳之功，沒世靡聞。何者？夫情數相感，其化無端，因緣密構，潛相傳寫，自非達觀，孰識其變？自非達觀，孰識其會？請爲論者驗之以實。火之傳於薪，猶神之傳於形；火之傳異薪，猶神之傳異形。前薪非後薪，則知指窮之術妙；前形非後形，則悟情數之感深。惑者見形朽於一生，便以爲神情俱喪，猶覩火窮於一木，謂終期都盡耳。此由從養生之談，非遠尋其類者也。就如來論，假令神形俱化，始自天本，愚智資生，同稟所受。問所受者，爲受之於形邪？爲受之於神邪？若受之於形，凡在有形，皆化而爲神矣；若受之於神，是以神傳神，則丹朱與帝堯齊聖，重華與瞽叟等靈，其可然乎？如其不可，固知冥緣之構，著於在昔，明暗之分，定於形初。雖靈均善運，猶不能變性之自然，況降茲已還乎？驗之以理，則微言而有徵；效之以事，可無惑於大道。

　　論成後，有退居之賓，步朗月而宵遊，相與共集法堂，因而問曰：敬尋雅論，大歸可見，殆無所間，一日試重研究，蓋所未盡，亦少許處耳。意以爲沙門德式，是變俗之殊制，道家之名器，施于君親，固宜略於形敬。今所疑者，謂甫創難就之業，遠期化表之功，潛澤無現法之效，來報玄而未應。乃令王公獻供，信士屈體，得無坐受其德，陷乎早計之累，虛沾其惠，貽夫素餐之譏邪？主人良久乃應曰：請爲諸賢，近取其類。有人於此，奉宣時命，遠通殊方九譯之俗，問王者以當資以糇糧，錫以璽服不？答曰：然。主人曰：類可尋矣。夫稱沙門者，何邪？謂其發蒙俗之幽昏，啓化表之玄路，方將以兼忘之道，與天下同往，使希高者挹其遺風，漱流者味其餘津。若然，雖大業未就，觀其超步之跡，所悟固已弘矣。然則運通之功，資存之益，尚未酬其始誓之心，況答三業之勞乎？又斯人者，形雖有待，情無近寄，視夫四事之供，若蟭蚊之過乎其前者耳。濡沫之惠，復焉足語哉？衆賓於是始悟冥塗以開轍爲功，息心以淨畢爲道，乃欣然怡襟，詠言而退。

晉元興三年，歲次閼逢，于時天子蒙塵，人百其憂，凡我同志，僉懷綴旒之歎，故因述斯論焉。

（選自四部叢刊影印本弘明集卷五）

二、三報論因俗人疑善惡無現驗作

經說業有三報：一曰現報，二曰生報，三曰後報。現報者，善惡始於此身，即此身受。生報者，來生便受。後報者，或經二生三生，百生千生，然後乃受。受之無主，必由於心；心無定司，感事而應；應有遲速，故報有先後；先後雖異，咸隨所遇而爲對；對有強弱，故輕重不同，斯乃自然之賞罰，三報大略也。非夫通才達識，入要之明，罕得其門。降兹已還，或有始涉大方，以先悟爲蓍龜，博綜內

籍,反三隅於未聞。師友仁匠,習以移性者,差可得而言。請試論
之:夫善惡之興,由其有漸,漸以之極,則有九品之論。凡在九品,
非其現報之所攝。然則現報絶夫常類,可知類非九品,則非三報之
所攝。何者?若利害交於目前,而頓相傾奪,神機自運,不待慮而
發。發不待慮,則報不旋踵而應,此現報之一隅,絶夫九品者也。
又,三業殊體,自同有定報,定則時來必受,非祈禱之所移,智力之
所免也。將推而極之,則義深數廣,不可詳究,故略而言之。相參
懷佛教者,以有得之世,或有積善而殃集,或有凶邪而致慶,此皆現
業未就,而前行始應,故曰禎祥遇禍,妖孽見福,疑似之嫌於是乎
在。何以謂之然?或有欲匡主救時,道濟生民,擬步高跡,志在立
功,而大業中傾,天殃頓集;或有棲遲衡門,無悶於世,以安步爲
輿,優遊卒歲,而時來無妄,運非所遇,世道交淪於其閑習;或有名
冠四科,道在入室,全愛體仁,慕上善以進德。若斯人也,含沖和而
納疾,履信順而夭年,此皆立功立德之舛變,疑嫌之所以生也。大
義既明,宜尋其對,對各有本,待感而發,逆順雖殊,其揆一耳。何
者?倚伏之契,定於在昔,冥符告命,潛相迴換。故令禍福之氣,交
謝於六府;善惡之報,舛互而兩行。是使事應之際,愚智同惑,謂積
善之無慶,積惡之無殃,感神明而悲所遇,慨天殃之於善人。咸謂
名教之書,無宗於上,遂使大道翳於小成,以正言爲善誘,應心求
實,必至理之無此。原其所由,由世典以一生爲限,不明其外。其
外未明,故尋理者自畢於視聽之内,此先王卽民心而通其分,以耳
目爲關鍵者也。如今合内外之道,以求弘教之情,則知理會之必
同,不惑衆塗而駭其異。若能覽三報以觀窮通之分,則<u>尼父</u>之不答
<u>仲由</u>,<u>顏</u>、<u>冉</u>對聖匠如愚,皆可知矣。亦有緣起而緣生法,雖預入諦
之明,而遺愛未忘,猶以三報爲華苑,或躍而未離于淵者也。推此
以觀,則知有方外之賓,服膺妙法,洗心玄門,一詣之感,超登上位。

如斯倫匹，宿殃雖積，功不在治，理自安消，非三報之所及。因茲而言，佛經所以越名教、絕九流者，豈不以疏神達要，陶鑄靈府，窮源盡化，鏡萬象於無象者也？

（選自四部叢刊影印本弘明集卷五）

三、明報應論並問

問曰：佛經以殺生罪重，地獄斯罰，冥科幽司，應若影響，余有疑焉。何者？夫四大之體，卽地水火風耳，結而成身，以爲神宅，寄生栖照，津暢明識，雖託之以存，而其理天絕。豈唯精粗之間，固亦無受傷之地，滅之既無害於神，亦由滅天地間水火耳。又問：萬物之心，愛欲森繁，但私我有已，情慮之深者耳。若因情致報，乘惑生應，則自然之迹，順何所寄哉？答曰：意謂此二條，始是來問之關鍵，立言之津要，津要既明，則羣疑同釋。始涉之流，或因茲以悟，可謂朗滯情於常識之表，發奇唱於未聞。然佛教深玄，微言難辯，苟未統夫指歸，亦焉能暢其幽致？當爲依傍大宗，試紋所懷。推夫四大之性，以明受形之本，則假於異物，託爲同體，生若遺塵，起滅一化，此則慧觀之所入，智忍之所遊也。於是乘去來之自運，雖聚散而非我，寓羣形於大夢，實處有而同無，豈復有封於所受，有係於所戀哉？若斯理自得於心，而外物未悟，則悲獨善之無功，感先覺而興懷。於是思弘道以明訓，故仁恕之德存焉。若彼我同得，心無兩對，遊刃則泯一玄觀，交兵則莫逆相遇，傷之豈唯無害於神，固亦無生可殺。此則文殊按劍，跡逆而道順，雖復終日揮戈，措刃無地矣。若然者，方將託鼓舞以盡神，運干鍼而成化，雖功被猶無賞，何罪罰之有邪？若反此而尋其源，則報應可得而明；推事而求其宗，則罪罰可得而論矣。嘗試言之：夫因緣之所感，變化之所生，豈不由其道哉？無明爲惑網之淵，貪愛爲衆累之府，二理俱遊，冥爲神用，吉凶悔吝，唯此之動。無明掩其照，故情想凝滯於外物；貪愛流其性，故四大結而成形。形結則彼我有封，情滯則善惡有主。有封於彼我，則私其身而身不忘；有主於善惡，則戀其生而生不絕。於是甘寢大夢，昏于同迷；抱疑長夜，所存唯著。是故失得相推，禍福相襲，惡積而天殃自至，罪成則地獄斯罰。此乃必然之數，無所容疑矣。何者？會之有本，則理自冥對；兆之雖微，勢極則發。是故心以善惡爲形聲，報以罪福爲影響。本以情感，而應自來，豈有幽司？由御失其道也。然則罪福之應，唯其所感，感之而然，故謂之自然。自然者，即我之影響耳。於夫主宰，復何功哉？請尋來問之要，而驗之於實，難旨全許地水火風，結而成身，以爲神宅，此即宅有主矣。問主之居宅，有情邪？無情邪？若云無情，則四大之結，非主宅之所感。若以感不由主，故處不以情，則神之居宅無情，無痛痒之知。神既無知，宅又無痛痒以接物，則是伐卉剪林之喻，無明於義。若果有情，四大之結，是主之所感也。若以感由於主，故處必以情，則神之居宅，不得無痛痒之知。神既有知，宅又受痛痒以接物，固不得同天地間水火風明矣。因茲以談，夫神形雖殊，相與而化，內外誠異，渾爲一體，自非達觀，孰得其際邪？苟未之得，則愈久愈迷耳。凡禀形受命，莫不盡然也。受之既然，各以私戀爲滯。滯根不拔，則生理彌固；愛源不除，則保之亦深。設一理逆情，使方寸迷亂，而況舉體都亡乎？是故同逆相乘，共生釁隙，禍心未冥，則構怨不息。縱復悅畢受惱，情無遺憾，形聲既著，則影響自彰，理無先期，數合使然也。雖欲逃之，其可得乎？此則因情致報，乘感生應，但立言之旨本異，故其會不同耳。

　　問曰：若以物情重生，不可致喪，則生情之由，私戀之惑耳，宜朗以達觀，曉以大方，豈得就其迷滯，以爲報應之對哉？答曰：夫事起必由於心，報應必由於事，是故自報以觀事，而事可變；舉事以責心，而心可反。推此而言，則知聖人因其迷滯，以明報應之對，不就其迷滯，以爲報應之對也。何者？人之難悟，其日固久。是以佛教本其所由，而訓必有漸。知久習不可頓廢，故先示之以罪福；罪福不可都忘，故使權其輕重。輕重權於罪福，則驗善惡以宅心；善惡滯於私戀，則推我以通物。二理兼弘，情無所係，故能尊賢容衆，恕己施安，遠尋影響之報，以釋往復之迷。迷情既釋，然後大方之言可曉，保生之累可絕。夫生累者，雖中賢猶未得，豈常智之所達哉？

（選自四部叢刊影印本弘明集卷五）

四、廬山出修行方便禪經統序

夫三業之興，以禪智爲宗。雖精粗異分，而階藉有方。是故發軫分逵，塗無亂轍；革俗成務，功不待積。靜復所由，則幽緒告微，淵博難究。然理不云昧，庶旨統可尋。

試略而言：禪非智無以窮其寂，智非禪無以深其照。則禪智之要，照寂之謂，其相濟也。照不離寂，寂不離照，感則俱游，應必同趣，功玄於在用，交養於萬法。其妙物也，運羣動以至壹而不有，廓大象於未形而不無。無思無爲而無不爲。是故洗心靜亂者，以之研慮；悟徹入微者，以之窮神也。若乃將入其門，機在攝會；理玄數廣，道隱於文。則是阿難曲承音詔，遇非其人，必藏之靈府。何者？心無常規，其變多方；數無定像，待感而應。是故化行天竺，緘之有匠；幽關莫開，罕闚其庭。從此而觀，理有行藏，道不虛授，良有以矣。

如來泥洹未久，阿難傳其共行弟子末田地，末田地傳舍那婆斯，此三應真，咸乘至願，冥契於昔，功在言外，經所不辨，必暗軌元匠，孱焉無差。其後有優波崛，弱而超悟，智終世表，才高應寡，觸理從簡，八萬法藏，所存唯要，五部之分，始自於此。因斯而推，固知形運以廢興自兆，神用則幽步無迹，妙動難尋，涉粗生異，可不慎乎？可不察乎？自兹已來，感於事變，懷其舊典者，五部之學，並有其人，咸懼大法將頹，理深共慨，遂各述讚禪經以隆盛業。

其爲教也，無數方便，以求寂然，寂乎唯寂，其揆一耳。而尋條求根者衆，統本運末者寡。或將暨而不至，或守方而未變。是故經稱滿願之德，高普事之風。原夫聖旨，非徒全其長，亦所以救其短。若然，五部殊業，存乎其人。人不繼世，道或隆替；廢興有時，則互相升降。大小之目，其可定乎？又，達節善變，出處無際；晦名寄迹，無聞無示。若斯人者，復不可以名部分。既非名部之所分，亦不出乎其外，別有宗明矣。每慨大教東流，禪數尤寡，三業無統，斯道殆廢。

頃鳩摩耆婆，宣馬鳴所述，乃有此業。雖其道未融，蓋是爲山於一簣，欣時來之有遇，感寄趣於若人。捨夫制勝之論，而順不言之辯，遂誓被僧那，以至寂爲己任。懷德未忘，故遺訓在兹。其爲要也，圖大成於末象，開微言而崇體；悟惑色之悖德，杜六門以寢患；達忿競之傷性，齊彼我以宅心。於是異族同氣，幻形告疏，入深緣起，見生死際。爾乃闢九關於龍津，超三忍以登位，垢習凝于無生，形累畢於神化。故曰：無所從生，靡所不生；於諸所生，而無不生。

今之所譯，出自達摩多羅與佛大先。其人西域之儁，禪訓之宗，搜集經要，勸發大乘，弘教不同，故有詳略之異。達摩多羅闔衆篇於同道，開一色爲恒沙。其爲觀也，明起不以生，滅不以盡，雖往復無際，而未始出於如。故曰：色不離如，如不離色。色則是如，如則是色。佛大先以爲澄源引流，固宜有漸。是以始自二道，開甘露門。釋四義以反迷，啓歸途以領會。分別陰界，導以止觀，暢散緣起，使優劣自辨，然後令原始反終。妙尋其極，其極非盡，亦非所盡，乃曰無盡，入於如來無盡法門。非夫道冠三乘，智通十地，孰能洞玄根於法身，歸宗一於無相，靜無遺照，動不離寂者哉？

（選自金陵刻經處本出三藏記集經序卷九）

五、大智論鈔序

　　夫宗極無爲以設位，而聖人成其能；昏明代謝以開運，而盛衰合其變。是故知險易相推，理有行藏；屈申相感，數有往復。由之以觀，雖冥樞潛應，圓景無窮，不能均四象之推移，一其會通，況時命紛謬，世道交淪，而不深根固蒂，寧極以待哉？若達開塞之有運，時來非由遇，則正覺之道，不虛凝于物表，弘教之情，亦漸可識矣。

　　有大乘高士，厥號龍樹，生于天竺，出自梵種，精誠曩代，契心在茲。接九百之運，撫頽薄之會，悲蒙俗之茫昧，蹈險跡而弗恡。於是卷陰衡門，雲翔赤澤，慨文明之未發，思或躍而勿用。乃喟然嘆曰：重夜方昏，非螢燭之能照，雖白日寢光，猶可繼以朗月。遂自誓落簪，表容玄服，隱居林澤，守閒行禪，靖慮研微，思通過半。因而悟曰：聞之於前論，大方無垠，或有出乎其外者，俄而迴步雪山，啓神明以訴志，將歷古仙之所遊。忽遇沙門於巖下，請質所疑，始知有方等之學。乃至龍宮，要藏秘典，靡不管綜，滯根既拔，則名冠道位，德備三忍。然後開九津於重淵，朋鱗族而俱遊，學徒如林，英彥必（按，疑爲畢）集。由是外道高其風，名士服其致，大乘之業，於茲復隆矣。

其人以般若經爲靈府妙門宗一之道，三乘十二部，由之而出，故尤重焉。然斯經幽奧，厥趣難明，自非達學，尠得其歸。故敍夫體統，辨其深致。若意在文外，而理蘊於辭，輒寄之賓主，假自疑以起對，名曰問論。其爲要也，發軫中衢，啓惑智門，以無當爲實，無照爲宗。無當，則神凝於所趣；無照，則智寂於所行。寂以行智，則羣邪革慮，是非息焉。神以凝趣，則二諦同軌，玄轍一焉。非夫正覺之靈，撫法輪而再轉，孰能振大業於將頹，紐遺綱之落緒，令微言絕而復嗣，玄音輟而復詠哉？雖弗獲與若人並世，叩津問道，至於研味之際，未嘗不一章三復，欣於有遇」其中可以開蒙朗照，水鏡萬法，固非常智之所辨。

請略而言：生塗兆於無始之境，變化搆於倚伏之場。咸生於未有而有，滅於既有而無。推而盡之，則知有無迴謝於一法，相待而非原；生滅兩行於一化，映空而無主。於是乃卽之以成觀，反鑒以求宗。鑒明則塵累不止，而儀象可覩；觀深則悟徹入微，而名實俱玄。將尋其要，必先於此，無後非有非無之談，方可得而言。

嘗試論之：有而在有者，有於有者也；無而在無者，無於無者也。有有則非有，無無則非無。何以知其然？無性之性，謂之法性。法性無性，因緣以之生。生緣無自相，雖有而常無。常無非絕有，猶火傳而不息。夫然，則法無異趣，始末淪虛，畢竟同爭（按，疑爲净），有無交歸矣。故遊其樊者，心不待慮，智無所緣，不滅相而寂，不修定而閒。不神遇以期通焉。識空空之爲玄，斯其至也，斯其極也」過此以往，莫之或知。又論之爲體，位始無方而不可詰，觸類多變而不可窮。或開遠理以發興，或導近習以入深，或闢殊塗於一法而弗雜，或關百慮於同相而不分。此以絕夫疊瓦之談，而無敵於天下者也。爾乃博引衆經，以贍其辭；暢發義音，以弘其美。美盡則智無不周，辭博則廣大悉備。是故登其涯而無津，挹其流而弗竭，汪汪焉莫測其量，洋洋焉莫比其盛。雖百川灌河，未足語其辯矣；雖涉海求源，未足窮其邃矣。若然者，非夫淵識曠度，孰能與之潛躍？非夫越名反數，孰能與之澹漠？非夫洞幽入冥，孰能與之沖泊哉？

有高座沙門，字曰童壽，宏才博見，智周羣籍，玩服斯論，佩之彌久。雖神悟發中，必待感而應。於時秦主姚王，敬樂大法，招集名學，以隆三寶；德洽殊俗，化流西域。是使其人聞風而至，既達關右，即勸令宣譯。童壽以此論深廣，難卒精究，因方言易省，故約本以爲百卷，計所遺落，殆過參倍。而文藻之士、猶以爲繁，咸累于博，罕既其實。譬大羹不和，雖味非珍；神珠內映，雖寶非用。信言不美，固有自來矣。若遂令正典隱於榮華，玄樸虧於小成，則百家競辨，九流爭川，方將幽淪長夜，背日月而昏逝，不亦悲乎！

於是静尋所由，以求其本，則知聖人依方設訓，文質殊體。若以文應質，則疑者衆；以質應文，則悅者寡。是以化行天竺，辭樸而義微，言近而旨遠。義微，則隱昧無象；旨遠，則幽緒莫尋。故令玩常訓者，牽於近習；束名教者，惑於未聞。若開易進之路，則階藉有由；曉漸悟之方，則始涉有津。遠於是簡繁理穢以詳其中，令質文有體，義無所越。輒依經立本，繫以問論，正其位分，使類各有屬。謹與同止諸僧，共別撰以爲集要，凡二十卷。雖不足增輝聖典，庶無大謬。如其未允，請俟來哲！

（選自金陵刻經處本出三藏記集經序卷一〇）

六、阿毗曇心序

阿毗曇心者,三藏之要頌,詠歌之微言,管統衆經,領其宗會,故作者以心爲名焉。

有出家開士,字曰法勝,淵識遠鑒,探深研機,龍潛赤澤,獨有其明。其人以爲阿毗曇經,源流廣大,難卒尋究,非贍智宏才,莫能畢綜。是以探其幽致,別撰斯部。始自界品,訖于問論,凡二百五十偈,以爲要解,號之曰心。其頌聲也,擬象天樂,若雲籥自發,儀形羣品,觸物有寄。若乃一吟一詠,狀鳥步獸行也;一弄一引,類乎物情也。情與類遷,則聲隨九變而成歌;氣與數合,則音協律呂而俱作。拊之金石,則百獸率舞;奏之管絃,則人神同感。斯乃窮音聲之妙會,極自然之衆趣,不可勝言者矣。又,其爲經,標偈以立本,述本以廣義,先弘内以明外,譬由根而尋條,可謂美發於中,暢於四肢者也。

發中之道,要有三焉:一謂顯法相以明本。二謂定己性於自然。三謂心法之生,必俱遊而同感。俱遊必同於感,則照數會之相因;己性定於自然,則達至當之有極;法相顯於真境,則知迷情之可反。心本明於三觀,則覩玄路之可遊,然後練神達思,水鏡六府,洗心净慧,擬跡聖門。尋相因之數,即有以悟無,推至當之極,動而入微矣。

罽賓沙門僧迦提婆,少翫茲文,味之彌久,兼宗匠本,正關入神。要其人情悟所參,亦已涉其津矣。會遇來游,因請令譯。提婆乃手執胡本,口宣晉言,臨文誡懼,一章三復。遠亦寶而重之,敬慎無違。然方言殊韻,難以曲盡,儻或失當,俟之來賢。幸諸明哲,正其大謬!

（選自金陵刻經處本出三藏記集經序卷一〇）

七、三法度經序

三法度經者,出四阿含。四阿含,則三藏之契經,十二部之淵府也。以三法爲統,以覺法爲道。開而當名,變而彌廣。法雖三焉,而類無不盡;覺雖一焉,而智無不周。觀諸法而會其要,辯衆流而同其源,斯乃始涉之鴻漸,舊學之華苑也。

有應真大人,厥號山賢,恬思閑宇,智周變通;感達識之先覺,愍後矇之未悟,故撰此三法,因而名云。自德品暨於所依,凡三章九真度,斯其所作也。其後有大乘居士,字僧伽先,以爲山賢所集,雖辭旨高簡,然其文猶隱,故仍前人章句,爲之訓傳,演散本文以廣其義,顯發事類以弘其美,幽讚之功,於斯乃盡。自兹而後,道光于世,其教行焉。於是振錫趣足者,仰玄風而高蹈;禪思入微者,挹清流而洗心。高座談對之士,擬之而後言;博識淵有之賓,由之而贍聞也。

有遊方沙門,出自罽賓,姓瞿曇氏,字僧伽提婆,昔在本國,預聞斯道,雅翫神趣,懷佩以遊。其人雖不親承二賢音旨,而諷味三藏之遺言,志在分德,誨人不倦,每至講論,嗟詠有餘。遠與同集,勸令宣譯。提婆於是自執胡經,轉爲晉言。雖音不曲盡,而文不害意,依實去華,務存其本。自昔漢興,逮及有晉,道俗名賢,並參懷聖典,其中弘通佛教者,傳譯甚衆,或文過其意,或理勝其辭,以此考彼,殆兼先典。後來賢哲,若能參通晉胡,善譯方言,幸復詳其大歸,以裁厥中焉[1]

（選自金陵刻經處本出三藏記集經序卷一〇）

八、念佛三昧詩集序

序曰：夫稱三昧者何？專思寂想之謂也。思專，則志一不分；想寂，則氣虛神朗。氣虛，則智恬其照；神朗，則無幽不徹。斯二者，是自然之玄符，會一而致用也。是故靖恭閒宇，而感物通靈，御心惟正，動必入微。此假修以凝神，積習以移性，猶或若茲，況夫尸居坐忘，冥懷至極，智落宇宙，而暗蹈大方者哉？請言其始，菩薩初登道位，甫闚玄門，體寂無爲而無弗爲。及其神變也，則令修短革常度，巨細互相違，三光迴景以移照，天地卷而入懷矣。

又，諸三昧，其名甚衆。功高易進，念佛爲先。何者？窮玄極寂，尊號如來，體神合變，應不以方。故令入斯定者，昧然忘知，卽所緣以成鑒。鑒明則內照交映而萬象生焉，非耳目之所暨而聞見行焉。於是覷夫淵凝虛鏡之體，則悟靈相湛一，清明自然；察夫玄音之叩心聽，則塵累每消，滯情融朗，非天下之至妙，孰能與於此哉？以茲而觀，一覿之感，乃發久習之流覆，豁昏俗之重迷。若以匹夫衆定之所緣，固不得語其優劣，居可知也。是以奉法諸賢，咸思一揆之契，感寸陰之頹影，懼來儲之未積。於是洗心法堂，整襟清向，夜分忘寢，夙宵惟勤。庶夫貞詣之功，以通三乘之志，臨津濟物，與九流而同往。仰援超步，拔茅之興，俯引弱進，垂策其後。以此覽衆篇之揮翰，豈徒文詠而已哉？

（選自四部叢刊影印本廣弘明集卷三〇上）

九、答桓太尉書

詳省別告，及八座書，問沙門所以不敬王者意，義在尊主崇上。遠存名體，微引老氏，同王侯於三大，以資生運通之道，故宜重其神器。若推其本以尋其源，咸稟氣於兩儀，受形於父母，則以生生通運之道爲弘，資存日用之理爲大，故不宜受其德而遺其禮，沾其惠而廢其敬，此檀越立意之所據，貧道亦不異於高懷。求之於佛教，以尋沙門之道，理則不然。何者？佛經所明，凡有二科：一者處俗弘教；二者出家修道。處俗則奉上之禮、尊親之敬、忠孝之義表於經文，在三之訓彰於聖典，斯與王制同命，有若符契。此一條全是檀越所明，理不容異也。出家則是方外之賓，跡絕於物。其爲教也，達患累緣於有身，不存身以息患，知生生由於稟化，不順化以求宗。求宗不由於順化，故不重運通之資；息患不由於存身，故不貴厚生之益。此理之與世乖、道之與俗反者也。是故凡在出家，皆隱居以求其志，變俗以達其道。變俗服章不得與世典同禮，隱居則宜高尚其跡。夫然，故能拯溺族（按，“族”或作“俗”）於沈流，拔幽根於重劫，遠通三乘之津，廣開人天之路。是故内乖天屬之重而不違其孝；外闕奉主之恭而不失其敬。若斯人者，自誓始於落簪，立志成於暮歲。如令一夫全德，則道洽六親，澤流天下，雖不處王侯之位，固已協契皇極，大庇生民矣。如此，豈坐受其德，虛沾其惠，與夫尸禄之賢同其素餐者哉？檀越頃者以有其服而無其人，故澄清簡練，容而不雜，此命既宣，皆人百其誠，遂之彌深，非言所喻。若復開出處之迹，以弘方外之道，則虛襟者挹其遺風，漱流者味其餘津矣。若澄簡之後，猶不允情，其中或真僞相冒，涇渭未分，則可以道廢人，固不應以人廢道。以道廢人，則宜去其服；以人廢道，則宜存其禮。禮存則制教之旨可尋，跡廢則遂志之歡莫由。何以明其然？夫沙門服章法用，雖非六代之典，自是道家之殊制，俗表之名器。名器相涉，則事乖其本；事乖其本，則禮失其用。是故愛夫禮者，必不虧其名器，得之不可虧，亦有自來矣。夫遠遵古典者，猶存告朔之餼羊，餼羊猶可以存禮，豈況如來之法服邪？推此而言，雖無其道，必宜存其禮，禮存則法可弘，法可弘則道可尋，此古今所同，不易之大法也。又，袈裟非朝宗之服，鉢盂非廊廟之器，軍國異容，戎華不雜。剃髮毀形之人，忽厠（按，“厠”或作“廁”）諸夏之禮，則是異類相涉之象，亦竊所未安。檀越奇韻挺于弱年，風流邁于季俗，猶參究時賢，以求其中。此而推之，必不以人廢言。貧道西垂之年，假日月以待盡，情之所惜，豈存一己？苟悋所執，蓋欲令三寶中興於命世之運，明德流芳於百代之下耳。若一旦行此，佛教長淪，如來大法，於茲泯滅，天人感歎，道俗革心矣！貧道幽誠所期，復將安寄？緣眷遇之隆，故殫其所懷。執筆悲懣，不覺涕泗橫流！

（選自四部叢刊影印本弘明集卷一二）

〔附：桓玄與慧遠書等書信十九封〕

桓玄：爲沙門不敬王者與遠法師書

沙門不敬王者，既是情所不了，於理又是所未諭，一代大事，不可令其體不允。近與八座書，今示君，君可述所以不敬意也。此便當行之於事，一二令詳遣，想君必有以釋其所疑耳！王領軍大有任此意，近亦同遊謝中，面共諮之，所據理殊，未釋所疑也。令郭江州取君答，可旨付之。

（同上）

何充等：奏沙門不應盡敬表

尚書令冠軍撫軍都鄉侯臣充、散騎常侍左僕射長平伯臣翌（按，晉書卷七十七作"羿"）散騎常侍右僕射建安伯臣恢、尚書關中侯臣懷、守尚書昌安子臣廣等言：世祖武皇帝，以盛明革命，肅祖明皇帝，聰聖玄覽，豈於時沙門不易屈膝？顧以不變其修善之法，所以通天下之志也。愚謂宜遵承先帝故事，於義爲長。

（選自四部叢刊影印本弘明集卷一二）

庚冰：代晉成帝沙門不應盡敬詔

夫萬方殊俗，神道難辨，有自來矣。達觀傍通，誠當無怪，況跪拜之禮何必尚？然當復原先王所以尚之之意，豈直好此屈折而坐遣縈辟哉？固不然矣。因父子之敬，建君臣之序，制法度，崇禮秩，豈徒然哉？良有以矣！既其有以，將何以易之？然則名禮之設，其無情乎？且今果有佛邪？將無佛邪？有佛邪，其道固弘。無佛邪，義將何取？繼其信然，將是方外之事，方外之事，豈方內所體？而當矯形骸，違常務，易禮典，棄名教，是吾所甚疑也！名教有由來，百代所不廢，昧旦丕顯，後世猶殆，殆之爲弊，其故難尋。而今當遠慕芒昧，依稀未分，棄禮於一朝，廢教於當世，使夫凡流憒逸憲度，又是吾之所甚疑也！縱其信然，縱其有之，吾將通之於神明，得之於胸懷耳。軌憲宏模，固不可廢之於正朝矣。凡此等類，皆晉民也。論其才智，又常人也。而當因所說之難辨，假服飾以陵度，抗殊俗之憒禮，直形骸於萬乘，又是吾所弗取也！諸君并國器也，悟言則當測幽微，論治則當重國典。苟其不然，吾將何述焉！

（同上）

何充等: 沙門不應盡敬表

尚書令冠軍撫軍都鄉侯臣充、散騎常侍左僕射長平伯臣翌、散騎常侍右僕射建安伯臣恢、尚書關中侯臣懷、守尚書昌安子臣廣等言: 詔書如右，臣等暗短，不足以贊揚聖旨，宣暢大義。伏省明詔，震懼屏營，輒共尋詳。有佛無佛，固非臣等所能定也。然尋其遺文，鑽其要旨，五戒之禁，實助王化! 賤昭昭之名行，貴冥冥之潛操，行德在於忘身，抱一心之清妙。且興自漢世，迄于今日，雖法有隆衰，而弊無妖妄，神道經久，未有其比也! 夫詛有損也，祝必有益。臣之愚誠，實願塵露之微，增潤嵩岱，區區之況，上俾皇極。今一令其拜，遂壞其法。令修善之俗，廢於聖世，習俗生常，必致愁懼。隱之臣心，竊所未安! 臣雖矇蔽，豈敢以偏見疑誤聖聽? 直謂世經三代，人更明聖，今不爲之制，無虧王法，而幽冥之格，可無壅滯。是以復陳愚誠，乞垂省察! 謹啓。

（選自四部叢刊影印本弘明集卷一二）

庚冰: 重代晉成帝沙門不應盡敬詔

省所陳具情旨。幽昧之事，誠非寓言所盡。然其較略及大，人神常度，粗復有分例耳。大都百王制法，雖質文隨時，然未有以殊俗參治，怪誕雜化者也。豈曩聖之不達，而來聖之宏通哉? 且五戒之才，善粗擬似人倫，而更於世主，略其禮敬邪? 禮重矣，敬大矣，爲治之綱，盡於此矣。萬乘之君，非好尊也，區域之民，非好卑也，而卑尊不陳。王教不得不一，二之則亂，斯曩聖所以憲章，體國所宜不惑也。通才博采，往往偯其事。修之家，可以修之國，及朝則不可，斯豈不遠也? 省所陳，果亦未能了有之與無矣。縱其了，猶謂不可以參治，而況都無，而當以兩行邪?

（同上）

何充等：重奏沙門不應盡敬表

臣等雖誠暗蔽，不通遠旨，至於乾乾夙夜，思循王度，甯苟執偏管而亂大倫。直以漢魏逮晉，不聞異議，尊卑憲章，無或暫廢也。今沙門之慎戒專專然，及為其禮，一而已矣。至於守戒之篤者，亡身不吝，何敢以形骸而慢禮敬哉！每見燒香呪願，必先國家，欲福祐之隆，情無極已。奉上崇順，出於自然，禮儀之簡，蓋是專一守法，是以先聖御世，因而弗革也。天網恢恢，疏而不失。臣等惓惓，以為不令致拜，於法無虧，因其所利而惠之，使賢愚莫敢不用情，則上有天覆地載之施，下有守一修善之人。謹復陳其愚淺，願蒙省察！謹啓。

（選自四部叢刊影印本弘明集卷一二）

桓玄：與八座論沙門敬事書

玄再拜白頓首，八日垂至，舊諸沙門皆不敬王者，何庾雖已論之，而並率所見未是，以理屈也。庾意在尊主，而理據未盡；何出於偏信，遂淪名體。夫佛之為化，雖誕以茫浩，推于視聽之外，然以敬為本，此處不異。蓋所期者殊，非敬恭宜廢也。老子同王侯於三大，原其所重，皆在於資生通運，豈獨以聖人在位，而比稱二儀哉？將以天地之大德曰生，通生理物，存乎王者，敬尊其神器，而禮寔惟隆，豈是虛相崇重，義存君御而已哉？沙門之所以生生資存，亦日用于理命，豈有受其德而遺其禮，沾其惠而廢其敬哉？既理所不容，亦情所不安。一代之大事，宜共求其衷，想復相與研盡之。比八日，令得詳定也。桓玄再拜頓首。

（同上）

桓謙等: 答桓玄論沙門敬事書

中軍將軍尚書令宜陽開國侯桓謙等，惶恐死罪。奉誨使沙門致敬王者，何庾雖論意未究盡，此是大事，宜使允中，實如雅論誨。然佛法與老孔殊趣，禮教正乖，人以髮膚爲重，而髡削不疑，出家棄親，不以色養爲孝。土木形骸，絕欲止競，不期一生，要福萬劫。世之所貴，已皆落之；禮教所重，意悉絕之。資父事君，天屬之至，猶離其親愛，豈得致禮萬乘？勢自應廢。彌歷三代，置其絕羈，當以神明無方，亦不以涯檢。視聽之外，或別有理。今便使其致恭，恐應革者多，非惟拜起。又，王者奉法出於敬，信其理而變其儀，復是情所未了。卽而容之，乃是在宥之弘。王令以別答公難，孔國張敞在彼，想已面諮所懷。道寶諸道人，并足酬對高旨。下官等不諳佛理，率情以言，愧不足覽。謙等惶恐死罪。

（選自四部叢刊影印本弘明集卷一二）

桓玄: 與王中令難沙門應敬王事

沙門抗禮至尊，正自是情所不安，一代大事，宜共論盡之。今與八座書，向已送都。今付此信，君是宜在此理者。遲聞德音↓

（同上）

王謐: 答桓太尉

領軍將軍吏部尚書中書令武岡男王謐，惶恐死罪。奉誨及道人抗禮至尊，并見與八座書，具承高旨。容音之唱，辭理兼至。近者亦粗聞公道，未獲究盡。尋何庾二旨，亦恨不悉。以爲二論漏於偏見，無曉然厭心處，真如雅誨。夫佛法之興，出自天竺，宗本幽邈，難以言辨；既涉乎教，故可略而言耳。意以爲殊方異俗，雖所安每乖，至於君御之理，莫不必同。今沙門雖意深於敬，不以形屈爲禮，迹充率土，而趣超方内者矣。是以外國之君，莫不降禮，良以道在則貴，不以人爲輕重也。尋大法宣流，爲日諒久，年踰四百，歷代有三，雖風移政易，而弘之不異，豈不以獨絶之化，有日用于陶漸；清約之風，無害於隆平者乎？故王者拱己，不悢悢於缺户；沙門保真，不自疑於誕世者也。承以通生理物，在乎王者，考諸理歸，實如嘉論。三復德音，不能已已。雖欲奉酬，言將無寄。猶以爲功高者不賞，惠深者忘謝，雖復一拜一起，亦豈足答濟通之德哉？公眷眄未遺，猥見逮問，輒率陳愚管，不致嫌於所奉耳。願不以人廢言。臨白反側，謐惶恐死罪。

（選自四部叢刊影印本弘明集卷一二）

桓玄：難王中令

來示云：沙門雖意深於敬，而不以形屈爲體。難曰：沙門之敬，豈皆略形存心？懺悔禮拜，亦篤於事。爰暨之師逮于上座，與世人揖跪，但爲小異其制耳。既不能忘形於彼，何爲忽儀于此？且師之爲理，以資悟爲德；君道通生，則理宜在本。在三之義，豈非情理之極哉！

來示云：外國之君，莫不降禮，良以道在則貴，不以人爲輕重也。難曰：外國之君，非所宜喻。而佛教之興，亦其旨可知。豈不以六夷驕強，非常教所化？故大設靈奇，使其畏服。既畏服之，然後順軌，此蓋是本懼鬼神福報之事，豈是宗玄妙之道邪？道在則貴，將異於雅旨，豈得被其法服，便道在其中？若以道在然後爲貴，就如君言，聖人之道，道之極也，君臣之敬，愈敦於禮。如此，則沙門不敬，豈得以道在爲貴哉？

來示云：歷年四百，歷代有三，而弘之不異，豈不以獨絶之化，有日用於陶漸；清約之風，無害於隆平者乎？難曰：歷代不革，非所以為證也。曩者晉人略無奉佛，沙門徒衆皆是諸胡，且王者與之不接，故可任其方俗，不爲之檢耳。今主上奉佛，親接法事，事異於昔，何可不使其禮有準？日用清約，有助于教，皆如君言。此蓋是佛法之功，非沙門傲誕之所益也。今篤以祇敬，將無彌濃其助哉！

來示云：功高者不賞，惠深者忘謝，雖復一拜一起，豈足答濟通之恩？難曰：夫理至無酬，誠如來示。然情在罔極，則敬自從之，此聖人之所以緣情制禮，而各通其寄也。若以功深惠重，必略其謝，則釋迦之德，爲是深邪？爲是淺邪？若淺耶，不宜以小道而亂大倫；若深邪，豈得彼肅其恭而此弛其敬哉？

（選自四部叢刊影印本弘明集卷一二）

王謐：答桓太尉

難曰：沙門之敬，豈皆略形存心？懺悔禮拜，亦篤於事哉。答曰：夫沙門之道，自以敬爲主。但津塗既殊，義無降屈。故雖天屬之重，形體都盡也。沙門所以推宗師長，自相崇敬者，良以宗致既同，則長幼成序，資通有係，則事與心應。原佛法雖曠，而不遺小善，一分之功，報亦應之，積毫成山，義斯著矣。

難曰：君道通生，則理應在本，在三之義，豈非情理之極哉？答曰：夫君道通生，則理同造化。夫陶鑄敷氣，功則弘矣。而未有謝惠於所稟，厝感於理本者何？良以冥本幽絕，非物象之所舉，運通禮妙，豈粗迹之能酬？是以夫子云：可使由之，不可使知之，此之謂也。

難曰：外國之君，非所應喻，佛教之興，亦其旨可知，豈不以六夷驕強，非常教所化，故大設靈奇，使其畏服。答曰：夫神道設教，誠難以言辨，意以爲大設靈奇，示以報應，此最影響之實理，佛教之根要。今若謂三世爲虛誕，罪福爲畏懼，則釋迦之所明，殆將無寄矣。常以爲周孔之化，救其甚弊，故言迹盡乎一生，而不開萬劫之塗。然遠探其旨，亦往往可尋。孝悌仁義，明不謀而自周。四時之生殺，則矜慈之心見。又屢抑仲由之問，亦似有深旨。但教體既殊，故此處常昧耳。靜而求之，殆將然乎？殆將然乎？

難曰：君臣之敬，愈敦於禮，如此，則沙門不敬，豈得以道在爲貴哉？答曰：重尋高論，以爲君道運通，理同三大。是以前條已粗言。意以爲君人之道，竊同高旨。至於君臣之敬，則理盡名教。今沙門既不臣王侯，故敬與之廢耳。

難曰：歷代不革，非所以爲證也。曩者晉人略無奉佛，沙門徒衆皆是諸胡，且王者與之不接，故可任其方俗，不爲之檢耳。答曰：前所以云歷有年代者，正以容養之道，要當有以故耳。非謂已然之事，無可改之理也。此蓋言勢之所至，非畫然所據也。胡人不接王者，又如高唱，前代之不論，或在於此邪？

難曰：此蓋是佛法之功，非沙門傲誕之所益，今篤以氏（祇）敬，將無彌濃其助哉？答曰：敬尋來論，是不誣佛理也。但傲誕之迹，有虧大化，誠如來誨，誠如來誨！意謂沙門之道，可得稱異，而非傲誕。今若以千載之末，淳風轉薄，橫服之徒，多非其人者，敢不懷愧。今但謂自理而默，差可遺人而言道耳。前答云：不以人爲輕重，微意在此矣。

難曰：若以功深惠重，必略其謝，則釋迦之德，爲是深邪？爲是淺邪？若淺邪，不宜以小道而亂大倫；若深邪，豈得彼肅其恭而此弛其敬哉？答曰：以爲釋迦之道，深則深矣，而瞻仰之徒彌篤其敬者，此蓋造道之倫，必資行功，行功之美，莫尚於此。如斯，乃積行之所因，來世之關鍵也。且致敬師長，功猶難抑，況擬心宗極，而可替其禮哉？故雖俯仰累劫，而非謝惠之謂也。

（選自四部叢刊影印本弘明集卷一二）

桓玄：難王中令

省示，猶復未釋所疑。因來告，復粗有其難：夫情敬之理，豈容有二？皆是自內以及外耳。既入於有情之境，則不可得無也。若如來言，王者同之造化，未有謝惠於所稟，唇感於理本，是爲功玄理深，莫此之大也。則佛之爲化，復何以過茲？而來論云：津塗既殊，則義無降屈；宗致既同，則長幼成序；資通有係，則事與心應。若理在己本，德深居極，豈得云津塗之異，而云降屈邪？宗致爲是何邪？若以學業爲宗致者，則學之所學，故是發其自然之性耳。苟自然有在，所由而稟，則自然之本，居可知矣。資通之悟，更是發瑩其末耳。事與心應，何得在此而不在彼？

又云：周孔之化，救其甚弊，故盡於一生而不開萬劫之塗。夫以神奇爲化，則其教易行，異於督以仁義，盡於人事也。是以黃巾妖惑之徒，皆赴者如雲。若此爲實理，行之又易，聖人何緣捨所易之實道，而爲難行之末事哉？其不然也，亦以明矣。將以化教殊俗，理在權濟，恢誕之談，其趣可知。

又云：君臣之敬，理盡名教，今沙門既不臣王侯，故敬與之廢，何爲其然？夫敬之爲理，上紙言之詳矣。君臣之敬，皆是自然之所生。理篤於情本，豈是名教之事邪？前論已云，天地大德曰生，通生理物，存乎王者。苟所通在斯，何得非自然之所重哉？

又云：造道之倫，必資功行，積行之所因，來世之關鍵也。擬心宗極，不可替其敬。雖俯仰累劫而非謝惠之謂。請復就來旨而借以爲難。如來告，是敬爲行首，是敦敬之重也，功行者，當計其爲功之勞耳。何得直以珍仰釋迦，而云莫尚於此邪？惠無所謝，達者所不惑。但理根深極，情敬不可得無耳。臣之敬君，豈謝惠者邪？

（選自四部叢刊影印本弘明集卷一二）

王謐：答桓太尉

奉告，并垂重難，具承高旨。此理微緬，至難厝言。又一代大事，應時詳盡，下官才非拔幽，特乏研析，且妙難精詣，益增茫惑；但高旨既臻，不敢默已。輒復率其短見，妄酬來誨；無以啓發容致，祇用反側。願復詢諸道人通才，蠲其不逮。

公云：宗致爲是何邪？若以學業爲宗致者，則學之所學，故是發其自然之性耳。苟自然有在，所由而稟，則自然之本，居可知矣。今以爲宗致者，是所趣之至道，學業者，日用之筌蹄，今將欲趣彼至極；不得不假筌蹄以自運耳。故知所假之功，未是其絶處也。夫積學以之極者，必階粗以及妙，魚獲而筌廢，理斯見矣。公以爲神奇之化易，仁義之功難，聖人何緣捨所易之實道，而爲難行之末事哉？其不然也，亦以明矣。意以爲佛之爲教與内聖永殊。既云其殊，理則無並。今論佛理，故當依其宗而立言也，然後通塞之塗可得而詳矣。前答所以云仁善之行，不殺之旨，其若似可同者，故引以就此耳。至於發言抗論，津徑所歸，固難得而一矣。然愚意所見，乃更以佛教爲難也。何以言之？今内聖所明，以爲出其言善，應若影響；如其不善，千里違之。如此，則善惡應於俄頃，禍福交於目前。且爲仁由己，弘之則是。而猶有棄正而卽邪，背道而從欲者矣。況佛教喻一生於彈指，期要終於永劫。語靈異之無位，設報應於未兆。取之能信，不亦難乎？是以化暨中國，悟之者尟。故本起經云：“正言似反”，此之謂矣。

公云：行功者當計其爲功之勞，何得直以珍仰釋迦，而云莫尚於此邪？請試言曰：以爲佛道弘曠，事數彌繁，可以練神成道，非唯一事也。至於在心無倦，於事能勞，珍仰宗極，便是行功之一耳。前答所以云莫尚於此者，自謂擬心宗轍，其理難尚，非謂禮拜之事便爲無取也。但既在未盡之域，不得不有心於希通，雖一分之輕微，必終期之所須也。

公云: 君臣之敬，皆是自然之所生，理篤於情本，豈是名教之事邪? 敬哉高論，不容閒然。是以前答云: 君人之道，竊同高旨者，意在此也。至於君臣之敬，事盡揖拜，故以此爲名教耳，非謂相與之際，盡於形迹也。請復重伸，以盡微意: 夫大上之世，君臣已位，自然情愛，則義著化本，於斯時也，則形敬蔑聞。君道虛運，故相忘之理泰; 臣遇冥陶，故事盡於知之。因此而推，形敬不與心爲影響，殆將明矣。及親譽既生，茲禮乃興，豈非後聖之制作，事與時應者乎? 此理虛邈，良難爲辨，如其未允，請俟高尚¡

(選自四部叢刊影印本弘明集卷一二)

桓玄: 與王中令書

來難手筆甚佳，殊爲斐然，可以爲釋疑處，殊是未至也。遂相攻難，未見其已。今復料要，明在三之理，以辨對輕重，則敬否之理可知。想研微之功，必在苦愈析耳。八日已及。今與右僕射書，便令施行敬事尊主之道，使天下莫不敬，雖復佛道無以加其尊，豈不盡善邪? 事雖已行，無預所論，宜究也。想諸人或更有精析耳，可以示仲文。

(同上)

桓玄: 重難王中令

比獲來示，并諸人所論，並未有以釋其所疑，就而爲難，殆以流遷，今復重伸前意而委曲之，想足有以頓白馬之轡，知辨制之有耳¡

夫佛教之所重，全以神爲貴，是故師徒相宗，莫二其倫。凡神之明暗，各有本分。分之所資，禀之有本。師之爲功，在於發悟。譬猶荆璞而瑩拂之耳。若質非美玉，琢磨何益？是爲美惡存乎自然，深德在於資始。拂瑩之功，實已求焉。既懷玉在中，又匠以成器，非君道則無以伸遂此生，而通其爲道者也，是爲在三之重，而師爲之末。何以言之？君道兼師，而師不兼君。教以弘之，法以齊之，君之道也，豈不然乎？豈可以在理之輕，而奪宜尊之敬？三復其理，愈所疑駭！制作之旨，將在彼而不在此，錯而用之，其弊彌甚。想復領其趣而貴其事，得之濠上耳。

（選自四部叢刊影印本弘明集卷一二）

王謐：重答桓太尉

重貽嘉誨，云佛之爲教，以神爲貴，神之明暗，各有本分。師之爲理，在於發悟。至於君道，則可以伸遂此生，通其爲道者也。示爲師無該通之美，君有兼師之德。弘崇主之大禮，折在三之深淺，實如高論，實如高論！下官近所以脱言鄙見，至於往反者，緣顧問既萃，不容有隱。乃更成别辯一理，非但習常之惑也。既重研妙旨，理實恢邈，曠若發蒙，於是乎在。承已命庾恒施行其事，至敬時定，公私幸甚！下官瞻仰所悟，義在撃節。至於濠上之誨，不敢當命也！

（同上）

桓玄：重答遠法師書

知以方外遺形，故不貴爲生之益；求宗不由順化，故不重運通之資。

又云：内乖天屬之重，而不違其孝；外闕奉主之恭，而不失其敬。若如來言，理本無重，則無緣有致孝之情；事非資通，不應復有致恭之義。君親之情，許其未盡。則情之所寄，何爲絶之？夫累著在於心滯，不由形敬；形敬蓋是心之所用耳。若乃在其本而縱以形敬，此復所未之論。

又云：佛教兩弘，亦有處俗之教，或澤流天下，道洽六親，固以協贊皇極，而不虛沾其德矣。夫佛敬存行，各以事應，因緣有本，必至無差者也。如此，則爲道者亦何能違之哉？是故釋迦之道，不能超白净於津梁，雖未獲須陀，故是同國人所蒙耳。就如來言，此自有道深德之功，固非今之所謂宜教者所可擬議也。來示未能共求其理，便大致慨然！故是未之喻也。想不惑留常之滯，而謬情理之用耳。

（選自四部叢刊影印本弘明集卷一二）

桓玄：許沙門不致禮詔

門下：佛法宏誕，所不能了，推其篤至之情，故寧與其敬耳。今事既在已，苟所不了，且當寧從其略，諸人勿復使禮也。便皆使聞知！

（同上）

十、沙門袒服論

或問曰：沙門袒服，出自佛教，是禮與？答曰：然。問曰：三代殊制，其禮不同，質文之變，備於前典。而佛教出乎其外，論者咸有疑焉。若有深致，幸誨其未聞！答曰：玄古之民，大朴未虧，其禮不文，三王應世，故與時而變。因兹以觀，論者之所執，方内之格言耳。何以知其然？中國之所無，或得之於異俗，其民不移，故其道未亡。是以天竺國法，盡敬於所尊，表誠於神明，率皆袒服，所謂去飾之基者也。雖記籍未流兹土，其始似有聞焉。佛出於世，因而爲教，明所行不左，故應右袒。何者？將辯貴賤，必存乎位；位以進德，則尚賢之心生。是故沙門越名分以背時，不退己而求先。又，人之所能，皆在於右，若動不以順，則觸事生累，遇而能復，雖中賢猶未得，況有下於此者乎？請試言之：夫形以左右成體，理以邪正爲用，二者之來，各乘其本。滯根不拔，則事求愈應，而形理相資。其道微明，世習未移，應微難辨。袒服既彰，則形隨事感，理悟其心，以御順之氣，表誠之體，而邪正兩行，非其本也。是故世尊以袒服，篤其誠而閑其邪，使名實有當，敬慢不雜。然後開出要之路，導真性於久迷。令淹世之賢，不自絶於無分；希進之流，不惑塗而旋步。於是服膺聖門者，咸履正思順，異跡同軌，緬素風而懷古，背華俗以洗心。尋本達變，卽近悟遠，形服相愧，理深其感。如此，則情化專向，修之弗倦，動必以順，不覺形之自恭。斯乃如來勸誘之外因，斂粗之妙跡。而衆談未喻，或欲革之，反古之道，何其深哉！

（選自四部叢刊影印本弘明集卷五）

十一、答何鎮南難袒服論

敬尋問旨，蓋是聞其遠塗，照所未盡，令精粗並順，內外有歸，三復斯誨，所悟良多。常以爲道訓之與名教，釋迦之於周孔，發致雖殊，而潛相影響；出處誠異，終期則同。但妙跡隱於常用，指歸昧而難尋，遂令至言隔於世典，談士發殊塗之論。何以知其然？聖人因弋釣以去其甚，順四時以簡其煩。三驅之禮，失前禽而弗吝；

網罟之設，必待化而方用。上極行葦之仁，内匹釋迦之慈，使天下齊己，物我同觀，則是合抱之一毫，豈直有間于優劣，而非相與者哉？然自跡而尋，猶大同於兼愛，遠求其實，則階差有分，分外之所通，未可勝言。故漸兹以進德，令事顯於君親。從此而觀，則内外之教可知，聖人之情可見。但歸途未啓，故物莫之識。若許其如此，則祖服之義，理不容疑。來告記謂宜更詳盡，故復究敍本懷。原夫形之化也，陰陽陶鑄，受左右之體，昏明代運，有死生之説。人情咸悦生而懼死，好進而惡退，是故先王既順民性，撫其自然，令吉凶殊制，左右異位。由是吉事尚左，進爵以厚其生；凶事尚右，哀容以毀其性。斯皆本其所受，因順以通教，感於事變，懷其先德者也。世之所貴者，不過生存，生存而屈伸進退，道盡於此。淺深之應，於是乎在。沙門則不然，後身退己而不謙卑，時來非我而不辭辱。卑以自牧謂之謙，居衆人之所惡謂之順，謙順不失其本，則日損之功易積，出要之路可遊。是故遁世遺榮，反俗而動，動而反俗者，與夫方内之賢，雖貌同而實異。何以明之？凡在出家者，達患累緣於有身，不存身以息患；知生生由於禀化，不順化以求宗。推此而言，固知發軫歸塗者，不以生累其神；超落世務者，不以情累其生。不以情累其生，則生可絶；不以生累其神，則神可冥。然則，何之所謂吉凶成禮，奉親事君者，蓋是一域之言耳，未始出於有封；有封未出，則是翫其文而未達其變。若然，方將滯名教以殉生，乘萬化而背宗，自至順而觀，得不曰逆乎？漸世之與遺俗，指存於此。

（選自四部叢刊影印本弘明集卷五）

〔附：何鎮南難祖服論〕

見答問祖服，指訓兼弘，標末文於玄古，資形理於近用。使敬慢殊流，誠服俱盡，殆無閒然。至於所以明順，猶有未同。何者？儀形之設，蓋在時而用，是以事有內外，乃可以淺深應之。李釋之與周孔，漸世之與遺俗，在於因循不同，必無逆順之殊，明矣。故老明兵凶處右，禮以喪制不左，且四等窮奉親之至，三驅顯王跡之仁，在後而要其旨可見，寧可寄至順於凶事，表吉誠於喪容耶？鄭伯所以肉袒，亦猶許男輿櫬，皆自以所乘者逆，必受不測之爵。以斯而證，順將何在？故率所懷，想更詳盡，令內外有歸。

（選自四部叢刊影印本弘明集卷五）

十二、與桓太尉論料簡沙門書

佛教陵遲，穢雜日久，每一尋思，憤慨盈懷。常恐運出非意，混然淪湑，此所以夙宵歎懼，忘寢與食者也。見檀越澄清諸道人教，實應其本心。夫涇以渭分，則清濁殊流；枉以直正，則不仁自遠。推此而言，符命既行，必二理斯得。然令飾偽取容者，自絕於假通之路；信道懷真者，無復負俗之嫌。如此，則道世交興，三寶復隆於茲矣。貧道所以寄命江南，欲託有道以存。至業之隆替，寔由乎人。值檀越當年，則是貧道中興之運。幽情所託，已冥之在昔，是以前後書疏，輒以憑寄爲先，毋尋告慰，眷懷不忘。但恐年與時乖，不盡檀越盛隆之化耳。令故諮，白數條如別疏。

經教所開，凡有三科：一者禪思入微；二者諷味遺典；三者興建福業。三科誠異，皆以律行爲本。檀越近制，似大同於此，是所不疑。或有興福之人，內不毀禁，而迹非阿練若者；或多誦經諷詠不絕，而不能暢說義理者；或年已宿長，雖無三科可記，而體性貞正不犯大非者。凡如此輩，皆是所疑。今尋檀越所遣之例，不應問此，而外物惶惑，莫敢自寧，故以別白。夫形跡易察，而真僞難辨，自非遠鑒，得之信難。若是都邑沙門，經檀越視聽者，固無所疑；若邊局遠司，識不及遠，則未達教旨；或因符命，濫及善人，此最其深憂↓若所在執法之官，意所未詳，又時無宿望沙門可以求中，得令送至大府，以經高鑒者，則于理爲弘。想檀越神慮已得之于心，直是貧道常近之情，故不能不及耳。若有族姓子弟，本非役門，或世奉大法，或弱而天悟，欲棄俗入道，求作沙門，推例尋意，似不塞其清塗，然要須諮定，使洗心向味者，無復自疑之情。昔外國諸王，多參懷聖典，亦有因時，助弘大化，扶危救弊，信有自來矣。檀越每期情古人，故復略敍所聞。

（選自四部叢刊影印本弘明集卷一二）

十三、答桓南郡書

大道淵玄，其理幽深，衡此高旨，實如來談。然貧道出家，便是方外之賓，雖未踐古賢之德，取其一往之志，削除飾好，落名求實。若使幽冥有在，故當不謝於俗人，外似不盡，內若斷金，可謂見形不及道，哀哉哀哉！帶索枕石，華而不實，管見之人，不足羨矣。雖復養素山林，與樹木何異？夫道在方寸，假練形爲真，卞和號慟於荆山，患人不別故也。昔聞其名，今見其人，故莊周悲慨人生天地之間，如白駒之過隙。以此而尋，孰得久停，豈可不爲將來作資？言學步邯鄲者，新無功，失其本質，故使邯人匍匐而歸，百代之中，有此一也，豈混同以通之？貧道已乖世務，形權於流俗，欲於其中化未化者，雖復沐浴踞傲，奈疑結何？一世之榮，劇若電光，聚則致離，何足貪哉？淺見之徒，其惑哉！可謂下士聞道大而笑之，真可謂迷而不反也。貧道形不出人，才不應世，是故毀其陋質，被其割截之服；理未能心冥玄化，遠存大聖之制，豈捨其本懷，而酬高誨？貧道年與時頹，所患未瘳，乃復曲垂光慰，感慶交至。檀越信心幽當，大法所寄，豈有一傷毀其本也！將非波旬，試燒之言，辭拙寡聞，力酬高命，蓋是不逆之懷耳。

（選自四部叢刊影印本弘明集卷一一）

〔附：桓玄與僚屬沙汰僧衆教、
　　與遠法師勸罷道書〕

與僚屬沙汰僧衆教

夫神道茫昧，聖人之所不言，然惟其制作所弘，如將可見。佛所貴無爲，懇懃在於絕欲，而比者陵遲，遂失斯道。京師競其奢淫，榮觀紛於朝市，天府以之傾匱，名器爲之穢黷。避役鍾於百里，逋逃盈於寺廟，乃至一縣數千，猥成屯落，邑聚遊食之羣，境積不羈之衆。其所以傷治害政，塵滓佛教，固已彼此俱弊，實污風軌矣。便可嚴下，在此諸沙門，有能伸述經誥，暢說義理者；或禁行修整，奉戒無虧，恒爲阿練若者；或山居養志，不營流俗者，皆足以宣寄大化，亦所以示物以道，弘訓作範，幸兼內外。其有違於此者，皆悉罷道所在，領其戶籍，嚴爲之制，速申下之，並列上也。唯廬山道德所居，不在搜簡之例。

（選自四部叢刊影印本弘明集卷一二）

與遠法師勸罷道書

夫至道緬邈，佛理幽深，豈是悠悠常徒所能習求？沙門去棄六親之情，毀其形骸，口絶滋味，被褐帶索，山栖枕石，永乖世務，百代之中，庶或有一髣髴之間。今世道士，雖外毀儀容，而心過俗人，所謂道俗之際，可謂學步邯鄲，匍匐而歸。先聖有言：未知生，焉知死？而令一生之中，困苦形神，方求冥冥黄泉下福，皆是管見，未體大化。迷而知反，去道不遠，可不三思？運不居人，忽焉將老，可復追哉？聊贈至言，幸能納之！

（選自四部叢刊影印本弘明集卷一一）

十四、與隱士劉遺民等書

每尋疇昔，遊心世典，以爲當年之華苑也；及見老莊，便悟名教是應變之虚談耳。以今而觀，則知沈冥之趣，豈得不以佛理爲先？苟會之有宗，則百家同致。君與諸人，並爲如來賢弟子也。策名神府，爲日已久，徒積懷遠之興，而乏因籍之資，以此永年，豈所以勵其宿心哉？意謂六齋日，宜簡絶常務，專心空門，然後津寄之情篤，來生之計深矣。若染翰綴文，可託興於此，雖言生於不足，然非言無以暢一詣之感，因驥之喻，亦何必遠寄古人？

（選自四部叢刊影印本廣弘明集卷二七上）

十五、與羅什法師書

釋慧遠頓首，去歲得姚左軍書，具承德問，仁者曩絶殊域，越自外境，於時音譯未交，聞風而悦。但江湖難實，以形乖爲歎耳！須知承否通之會，懷寶來遊，至止有問，則一日九馳，徒情欣雅味，而無由造盡，寓目望塗，固以增其勞佇｜ 每欣大法宣流，三方同遇，雖遲鍾其末，而趣均在昔。誠未能扣律妙門，感徹遺靈。至於虛襟遺契，亦無日不懷。夫栴檀移植，則異物同薰；摩尼吐曜，則衆珍自積。是惟教合之道，猶虛往實歸，況宗一無象，而應不以情者乎？是故負荷大法者，必以無執爲心；會友以仁者，使功不自已。□若令法輪不停軫於八正之路，三寶不輟音於將盡之期，則滿願不專美於絕代，龍樹豈獨善於前蹤？ 今往比量衣裁，願登高坐爲著之｜ 并天漉之器，此既法物，聊以示懷。

（選自金陵刻經處本梁慧皎高僧傳卷六）

十六、又與羅什法師書

日有涼氣，比復何如？去月法識道人至，聞君欲還本國，情以悵然｜ 先聞君方當大出諸經，故未欲便相諮求。若此傳不虛，衆恨何言？ 今輒略問數十條事，冀有餘暇，一一爲釋，此雖非經中之大難，要欲取決於君耳｜ 并報偈一章曰：本端竟何從，起滅有無際。一微涉動境，成此積山勢。惑想更何乘，觸理自生滯。因緣雖無主，開途非一世。時無悟宗匠，誰將握玄契？ 末問尚悠悠，相與期暮歲｜

（同上）　　

〔附：羅什法師答慧遠書〕

鳩摩羅什和南，既未言面，又文詞殊隔，導心之路不通，得意之緣圮絕。傳驛來貺，粗承風德，比知何如？ 備聞一塗，可以蔽百。

經言，末後東方當有護法菩薩，勖哉仁者，善弘其事! 夫財有五備：福、戒、博聞、辯才、深智，兼之者道隆，未具者疑滯，仁者備之矣! 所以寄心通好，因譯傳意，豈其能盡，粗酬來意耳。損所致比量衣裁，欲令登法座時著，當如來意；但人不稱物，以爲愧耳! 今往常所用鍮石雙口澡罐，可備法物之數也。并遺偈一章曰：既已捨染樂，心得善攝不？若得不馳散，心入實相不？畢竟空相中，其心無所樂。若悅禪智慧，是法性無照。虛誑等無實，亦非停心處。仁者所得法，幸願示其要。

（選自金陵刻經處本梁慧皎高僧傳卷六）

十七、答戴處士書

釋慧遠頓首，省君別示，以爲慨然。先雖未善想悉，人物來往，亦未始暫忘，分命窮達，非常智所測。然依傍大宗，似有定檢。去秋與諸人共讀君論，並亦有同異。觀周郎作答，意謂世典與佛教，粗是其中。今封相呈，想暇日能力尋省!

（選自四部叢刊影印本廣弘明集卷一八）

十八、重答戴處士書

見君與周居士往復，足爲賓主。然佛教精微，難以事詰。至於理玄數表，義隱於經者，不可勝言。但恨君作佛弟子，未能留心聖典耳。頃得書論，亦未始暫忘，年衰多疾，不暇有答。脫因講集之餘，粗綴所懷，今寄往，試與同疑者共尋。若見其族，則比干、商臣之流，可不思而得。釋慧遠頓首。

（選自四部叢刊影印本廣弘明集卷一八）

〔附：戴安公與遠法師書二封〕

安公和南，弟子常覽經典，皆以禍福之來，由于積行。是以自少束脩至於白首，行不負於所知，言不傷於物類。而一生艱楚，荼毒備經，顧景塊然，不盡唯已。夫冥理難推，近情易纏，每中宵幽念，悲慨盈懷。始知修短窮達，自有定分；積善積惡之談，蓋是勸教之言耳。近作此釋疑論，今以相呈，想消息之餘，脫能尋省╵戴安公和南。

（同上）

安公和南，間作釋疑論，以寄其懷，故呈之匠者，思聞啓誨。既辱還告，開示宗轍。并送周郎難，甚有趣致。但理本不同，所見亦殊。今重伸鄙意答周，復以相呈，旨誠可求，而辭不自暢，想脫覽省╵戴公和南。

（同上）

十九、萬佛影銘序

夫滯於近習，不達希世之聞；撫常永日，罕懷事外之感。是使塵想制於玄襟，天羅網其神慮。若以之窮齡，則此生豈遇？以之希心，則開悟靡期。於是發憤忘食，情百其慨；靜慮閑夜，理契其心。爾乃恩沾九澤之惠，三復無緣之慈，妙尋法身之應，以神不言之化。化不以方，唯其所感；慈不以緣，冥懷自得。譬日月麗天，光影彌暉，羣品熙榮，有情同順。咸欣懸映之在己，罔識曲成之攸寄，妙物之談，功盡於此。將欲擬夫幽極，以言其道，髣髴存焉，而不可論。何以明之？法身之運物也，不物物而兆其端，不圖終而會其成，理玄於萬化之表，數絕乎無形無名者也。若乃語其筌寄，則道無不在。是故如來或晦先跡以崇基，或顯生塗而定體，或獨發於莫尋之境，或相待於既有之場，獨發類乎形相，待類乎影。推夫冥寄，爲有待耶？爲無待耶？自我而觀，則有間於無間矣。求之法身，原無二統，形影之分，孰際之哉？而今之聞道者，咸摹聖體於曠代之外，不悟靈應之在茲，徒知圓化之非形，而動止方其跡，豈不誣哉？遠昔尋先師，奉侍歷載，雖啓蒙慈訓，託志玄籍，每想奇聞，以篤其誠。遇西域沙門，輒餐遊方之說，故知有佛影，而傳者尚未曉然。及在此山，值罽賓禪師、南國律學道士，與昔聞既同，並是其人遊歷所經，因其詳問，乃多有先徵。然後驗神道無方，觸象而寄，百慮所會，非一時之感。於是悟徹其誠，應深其信，將援同契，發其真趣，故與夫隨喜之賢，圖而銘焉。

（選自四部叢刊影印本廣弘明集卷一五）

二十、晉襄陽丈六金像頌並序

　　昔衆祐降靈，出自天竺，託化王宮，興于上國。顯跡重冥，開闢神路，明暉宇宙，光宅大千。萬流澄源，圓映無主，覺道虛凝，湛焉遺照。於是乘變化以動物，而衆邪革心；跱神步以感時，而羣疑同釋。法輪玄運，三乘並轍，道世交興，天人悠夢。淨音既暢，逸響遠流，密風遐扇，遠生善教。末年垂千祀，徒欣大化，而運乘其會，弗獲叩津妙門，發明淵極，魍魎神影，餐服至言。雖欣味餘塵，道風遂邁,擬足逸步,玄跡已邈。每希想光晷,髣髴容儀,寤寐興懷。若形心目,冥應有期,幽情莫發,慨焉自悼,悲憤靡寄,乃遠契百念,慎敬慕之思,追述八王同志之感,魂交寢夢,而情悟於中,遂命門人鑄而像焉。夫形理雖殊,階塗有漸;精粗誠異,悟亦有因。是故擬狀靈範,啓殊津之心,儀形神模,闚百慮之會。使懷遠者,兆玄根於來葉;存近者,遘重劫之厚緣。乃道福兼弘,真跡可踐,三源反流,九神同淵。于時四輩悦情,道俗齊趣,跡響和應者如林。鑄均有虛室之供,而進助者不以纖毫爲挫;勸佐有彌劫之勤,而操務者不以昏疲告勞。因物任能,不日而成,功自人事,猶天匠焉。夫明志莫如詞,宣德莫如頌。故志以詞顯,而功業可存;德以頌宣,而形容可像。匪詞匪頌,將何美焉!乃作頌曰:

堂堂天師,明明遠度,凌邁羣萃,超然先悟。慧在恬虛,妙不以數,感時而興,應世成務。金顏映發,奇相暉布,蕭蕭靈儀,峨峨神步。茫茫造物,玄運冥馳,偉哉釋迦,與化推移,靜也淵默,動也天隨。綿綿遠御,疊疊長塵。反宗無象,光潛影離。仰慕千載,是擬是儀!

（選自四部叢刊影印本廣弘明集卷一五）

〔附〕　慧遠傳（節）

釋慧遠,本姓賈氏,雁門樓煩人也。弱而好書,珪璋秀發。年十三,隨舅令狐氏遊學許、洛,故少爲諸生,博綜六經,尤善莊、老。性度弘偉,風鑒朗拔,雖宿儒英達,莫不服其深致。年二十一,欲度江東,就范宣子共契嘉遁。值石虎已死,中原寇亂,南路阻塞,志不獲從。

時沙門釋道安,立寺于太行恒山,弘讚像法,聲甚著聞,遠遂往歸之。一面盡敬，以爲真吾師也。後聞安講般若經，豁然而悟。乃嘆曰："儒道九流，皆糠粃耳。"便與弟慧持，投簪落髮，委命受業。既入乎道，厲然不羣，常欲總攝綱維，以大法爲己任。精思諷持，以夜續晝。貧旅無資，縕續常闕，而昆弟怡恭，終始不懈。有沙門曇翼，每給以燈燭之費。安公聞而喜曰："道士誠知人矣。"遠藉慧解於前因，發勝心於曠劫，故能神明英越，機鑒遐深。安公常嘆曰："使道流東國，其在遠乎！"年二十四，便就講說。嘗有客聽講，難實相義，往復移時，彌增疑昧，遠乃引莊子義爲連類，於惑者曉然。是後，安公特聽慧遠不廢俗書。安有弟子法遇、曇徽，皆風才照灼，志業清敏，並推服焉。後隨安公南遊樊、沔。

偽秦建元九年，秦將苻丕寇并襄陽，道安爲朱序所拘，不能得出，乃分張徒衆，各隨所之。臨路，諸長德皆被誨約，遠不蒙一言，遠乃跪曰："獨無訓勖，懼非人例？"安曰："如汝者，豈復相憂？"遠於是與弟子數十人，南適荊州，住上明寺。後欲往羅浮山，及屆潯陽，見廬峰清靜，足以息心，始住龍泉精舍。此處去水本遠，遠乃以杖扣地曰："若此中可得棲止，當使朽壤抽泉。"言畢，清流湧出，浚矣成溪。其後少時，潯陽亢旱，遠詣池側，讀海龍王經，忽有巨蛇從池上空，須臾大雨，歲以有年，因號精舍爲龍泉寺焉。時有沙門慧永，居在西林，與遠同門舊好，遂要遠同止。永謂刺史桓伊曰："遠公方當弘道，今徒屬已廣，而來者方多，貧道所棲褊狹，不足相處，如何？"桓乃爲遠復於山東更立房殿，卽東林是也。

遠創造精舍，洞盡山美，卻負香爐之峰，傍帶瀑布之壑，仍石疊基，卽松栽構，清泉環階，白雲滿室。復於室內別置禪林，森樹煙凝，石逕苔合，凡在瞻履，皆神清而氣肅焉。遠聞天竺有佛影，是佛昔化毒龍所留之影，在北天竺月氏國那竭呵城南，古仙人石室中住，道取流沙西一萬五千八百五十里，每欣感交懷，志欲瞻覩。會有西域道士敘其光相。遠乃背山臨流，營築龕室，妙算畫工，淡彩圖寫，色疑積空，望似烟霧，暉相炳曖，若隱而顯。

…………

又昔潯陽陶侃經鎮廣州，有漁人於海中見神光，每夕豔發，經旬彌盛，怪以白侃。侃往詳視，乃是阿育王像。卽接歸，以送武昌寒溪寺。寺主僧珍嘗往夏口，夜夢寺遭火，而此像屋獨有龍神圍繞，珍覺馳還寺，寺卽焚盡，唯像屋存焉。侃後移鎮，以像有威靈，遣使迎接，數十人舉之至水，及上船，船又覆沒，使者懼而返之，竟不能獲。侃幼出雄武，素薄信情，故荊楚之間爲之謠曰：“陶惟劍雄，像以神標，雲翔沈宿，邈何遙遙，可以誠致，難以力招。”及遠創寺既成，祈心奉請，乃飄然自輕，往還無梗。方知遠之神感，證在風謠矣。於是率衆行道，昏曉不絶；釋迦餘化，於斯復興。既而謹律息心之士，絶塵清信之賓，並不期而至，望風遙集。彭城劉遺民、豫章雷次宗、鴈門周續之、新蔡畢穎之、南陽宗炳、張萊民、張季碩等，並棄世遺榮，依遠遊止。遠乃於精舍無量壽像前，建齋立誓，共期西方。乃令劉遺民著其文曰：“維歲在攝提格，七月戊辰朔，二十八日，乙未。法師釋慧遠貞感幽奧，霜懷特發，乃延命同志息心貞信之士百有二十三人，集於廬山之陰般若雲台精舍阿彌陀像前，率以香華敬薦而誓焉。推斯一會之衆，夫緣化之理既明，則三世之傳顯矣；遷感之數既符，則善惡之報必矣。推交臂之潛淪，悟無常之期切；審三報之相催，知險趣之難拔。此其同志諸賢，所以夕惕宵勤仰思佽濟者也。蓋神者可以感涉，而不可以迹求；必感之有物，則幽路咫尺，苟求之無主，則渺茫何津？今幸以不謀而僉心西境，叩篇開信，亮情天發。乃機象通於寢夢，欣歡百於子來。於是雲圖表暉，影佇神造，功由理諧，事非人運，茲實天啓其誠，冥運來萃者矣；可不剋心重精疊思以凝其慮哉？然其景績參差，功德不一，雖晨祈云同，夕歸攸隔，卽我師友之眷，良可悲矣！是以慨焉！胥命整襟法堂，等施一心，亭懷幽極，誓兹同人，俱絕遊域。其有驚出絕倫，首登神界，則無獨善於雲嶠，忘兼全於幽谷，先進之與後升，勉思彙征之道。然復妙觀大儀，啓心貞照，識以悟新，形由化革。藉芙蓉於中流，蔭瓊柯以咏言；飄雲衣於八極，汎香風以窮年。體忘安而彌穆，心超樂以自怡。臨三途而緬謝，傲天宫而長辭。紹衆靈以繼軌，指太息以爲期。究兹道也，豈不弘哉？”

遠神韻嚴肅，容止方稜，凡預瞻覿，莫不心形戰慄。曾有一沙門，持竹如意，欲以奉獻，入山信宿，竟不敢陳，竊留席隅，默然而去。有慧義法師，强正不憚，將欲造山，謂遠弟子慧寶曰：“諸君庸才，望風推服，今試觀我如何？”至山，值遠講法華，每欲難問，輒心悸流汗，竟不敢語。出謂慧寶曰：“此公定可訝。”其伏物蓋衆如此。殷仲堪至荆州，過山展敬，與遠共臨北澗，論易體要，移景不倦。既而嘆曰：“識信深明，實難庶幾。”司徒王謐、護軍王默等，並欽慕風德，遥致師敬。謐修書曰：“年始四十，而衰同耳順。”遠答曰：“古人不愛尺璧，而重寸陰，觀其所存，似不在長年耳。檀越既履順而遊性，乘佛理以御心，因此而推，復何羡於遐齡耶？聊想斯理，久已得之；爲復酬來信耳！”

盧循初下據江州城，入山詣遠。遠少與循父嘏同爲書生。及見循歡然道舊，因朝夕音介。僧有諫遠者曰：“循爲國寇，與之交厚，得不疑乎？”遠曰：“我佛法中情無取捨，豈不爲識者所察，此不足懼。”及宋武追討盧循，設帳桑尾。左右曰：“遠公素主盧山，與循交厚。”宋武曰：“遠公世表之人，必無彼此。”乃遣使齎書致敬，并遺錢米。於是遠近方服其明見。

初，經流江東，多有未備，禪法無聞，律藏殘闕。遠慨其道缺，乃令弟子法淨、法領等，遠尋衆經。踰越沙雪，曠歲方反。皆獲梵

本，得以傳譯。昔安法師在關，請曇摩難提出阿毘曇心。其人未善
晉言，頗多疑滯。後有罽賓沙門僧迦提婆，博識眾典，以晉太元十
六年，來至潯陽，遠請重譯阿毗曇心，及三法度論，於是二學乃興。
并製序標宗，貽於學者。孜孜爲道，務在弘法。每逢西域一賓，輒
懇惻諮訪。聞羅什入關，即遣書通好。……後有弗若多羅，來適關
中，誦出十誦梵本，羅什譯爲晉文，三分始二，而多羅棄世，遠常慨
其未備。及聞曇摩流支入秦，復善誦此部，乃遣弟子曇邕致書祈
請，令於關中更出餘分。故十誦一部具足無闕，晉地獲本，相傳至
今。葱外妙典，關中勝説，所以來集兹土者，遠之力也！外國眾僧，
咸稱漢地有大乘道士，每至燒香禮拜，輒東向稽首，獻心廬岳。其
神理之迹，故未可測也。

　　先是中土未有泥洹常住之説，但言壽命長遠而已。遠乃嘆曰：
"佛是至極則無變，無變之理，豈有窮耶？"因著法性論曰："至極以
不變爲性，得性以體極爲宗。"羅什見論而嘆曰："邊國人未有經，便
闇與理合，豈不妙哉！"秦主姚興欽風名德，嘆其才思，致書慇懃，信
餉連接，贈以龜兹國細縷雜變像，以伸款心。又令姚嵩獻其珠像。
釋論新出，興送論并遺書曰："大智論新譯訖。此既龍樹所作，又是
方等指歸，宜爲一序，以伸作者之意。然此諸道士，咸相推謝，無敢
動手，法師可爲作序，以貽後之學者。"遠答云："欲令作大智論序，
以伸作者之意，貧道聞懷大非小褚所容，汲深非短綆所測，披省之
日，有愧高命！又體羸多疾，觸事有廢，不復屬意已來，其日亦久。
緣告之重，輒粗綴所懷。至於研究之美，當復寄諸明德！"其名高遠
固如此。

　　遠常謂："大智論，文句繁廣，初學難尋。"乃抄其要文，撰爲二
十卷。序致淵雅，使夫學者息過半之功矣。

　　後桓玄征殷仲堪，軍經廬山，要遠出虎溪。遠稱疾不堪。玄自

入山，左右謂玄曰：“昔殷仲堪入山禮遠，願公勿敬之。”玄答：“何有此理？仲堪本死人耳。”及至見遠，不覺致敬。玄問：“不敢毀傷，何以剪削？”遠答云：“立身行道。”玄稱善。所懷問難，不敢復言。乃説征討之意。遠不答。玄又問：“何以見願？”遠云：“願檀越安隱，使彼亦復無他。”玄出山，謂左右曰：“實乃生所未見！”玄復以震主之威，苦相延致，乃貽書騁説，勸令登仕。遠答辭堅正，確乎不拔，志踰丹石，終莫能迴。俄而玄欲沙汰衆僧，教僚屬曰：“沙門有能伸述經誥，暢説義理，或禁行循整，足以宣寄大化，其有違於此者，悉皆罷道。唯廬山道德所居，不在搜簡之例。”遠與玄書，……因廣玄條制。玄從之。

　　昔成帝幼冲，庾冰輔政，以爲沙門應敬王者。尚書令何充僕射褚翌諸葛恢等，奏不應敬禮，官議悉同充等。門下承冰旨爲駁。同異紛然，竟莫能定。及玄在姑孰，欲令盡敬。乃與遠書，……遠答書。……玄雖苟執先志，恥卽外從，而覩遠辭旨，趑趄未決。有頃，玄纂位，卽下書曰：“佛法宏大，所不能測。推奉主之情，故興其敬。今事既在已，宜盡謙光，諸道人勿復致禮也。”遠乃著沙門不敬王者論，凡有五篇。……自是沙門得全方外之迹矣。及桓玄西奔，晉安帝自江陵旋於京師。輔國何無忌勸遠候迎，遠稱疾不行。帝遣使勞問，遠修書曰：“釋慧遠頓首：陽月和暖，願御膳順宜！貧道先嬰疾，年衰益甚，猥蒙慈詔，曲垂光慰，感懼之深，實百於懷！幸過慶會，而形不自運，此情此慨，良無以喻！”詔答：“陽中感懷，知所患未佳，甚情耿！去月發江陵，在道多諸惡情，遲兼常，本冀經過相見，法師既養素山林，又所患未痊，邈無復因，增其嘆恨！”

　　陳郡謝靈運負才傲俗，少所推崇，及一相見，肅然心服。遠内通佛理，外善羣書，夫預學徒，莫不依擬。時遠講喪服經。雷次宗、宗炳等，並執卷承旨。次宗後別著義疏，首稱雷氏。宗炳因寄書嘲之曰:"昔與足下共於遠和尚間面受此義，今便題卷首稱雷氏乎？"其化兼道俗斯類非一。

自遠卜居廬阜三十餘年，影不出山，迹不入俗，每送客遊履，常以虎溪爲界焉。

以晉義熙十二年八月初動散，至六日困篤。大德耆年，皆稽顙請飲豉酒，不許。又請飲米汁，不許。又請以蜜和水爲漿，乃命律師，令披卷尋文，得飲與不？卷未半而終，春秋八十三矣。門徒號慟，若喪考妣，道俗奔赴，踵繼肩隨。遠以凡夫之情難割，乃制七日展哀。遺命使露骸松下。既而弟子收葬，潯陽太守阮侃於山西嶺鑿壙開塚。謝靈運爲造碑文，銘其遺德。南陽宗炳又立碑寺門。

初遠善屬文章，辭氣清雅，席上談吐，精義簡要。加以容儀端庄，風彩灑落，故圖像於寺，退邇式瞻。所著論序銘贊詩書，集爲十卷，五十餘篇，見重于世焉。

（選自金陵刻經處本梁慧皎高僧傳卷六）

僧　叡

【簡介】　僧叡，生卒年不詳，年六十七歲卒，後秦魏郡長樂人。
叡年十八出家，先投僧賢法師爲弟子，博通經論。曾聽僧朗法師講
放光經，亦曾師事般若學者道安，對禪法比較重視。他深爲後秦主
姚興推崇，因此一時聲名遠揚。後入長安，幫助鳩摩羅什譯經。他
的著作有爲大智度論、十二門論、中論以及大小品、法華、維摩、思
益、自在王、禪經等經論寫的序文。這些經論序文現大部存於出三
藏記集一書中。

　　僧叡的學説以般若三論學爲主。他曾標榜他的老師道安的般
若性空宗（卽本無宗）説：“自慧風東扇，法言流泳已來，雖日講肆格
義迂而乖本，六家偏而不卽，性空之宗，以今驗之，最得其實。”（毘
摩羅詰提經義疏序）同時由於他又師事羅什，又受了龍樹中觀哲學
的影響，傾心於三論學（卽中論、百論、十二門論）的研究，所以他對
屬於中觀學的大智度論、十二門論、中論等都作了序文。這裏我們
選録他的般若大品經序與中論序兩篇序文。

　　從這兩篇序文中，可以看出僧叡是十分推崇般若經與中論的。
在大品經序中，他宣揚“非心”、“非待”、“一切皆空”的般若空觀。
在中論序中，他鼓吹“夷有無，一道俗”，“涉中途，泯二際”，卽“非有
非無”，“有無不二”，“道俗不異”的龍樹中觀哲學。僧叡爲人們稱
作羅什弟子中的八俊或十哲之一，確實是當時一位比較有名的般
若三論學者。

一、大品經序

摩訶般若波羅蜜者，出八地之由路，登十階之龍津也。夫淵府不足以盡其深美，故寄大以目之；水鏡未可以喻其澄朗，故假慧以稱之；造盡不足以得其涯極，故借度以明之。然則功託有無，度名所以立；照本靜末，慧目以之生；曠兼無外，大稱由以起。斯三名者，雖義涉有流，而詣得非心；跡寄有用，而功實非待。非心，故以不住爲宗；非待，故以無照爲本。本以無照，則凝知於化始；宗以非心，則忘功於行地。故啟章玄門，以不住爲始；妙歸三慧，以無得爲終。假號照其真，應行顯其明。無生沖其用，功德庄其深。大明要終以驗始，漚和即始以悟終。蕩蕩焉！真可謂大業者之通塗，畢佛乘者之要軌也。

夫寶重故防深，功高故校廣。囑累之所以慇懃，功德之所以屢增，良有以也。而經來茲土，乃以秦言譯之。典謨乖於殊制，名實喪於不謹。致使求之彌至，而失之彌遠，頓轡重關，而窮路轉廣，不遇淵匠，殆將墜矣。亡師安和上，鑿荒塗以開轍，標玄指於性空，落乖蹤而直達，殆不以謬文爲閡也，亹亹之功，思過其半，邁之遠矣。鳩摩羅什法師，慧心夙悟，超拔特詣，天魔干而不能迴，淵識難而不能屈，扇龍樹之遺風，震慧響於此世。秦王感其來儀，時運開其凝滯。以弘始三年，歲次星紀，冬十二月二十日，至長安。秦王扣其虛關，匠伯陶其淵致。虛關既開，乃正此文言；淵致既宣，而出其釋論。渭濱流祇洹之化，西明啟如來之心，逍遙集德義之僧，京城溢道詠之音，末法中興，將始於此乎！

予既知命，遇此真化，敢竭微誠，屬當譯任。執筆之際，三惟亡師“五失”及“三不易”之誨，則憂懼交懷，惕焉若屬，雖復履薄臨深，未足喻也。幸冀宗匠通鑒，文雖左右，而旨不違中。遂謹受案譯，敢當此任。以弘始五年，歲在癸卯，四月二十三日，於京城之北，逍遙園中，出此經。法師手執胡本，口宣秦言，兩釋異音，交辯文旨。秦王躬覽舊經，驗其得失，諮其通途，坦其宗致，與諸宿舊，義業沙門：釋慧恭、僧䂮、僧遷、寶度、慧精、法欽、道流、僧叡、道恢、道標、道恒、道悰等五百餘人，詳其義旨，審其文中，然後書之。以其年十二月十五日出盡，校正檢括，明年四月二十三日乃訖。文雖粗定，以釋論檢之，猶多不盡。是以隨出其論，隨而正之。釋論既訖，爾乃文定。定之未已，已有寫而傳者，又有以意增損，私以般若波羅蜜爲題者。致使文言舛錯，前後不同，良由後生，虛己懷薄，信我情篤故也。

　　胡本唯序品、阿韠跋致品、魔事品有名，餘者直第其品數而已。法師以名非佛制，唯存序品，略其二目。其事數之名，與舊不同者，皆是法師以義正之者也。如陰入持等，名與義乖，故隨義改之。陰爲衆，入爲處，持爲性，解脫爲背捨，除入爲勝處，意止爲念處，意斷爲正勤，覺意爲菩提，直行爲聖道，諸如此比，改之甚衆。胡音失者，正之以天竺，秦言謬者，定之以字義，不可變者，卽而書之。是以異名斌然，胡音殆半。斯實匠者之公謹，筆受之重慎也。幸冀遵實崇本之賢，推而體之，不以文樸見咎，煩異見慎也。

　　　　　　（選自金陵刻經處本出三藏記集經序卷八）

二、中　論　序

　　中論有五百偈，龍樹菩薩之所造也。以中爲名者，照其實也。

以論爲稱者，盡其言也。實非名不悟，故寄中以宣之。言非釋不盡，故假論以明之。其實既宣，其言既明，於菩薩之行，道場之照，朗然懸解矣。

夫滯惑生於倒見，三界以之而淪溺。偏悟起於厭智，耿介以之而致乖。故知大覺在乎曠照，小智纏乎隘心。照之不曠，則不足以夷有無，一道俗。知之不盡，則未可以涉中途、泯二際。道俗之不夷，二際之不泯，菩薩之憂也。是以龍樹大士，折之以中道，使惑趣之徒望玄指而一變；括之以郎化，令玄悟之賓喪諔詢於朝徹。蕩蕩焉！真可謂坦夷路於沖階，敞玄門於宇內，扇慧風於陳枚，流甘露於枯悴者矣。

夫柏梁之構輿，則鄙茅茨之仄陋。覩斯論之宏曠，則知偏悟之鄙倍。幸哉！此區之赤縣，忽得移靈鷲以作鎮；險詖之邊情，乃蒙流光之餘惠。而今而後，談道之賢，始可與論實矣。云天竺諸國，敢預學者之流，無不翫味斯論，以爲喉衿。其染翰申釋者，甚亦不少。

今所出者，是天竺梵志，名賓伽羅，秦言青目之所釋也。其人雖信解深法，而辭不雅中。其中乖闕煩重者，法師皆裁而裨之，於通經之理盡矣，文或左右未盡善也。百論治外以閑邪，斯文袪內以流滯。大智釋論之淵博，十二門觀之精詣，尋斯四者，真若日月入懷，無不朗然鑒徹矣。予翫之味之不能釋手，遂復忘其鄙拙，託悟懷於一序，并目品義題之於首。豈期能釋耶？蓋是欣自同之懷耳。

（選自金陵刻經處本出三藏記集經序卷一一）

姚　興

【簡介】　姚興，字子略，生於公元三五五年（東晉穆帝永和十一年），死於公元四一六年（東晉安帝義熙十二年），南安赤亭（今甘肅隴西東）羌族人。他是姚萇的長子，前秦苻堅時，曾爲太子舍人。姚萇爲後秦帝後，立爲皇太子，公元三九四年即後秦帝位。晉書卷一一七至一一八有傳。

姚興篤信佛教，在他統治的區域內，大力提倡佛教。據晉書本傳記載：“興既託意於佛道，公卿已下，莫不欽附，沙門自遠而至者，五千餘人。……州里化之事佛者，十室而九矣。”當姚興滅後涼後，即迎鳩摩羅什到長安，讓他在逍遙園中講經、譯經。姚興並親自去聽講經義，與鳩摩羅什探討新譯佛經。在姚興支持下，鳩摩羅什譯出經、論三百餘卷。這在中國佛教史上是一件重要的事情。

一、通三世論諮什法師

曾問諸法師，明三世或有或無，莫適所定。此亦是大法中一段處所，而有無不判，情每慨之。是以忽疏野懷，聊試孟浪言之。誠知知孟浪之言，不足以會理，然胸襟之中，欲有少許意，了不能默已，輒疏條相呈，匠者可爲折衷。

余以爲，三世一統，循環爲用，過去雖滅，其理常在。所以在者，非如阿毗曇注言五陰塊然。喻若足之履地，真足雖往，厥迹猶存，常來如火之在木。木中欲言有火耶？視之不可見。欲言無耶？緣合火出。經又云：聖人見三世。若其無也，聖無所見；若言有耶，則犯常嫌明。過去未來，雖無眼對，理恆相因。苟因理不絕，聖見三世，無所疑矣。

二、通不住法住般若

衆生之所以不階道者，有著故也。是以聖人之教，恆以去著爲事，故言以不住般若。雖復大聖玄鑒，應照無際，亦不可著，著亦成患。欲使行人忘彼我，遺所寄，汎若不繫之舟，無所倚薄，則當於理矣。

三、通聖人放大光明普照十方

聖人之教，玄通無涯，致感多方。不可作一途求，不可以一理推，故應粗以粗應，細以細應，理固然矣。所以放大光明，現諸神變者，此應十方諸大菩薩，將紹尊位者耳。若處俗接粗，復容此事耶？阿含經云：釋氏之處天竺，四十餘載，衣服飲食，受諸患痛，與人不別。經又云：聖人亦入鹿馬而度脫之。當在鹿馬，豈異於鹿馬哉？若不異鹿馬，應世常流，不待此神變明矣。每事要須自同於前物，然後得行其化耳。

四、通 三 世

衆生曆涉三世，其猶循環。過去未來，雖無眼對，其理常在。是以聖人尋往以知往，逆數以知來。

五、通一切諸法空

大道者，以無爲爲宗，若其無爲，復何所有耶？

六、答安成侯姚嵩

卿所難問，引喻兼富，理極深致，實非庸淺所能具答，今爲當都格以相酬耳。

卿引般若經云：若有衆生遇斯光者，必得無上道。既經所言，未聞有凡流而得見光明者。如釋迦放大光明，普照十方，當斯之時，經不言有羣品而得見。其怪而異之者，皆是普明之徒。以斯言之，定不爲羣小也。卿若以衆生爲疑者，百億菩薩，豈非衆生之謂耶？然經復云：普明之詣釋迦，皆與善男子、善女人，持諸華香來供養釋迦。及致供養之徒，自應普蒙其潤也。但光明之作本不爲善男子、善女人，所以得蒙餘波者，其猶蠅附驥尾，得至千里之舉耳。卿又引神變令三惡衆生得生人天。若在鹿爲鹿，在馬爲馬，而度脫之，豈非神變之謂耶？華手、思益、法華諸經所言，若云放大光明，自應與大品無異也。若一一光明以應適前物，此作非人天所通。夫光明之與寂寞，此直發意有參差，其揆一也。

卿引經言施者、受者財物不可得，與不住法、不住般若未有異，二者直是始終之教也。統而言之，俱是破著之語耳。何者？罪不罪施者、受者，及財物都不可得。若都不可得，復何所著？是勸無所著明矣。

卿又問，明道之無爲，爲當同諸法之自空爲妙空，無以成極耶？又引論中二諦之間，言意所不及，道之無爲所寄耶？吾意以謂道止無爲，未詳所以宗也。何者？夫衆生之所以流轉生死者，皆著欲故也。若欲止於心，卽不復生死，旣不生死，潛神玄漠，與空合其體，是名湼槃耳。旣曰湼槃，復何容有名於其間哉！夫道以無寄爲宗，若求寄所在，恐乃惑之大者也。吾所明無爲，不可爲有者，意事如隱，尋求或當小難，今更重伸前義。卿所引中論，卽吾義宗諸法。若不空則無二諦，若不有亦無二諦，此定明有無不相離。何者？若定言有，則無以拔高士；若定明無，則無以濟常流。是以聖人有無兼抱而不捨者，此之謂也。然諸家通第一義，廓然空寂，無有聖人。吾常以爲殊太迂廷，不近人情。若無聖人，知無者誰也？

（選自四部叢刊影印本廣弘明集卷一八）

〔附：姚嵩上後秦主姚興佛義表〕

臣言：奉陛下所通諸義，理味淵玄，詞致清勝，間詣諭於二篇，妙盡侔乎中觀，詠之翫之，紙已致勞，而心猶無厭，真可謂當時之高唱，累劫之宗範也。但臣頑暗，思不參玄，然披尋之日，真復詠歌弗暇，不悟弘慈善誘，乃欲令參致問難，敢忘愚鈍，輒位敍所懷，豈曰存難，直欲諮所未悟耳。臣言上通三世，甚有深致，旣已遠契聖心，兼復抑正衆説，宗塗亹亹，超絕常境，欣悟之至，益令賞味增深，加爲什公，研覈該備，實非愚臣所能稱盡，正當銘之懷抱，以爲心要耳。臣言上通不住法住般若義云，衆生所以不階道者，有著故也。聖心玄詣，誠無不盡，然至乎標位六度，而以無著爲宗。取之於心，誠如明晦，卽之於事，脱有未極。夫無著雖妙，似若有不卽真兩冥，有不卽真兩冥，恐是心忘之謂耳。竊尋玄教如更有以，謹牒成言以攄愚見。故經云："以無所捨法，具足檀波羅蜜，以此三事，不可得故。三者既冥，有無無當，無當之理，卽同幻化。"以此而推，恐不住之致，非真忘彼我，遺所寄而已。

詔云：放大光明諸神變者，此自應十方諸大菩薩將紹尊位者耳。斯理之玄，固非庸近所參，然不已之情，猶欲言所未達。夫萬有不同，精粗亦應異，應彼雖殊，而聖心恆一。恆一故圓以應之，不同故權以濟之。雖鹿馬而未始乖其大，雖現神變而未始遺其細。故淨名經云："如來或以光明而作佛事，或以寂寞而作佛事，顯默雖異，而終致不二。然則於小大之間，恐是時互説耳。"如華手經："初佛爲德藏，放大光明，令諸衆生普蒙其潤。"又思益經中網明所問，"如來三十三種光明，一切遇者皆得利益"。法華經云："佛放眉間相光，亦使四衆八部咸皆生疑。"又云："處暗衆生，各得相見。苟有其緣，雖小必益，苟無其因，雖大或乖。"故般若經云："若有衆生遇斯光者，必得無上道。又以神變，令三惡衆生皆生天上。"以此而言，至於光明神變之事，似存平等。敢緣慈顧，輒竭愚思，若復哀矜，重開導者，豈直微臣獨受其賜？

詔云：夫道者，以無爲爲宗，若其無爲，復何所爲耶？至理淵淡，誠不容言，然處在涉求之地，不得不尋本以致悟。不審明道之無爲，爲當以何爲體？若以妙爲宗者，雖在帝先而非極；若以無有爲妙者，必當有不無之因。因稱俱未冥，距是不二之道乎？故論

云:“無於無者,必當有於有。有無之相譬,猶修短之相形耳。”無理
雖玄,將恐同彼斷常。常猶不可,況復斷耶? 然則有無之津,乃是
邊見之所存。故中論云:“不破世諦故,則不破真諦。”又論云:“諸
法若實,則無二諦; 諸法若空,則無罪福。” 若無罪福,凡聖無判;
二苟無判,道何所益? 由臣暗昧,未悟宗極,唯願仁慈,重加
誨諭。

　　　　　　　　（選自四部叢刊影印本廣弘明集卷一八）

僧　肇

【簡介】　僧肇，俗姓張氏，生於公元三八四年（東晉孝武帝寧康九年），死於公元四一四年（東晉安帝義熙十年），京兆（今陝西省西安市）人。他是我國東晉時期重要的佛學理論家之一，早年研習老莊，后出家爲僧，是當時著名佛經翻譯家鳩摩羅什的弟子。他經過消化印度佛教大乘空宗一派理論，站在佛教信仰者的立場，以一種徹底唯心主義觀點，對我國魏晉以來玄學和佛學的各主要流派，進行了系統的總結，從而建立起自己的宗教哲學體系。鳩摩羅什曾稱許他説：“秦人解空第一者，僧肇其人也。”（高僧傳）

　　僧肇的思想對我國後來佛教“三論宗”和“禪宗”思想的發展都有一定影響，甚至有人稱他是“中國玄宗大師”。但他所寫的作品並不算多，主要的有不真空論、物不遷論、般若無知論兼答劉遺民書等，都被後人收集在肇論一書中。但不知何時宗本義被作爲肇論卷首，近似全書綱領，但其思想內容，顯然不同于上述各論，其爲僞作，可無疑義。而最後一篇涅槃無名論，不僅文筆、體裁不同，甚至觀點亦與不真空論等有別，經近人考證，也可能是僞作，但在慧皎高僧傳本傳中已有節引，則其出世時間頗早，因此一向有人認爲真是僧肇所作。究竟如何，尚有待於研究。肇論一書在我國自南朝以後，幾乎歷代都有人注解，其中以陳慧達肇論疏爲最早，唐元康肇論疏爲最詳。目前更有英文譯本。本書除全刊肇論各篇外，尚有所作佛教經論序若干篇，原載僧佑出三藏記集，另有鳩摩羅什法師誄見唐道宣編廣弘明集。此外僧肇作維摩經注文，亦選抄附印於後，以供系統批判研究者參考。又，現行佛藏中多有寶藏論一書，謂爲僧肇作，經湯用彤先生考證，實爲僞纂（見所著漢魏兩晉南北朝佛教史上卷第十章），且無甚深義，故闕而不載。

一、肇　論

一、宗　本　義

本無、實相、法性、性空、緣會，一義耳。何則？一切諸法，緣會而生。緣會而生，則未生無有，緣離則滅。如其真有，有則無滅。以此而推，故知雖今現有，有而性常自空。性常自空，故謂之性空。性空故，故曰法性。法性如是，故曰實相。實相自無，非推之使無，故名本無。

言不有不無者，不如有見常見之有，邪見斷見之無耳。若以有爲有，則以無爲無。有既不有，則無無也。夫不存無以觀法者，可謂識法實矣。是謂雖觀有而無所取相。然則法相爲無相之相，聖人之心爲住無所住矣。三乘等觀性空而得道也。

性空者，謂諸法實相也。見法實相，故云正觀。若其異者，便爲邪觀。設二乘不見此理，則顛倒也。是以三乘觀法無異，但心有大小爲差耳。

漚和般若者，大慧之稱也。諸法實相，謂之般若，能不形證，漚和功也。適化衆生，謂之漚和；不染塵累，般若力也。然則般若之門觀空，漚和之門涉有。涉有未始迷虛，故常處有而不染。不厭有而觀空，故觀空而不證。是謂一念之力，權慧具矣！一念之力，權慧具矣！好思，歷然可解。泥洹盡諦者，直結盡而已，則生死永滅，故謂盡耳。無復別有一盡處耳。

二、物不遷論第一

夫生死交謝，寒暑迭遷，有物流動，人之常情。余則謂之不然。何者？放光云：法無去來，無動轉者。尋夫不動之作，豈釋動以求靜？必求靜於諸動。必求靜於諸動，故雖動而常靜。不釋動以求靜，故雖靜而不離動。然則動靜未始異，而惑者不同。緣使真言滯於競辯，宗途屈於好異，所以靜躁之極，未易言也。何者？夫談真則逆俗，順俗則違真。違真故迷性而莫返，逆俗故言淡而無味。緣使中人未分於存亡，下士撫掌而弗顧。近而不可知者，其唯物性乎！然不能自已，聊復寄心於動靜之際，豈曰必然！

試論之曰：道行云：諸法本無所從來，去亦無所至。中觀云：觀方知彼去，去者不至方。斯皆即動而求靜，以知物不遷明矣。夫人之所謂動者，以昔物不至今，故曰動而非靜。我之所謂靜者，亦以昔物不至今，故曰靜而非動。動而非靜，以其不來；靜而非動，以其不去。然則所造未嘗異，所見未嘗同。逆之所謂塞，順之所謂通，苟得其道，復何滯哉？

傷夫人情之惑也久矣，目對真而莫覺！既知往物而不來，而謂今物而可往。往物既不來，今物何所往？何則？求向物於向，於向未嘗無；責向物於今，於今未嘗有。於今未嘗有，以明物不來；於向未嘗無，故知物不去。覆而求今，今亦不往。是謂昔物自在昔，不從今以至昔；今物自在今，不從昔以至今。故仲尼曰：回也見新，交臂非故。如此，則物不相往來，明矣。既無往返之微朕，有何物而可動乎！然則，旋嵐偃嶽而常靜，江河競注而不流，野馬飄鼓而不動，日月歷天而不周，復何怪哉？

噫！聖人有言曰：人命逝速，速於川流。是以聲聞悟非常以成道，緣覺覺緣離以卽真。苟萬動而非化，豈尋化以階道？覆尋聖言，微隱難測。若動而靜，似去而留。可以神會，難以事求。是以言去不必去，閑人之常想；稱住不必住，釋人之所謂往耳。豈曰去而可遣，住而可留耶？故成具云：菩薩處計常之中，而演非常之教。摩訶衍論云：諸法不動，無去來處。斯皆導達羣方，兩言一會，豈曰文殊而乖其致哉？是以言常而不住，稱去而不遷。不遷，故雖往而常靜；不住，故雖靜而常往。雖靜而常往，故往而弗遷；雖往而常靜，故靜而弗留矣。然則莊生之所以藏山，仲尼之所以臨川，斯皆感往者之難留，豈曰排今而可往？

　　是以觀聖人心者，不同人之所見得也。何者？人則謂少壯同體，百齡一質，徒知年往，不覺形隨。是以梵志出家，白首而歸，鄰人見之曰：昔人尚存乎？梵志曰：吾猶昔人，非昔人也。鄰人皆愕然，非其言也。所謂有力者負之而趨，昧者不覺，其斯之謂歟？

　　是以如來因羣情之所滯，則方言以辯惑；乘莫二之真心，吐不一之殊教。乖而不可異者，其唯聖言乎！故談真有不遷之稱，導俗有流動之說，雖復千途異唱，會歸同致矣。而徵文者聞不遷，則謂昔物不至今；聆流動者，而謂今物可至昔。既曰古今，而欲遷之者，何也？是以言往不必往，古今常存，以其不動。稱去不必去，謂不從今至古，以其不來。不來，故不馳騁於古今；不動，故各性住於一世。然則羣籍殊文，百家異說，苟得其會，豈殊文之能惑哉？

　　是以人之所謂住，我則言其去；人之所謂去，我則言其住。然則去住雖殊，其致一也。故經云：正言似反，誰當信者？斯言有由矣！何者？人則求古於今，謂其不住；吾則求今於古，知其不去。今若至古，古應有今；古若至今，今應有古。今而無古，以知不來；古而無今，以知不去。若古不至今，今亦不至古，事各性住於一世，有何物而可去來？然則四象風馳，璇璣電捲，得意毫微，雖速而不轉。

是以<u>如</u>來功流萬世而常存，道通百劫而彌固。成山假就於始
簣，修途託至於初步，果以功業不可朽故也。功業不可朽，故雖在
昔而不化。不化故不遷，不遷故則湛然明矣。故經云：三災彌綸，
而行業湛然。信其言也！何者？果不俱因，因因而果。因因而果，
因不昔滅；果不俱因，因不來今。不滅不來，則不遷之致明矣。復
何惑於去留，踟躕於動靜之間哉？然則乾坤倒覆，無謂不靜；洪流
滔天，無謂其動。苟能契神於即物，斯不遠而可知矣！

三、不真空論第二

夫至虛無生者，蓋是般若玄鑑之妙趣，有物之宗極者也。自非
聖明特達，何能契神於有無之間哉？是以至人通神心於無窮，窮所
不能滯；極耳目於視聽，聲色所不能制者，豈不以其即萬物之自虛，
故物不能累其神明者也。是以聖人乘真心而理順，則無滯而不通；
審一氣以觀化，故所遇而順適。無滯而不通，故能混雜致淳；所遇
而順適，故則觸物而一。如此，則萬象雖殊，而不能自異。不能自
異，故知象非真象；象非真象，故則雖象而非象。然則物我同根，是
非一氣，潛微幽隱，殆非羣情之所盡。故頃爾談論，至於虛宗，每有
不同。

夫以不同而適同，有何物而可同哉？故眾論競作，而性莫同
焉。何則？心無者，無心於萬物，萬物未嘗無。此得在於神靜，失
在於物虛。即色者，明色不自色，故雖色而非色也。夫言色者，但
當色即色，豈待色色而後爲色哉？此直語色不自色，未領色之非色
也。本無者，情尚於無多，觸言以賓無。故非有，有即無；非無，無
亦無。尋夫立文之本旨者，直以非有非真有，非無非真無耳。何必
非有無此有，非無無彼無？此直好無之談，豈謂順通事實，即物之

情哉？夫以物物於物，則所物而可物；以物物非物，故雖物而非物。是以物不即名而就實，名不即物而履真。然則真諦獨靜於名教之外，豈曰文言之能辨哉？然不能杜默，聊復厝言以擬之。

試論之曰：摩訶衍論云：諸法亦非有相，亦非無相。中論云：諸法不有不無者，第一真諦也。尋夫不有不無者，豈謂滌除萬物，杜塞視聽，寂寥虛豁，然後爲真諦者乎？誠以即物順通，故物莫之逆；即僞即真，故性莫之易。性莫之易，故雖無而有；物莫之逆，故雖有而無。雖有而無，所謂非有；雖無而有，所謂非無。如此，則非無物也，物非真物；物非真物，故於何而可物？故經云：色之性空，非色敗空。以明夫聖人之於物也，即萬物之自虛，豈待宰割以求通哉？是以寢疾有不真之談，超日有即虛之稱。然則三藏殊文，統之者一也。故放光云：第一真諦，無成無得；世俗諦故，便有成有得。夫有得即是無得之僞號，無得即是有得之真名。真名故，雖真而非僞；僞號故，雖僞而非無。是以言真未嘗有，言僞未嘗無。二言未始一，二理未始殊。故經云：真諦俗諦，謂有異耶？答曰：無異也。此經直辯真諦以明非有，俗諦以明非無。豈以諦二而二於物哉？

然則萬物果有其所以不有，有其所以不無。有其所以不有，故雖有而非有；有其所以不無，故雖無而非無。雖無而非無，無者不絕虛；雖有而非有，有者非真有。若有不即真，無不夷迹，然則有無稱異，其致一也。故童子歎曰：說法不有亦不無，以因緣故，諸法生。瓔珞經云：轉法輪者，亦非有轉，亦非無轉，是謂轉無所轉。此乃衆經之微言也。何者？謂物無耶，則邪見非惑；謂物有耶，則常見爲得。以物非無，故邪見爲惑；以物非有，故常見不得。然則非有非無者，信真諦之談也。故道行云：心亦不有亦不無。中觀云：物從因緣故不有，緣起故不無。尋理即其然矣！

所以然者，夫有若真有，有自常有，豈待緣而後有哉？譬彼真無,無自常無,豈待緣而後無也？若有不能自有,待緣而後有者,故知有非真有。有非真有,雖有不可謂之有矣。不無者,夫無則湛然不動,可謂之無。萬物若無,則不應起,起則非無,以明緣起,故不無也。故摩訶衍論云:一切諸法,一切因緣,故應有。一切諸法,一切因緣,故不應有。一切無法,一切因緣,故應有。一切有法,一切因緣,故不應有。尋此有無之言,豈直反論而已哉？若應有,即是有,不應言無;若應無,即是無,不應言有。言有是爲假有,以明非無,借無以辨非有。此事一稱二,其文有似不同,苟領其所同,則無異而不同。然則萬法果有其所以不有,不可得而有;有其所以不無,不可得而無。何則？欲言其有,有非真生;欲言其無,事象既形。象形不即無,非真非實有。然則不真空義,顯於茲矣。故放光云:諸法假號不真。譬如幻化人,非無幻化人,幻化人非真人也。

　　夫以名求物,物無當名之實;以物求名,名無得物之功。物無當名之實,非物也;名無得物之功,非名也。是以名不當實,實不當名,名實無當,萬物安在？故中觀云:物無彼此。而人以此爲此,以彼爲彼,彼亦以此爲彼,以彼爲此。此彼莫定乎一名,而惑者懷必然之志。然則彼此初非有,惑者初非無。既悟彼此之非有,有何物而可有哉？故知萬物非真,假號久矣。是以成具立強名之文,園林託指馬之況。如此,則深遠之言,於何而不在？是以聖人乘千化而不變,履萬惑而常通者,以其即萬物之自虛,不假虛而虛物也。故經云:甚奇世尊,不動真際,爲諸法立處。非離真而立處,立處即真也。然則道遠乎哉？觸事而真。聖遠乎哉？體之即神。

四、般若無知論第三

　　夫般若虛玄者,蓋是三乘之宗極也,誠真一之無差。然異端之論，紛然久矣。有天竺沙門鳩摩羅什者，少踐大方，研幾斯趣，獨拔於言象之表，妙契於希夷之境，齊異學於迦夷，揚淳風於東扇，將爰燭殊方而匿耀涼土者，所以道不虛應，應必有由矣。弘始三年，歲次星紀，秦乘入國之謀，舉師以來之。意也，北天之運數其然也。大秦天王者，道契百王之端，德洽千載之下，游刃萬機，弘道終日，信季俗蒼生之所天，釋迦遺法之所仗也。時乃集義學沙門五百餘人於逍遙觀，躬執秦文，與什公參定方等。其所開拓者，豈謂當時之益，乃累劫之津梁矣！余以短乏，會廁嘉會，以爲上聞異要，始於時也。然則聖智幽微，深隱難測，無相無名，乃非言象之所得。爲試罔象其懷，寄之狂言耳，豈曰聖心而可辨哉？

試論之曰：放光云：般若無所有相，無生滅相。道行云：般若無所知，無所見。此辨智照之用，而曰無相無知者，何耶？果有無相之知，不知之照，明矣。何者？夫有所知，則有所不知。以聖心無知，故無所不知。不知之知，乃曰一切知。故經云：聖心無所知，無所不知。信矣！是以聖人虛其心而實其照，終日知而未嘗知也。故能默耀韜光，虛心玄鑒，閉智塞聰，而獨覺冥冥者矣。然則智有窮幽之鑒，而無知焉；神有應會之用，而無慮焉。神無慮，故能獨王於世表；智無知，故能玄照於事外。智雖事外，未始無事；神雖世表，終日域中。所以俯仰順化，應接無窮，無幽不察，而無照功。斯則無知之所知，聖神之所會也。然其爲物也，實而不有，虛而不無，存而不可論者，其唯聖智乎！何者？欲言其有，無狀無名；欲言其無，聖以之靈。聖以之靈，故虛不失照；無狀無名，故照不失虛。照不失虛，故混而不渝；虛不失照，故動以接粗。是以聖知之用，未始暫廢；求之形相，未暫可得。故寶積曰：以無心意而現行。放光云：不動等覺而建立諸法。所以聖迹萬端，其致一而已矣。是以般若可虛而照，真諦可亡而知，萬動可即而靜，聖應可無而爲。斯則不知而自知，不爲而自爲矣。復何知哉？復何爲哉？

難曰：夫聖人真心獨朗，物物斯照，應接無方，動與事會。物物斯照，故知無所遺；動與事會，故會不失機。會不失機，故必有會於可會；知無所遺，故必有知於可知。必有知於可知，故聖不虛知；必有會於可會，故聖不虛會。既知既會，而曰無知無會者，何耶？若夫忘知遺會者，則是聖人無私於知會，以成其私耳。斯可謂不自有其知，安得無知哉？答曰：夫聖人功高二儀而不仁，明逾日月而彌昏，豈曰木石瞽其懷，其於無知而已哉？誠以異於人者神明，故不可以事相求之耳。子意欲令聖人不自有其知，而聖人未嘗不有知。無乃乖於聖心，失於文旨者乎？何者？經云：真般若者，清净如虛空，無知無見，無作無緣。斯則知自無知矣，豈待返照然後無知哉？若有知性空而稱净者，則不辨於惑智。三毒四倒皆亦清净，有何獨尊净於般若？若以所知美般若，所知非般若。所知自常净，故般若未嘗净，亦無緣致净，歎於般若。然經云般若清净者，將無以般若體性真净，本無惑取之知，本無惑取之知，不可以知名哉？豈唯無知名無知，知自無知矣。是以聖人以無知之般若，照彼無相之真諦。真諦無兔馬之遺，般若無不窮之鑒。所以會而不差，當而無是，寂怕無知，而無不知者矣。

難曰：夫物無以自通，故立名以通物。物雖非名，果有可名之物當於此名矣。是以卽名求物，物不能隱。而論云聖心無知，又云無所不知。意謂無知未嘗知，知未嘗無知，斯則名教之所通，立言之本意也。然論者欲一於聖心，異於文旨，尋文求實，未見其當。何者？若知得於聖心，無知無所辨；若無知得於聖心，知亦無所辨。若二都無得，無所復論哉！答曰：經云：般若義者，無名無説，非有非無，非實非虛。虛不失照，照不失虛，斯則無名之法，故非言所能言也。言雖不能言，然非言無以傳。是以聖人終日言，而未嘗言也。

今試爲子狂言辨之。夫聖心者，微妙無相，不可爲有；用之彌勤，不可爲無。不可爲無，故聖智存焉；不可爲有，故名教絶焉。是以言知不爲知，欲以通其鑒；不知非不知，欲以辨其相。辨相不爲無，通鑒不爲有。非有，故知而無知；非無，故無知而知。是以知卽無知，無知卽知。無以言異，而異於聖心也。

難曰：夫真諦深玄，非智不測。聖智之能，在兹而顯。故經云：不得般若，不見真諦。真諦則般若之緣也。以緣求智，智則知矣。答曰：以緣求智，智非知也。何者？放光云：不緣色生識，是名不見色。又云：五陰清净，故般若清净。般若卽能知也，五陰卽所知也。所知卽緣也。夫知與所知，相與而有，相與而無。相與而無，故物莫之有；相與而有，故物莫之無。物莫之無，故爲緣之所起；物莫之有，故則緣所不能生。緣所不能生，故照緣而非知；爲緣之所起，故知緣相因而生。是以知與無知，生於所知矣。何者？夫智以知所知，取相故名知。真諦自無相，真智何由知？所以然者，夫所知非所知，所知生於知。所知既生知，知亦生所知。所知既相生，相生卽緣法。緣法故非真，非真故非真諦也。故中觀云：物從因緣有，故不真；不從因緣有，故卽真。今真諦曰真，真則非緣。真非緣，故無物從緣而生也。故經云：不見有法，無緣而生。是以真智觀真諦，未嘗取所知。智不取所知，此智何由知？然智非無知，但真諦非所知，故真智亦非知。而子欲以緣求智，故以智爲知。緣自非緣，於何而求知？

難曰：論云不取者，爲無知故不取？爲知然後不取耶？若無知故不取，聖人則冥若夜游，不辨緇素之異耶？若知然後不取，知則異於不取矣。答曰：非無知故不取，又非知然後不取。知卽不取，故能不取而知。

難曰：論云不取者，誠以聖心不物於物，故無惑取也。無取則無是，無是則無當。誰當聖心，而云聖心無所不知耶？答曰：然，無是無當者。夫無當則物無不當，無是則物無不是。物無不是，故是而無是；物無不當，故當而無當。故經云：盡見諸法，而無所見。

難曰：聖心非不能是，誠以無是可是，雖無是可是，故當是於無是矣。是以經云真諦無相，故般若無知者，誠以般若無有有相之知。若以無相爲無相，有何累於真諦耶？答曰：聖人無無相也。何者？若以無相爲無相，無相即爲相。捨有而之無，譬猶逃峰而赴壑，俱不免於患矣。是以至人處有而不有，居無而不無，雖不取於有無，然亦不捨於有無。所以和光塵勞，周旋五趣，寂然而往，怕爾而來，恬淡無爲而無不爲。

難曰：聖心雖無知，然其應會之道不差。是以可應者應之，不可應者存之。然則聖心有時而生，有時而滅，可得然乎？答曰：生滅者，生滅心也。聖人無心，生滅焉起？然非無心，但是無心心耳。又，非不應，但是不應應耳。是以聖人應會之道，則信若四時之質。直以虛無爲體，斯不可得而生，不可得而滅也。

難曰：聖智之無，惑智之無，俱無生滅，何以異之？答曰：聖智之無者，無知；惑智之無者，知無。其無雖同，所以無者異也。何者？夫聖心虛靜，無知可無，可曰無知，非謂知無。惑智有知，故有知可無，可謂知無，非曰無知也。無知即般若之無也，知無即真諦之無也。是以般若之與真諦，言用即同而異，言寂即異而同。同故無心於彼此，異故不失於照功。是以辨同者同於異，辨異者異於同，斯則不可得而異，不可得而同也。何者？內有獨鑒之明，外有萬法之實。萬法雖實，然非照不得。內外相與以成其照功，此則聖所不能同，用也。內雖照而無知，外雖實而無相，內外寂然，相與俱無，此則聖所不能異，寂也。是以經云：諸法不異者，豈曰續鳧截鶴，夷嶽盈壑，然後無異哉？誠以不異於異，故雖異而不異也。故經云：甚奇世尊，於無異法中而説諸法異。又云：般若與諸法，亦不一相，亦不異相。信矣।

難曰：論云言用則異，言寂則同，未詳般若之内，則有用寂之異乎？答曰：用即寂，寂即用。用寂體一，同出而異名，更無無用之寂而主於用也。是以智彌昧，照逾明；神彌靜，應逾動。豈曰明昧動靜之異哉？故成具云：不爲而過爲。寶積曰：無心無識，無不覺知。斯則窮神盡智，極象外之談也。即之明文，聖心可知矣。

五、答劉遺民書書有二幅，前短札，後長幅。

不面在昔，佇想用勞。慧明道人至，得去年十二月疏，并問。披尋返覆，欣若暫對。涼風屆節，頃常如何？貧道勞疾多不佳耳，信南返不悉。八月十五日釋僧肇疏答。

服像雖殊，妙期不二；江山雖緬，理契即鄰。所以望途致想，虛襟有寄。君既遂嘉遯之志，標越俗之美，獨恬事外，歉足方寸，每一言集，何嘗不遠。喻林下之雅詠，高致悠然，清散未期，厚自保愛。每因行李，數有承問，願彼山僧無恙，道俗通佳，承遠法師之勝常，以爲欣慰。雖未清承，然服膺高軌，企佇之勤，爲日久矣。公以過順之年，湛氣彌廣，養徒幽巖，抱一沖谷，遐邇仰詠，何美如之？每亦翹想一隅，懸庇霄岸，無由寫敬，致慨良深。君清對終日，快有悟心之歡也。即此大衆尋常，什法師如宜，秦王道性自然，天機邁俗，城塹三寶，弘道是務。由使異典勝僧方遠而至，靈鷲之風萃於兹土。領公遠舉，乃千載之津梁也。於西域還，得方等新經二百餘部，請大乘禪師一人，三藏法師一人，毗婆沙法師二人。什法師於大石寺出新至諸經，法藏淵曠，日有異聞。禪師於瓦官寺教習禪道，門徒數百，夙夜匪懈，邕邕肅肅，致可欣樂。三藏法師於中寺出律藏，本末精悉，若覩初制。毗婆沙法師於石羊寺出舍利弗阿毗曇胡本，雖未及譯，時問中事，發言新奇。貧道一生猥參嘉運，遇兹盛化，自恨不覩釋迦祇桓之集，餘復何恨！而慨不得與清勝君子同斯法集耳。生上人頃在此，同止數年，至於言語之際，常相稱詠。中途還南，君得與相見，未更近問，惘悒何言。威道人至，得君念佛三昧詠，并得遠法師三昧詠及序。此作興寄既高，辭致清婉，能文之士率稱其美。可謂游涉聖門，扣玄關之唱也。君與法師當數有文集，因來何少？什法師以午年出維摩經，貧道時預聽次。參承之暇，輒復條記成言，以爲注解。辭雖不文，然義承有本。今因信持一本往南。君閑詳，試可取看。來問婉切，難爲郢人。貧道思不關微，兼拙於筆語。且至趣無言，言必乖趣，云云不已，竟何所辨。聊以狂言，示誨來旨耳。

疏云：稱聖心冥寂，理極同無，雖處有名之中而遠與無名同。斯理之玄，固常所彌昧者。以此爲懷，自可忘言内得，取定方寸，復何足以人情之所異而求聖心之異乎？疏曰：談者謂窮靈極數，妙盡冥符，則寂照之名，故是定慧之體耳。若心體自然，靈怕獨感，則羣數之應，固以幾乎息矣。意謂妙盡冥符，不可以定慧爲名；靈怕獨感，不可稱羣數以息。兩言雖殊，妙用常一；迹我而乖，在聖不殊也。何者？夫聖人玄心默照，理極同無，既曰爲同，同無不極，何有同無之極，而有定慧之名？定慧之名，非同外之稱也。若稱生同内，有稱非同；若稱生同外，稱非我也。又，聖心虛微，妙絶常境，感無不應，會無不通，冥機潛運，其用不勤，羣數之應，亦何爲而息耶？且夫心之有也，以其有有。有不自有，故聖心不有有。不有有，故有無有。有無有故，則無無。無無故，聖心不有不無。不有不無，其神乃虛。何者？夫有也無也，心之影響也；言也象也，影響之所攀緣也。有無既廢，則心無影響；影響既淪，則言象莫測。言象莫測，則道絶羣方；道絶羣方，故能窮靈極數。窮靈極數，乃曰妙盡。妙盡之道，本乎無寄。夫無寄在乎冥寂，冥絶故虛以通之；妙盡存乎極數，極數故數以應之。數以應之，故動與事會；虛以通之，故道超名外。道超名外，因謂之無；動與事會，因謂之有。因謂之有者，應夫真有，强謂之然耳。彼何然哉？故經云：聖智無知而無所不知，無爲而無所不爲。此無言無相寂滅之道，豈曰有而爲有，無而爲無，動而乖静，静而廢用耶？而今談者，多卽言以定旨，尋大方而徵隅，懷前識以標玄，存所存之必當。是以聞聖有知，謂之有心，聞聖無知，謂等大虛。有無之境，邊見所存，豈是處中莫二之道乎？何者？萬物雖殊，然性本常一，不可而物，然非不物。可物於物，則名相異陳；不物於物，則物而卽真。是以聖人不物於物，不非物於物。不物於物，物非有也；不非物於物，物非無也。非有所以不取，非無所以不捨。不捨故妙存卽真，不取故名相靡因。名相靡因，非有知也；妙存卽真，非無知也。故經云：般若於諸法，無取無捨，無知無不知。此攀緣之外，絶心之域，而欲以有無詰者，不亦遠乎？請詰夫陳有無者。夫智之生也，極於相内。法本無相，聖智何知？世稱無知者，謂等木石太虛無情之流。靈鑒幽燭，形於未兆，道無隱機，寧曰無知？且無知生於無知，無無知也，無有知也。無有知也，謂之非有；無無知也，謂之非無。所以虛不失照，照不失虛，怕然永寂，靡執靡拘。孰能動之令有，静之使無耶？故經云：真般若者，非有非無，無起無滅，不可説示於人。何則？言其非有者，言其非是有，非謂是非有。言其非無者，言其非是無，非謂是非無。非有非非有，非無非非無。是以須菩提終日説般若而云無所説。此絶言之道，知何以傳？庶參玄君子有以會之耳。

又云：宜先定聖心所以應會之道，爲當唯照無相耶？爲當咸覩其變耶？談者似謂無相與變，其旨不一，覩變則異乎無相，照無相則失於撫會。然則卽真之義，惑有滯也。經云: 色不異空，空不異色。色卽是空，空卽是色。若如來旨，觀色空時，應一心見色，一心見空。若一心見色，則唯色非空；若一心見空，則唯空非色。然則空色兩陳，莫定其本也。是以經云非色者，誠以非色於色，不非色於非色。若非色於非色，太虛則非色，非色何所明？若以非色於色，卽非色不異色。非色不異色，色卽爲非色。故知變卽無相，無相卽變，羣情不同，故教迹有異耳。考之玄籍，本之聖意，豈復真僞殊心，空有異照耶？是以照無相，不失撫會之功；覩變動，不乖無相之旨。造有不異無，造無不異有。未嘗不有，未嘗不無。故曰不動等覺而建立諸法。以此而推，寂用何妨？如之何謂覩變之知，異無相之照乎？恐談者脫謂空有兩心，靜躁殊用，故言覩變之知，不可謂之不有耳。若能捨己心於封內，尋玄機於事外，齊萬有於一虛，曉至虛之非無者，當言至人終日應會，與物推移，乘運撫化，未始爲有也。聖心若此，何有可取，而曰未釋不取之理？

又云: 無是乃所以爲真是，無當乃所以爲至當，亦可如來言耳。若能無心於爲是，而是於無是；無心於爲當，而當於無當者，則終日是，不乖於無是；終日當，不乖於無當。但恐有是於無是，有當於無當，所以爲患耳。何者？若真是可是，至當可當，則名相以形，美惡是生，生生奔競，孰與止之？是以聖人空洞其懷，無識無知，然居動用之域，而止無爲之境；處有名之內，而宅絕言之鄉；寂寥虛曠，莫可以形名得，若斯而已矣。乃曰真是可是，至當可當，未喻雅旨也。恐是當之生，物謂之然，彼自不然，何足以然耳。夫言迹之興，異途之所由生也。而言有所不言，迹有所不迹。是以善言言者，求言所不能言；善迹迹者，尋迹所不能迹。至理虛玄，擬心已差，況乃有言？恐所示轉遠，庶通心君子有以相期於文外耳。

〔附：劉遺民書問〕

遺民和南。頃餐徽聞，有懷遙佇，歲末寒嚴，體中如何？音寄
壅隔，增用抱蘊。弟子沈痾草澤，常有弊瘵耳。因慧明道人北遊，
裁通其情。古人不以形疏致淡，悟涉則親。是以雖復江山悠邈，不
面當年，至於企懷風味，鏡心象迹，佇悅之勤，良以深矣。緬然無
因，瞻霞永欷，順時愛敬，冀因行李，數有承問。伏願彼大衆康和，外
國法師當休納。上人以悟發之器而遘茲淵對，想開究之功，足以盡
過半之思。故以每惟乖闊，憒愧何深。此山僧清常，道戒彌勵，禪隱
之餘，則惟研惟講，恂恂穆穆，故可樂矣。弟子既以遂宿心而覿茲上
軌，感寄之誠，日月銘至。遠法師頃恒履宜，思業精詣，乾乾宵夕。
自非道用潛流，理爲神御，孰以過順之年，湛氣若茲之勤。所以憑
慰既深，仰謝逾絕。去年夏末，始見生上人示無知論，才運清儁，旨
中沈允，推涉聖文，婉而有歸，披味殷勤，不能釋手，真可謂浴心方
等之淵，而悟懷絕冥之肆者矣！若令此辨遂通，則般若衆流，殆不
言而會，可不欣乎！可不欣乎！然夫理微者辭險，唱獨者應希，苟非
絕言象之表者，將以存象而致乖乎？意謂答以緣求智之章，婉轉窮
盡，極爲精巧，無所間然矣。但暗者難以頓曉，猶有餘疑一兩。今
輒題之如別，想從容之暇，復能粗爲釋之。

論序云：般若之體非有非無，虛不失照，照不失虛，故曰不動等
覺而建立諸法。下章云：異乎人者神明，故不可以事相求之耳。又
云：用卽寂，寂卽用，神彌靜，應逾動。夫聖心冥寂，理極同無，不疾
而疾，不徐而徐。是以知不廢寂，寂不廢知，未始不寂，未始不知。
故其運物成功化世之道，雖處有名之中，而遠與無名同。斯理之
玄，固常所彌昧者矣。但今談者所疑於高論之旨，欲求聖心之異，
爲謂窮靈極數，妙盡冥符耶？爲將心體自然，靈怕獨感耶？若窮靈

極數，妙盡冥符，則寂照之名故是定慧之體耳。若心體自然，靈怕獨感，則羣數之應固以幾乎息矣！夫心數既玄而孤運其照，神淳化表而慧明獨存，當有深證。可試爲辨之。疑者當以撫會應機視變之知，不可謂之不有矣。而論旨云本無惑取之知，而未釋所以不取之理。謂宜先定聖心所以應會之道，爲當唯照無相耶？爲當咸覩其變耶？若覩其變，則異乎無相；若唯照無相，則無會可撫。既無會可撫，而有撫會之功，意有未悟，幸復誨之。

論云：無當則物無不當，無是則物無不是。物無不是，故是而無是；物無不當，故當而無當。夫無當而物無不當，乃所以爲至當；無是而物無不是，乃所以爲真是。豈有真是而非是，至當而非當，而云當而無當，是而無是耶？若謂至當非常當，真是非常是，此蓋悟惑之言本異耳。固論旨所以不明也，願復重喻，以袪其惑矣。

論至日，卽與遠法師詳省之，法師亦好相領得意，但標位似各有本，或當不必理盡同矣。頃兼以班諸有懷，屢有擊其節者，而恨不得與斯人同時也。

六、涅槃無名論第四

奏秦王表

僧肇言，肇聞天得一以清，地得一以寧，君王得一以治天下。伏惟陛下叡哲欽明，道與神會，妙契環中，理無不統，游刃萬機，弘道終日，威被蒼生，垂文作則。所以域中有四大，而王居一焉。涅槃之道，蓋是三乘之所歸，方等之淵府。渺漭希夷，絕視聽之域；幽致虛玄，殆非羣情之所測。肇以人微，猥蒙國恩，得閑居學肆，在什公門下十有餘載，雖衆經殊致，勝趣非一，然涅槃一義，常以聽習爲先。肇才識暗短，雖屢蒙誨喻，猶懷疑漠漠，爲竭愚不已，亦如似有解，然未經高勝先唱，不敢自決。不幸什公去世，諮參無所，以爲永慨。而陛下聖德不孤，獨與什公神契，目擊道存，快盡其中方寸，故能振彼玄風，以啟末俗。一日遇蒙答安城侯姚嵩書，問無爲宗極，何者？夫衆生所以久流轉生死者，皆由著欲故也。若欲止於心，即無復於生死。既無生死，潛神玄默，與虛空合其德，是名涅槃矣。既曰涅槃，復何容有名於其間哉？斯乃窮微言之美，極象外之談者也。自非道參文殊，德侔慈氏，孰能宣揚玄道，爲法城塹，使夫大教卷而復舒，幽旨淪而更顯。尋玩殷勤，不能暫捨，欣悟交懷，手舞弗暇。豈直當時之勝軌，方乃累劫之津梁矣。然聖旨淵玄，理微言約，可以匠彼先進，拯拔高士。懼言題之流，或未盡上意，庶擬孔易十翼之作，豈貪豐文，圖以弘顯幽旨。輒作涅槃無名論，論有九折十演。博采衆經，託證成喻，以仰述陛下無名之致。豈曰關詣神心，窮究遠當，聊以擬議玄門，班喻學徒耳。論末章云，諸家通第一義諦，皆云廓然空寂，無有聖人。吾常以爲太甚逕庭，不近人情。若無聖人，知無者誰？實如明詔！實如明詔！夫道恍惚窅冥，其中有精，若無聖人，誰與道游？頃諸學徒莫不躊躇道門，怏怏此旨，懷疑終日，莫之能正。幸遭高判，宗徒爁然，扣關之儔，蔚登玄室，真可謂法輪再轉於閻浮，道光重映於千載者矣。今演論之作旨，曲辨涅槃無名之體，寂彼廓然排方外之談，條牒如左，謹以仰呈。若少參聖旨，願勅存記，如其有差，伏承指授。僧肇言。

　　泥曰、泥洹、涅槃，此三名前後異出，蓋是楚夏不同耳。云涅槃，音正也。

九折十演者

開宗第一

　　無名曰，經稱有餘涅槃，無餘涅槃者，秦言無爲，亦名滅度。無爲者，取乎虛無寂寞，妙絕於有爲。滅度者，言其大患永滅，超度四流。斯蓋是鏡像之所歸，絕稱之幽宅也。而曰有餘無餘者，良是出處之異號，應物之假名耳。余嘗試言之，夫涅槃之爲道也，寂寥虛曠，不可以形名得；微妙無相，不可以有心知。超羣有以幽升，量太虛而永久。隨之弗得其蹤，迎之罔眺其首，六趣不能攝其生，力負無以化其體。潢漭惚恍，若存若往。五目不覩其容，二聽不聞其響，冥冥眘眘，誰見誰曉？彌綸靡所不在，而獨曳於有無之表。然則言之者失其真，知之者反其愚，有之者乖其性，無之者傷其軀。所以釋迦掩室於摩竭，净名杜於毗耶，須菩提唱無説以顯道，釋梵絕聽而雨華。斯皆理爲神御，故口以之而默，豈曰無辯？辯所不能言也。經云：真解脱者離於言數，寂滅永安，無始無終，不晦不明，不寒不暑，湛若虛空，無名無説。論曰：涅槃非有亦復非無，言語道斷，心行處滅。尋夫經論之作，豈虛搆哉？果有其所以不有，故不可得而有；有其所以不無，故不可得而無耳。何者？本之有境，則五陰永滅；推之無鄉，而幽靈不竭。幽靈不竭，則抱一湛然；五陰永滅，則萬累都捐。萬累都捐，故與道通洞；抱一湛然，故神而無功。神而無功，故至功常存；與道通洞，故沖而不改。沖而不改，故不可爲有；至功常存，故不可爲無。然則有無絕於內，稱謂淪於外，視聽之所不暨，四空之所昏昧。恬焉而夷，怕焉而泰，九流於是乎交歸，衆聖於是乎冥會。斯乃希夷之境，太玄之鄉，而欲以有無題榜，標其方域，而語其神道者，不亦邈哉！

　　覈體第二

　　有名曰，夫名號不虛生，稱謂不自起，經稱有餘涅槃無餘涅槃者，蓋是返本之真名，神道之妙稱者也。請試陳之：有餘者，謂如來大覺始興，法身初建，澡八解之清流，憩七覺之茂林，積萬善於曠

劫,蕩無始之遺塵,三明鏡於内,神光照於外,結僧那於始心，終大
悲以赴難,仰攀玄根,俯提弱喪,超邁三域,獨蹈大方，啟八正之平
路,坦衆庶之夷途,劈六通之神驥,乘五衍之安車，至能出生入死,
與物推移,道無不洽,德無不施,窮化母之始物,極玄樞之妙用，廓
虛宇於無疆,耀薩雲於幽燭,將絶朕於九止,永淪太虛,而有餘緣不
盡,餘迹不泯,業報猶魂,聖智尚存,此有餘涅槃也。經云:陶冶塵
滓,如鍊真金,萬累都盡而靈覺獨存。無餘者,謂至人教緣都訖,靈
照永滅,廓爾無朕,故曰無餘。何則？夫大患莫若於有身,故滅身以
歸無;勞勤莫先於有智,故絶智以淪虛。然則智以形倦,形以智勞,
輪轉修途,疲而弗已。經曰:智爲雜毒,形爲桎梏,淵默以之而遼,
患難以之而起。所以至人灰身滅智,捐形絶慮,内無機照之勤,外
息大患之本,超然與羣有永分,渾爾與大虛同體,寂焉無聞,怕爾無
兆,冥冥長往,莫知所之,其猶燈盡火滅,膏明俱竭,此無餘涅槃也。
經云:五陰永盡,譬如燈滅。然則有餘可以有稱,無餘可以無名。無
名立,則宗虛者欣尚於沖默;有稱生，則懷德者彌仰於聖功。斯乃
典誥之所垂文,先聖之所軌轍,而曰有無絶於内,稱謂淪於外,視聽
之所不暨,四空之所昏昧。使夫懷德者自絶,宗虛者靡託，無異杜
耳目於胎殼,掩玄象於霄外,而責宮商之異,辨玄素之殊者也。子
徒知遠推至人於有無之表,高韻絶唱於形名之外,而論旨竟莫知所
歸。幽途故自蘊而未顯,静思幽尋,寄懷無所,豈所謂朗大明於冥
室,奏玄響於無聞者哉？

位體第三

無名曰,有餘無餘者,蓋是涅槃之外稱, 應物之假名耳。而存
稱謂者封名,志器象者耽形。名也,極於題目; 形也,盡於方圓。方
圓有所不寫,題目有所不傳,焉可以名於無名,而形於無形者哉？
難序云:有餘無餘者,信是權寂致教之本意,亦是如來隱顯之誠迹

也。但未是玄寂絕言之幽致，又非至人環中之妙術耳。子獨不聞正觀之説歟？維摩詰言：我觀如來無始無終，六入已過，三界已出。不在方，不離方；非有爲，非無爲；不可以識識，不可以智知；無言無説，心行處滅。以此觀者，乃名正觀；以他觀者，非見佛也。放光云：佛如虛空，無去無來，應緣而現，無有方所。然則聖人之在天下也，寂寞虛無，無執無競，導而弗先，感而後應。譬猶幽谷之響，明鏡之像，對之弗知其所以來，隨之罔識其所以往。恍焉而有，惚焉而亡，動而逾寂，隱而彌彰，出幽入冥，變化無常。其爲稱也，因應而作，顯迹爲生，息迹爲滅。生名有餘，滅名無餘。然則有無之稱，本乎無名，無名之道，於何不名？是以至人居方而方，止圓而圓，在天而天，處人而人。原夫能天能人者，豈天人之所能哉？果以非天非人，故能天能人耳。其爲治也，故應而不爲，因而不施。因而不施，故施莫之廣；應而不爲，故爲莫之大。爲莫之大，故乃返於小成；施莫之廣，故乃歸乎無名。經曰：菩提之道，不可圖度，高而無上，廣不可極；淵而無下，深不可測。大包天地，細入無間，故謂之道。然則涅槃之道，不可以有無得之，明矣。而惑者覩神變，因謂之有；見滅度，便謂之無。有無之境，妄想之域，豈足以標榜玄道而語聖心者乎？意謂至人寂怕無兆，隱顯同源，存不爲有，亡不爲無。何則？佛言：吾無生不生，雖生不生；無形不形，雖形不形。以知存不爲有。經云：菩薩入無盡三昧，盡見過去滅度諸佛。又云：入於涅槃而不般涅槃，以知亡不爲無。亡不爲無，雖無而有；存不爲有，雖有而無。雖有而無，故所謂非有；雖無而有，故所謂非無。然則涅槃之道，果出有無之域，絕言象之徑，斷矣！子乃云聖人患於有身，故滅身以歸無；勞勤莫先於有智，故絕智以淪虛。無乃乖乎神極，傷於玄旨者也。經曰：法身無象，應物而形；般若無知，對緣而照。萬機頓赴而不撓其神，千難殊對而不干其慮。動若行雲，止猶谷神，豈有心於彼此，情繫於動靜者乎？既無心於動靜，亦無象於去來。去來不以象，故無器而不形；動靜不以心，故無感而不應。然則心生於有心，象出於有象。象非我出，故金石流而不燋；心非我生，故日用而不動。紜紜自彼，於我何爲？所以智周萬物而不勞，形充八極而無患。益不可盈，損不可虧。寧復痾癘中途，壽極雙樹，靈竭天棺，體盡焚燎者哉？而惑者居見聞之境，尋殊應之迹，秉執規矩而擬大方，欲以智勞至人，形患大聖。謂捨有入無，因以名之，豈謂採微言於聽表，拔玄根於虛壤者哉？

徵出第四

有名曰，夫渾元剖判，萬有參分。有既有矣，不得不無；無自不無，必因於有。所以高下相傾，有無相生，此乃自然之數，數極於是。以此而觀，化母所育，理無幽顯，恢恑憰怪，無非有也。有化而無，無非無也。然則有無之境，理無不統。經云：有無二法，攝一切法。又稱三無爲者，虛空、數緣盡、非數緣盡。數緣盡者，卽涅槃也。而論云有無之表，別有妙道妙於有無，謂之涅槃。請覈妙道之本，果若有也，雖妙非無。雖妙非無，卽入有境。果若無也，無卽無差。無而無差，卽入無境。總而括之，卽而究之，無有異有而非無，無有異無而非有者，明矣。而曰有無之外別有妙道，非有非無，謂之涅槃。吾聞其語，未卽於心也。

超境第五

無名曰，有無之數，誠以法無不該，理無不統。然其所統，俗諦而已。經曰：真諦何耶？涅槃道是。俗諦何耶？有無法是。何則？有者有於無，無者無於有。有無所以稱有，無有所以稱無。然則有生於無，無生於有，離有無無，離無無有。有無相生，其猶高下相傾，有高必有下，有下必有高矣。然則有無雖殊，俱未免於有也。此乃言象之所以形，是非之所以生，豈是以統夫幽極，擬夫神道者乎？是以論稱出有無者，良以有無之數，止乎六境之內，六境之內，非涅槃之宅，故借出以祛之。庶悕道之流，髣髴幽途，託情絕域，得意忘言，體其非有非無，豈曰有無之外，別有一有而可稱哉？經曰：三無爲者，蓋是羣生紛繞，生乎篤患。篤患之尤，莫先於有；絕有之稱，莫先於無。故借無以明其非有，明其非有，非謂無也。

搜玄第六

有名曰，論旨云涅槃既不出有無，又不在有無。不在有無，則不可於有無得之矣；不出有無，則不可離有無求之矣。求之無所，便應都無，然復不無其道。其道不無，則幽途可尋，所以千聖同轍，未嘗虛返者也。其道既存，而曰不出不在，必有異旨，可得聞乎？

妙存第七

無名曰，夫言由名起，名以相生，相因可相，無相無名，無名無說，無說無聞。經曰：涅槃非法非非法，無聞無說，非心所知。吾何敢言之，而子欲聞之耶？雖然，善吉有言。衆人若能以無心而受，無聽而聽者，吾當以無言言之。庶述其言，亦可以言。淨名曰：不離煩惱，而得涅槃。天女曰：不出魔界，而入佛界。然則玄道在於妙悟，妙悟在於卽真。卽真則有無齊觀，齊觀則彼已莫二。所以天地與我同根，萬物與我一體。同我則非復有無，異我則乖於會通，所以不出不在而道存乎其間矣。何則？夫至人虛心冥照，理無不統。懷六合於胸中而靈鑒有餘，鏡萬有於方寸而其神常虛。至能拔玄根於未始，卽羣動以靜心，恬淡淵默，妙契自然。所以處有不有，居無不無。居無不無，故不無於無；處有不有，故不有於有。故能不出有無，而不在有無者也。然則法無有無之相，聖無有無之知。聖無有無之知，則無心於內；法無有無之相，則無數於外。於外無數，於內無心，彼此寂滅，物我冥一，怕爾無朕，乃曰涅槃。涅槃若此，圖度絕矣，豈容可責之於有無之內，又可徵之有無之外耶？

難差第八

有名曰，湼槃既絶圖度之域，則超六境之外。不出不在而玄道獨存，斯則窮理盡性，究竟之道，妙一無差，理其然矣。而放光云：三乘之道，皆因無爲而有差別。佛言：我昔爲菩薩時，名曰儒童，於然燈佛所，已入湼槃。儒童菩薩時於七住，初獲無生忍，進修三位。若湼槃一也，則不應有三。如其有三，則非究竟。究竟之道，而有升降之殊，衆經異説，何以取中耶？

辨差第九

無名曰，然究竟之道，理無差也。法華經云：第一大道，無有兩正。吾以方便，爲怠慢者於一乘道，分別説三，三車出火宅，卽其事也。以俱出生死，故同稱無爲；所乘不一，故有三名。統其會歸，一而已矣。而難云三乘之道皆因無爲而有差別，此以人三，三於無爲，非無爲有三也。故放光云：湼槃有差別耶？答曰：無差別。但如來結習都盡，聲聞結習不盡耳。請以近喻，以況遠旨。如人斬木，去尺無尺，去寸無寸，修短在於尺寸，不在無也。夫以羣生萬端，識根不一，智鑒有淺深，德行有厚薄，所以俱之彼岸而升降不同，彼岸豈異？異自我耳。然則衆經殊辯，其致不乖。

責異第十

有名曰，俱出火宅，則無患一也；同出生死，則無爲一也。而云彼岸無異，異自我耳。彼岸則無爲岸也，我則體無爲者也。請問我與無爲，爲一爲異？若我卽無爲，無爲亦卽我，不得言無爲無異，異自我也。若我異無爲，我則非無爲，無爲自無爲，我自常有爲。冥會之致，又滯而不通。然我與無爲，一亦無三，異亦無三。三乘之名，何由而生也？

會異第十一

無名曰，夫止此而此，適彼而彼。所以同於得者，得亦得之；同於失者,失亦失之。我適無爲,我卽無爲。無爲雖一,何乖不一耶? 譬猶三鳥出網,同適無患之域,無患雖同而鳥鳥各異。不可以鳥鳥各異,謂無患亦異,又不可以無患既一,而一於衆鳥也。然則鳥卽無患,無患卽鳥,無患豈異,異自鳥耳。如是三乘衆生,俱越妄想之樊,同適無爲之境,無爲雖同而乘乘各異。不可以乘乘各異,謂無爲亦異。又不可以無爲既一,而一於三乘也。然則我卽無爲,無爲卽我,無爲豈異,異自我耳。所以無患雖同,而升虛有遠近;無爲雖一,而幽鑒有淺深。無爲卽乘也,乘卽無爲也,此非我異無爲,以未盡無爲,故有三耳。

詰漸第十二

有名曰,萬累滋彰,本於妄想,妄想既祛,則萬累都息。二乘得盡智,菩薩得無生智,是時妄想都盡,結縛永除。結縛既除,則心無爲,理無餘翳。經曰:是諸聖智不相違背,不出不在,其實俱空。又曰:無爲大道,平等不二。既曰無二,則不容心異。不體則已,體應窮微,而曰體而未盡,是所未悟也。

明漸第十三

無名曰,無爲無二,則已然矣。結是重惑,而可謂頓盡,亦所未喻。經曰:三箭中的,三獸渡河,中渡無異而有淺深之殊者,爲力不同故也。三乘衆生俱濟緣起之津,同鑒四諦之的,絶僞卽真,同升無爲。然其所乘不一者,亦以智力不同故也。夫羣有雖衆,然其量有涯,正使智猶身子,辯若滿願,窮才極慮,莫窺其畔。況乎虛無之數,重玄之域,其道無涯,欲之頓盡耶? 書不云乎,'爲學者日益,爲道者日損。爲道者,爲於無爲者也。爲於無爲而曰日損,此豈頓得之謂? 要損之又損之,以至於無損耳。經喻螢日,智用可知矣。

譏動第十四

有名曰,經稱法身已上入無爲境。心不可以智知,形不可以象測。體絶陰人，心智寂滅，而復云進修三位，積德彌廣。夫進修本於好尚，積德生於涉求。好尚則取捨情現，涉求則損益交陳。既以取捨爲心，損益爲體，而曰體絶陰人，心智寂滅，此文乖致殊而會之一人，無異指南爲北，以曉迷夫。

動寂第十五

無名曰：經稱聖人無爲而無所不爲。無爲，故雖動而常寂；無所不爲，故雖寂而常動。雖寂而常動，故物莫能一；雖動而常寂，故物莫能二。物莫能二，故逾動逾寂；物莫能一，故逾寂逾動。所以爲卽無爲，無爲卽爲，動寂雖殊，而莫之可異也。道行云：心亦不有，亦不無。不有者，不若有心之有；不無者，不若無心之無。何者？有心則衆庶是也，無心則太虚是也。衆庶止於妄想，太虚絶於靈照，豈可止於妄想，絶於靈照，標其神道，而語聖心者乎？是以聖心不有，不可謂之無；聖心不無，不可謂之有。不有，故心想都滅；不無，故理無不契。理無不契，故萬德斯弘；心想都滅，故功成非我。所以應化無方，未嘗有爲；寂然不動，未嘗不爲。經云：心無所行，無所不行。信矣！儒童曰：昔我於無數劫，國財身命，施人無數，以妄想心施，非爲施也。今以無生心，五華施佛，始名施耳。又，空行菩薩入空解脱門，方言今是行時，非具證時。然則心彌虚，行彌廣；終日行，不乖於無行者也。是以賢劫稱無捨之檀，成具美不爲之爲，禪典唱無緣之慈，思益演不知之知。聖旨虚玄，殊文同辯，豈可以有爲便有爲，無爲便無爲哉？菩薩住盡不盡平等法門，不盡有爲，不住無爲，卽其事也。而以南北爲喻，殊非領會之唱。

窮源第十六

有名曰：非衆生無以御三乘，非三乘無以成涅槃。然必先有衆生，後有涅槃，是則涅槃有始。有始必有終，而經云涅槃無始無終，湛若虚空，則涅槃先有，非復學而後成者也。

通古第十七

無名曰,夫至人空洞無象,而萬物無非我造,會萬物以成已者,其唯聖人乎！何則？非理不聖,非聖不理。理而爲聖者,聖不異理也。故天帝曰:般若當於何求？善吉曰:般若不可於色中求,亦不離色中求。又曰:見緣起爲見法,見法爲見佛,斯則物我不異之效也。所以至人戢玄機於未兆,藏冥運之卽化,總六合以鏡心,一去來以成體。古今通,始終同,窮本極末,莫之與二,浩然大均,乃曰涅槃。經曰:不離諸法而得涅槃。又曰:諸法無邊,故菩提無邊。以知涅槃之道,存乎妙契;妙契之致,本乎冥一。然則物不異我,我不異物。物我玄會,歸乎無極。進之弗先,退之弗後,豈容終始於其間哉？天女曰:耆年解脫,亦何如久？

考得第十八

有名曰,經云:衆生之性,極於五陰之內。又云:得涅槃者,五陰都盡,譬猶燈滅。然則衆生之性,頓盡於五陰之內;涅槃之道,獨建於三有之外。邈然殊域,非復衆生得涅槃也。果若有得,則衆生之性不止於五陰;必若止於五陰,則五陰不都盡。五陰若都盡,誰復得涅槃耶？

玄得第十九

無名曰,夫真由離起,僞因著生。著故有得,離故無名。是以則真者同真,法僞者同僞。子以有得爲得,故求於有得耳。吾以無得爲得,故得在於無得也。且談論之作,必先定其本,既論涅槃,不可離涅槃而語涅槃也。若卽涅槃以興言,誰獨非涅槃而欲得之耶？何者？夫涅槃之道,妙盡常數,融冶二儀,滌蕩萬有。均天人,同一異,內視不已見,返聽不我聞,未嘗有得,未嘗無得。經曰:涅槃非衆生,亦不異衆生。維摩詰言:若彌勒得滅度者,一切衆生亦當滅度。所以者何？一切衆生本性常滅,不復更滅。此名滅度,在於無滅者也。然則衆生非衆生，誰爲得之者？涅槃非涅槃，誰爲可得者？放光云：菩提從有得耶？答曰：不也。從無得耶？答曰：不也。從有無得耶？答曰：不也。離有無得耶？答曰：不也。然則都無得耶？答曰：不也。是義云何？答曰：無所得故爲得也。是故得無所得也。無所得謂之得者，誰獨不然耶？然則玄道在於絕域，故不得以得之。妙智存乎物外，故不知以知之。大象隱於無形，故不見以見之。大音匿於希聲，故不聞以聞之。故能囊括終古，導達羣方，亭毒蒼生，疏而不漏。汪哉洋哉！何莫由之哉！故梵志曰：吾聞佛道，厥義弘深，汪洋無涯，靡不成就，靡不度生。然則三乘之路開，真僞之途辨，賢聖之道存，無名之致顯矣。

（據上海佛學書局影印宋本肇論中吳集解）

二、維摩經注（節選）

菩薩，正音云菩提薩埵；菩提，佛道名也。薩埵，秦言大心衆生。有大心入佛道，名菩提薩埵。

（佛國品第一）

大智，一切種智也。此智以六度六通衆行爲本，諸大士已備此本行。

（同上）

念，正念。定，正定。總持，謂持善不失，持惡不生。無所漏忘謂之持。持有兩種，有心相應持，不相應持。辯才，七辯也。此四，是大士之要用，故常不斷。

（同上）

具足，謂無相行也。七住已上，心智寂滅。以心無爲，故無德不爲。是以施極於施，而未嘗施，戒極於戒，而未嘗戒。七德殊功，而其相不異，乃名具足。方便者，卽智之別用耳。智以通幽窮微，決定法相。無知而無不知，謂之智也。雖達法相，而能不證，處有不失無，在無不捨有。冥空存德，彼彼兩濟，故曰方便也。

（佛國品第一，據大正藏本補）

既得法身，入無爲境。心不可以智求，形不可以像取，故曰無量。六住已下，名有量也。

（同上）

佛道超絕，無與等者。唯佛佛自等，故言無等等。所以辯其等者，明第一大道，理無不極，平若虛空，豈外降之有也。

（同上）

法身無生，而無不生。無生，故惡趣門閉。無不生，故現身五道也。

（同上）

神受善惡雜報，見形勝人劣天，身輕微難見也。

（同上）

既見合蓋之神變，已不可測。方於中現十方國及諸佛演法，於是忍界一切衆會悉遙見聞，更爲希有也。

（佛國品第一）

世王自在於民，法王自在於法，法無定相，隨應而辨。爲好異者辨異而不乖同，爲好同者，辨同而不乖異，同異殊辨，而俱適法相，故得自在。

（同上）

欲言其有，有不自生。欲言其無，緣會卽形。會形非謂無，非無非謂有。且有有故有無，無有何所無，有無故有有，無無何所有，然則自有則不有，自無則不無，此法王之正説也。

（同上）

有亦不由緣，無亦不由緣，以法非有無，故由因緣生。論曰：
"法從緣故不有，緣起故不無。"

（佛國品第一）

諸法皆從緣生耳，無別有真主宰之者，故無我也。夫以有我，
故能造善惡受禍福。法，既無我，故無造無受者也。

（同上）

若無造無受者，則不應有爲善獲福，爲惡致殃也。然衆生心識
相傳，美惡由起，報應之道，運環相襲。其猶聲和響順，形直影端。
此自然之理，無差毫分，復何假常我而主之哉？

（同上）

心者何也？染有以生。受者何也？苦樂是行。至人冥真體
寂，空虛其懷，雖復萬法並照，而心未嘗有。苦樂是逕，而不爲受，
物我永寂，豈心受之可得。受者三受也，苦受，樂受，不苦不樂
受也。

（同上）

法輪常淨，猶虛空也。雖復古今不同，時移俗易，聖聖相傳，道
不改矣。

（同上）

夫有心則有封，有封則不普。以聖心無心，故平等虛空也。

（同上）

夫至人空洞無象，應物故形。形無常體，況國土之有恒乎？夫
以羣生萬端，業行不同，殊化異被，致令報應不一。是以淨者應之
以寶玉，穢者應之以沙礫，美惡自彼，於我無定。無定之土，乃曰
真土。然則土之淨穢，繫之於衆生，故曰，衆生之類是菩薩佛土也。
或謂土之淨穢繫於衆生者，則是衆生報應之土、非如來土，此蓋未
喻報應之殊方耳。嘗試論之，夫如來所修淨土，以無方爲體，故令

雜行衆生，同視異見，異見故淨穢所以生，無方故眞土所以形。若夫取其淨穢，衆生之報也，本其無方，佛土之眞也。豈曰殊域異處，凡聖二土，然後辨其淨穢哉？

（佛國品第一）

……衆生卽佛土也。佛土者，卽衆生之影響耳。夫形修則影長，形短則影促，豈日月使之然乎？形自然耳。故隨所化衆生之多少，而取佛土之廣狹也。是以佛土或以四天下，或以三千，或以恒沙，爲一國者也。

（同上）

法身無定，何國之有，美惡斯外，何淨可取？取淨國者，皆爲彼耳，故隨其所應而取焉。

（同上）

淨土必由衆生，譬立宮必因地。無地無衆生，宮土無以成。二乘澄神虛無，不因衆生，故無淨土也。

（同上）

土之淨者，必由衆生。衆生之淨，必因衆行。上擧衆生以釋土淨、今備擧衆行，明其所以淨也。夫行淨則衆生淨，衆生淨則佛土淨，此必然之數，不可差也。土無洿曲，乃出於心直，故曰心直是菩薩淨土也。隨因説果，猶指金爲食。直心者，謂質直無諂，此心乃是萬行之本也。

（同上）

乘八萬行，兼載天下，不遺一人，大乘心也。上三心，是始學之次行也。夫欲弘大道，要先直其心。心既眞直，然後入行能深，入行既深，則能廣運無涯。此三心之次也。備此三心，然後修六度。

（同上）

外捨國財身命，内捨貪愛慳嫉，名一切能捨也。

（同上）

積德不已者，欲以淨心。心既淨，則無德不淨。

（佛國品第一）

淨土蓋是心之影響耳。夫欲響順，必和其聲，欲影端，必正其形，此報應之定類也。

（同上）

萬事萬形，皆由心成。心有高下，故丘陵是生也。

（同上）

若能等心羣生，深入佛慧，淨業既同，則所見不異也。

（同上）

夫萬事萬形，皆四大成。在外則爲土木山河，在內則爲四肢百體。聚而爲生，散而爲死。生則爲內，死則爲外。內外雖殊，然其大不異，故以內外四大，類明無我也。如外地，故今相傳，强者先宅，故無主也。身亦然爾，衆緣所成，緣合則起，緣散則離，何有真宰常主之者？主壽人，是一我義，立四名也。

（方便品第二）

縱任有自由謂之我，而外火起滅由薪，火不自在，火不自在，火無我也。外火既無我，內火類亦然。

（同上）

常存不變謂之壽，而外風積氣飄鼓，動止無常。動止無常，風無壽也。外風既無壽，內風類可知。

（同上）

貴於萬物而始終不改謂之人，而外水善利萬形，方圓隨物，洿隆異適，而體無定。體無定，則水無人也。外水既無人，內水類可知也。

（同上）

我身我所主也。我所、自我之外，身及國財妻子萬物，盡我所有。智者觀身，身内空寂，二事俱離也。

（方便品第二）

身雖能觸而無知，内雖能知而無觸，自性而求，二俱無知，既曰無知，何異瓦礫？

（同上）

經云："法身者，虛空身也。無生而無不生，無形而無不形。超三界之表，絶有心之境。陰入所不能攝，稱讚所不能及。寒暑不能爲其患，生死無以化其體，故其爲物也，微妙無象不可爲有，備應萬形不可爲無，彌綸八極不可爲小，細入無間不可爲大。故能入生出死，通洞乎無窮之化，變現殊方，應無端之求，此二乘之所不識，補處之所不覩，況凡夫無目，敢措思於其間哉？"聊依經誠言，粗標其玄極耳。然則法身在天而天，在人而人，豈可近捨丈六，而遠求法身乎？

（同上）

夫法身之宴坐，形神俱滅。道絶常境，視聽之所不及。豈復現身於三界，修意而爲定哉？舍利弗猶有世報生身，及世報意根，故以人間爲煩擾，而宴坐樹下，未能形神無迹，故至斯呵。凡呵之興，意在多益，豈存彼我，以是非爲心乎？

（弟子品第三）

小乘入滅盡定，則形猶枯木，無運用之能。大士入實相定，心智永滅，而形充八極，順機而作，應會無方，舉動進止，不捨威儀，其爲宴坐也，亦以極矣。上云不於三界現身意，此云現諸威儀，夫以無現故能無不現，無不現，即無現之體也。庶參玄君子，有以會其所以同，而同其所以異也。

（同上）

小乘障隔生死，故不能和光。大士美惡齊旨，道俗一觀。故終曰凡夫,終日道法也。淨名之有居家,卽其事也。

(弟子品第三)

生死,命之始終耳。始終既離,則壽命斯無。諸言離者,空之
別名也。

(同上)

迦葉以貧人昔不植福,故生貧里。若今不積善,後復彌甚。愍
其長苦,多就乞食。淨名以其捨富從貧,故譏迦葉不普也。

(同上)

生死輪轉,貴賤無常,或今貧後富,或今富後貧。大而觀之,苦
樂不異,是以凡住平等之爲法,應次第行乞,不宜去富從貧也。

(同上)

小乘入定則不食,食則不入定。法身大士終日食而終日定,故
無出入之名也。

(同上)

欲言住世間,法身絶常俗,欲言住涅槃,現食同人欲。

(同上)

萬物齊旨,是非同觀,一相也。然則身卽一相,豈待壞身滅體,
然後謂之一相乎？身,五陰身也。

(同上)

不捨惡法而從善,則一切諸法於何不成？諸法雖成而離其相,
以離其相故,則美惡斯成矣。

(同上)

夫若能齊是非一好醜者,雖復上同如來,不以爲尊,下等六師,
不以爲卑。何則？天地一旨,萬物一觀,邪正雖殊,其性不二。豈
有如來獨尊,而六師獨卑乎？若能同彼六師,不見佛不聞法,因其
出家隨其所墮,而不以爲異者,乃可取食也。此蓋窮理盡性,極無

方之説也。善惡反論而不遣其常，邪正同辯而不喪其真，斯可謂平等正化莫二之道。

（弟子品第三）

姓迦葉，字富蘭那，其人起邪見，謂一切法斷滅性空，無君臣父子忠孝之道也。

（同上）

彼岸，實相岸也。或者以邪見爲邪，彼岸爲正，故捨此邪見，適彼岸耳。邪見彼岸，本性不殊。曷爲捨邪而欣彼岸乎？是以入諸邪見不入彼岸者，乃可取食也。自六師以下，至乎不得滅度。類生逆談，以成大順。庶通心君子，有以標其玄旨，而遺其所是也。

（同上）

夫見難爲難者，必捨難而求無難也。若能不以難爲難，故能住於難。不以無難爲無難，故不得於無難也。

（同上）

夫能悟惱非惱，則雖惱而淨。若以淨爲淨，則雖淨而惱。是以同惱而離淨者，乃所以常淨也。

（同上）

怨親之心，毀譽之意，美惡一致，孰云其異？苟曰不異，亦何爲不同焉。犯重罪者，不得入賢聖衆數，終不得滅度。

（同上）

若能備如上惡乃可取食也。何者？夫捨惡從善，人之常情耳。然則是非經心，猶未免於累。是以等觀者，以存善爲患，故捨善以求宗，以捨惡爲累，故卽惡而反本。然則卽惡有忘累之功，捨善有無染之勳，故知同善未爲得，同惡未爲失，淨名言意，似在此乎？

（同上）

　　夫文字之作，生於惑取，法無可取，則文字相離，虛妄假名，智者不著。

（弟子品第三）

　　解脫謂無爲真解脫也。夫名生於不足，足則無名，故無有文字是真解脫也。

（同上）

　　名生於法，法生於名，名既解脫，故諸法同解也。

（同上）

　　大乘自法身以上，得無礙真心。心智寂然，未嘗不定。以心常定，故能萬事並照，不假推求然後知也。小乘心有限礙，又不能常定，凡所觀察，在定則見，出定不見；且聲聞定力深者，見衆生根極八萬劫耳。定力淺者，身數而已。大士所見，見及無窮。此新學比丘，根在大乘，應聞大道，而爲説小法，故誨其入定也。

（同上）

　　如來言説未嘗有心，故其所説法未嘗有相，迦旃延不諭玄旨，故於入室之後，皆以相説也。何則？如來去常故説無常，非謂是無常，去樂故言苦，非謂是苦，去實故言空，非謂是空；去我故言無我，非謂是無我；去相故言寂滅，非謂是寂滅。此五者，可謂無言之教，無相之説。而迦旃延造極不同，聽隨心異。聞無常，則取其流動，至聞寂滅，亦取其滅相。此言同旨異，迦旃延所以致惑也。

（同上）

　　心者何也？惑相所生。行者何也？造用之名。夫有形必有影，有相必有心，無形故無影，無相故無心。然則心隨事轉，行因用起，見法生滅，故心有生滅，悟法無生，則心無生滅。迦旃延聞無常義，謂法有生滅之相，法有生滅之相，故影響其心同生滅也。夫實相幽深，妙絶常境，非有心之所知，非辨者之能言。如何以生滅心行而欲説乎？

（弟子品第三，據大正藏本補）

小乘觀法緣起，内無真主，爲空義。雖能觀空，而於空未能都泯，故不究竟。大乘在有不有，在空不空，理無不極，所以究竟空義也。

（弟子品第三）

小乘以封我爲累，故尊於無我，無我既尊，則於我爲二。大乘是非齊旨，二者不殊，無我義也。

（同上）

小乘以三界熾然，故滅之以求無爲。夫熾然既形，故滅名以生。大乘觀法本自不然，今何所滅，不然不滅，乃真寂滅也。

（同上）

三界報身，六情諸根，從結業起，名爲有作相也。法身出三界，六情諸根，不由結業生，名爲無作相。夫以有作，故有所不作；以法身無作，故無所不作也。

（弟子品第三，據大正藏本補）

真天眼，謂如來法身無相之目也。幽燭微形，巨細兼覩，萬色彌廣，有若目前，未嘗不見，而未嘗有見，故無眼色之二相也。二乘在定則見，出定不見，如來未嘗不定，未嘗不見，故常在三昧也。

（弟子品第三）

逆知其本也。夫執本以知其末，守母以見其子。佛言，衆生垢淨，皆由心起。求心之本，不在三處，心既不在，罪垢可知也。

（同上）

萬法云云，皆由心起，豈獨垢淨之然哉？故諸法亦然，不離於如。如謂如本相也。

（同上）

成前無相常淨義也，諸法如電，新新不停。一起一滅，不相待也。彈指頃有六十念過，諸法乃無一念頃住，況欲久停。無住則如幻，如幻則不實，不實則爲空，空則常淨。然則物物斯淨，何有罪累於我哉？

（弟子品第三）

上明外法不住，此明内心妄見，俱辯空義，内外爲異耳。夫以見妄，故所見不實。所見不實，則實存于所見之外。實存於所見之外，則見所不能見。見所不能見，故無相常淨也。上二喻取其速滅，此四喻取其妄想也。

（同上）

夫出家之意，妙存無爲。無爲之道，豈容有功德利乎？

（同上）

夫有無爲之果，必有無爲之因，果因同相，自然之道也。出家者爲無爲，即無爲之因也。無爲無利無功德，當知出家亦然矣。

（同上）

夫擾亂出于多求，憂苦生乎不足，出家寡欲，擾亂斯無，道法内充，故懷喜有餘。

（同上）

夫法身虚假妙絶常境，情累不能染，心想不能議，故曰諸漏已盡，過於三界。三界之内，皆有漏也。

（同上）

現法流速不住，以何爲生耶？若生滅一時，則二相俱壞；若生滅異時，則生時無滅。生時無滅，則法無三相。法無三相，則非有爲也。若盡有三相，則有無窮之咎。此無生之説，亦備之諸論矣。三世既無生，於何而得記乎？

（菩薩品第四）

萬品雖殊，未有不如。如者將齊是非，一愚智，以成無記無得義也。

（菩薩品第四）

　　菩提以寂滅爲相，生死同相。而諸天卑生死，尊菩提。雖曰聖求，更生塵累。宜開以正路，令捨分別，曷爲示以道記，增其見乎？

（同上）

　　道之極者，稱曰菩提。秦無言以譯之。菩提者，蓋是正覺無相之真智乎？其道虛玄，妙絶常境，聽者無以容其聽，智者無以運其智，辯者無以措其言，像者無以狀其儀。故其爲道也，微妙無相，不可爲有。用之彌懃，不可爲無，故能幽鑑萬物而不曜，玄軌超駕而弗夷。大包天地而罔寄，曲濟羣惑而無私，至能道達殊方，開物成務，玄機必察，無思無慮。然則無知而無不知，無爲而無不爲者，其唯菩提大覺之道乎？此無名之法，固非名所能名也。不知所以言，故强名曰菩提。斯無爲之道，豈可以身心而得乎？

（同上）

　　不異三空，菩提義也。隨順本相謂之如，故繫之以順。常住不變謂之性，故繫之以住。到實相彼岸謂之際，故繫之以至。

（同上）

　　直心者，謂内心真直，外無虛假，斯乃基萬行之本，坦進道之場也。自此以下，備列諸行，盡是修身之閑地，弘道之淨場也。

（同上）

　　堅法，三堅法也，身命財寶也。若忘身命，棄財寶，去封累，而修道者，必獲無極之身，無窮之命，無盡之財也。此三，天地焚而不燒，劫數終而不盡，故名堅法。以天帝樂著五欲，不慮無常，故勸修堅法也。

（同上）

　　將明法身大士，舉動進止，不違實相。實相不來，以之而來。

實相無見，以之相見。不來而能來，不見而能見，法身若此，何善如之。

（文殊師利問疾品第五）

夫去來相見，皆因緣假稱耳。未來亦非來，來已不更來，捨來已不來，復於何有來去，見亦然耳。其中曲辯，當求之諸論也。

（同上）

夫有由心生，心因有起，是非之域，妄想所存，故有無殊論，紛然交競者也。若能空虛其懷，冥心真境，妙存環中，有無一觀者，雖復智周萬物，未始爲有。幽塗無照，未始爲無。故能齊天地爲一旨，而不乖其實，鏡羣有以玄通，而物我俱一。物我俱一，故智無照功。不乖其實，故物物自周。故經曰："聖智無知，以虛空爲相，諸法無爲，與之齊量也。"故以空智，而空於有者，則卽有而自空矣。豈假屏除然後爲空乎？上空智空，下空法空也。直明法空，無以取定。故內引真智，外證法空也。

（同上）

智之生也，起於分別，而諸法無相，故智無分別。智無分別，卽智空也。諸法無相，卽法空也。以智不分別於法，卽知法空也。豈別有智空，假之以空法乎？然則智不分別法時，爾時智法俱同一空，無復異空，故曰以無分別爲智空也。

（同上）

……以無分別爲智空，故知法空，無復異空，雖云無異，而異相已形，異相已形，則分別是生矣。若智法無異空者，何由云以無分別爲智空故知法空乎？問智空法空可分別耶？智法俱空，故單言一空則滿足矣。

（同上）

向之言者，分別於無分別耳。若能無心於分別，而分別於無分別者，雖復終日分別，而未嘗分別也，故曰分別亦空。

（文殊師利問疾品第五）

夫邪因正生、正因邪起，本其爲性、性無有二，故欲求正智之空者，當於邪見中求也。

（同上）

捨邪見，名解脱；背解脱，名邪見。然則邪解相靡，孰爲其源？爲其源者，一而已矣。故求諸邪見，當本之解脱也。

（同上）

衆生心行，即縛行也。縛行，即解脱之所由生也。又邪正同根，解縛一門，本其真性，未嘗有異，故求佛解脱，當於衆生心行也。

（同上）

四大本性，自無患也。衆緣既會，增損相剋，患以之生耳。欲言有病，本性自無，欲言無病，相假而有。故病非地，亦不離地，餘大類爾也。

（同上）

四大本無，病亦不有。而衆生虛假之疾，從四大起。故我以虛假之疾，應彼疾耳。逆尋其本，彼我無實，而欲觀其形相，當何有耶？

（同上）

處疾之法，要先知病本。病之生也，皆由前世妄想顛倒。妄想顛倒，故煩惱以生。煩惱即生，不得無身。既有身也，不得無患。逆尋其本，虛妄不實。本既不實、誰受病者？此明始行者初習無我觀也。

（同上）

四大和合，假名爲身耳。四大既無主，身我何由生？譬一沙無油，聚沙亦然也。主我，一物異名耳。

（同上）

病本，卽上妄想也。因有妄想，故見我及衆生。若悟妄想之顚倒，則無我無衆生。

（文殊師利問疾品第五）

釋法想也，五陰諸法，假會成身。起唯諸法共起，滅唯諸法共滅，無別有眞宰，主其起滅者也。既除我想，唯見緣起諸法，故名法想。

（同上）

萬物紛紜，聚散誰爲，緣合則起，緣散則離，聚散無先期，故法法不相知也。

（同上）

我爲萬物主，萬物爲我所。若離我我所，則無法不離。

（同上）

有我我所，則二法自生。二法既生，則内外以形。内外既形，則諸法異名。諸法異名，則是非相傾。是非相傾，則衆患以成。若能不念内外諸法，行心平等者，則入空行，無法想之患。内外法者，情塵也。

（同上）

因背涅槃，故名吾我。以捨吾我，故名涅槃。二法相假，故有名字而生。本其自性，性無決定，故二俱空也。

（同上）

羣生封累深厚，不可頓捨，故階級漸遣，以至無遣也。上以法除我，以空除法，今以畢竟空，空於空者，乃無患之極耳。

（同上）

諸法緣生，聚散非己，會而有形，散而無像，法自然耳。於我何患，患之生者，由我妄想於法，自爲患耳。法豈使我生妄想乎？然則妄想爲病本，法非我患也，故教導之興，但除病本，不除法也。

（同上）

若能善調其心，不懷異想，而永處生死，斷彼苦者，是菩薩菩提之道。若不能爾，其所修行，内未足爲有慧，外未足爲有利也。

（文殊師利問疾品第五）

新故之名，出於先後。然離身無病，離病無身。衆緣所成，誰後誰先？既無先後，則無新故。新故既無，卽入實相，故名慧也。既有此慧，而與彼同疾，不取涅槃，謂之方便。自調初説，卽其事也。慰諭自調，略爲權智。權智此經之關要，故會言有之也矣。

（同上）

大乘之行，無言無相，而調伏之言，以形於前文。今將明言外之旨，故二俱不住。二俱不住，卽寄言之本意。寄言之本意，卽調伏之至也。

（同上）

六識略爲四名：見、聞，眼、耳識也。覺、鼻，舌身識也。知，意識也。

（不思議品第六）

夫有不思議之迹顯於外，必有不思議之德著於内。覆尋其本，權智而已乎。何則？智無幽而不燭，權無德而不修。無幽不燭，故理無不極。無德不修，故功無不就。功就在於不就，故一以成之。理極存於不極，故虛以通之。所以智周萬物而無照，權積衆德而無功。冥寞無爲，而無所不爲。此不思議之極也。巨細相容，殊形並應。此蓋耳目之粗迹，遽足以言乎？然將因末以示本，託粗以表微，故因借座，略顯其事耳。此經自始於淨土，終於法供養。其中所載大乘之道，無非不思議法者也。故囑累云，此經名不思議解脱法門，當奉持之。此品因現外迹，故別受名耳。解脱者，自在心法也。得此解脱，則凡所作爲，内行外應，自在無礙。此非二乘所能議也。七住法身已上，乃得此解脱也。別本云，神足三昧解脱。

（同上）

智慧遠通，方便近導，異迹所以形，衆庶所以成，物不無由，而莫之能測，故權智二門，爲不思議之本也。

（不思議品第六）

衆生本空，不能自覺，故爲說斯法，令其自悟耳，豈我有彼哉？若能觀衆生空，則心行亦空，以此空心，而於空中行慈者，乃名無相真實慈也。若有心於衆生而爲慈者，此虛誑慈耳，何足以稱乎？

（觀衆生品第七）

七住得無生忍已後，所行萬行，皆無相無緣，與無生同體，無生同體，無分別也。真慈無緣，無復心相。心相既無，則泊然永寂。未嘗不慈，未嘗有慈，故曰行寂滅慈，無所生也。自此下，廣明無相慈行，以成真實之義。名行雖殊，而俱出慈體，故盡以慈爲名焉。

（同上）

自覺覺彼，謂之佛也。慈既自悟，又能覺彼，可名爲佛也。

（同上）

大乘之道，無師而成，謂之自然。菩薩真慈，亦無因而就，可名自然乎！

（同上）

平等一味無相之道，謂之菩提。無相真慈，亦平等一味，可名菩提也。

（同上）

疲厭之情，出於存我，以空無我心而爲慈者，與生死相畢，無復疲厭也。

（同上）

生死爲畏，畏莫大之，悲疾大士，何所依恃，而能永處生死，不以畏爲畏乎。

（同上）

心猶水也，靜則有照，動則無鑒。癡愛所濁，邪風所扇，湧溢波蕩，未始暫住。以此觀法，何往不倒。譬如臨面湧泉，而責以本狀者，未之有也。倒想之興，本乎不住，義存於此乎？一切法從衆緣會而成，體緣未會，則法無寄。無寄則無住，無住則無法，以無法爲本，故能立一切法也。若以心動爲本，則有有相生，理極初動，更無本也。若以無法爲本，則有因無生，無不因無，故更無本也。無住故想倒，想倒故分別，分別故貪欲，貪欲故有身，既有身也，則善惡並陳，善惡既陳，則萬法斯起。自兹以往，言數不能盡也。若善得其本，則衆末可除矣。

（觀衆生品第七）

天女，卽法身大士也，常與淨名共弘大乘不思議道，故現爲宅神，同處一室，見大衆集，聞所説法，故現身散華，欲以生論也。

（同上）

如舍利弗實非女，而今現是女像，衆女亦現是女像，實非女也。男女無定相，類已可知矣。

（同上）

欲言有在，今見無相。欲言無在，向復有相。猶幻化無定，莫知所在也。

（同上）

夫以道爲道，非道爲非道者，則穢惡並起，垢累兹彰。何能通心妙旨，達平等之道乎？若能不以道爲道，不以非道爲非道者，則是非絕於心，遇物斯可乘矣。所以處是無是是之情，乘非無非非之意，故能美惡齊觀，履逆常順，和光塵勞，愈晦愈明，斯可謂通達無礙，平等佛道乎」

（佛道品第八）

有身，身見也。夫心無定所，隨物而變，在邪而邪，在正而正。邪正雖殊，其種不異也。何者？變邪而正，改惡而善，豈別有異邪之正，異惡之善，超然無因，忽爾自得乎？然則正由邪起，善因惡生，故曰衆結煩惱，爲如來種也。

（佛道品第八）

智爲内照，權爲外用，萬行之所由生，諸佛之所因出。故菩薩以智爲母，以權爲父。

（同上）

滅者滅生耳，若悟無生，滅何所滅，此卽無生法忍也。此菩薩因觀生滅以悟道，故説己所解，爲不二法門也。下皆類耳。萬法云云，離真皆名二，故以不二爲言。

（入不二法門品第九）

妙主常存，我也。身及萬物，我所也。我所，我之有也。法既無我，誰有所也。

（同上）

有心必有所受，有所受，必有所不受，此爲二也。若悟法本空，二俱不受，則無得無行，爲不二也。

（同上）

言一欲以去二，不言一也。言無欲以去有，不言無也。而或者聞一則取一相，聞無則取無相，故有二焉。

（同上）

夫有入則有出，有出必有溢，有溢必有散，此俗中之常數。

（同上）

有爲虚僞法，無常故名盡，實相無爲法，常住故不盡。若以盡爲盡，以不盡爲不盡者，皆二法也。若能悟盡不盡俱無盡相者，則入一空不二法門也。

（同上）

非我出於我耳，見我實性者，我本自無，而況非我也。

（同上）

色卽是空，不待色滅然後爲空，是以見色異於空者，則二於法相也。

（入不二法門品第九）

因我故有彼，二名所以生，若見我實相，則彼我之識無由而起。

（同上）

實相，慧眼之境，非肉眼所見。慧眼尚不見實，而況非實。雖曰無見，而無所不見，此真慧眼之體。

（同上）

向與文殊俱入不思議室，因借寶座，覩其神力，兼食香飯，乘掌而還。莫測其變，故自絕於圖度。此經大旨，所明不思議道，故往往多顯不思議迹也。

（菩薩行品第十一）

佛無定所，應物而現，在净而净、在穢而穢。美惡自彼，於佛無二，曷爲自生憂喜於其間哉？是以豫入此門者，見淨不貪，己分不高，覩穢不礙，乖情不没，故能生真淨心，知佛平等，而應迹不同。此闚闒之徒，非平等信也。自不入佛事門者，孰能不以淨穢爲心哉!

（同上）

秦言如來，亦云如去。如法而來，如法而去。古今不改，千聖同轍。故名如來，亦名如去。

（同上）

佛者，何也？蓋窮理盡性大覺之稱也。其道虛玄，固以妙絕常境。心不可以智知，形不以像測。同萬物之爲，而居不爲之域；處言數之內，而止無言之鄉。非有而不可爲無，非無而不可爲有。寂寞虛曠，物莫能測。不知所以名，故强謂之覺。其爲至也，亦以極矣。何則？夫同於得者，得亦得之；同於失者，失亦得之。是以則真者同真，法僞者同僞，如來靈照冥諧，一彼實相，實相之相，卽如來相。故經曰:“見實相法，爲見佛也。”淨名自觀身實相，以爲觀如來相，義存於是。

（見阿閦佛品第十二）

法身超絕三界，非陰界入所攝，故不可以生住去來而覯，不可以五陰如性而觀也。

（同上）

無像不像，故不可爲一。像而不像，故不可爲異。

（同上）

不自而同自，故自而不自；不他而同他，故他而不他。無相之身，豈可以一異自他，而觀其體耶。

（同上）

欲言此岸，寂同涅槃；欲言彼岸，生死是安。又非中流，而教化衆生。此蓋道之極也。此岸生死，彼岸涅槃，中流聖賢也。

（同上）

不此而同此，故此而不此，不彼而同彼，故彼而不彼。豈復以此而同此，以彼而同彼乎？此明聖心無彼此，有以而同也。

（同上）

無相之體，同真際，等法性，言所不能及，意所不能思，越圖度之境，過稱量之域。

（同上）

法身無寄，絕三世之有，三災不能爲其患，始終無以化其體，恬淡寂泊，無爲無數，豈容憂畏喜厭於其間哉？

（同上）

此經言雖簡約，而義包羣典，坐不踰日，而備覯通變，大乘微遠之言，神通感應之力，一時所遇，理無不盡。又以會我爲妙，故歎未曾有也。

（法供養品第十三）

法從因緣生，緣生則無自性。無自性則無主，無主則無我人壽命。唯空無相無作無起，此深經之所順也。

（法供養品第十三）

不依實相辯四非常者，非平等教也。依實相，乃曰明也。

（同上）

不悟緣起，故有邪見之迷，封我之惑。若如説行，則得明慧，明見十二因緣根源所由，故能離諸邪見，得無生忍。無復吾我衆生之想也，見緣如緣，謂之隨順。明白有無，謂之決定。皆智用之別稱也。

（同上）

無違無諍，卽隨順義也。五受陰身及家屬所有因緣果報，卽我所也。若能明見因緣果報之性，順而無違則離諸我所也。上直觀因緣，知無造者，故離我見。今觀因緣果報，知無屬者，故離我所見也。

（同上）

（據上海醫學書局本維摩經注）

三、長阿含經序

夫宗極絶於稱謂，賢聖以之沖默。玄旨非言不傳，釋迦所以致教。是以如來出世，大教有三：約身口則防之以禁律，明善惡則導之以契經，演幽微則辨之以法相。然則三藏之作也，本於殊應，會之有宗，則異途同趣矣。禁律，律藏也。四分十誦。法相，阿毗曇藏也。四分五誦契經，四阿含藏也。增一阿含，四分八誦。中阿含，四分五誦。雜阿含，四分十誦。此長阿含，四分四誦，合三十經，以爲一部。阿含秦言法歸。法歸者，蓋是萬善之淵府，總持之林苑。

其爲典也，淵博弘富，温而彌曠，明宣禍福賢愚之迹，剖判真僞異濟之原，歷記古今成敗之數，墟域二儀品物之倫。道無不由，法無不在。譬彼巨海，百川所歸，故以法歸爲名。開析修途，所記長遠，故以長爲目。翫兹典者，長迷頓曉。邪正難辨，顯如晝夜；報應冥昧，照若影響；劫數雖遠，近猶朝夕；六合雖曠，現若目前。斯可謂朗大明於幽室，惠五目於衆瞽，不闚户牖而智無不周矣。大秦天王，滌除玄覽，高韻獨邁，恬智交養，道世既濟。每懼微言翳於殊俗，以右將軍使者司隸校尉晉公姚爽質直清柔，玄心超詣，尊尚大法，妙悟自然，上特留懷，每任以法事。以弘始十二年歲次上章掩茂，請罽賓三藏沙門佛陀耶舍，出律藏四分四十卷（一作四十五卷，案今藏本律藏六十卷與此卷數四分不同）。十四年訖，十五年歲在昭陽奮若，出此長阿含訖。涼州沙門佛念爲譯，秦國道士道含筆受。時集京夏名勝沙門，於第校定，恭承法言，敬受無差，蠲華崇朴，務存聖旨。余以嘉遇，猥參聽次，雖無翼善之功，而預親承之末，故略記時事，以示來覽焉。

（選自金陵刻經處本出三藏記集經序卷九）

四、梵網經序

夫梵網經者，蓋是萬法之玄宗，衆經之要旨，大聖開物之真模，行者階道之正路。是以如來權教雖復無量，所言要趣，莫不以此爲指南之説。是以秦主識達寰中，神凝紛表，雖威綸四海，而沾想虛玄；雖風偃八荒，而静慮塵外。故弘始三年，淳風東扇，於是詔天竺法師鳩摩羅什，在長安草堂寺，及義學沙門三千餘僧，手執梵文，口翻解釋，五十餘部。唯梵網經一百二十卷，六十一品，其中菩薩心地品第十，專明菩薩行地。是時道融、道影三百人等，卽受菩薩戒，人各誦此品，以爲心首。師徒義合，敬寫一品八十一部，流通於世。欲使仰希菩提者，追蹤以悟理，故冀於後代同聞焉。

（選自全晉文卷一六五）

五、百論序

百論者，蓋是通聖心之津塗，開真諦之要論也。佛泥洹後八百餘年，有出家大士，厥名提婆，玄心獨悟，俊氣高朗，道映當時，神超世表，故能闢三藏之重關，坦十二之幽路，擅步迦夷，爲法城塹。於時外道紛然，異端競起，邪辯逼真，殆亂正道，乃仰慨聖教之凌遲，俯悼羣迷之縱惑，將遠拯沈淪，故作斯論。所以防正閑邪，大明於宗極者矣。是以正化以之而隆，邪道以之而替，非夫領括衆妙，孰能若斯。論有百偈，故以百爲名。理致淵玄，統羣籍之要；文旨婉約，窮制作之美。然至趣幽簡，尠得其門。有婆藪開士者，明慧內融，妙思奇拔，遠契玄蹤，爲之訓釋。使沈隱之義，彰於徽翰；風味宣流，被於來葉；文藻煥然，宗塗易曉。其爲論也，言而無黨，破而無執。儻然靡據，而事不失真；蕭焉無寄，而理自玄會；返本之道，著乎茲矣。有天竺沙門鳩摩羅什，器量淵弘，俊神超邈，鑽仰累年，轉不可測，常味詠斯論，以爲心要。先雖親譯，而方言未融，至令思尋者，躊躇於謬文；標位者，乖迕於歸致。大秦司隸校尉安成侯姚嵩，風韻清舒，沖心簡勝，博涉內外，理思兼通，少好大道，長而彌篤，雖復形羈時務，而法言不輟，每撫茲文，所慨良多。以弘始六年，歲次壽星，集理味沙門，與什考校正本，陶練覆疏，務存論旨，使質而不野，簡而必詣宗致，劃爾無閒然矣。論凡二十品，品各有五偈。

後十品，其人以爲無益此土，故闕而不傳。冀明一作曉識君子，詳而覽焉。

（選自全晉文卷一六五）

六、注維摩詰經序

維摩詰不思議經者，蓋是窮微盡化，妙絶之稱也。其旨淵玄，非言象所測；道越三空，非二乘所議。超羣數之表，絶有心之境，眇莽無爲而無不爲，罔知所以然而能然者，不思議也。何則？夫聖智無知，而萬品俱照；法身無象，而殊形並應；至韻無言，而玄籍彌布；冥權無謀，而動與事會。故能統濟羣方，開物成務，利見天下，於我無爲。而惑者覩感照因謂之智，觀應形則謂之身，覿玄籍便謂之言，見變動乃謂之權。夫道之極者，豈可以形言權智，而語其神域哉？然羣生長寢，非言莫曉；道不孤運，弘之由人。是以如來命文殊於異方，召維摩於他土，爰集毗耶，共弘斯道。此經所明，統萬行則以權智爲主，樹德本則以六度爲根，濟蒙惑則以慈悲爲首，語宗極則以不二爲言。凡此衆説，皆不思議之本也。至若借座燈王，請飯香土，手接大千，室包乾象，不思議之迹也。然幽關難啟，聖應不同，非本無以垂迹，非迹無以顯本。本迹雖殊，而不思議一也。故命侍者，標以爲名焉。大秦天王雋神超世，玄心獨悟，弘至治於萬機之上，揚道化於千載之下。每尋翫兹典，以爲栖神之宅，而恨支竺所出，理滯於文。常懼玄宗墜於譯人，北天之運，運通有在也。以弘始八年，歲次鶉火，命大將軍常山公、左將軍安城侯，與義學沙門千二百人，於常安大寺，請羅什法師重譯正本。什以高世之量，冥心真境，既盡寰中，又善方言。時手執胡文，口自宣譯，道俗虔虔，一言三復，陶冶精求，務存聖意。其文約而詣，其詣婉而彰，微遠之言，於茲顯然。余以暗短，時預聽次，雖思乏參玄，然粗得文意。輒順所聞，而爲注解，略記成言。述而無作，庶將來君子，異世同聞焉。

（選自金陵刻經處本出三藏記集經序卷八）

七、鳩摩羅什法師誄並序

夫道不自弘，弘必由人；俗不自覺，覺必待匠。待匠，故世有高悟之期；由人，故道有小成之運。運在小成，則靈津輟流；期在高悟，則玄鋒可詣。然能仁曠世，期將千載，時師邪心，是非競起，故使靈規潛逝，徽緒殆亂。爰有什法師者，蓋先覺之遺嗣也，凝思大方，馳懷高觀，審釋道之陵遲，悼蒼生之窮藹，故乃奮迅神儀，寓形季俗，繼承洪緒，爲時城塹。世之安寢，則覺以大音；時將晝昏，乃朗以慧日。思結頹綱於道消，緝落緒於窮運，故乘時以會，錯枉以正。一扣則時無互鄉，再擊則畏壘歸仁。於斯時也，羊鹿之駕摧輪，六師之車覆轍，二想之玄既明，一乘之奧亦顯。是以端坐嶺東，響馳八極，怡愉弘訓，而九流思順。故大秦符姚二大王師旅以延之。斯仁王也，心遊大覺之門，形鎮萬化之上，外揚羲和之風，內盛弘法之術，道契神交，屈爲形授。公以宗匠不重，則其道不尊，故蘊懷神寶，感而後動。自公形應秦川，若燭龍之曜神光；恢廓大宗，若曦和之出榑桑。融冶常道，盡重玄之妙；閉邪悟俗，窮名教之美。言既適時，理有圓會，故辯不徒興，道不虛唱，斯乃法鼓重震於閻浮，梵輪再轉於天北矣。自非位超修成，體精百練，行藏應時，其孰契於茲乎？以要言之，其爲弘也，隆於春陽；其除患也，屬於秋霜。故巍

巍乎，蕩蕩乎，無邊之高韻！然隘運幽興，若人云暮。癸丑之年，年
七十，四月十三日，薨乎大寺。嗚呼哀哉！道匠西傾，神軸東摧；朝
曦落曜，寶岳崩頹；六合晝昏，迷駕九迴；神關重閉，三途競開；夜光
可惜，盲子可哀；罔極之感，人百其懷。乃爲誄曰：

　　先覺登霞，靈風緬邈；通仙潛凝，應貞沖漠。叢叢九流，是非競
作；悠悠盲子，神根沈溺。時無指南，誰識冥度？大人遠覺，幽懷獨
悟。恬沖靜默，抱此玄素；應期乘運，翔翼天路。既曰應運，宜當時
望；受生乘利，形標奇相。褐襪俊遠，髻齔逸量；思不再經，悟不待
匠。投足八道，遊神三向；玄根挺秀，宏音遠唱。又以抗節，忽棄榮
俗；從容道門，尊尚素朴。有典斯尋，有妙斯錄；弘無自替，宗無擬
族。霜結如冰，神安如岳；外迹彌高，內朗彌足。恢恢高韻，可模可
因；惕惕沖懷，惟妙惟真。靜以通玄，動以應人；言爲世寶，默爲時
珍。華風既立，二教亦賓；誰爲道消，玄化方新。自公之覺，道無不
弘；靈風遐扇，逸響高騰。廓茲大方，然斯慧燈；道音始唱，俗網以
崩。痴根彌拔，上善彌增；人之寓俗，其途無方。統斯羣有，紐茲頹
綱；順以四恩，降以慧霜。如彼維摩，迹參城坊；形雖圓應，神沖帝
鄉。來教雖妙，何足以減；偉哉大人，振隆圓德！標此名相，顯彼沖
默；通以衆妙，約以玄則。方隆般若，以應天北；如何運遭，幽里冥
剋。天路誰通，三途誰塞。嗚呼哀哉！至人無爲，而無不爲。擁網
遐籠，長羅遠羈；純恩下釣，客旅上摛。恂恂善誘，肅肅風馳；道能
易俗，化能移時。奈何昊天，摧此靈規？至真既往，一道莫施。天
人哀泣，悲慟靈祇。嗚呼哀哉！公之云亡，時唯百六。道匠韜斤，
梵輪摧軸；朝陽頹景，瓊岳顛覆；宇宙晝昏，時喪道目。哀哀蒼生，
誰撫誰育；普天悲感，我增摧衄。嗚呼哀哉！昔吾一時，曾遊仁川，
遵其餘波，纂成虛玄。用之無窮，鑽之彌堅；躍日絕塵，思加數年。
微情未叙，已隨化遷；如可贖兮，貿之以千。時無可待，命無可延，

惟身惟人，靡憑靡緣。馳懷罔極，情悲昊天，嗚呼哀哉！

（選自四部叢刊影印本廣弘明集卷二三）

〔附〕 僧肇傳

釋僧肇，京兆人。家貧以傭書爲業。遂因繕寫，乃歷觀經史，備盡墳籍。志好玄微，每以莊、老爲心要。嘗讀老子道德章，乃歎曰："美則美矣。然期棲神冥累之方，猶未盡善。"後見舊維摩經，歡喜頂受，披尋玩味，乃言始知所歸矣。因此出家，學善方等，兼通三藏。及在冠年，而名振關輔。時競譽之徒，莫不猜其早達。或千里負糧，入關抗辯。肇既才思幽玄，又善談說。承機挫鋭，曾不流滯。時京兆宿儒，及關外英彦，莫不挹其鋒辯，負氣摧衂。

後羅什至姑臧，肇自遠從之。什嗟賞無極。及什適長安，肇亦隨入。及姚興命肇與僧叡等，入逍遥園，助詳定經論。肇以去聖久遠，文義舛雜。先舊所解，時有乖謬。及見什諮禀，所悟更多。因出大品之後，肇便著般若無知論，凡二千餘言，竟以呈什。什讀之稱善。乃謂肇曰："吾解不謝子，辭當相挹。"

時盧山隱士劉遺民見肇此論，乃歎曰："不意方袍，復有平叔。"因以呈遠公。遠乃撫几歎曰："未嘗有也。"因共披尋玩味，更存往復。遺民乃致書肇曰："頃餐徽聞，有懷遥仰。歲末寒嚴，體中何如？音寄壅隔，增用抱藴。弟子沈痾草澤，常有弊瘵。顧彼大衆康和，外國法師休念不？去年夏末，見上人般若無知論，才運清儁，旨中沈允，推步聖文，婉然有歸。披味慇勤，不能釋手。真可謂浴心方等之淵，悟懷絶冥之肆，窮盡精巧，無所間然。但闇者難曉，猶有餘疑一兩，今輒條之如别。願從容之暇，粗爲釋之。"肇答書曰："不面在昔，佇想用勞。得前疏并問，披尋反覆，欣若暫對。涼風戒節，頃常何如？貧道勞疾每不佳，卽此大衆尋常，什師休勝。秦王道性自然，天機邁俗。城塹三寶，弘通是務。由使異典勝僧，自遠而至。靈鷲之風，萃乎茲土。領公遠舉，乃是千載之津梁。於西域還，得方等新經二百餘部。什師於大石寺，出新至諸經。法藏淵曠，日有異聞。禪師於瓦官寺教習禪道。門徒數百，日夜匪懈。邑邑蕭蕭，致自欣樂。三藏法師於中寺出律部，本末情悉，若覩初製。毗婆沙法師於石羊寺，出舍利弗毗曇梵本，雖未及譯，時問中事，發言新奇。貧道一生猥參嘉運，遇茲盛化。自不覩釋迦祇桓之集，餘復何恨。但恨不得與道勝君子同斯法集耳。稱詠既深，聊復委及。然來問婉切，難爲鄙人。貧道思不關微，兼拙於筆語。且至趣無言，言則乖至。云云不已，竟何所辯。聊以狂言，示詶來旨也。"

肇後又著不真空論、物不遷論等，并注維摩及製諸經論序，並傳於世。及什亡之後，追悼永往，翹思彌厲。乃著涅槃無名論，其辭曰："經稱有餘無餘涅槃。涅槃者，秦言無爲，亦名滅度。無爲者，取乎虛無寂漠，妙絕於有爲。滅度者，言乎大患永滅，超度四流。斯蓋鏡像之所歸，絕稱之幽宅也。而曰有餘無餘者，蓋是出處之異號，應物之假名。余嘗試言之，夫涅槃之爲道也，寂寥虛曠，不可以形名得。微妙無相，不可以有心知。超羣有以幽昇，量太虛而永久。隨之弗得其蹤，迎之罔眺其首。六趣不能攝其生，力負無以化其體。眇莽惚恍，若存若往。五目莫覩其容，二聽不聞其響。冥冥窈窈，誰見誰曉。彌綸靡所不在，而獨曳於有無之表。然則言之者失其真，知之者返其愚。有之者乖其性，無之者傷其軀。所以釋迦掩室於摩竭，淨名杜口於毗耶。須菩提唱無說以顯道，釋梵絕聽而雨花。斯皆理爲神御，故口爲緘默。豈曰無辯，辯所不能言也。經曰：真解脫者，離於言數。寂滅永安，無終無始；不晦不明，不寒不暑；湛若虛空；無名無證。論曰：涅槃非有，亦復非無。言語路絕，心行處滅。尋夫經論之作也，豈虛構哉！果有其所以不有，故不可得而有，有其所以不無，故不可得而無耳。何者？本之有境，則五陰永滅。推之無鄉，則幽靈不竭。幽靈不竭，則抱一湛然。五陰永滅，則萬累都捐。萬累都捐，故與道通同。抱一湛然，故神而無功。神而無功，故至功常存。與道通同，故沖而不改。沖而不改，不可爲有。至功常存，不可爲無。然則有無絕於內，稱謂淪於外。視聽之所不暨，四空之所昏昧。恬焉而夷，怕焉而泰。九流於是乎交歸，衆聖於此乎冥會。斯乃希夷之境，太玄之鄉。而欲以有無題榜，標其方域，而語神道者，不亦邈哉！"其後十演九折，凡數千言，文多不載。

論成之後，上表於姚興曰："肇聞天得一以清，地得一以寧，君王得一以治天下。伏惟陛下叡哲欽明，道與神會，妙契寰中，理無不統。故能游刃萬機，弘道終日。威被蒼生，垂文作範。所以域中有四大。王居一焉。涅槃之道也，蓋是三乘之所歸，方等之淵府。渺茫希夷，絕視聽之域。幽致虛玄，非羣情之所測。肇以人微，猥蒙國恩，得閑居學肆。在什公門下十有餘年，雖衆經殊趣，勝致非一。然涅槃一義，常以聽習爲先。但肇才識闇短，雖屢蒙誨諭，猶懷漠漠，爲竭愚不已。亦如似有解，然未經高勝先唱，不敢自決。不幸什公去世，諮參無所，以爲永恨。而陛下聖德不孤，獨與什公神契。目擊道存，快其方寸。故能振彼玄風，以啟末俗。一日遇蒙答安成侯嵩問無爲宗極，頗涉涅槃無名之義。今輒作涅槃無名論，有十演九折。博採衆經，託證成喻。以仰述陛下無名之致。豈曰關詣神心，窮究遠當。聊以擬議玄門，班諭學徒耳。若少參聖旨，願勑存記。如其有差，伏承旨授。"興答旨慇懃，備加讚述。卽勑令繕寫，班諸子姪。其爲時所重如此。晉義熙十年卒於長安，春秋三十有一矣。

（選自金陵刻經處本梁慧皎高僧傳卷七）

鄭　鮮　之

【簡介】　鄭鮮之，字道子，生於公元三六三年（東晉哀帝興寧元年），死於公元四二七年（宋文帝元嘉四年），滎陽開封人（今河南開封）。他曾任豫章太守，元嘉三年進尚書右僕射。宋書卷六四有傳。

鄭鮮之在神不滅論一文中，也運用歷來的薪火之喻，但他不像慧遠等人用“火之傳異薪，猶神之傳異形”來論證神不滅。他説：“夫火以薪則有火，無薪則無火，薪雖所以生火，而非火之本。火本自在，因薪爲用耳。若待薪然後有火，則燧人之前，其無火理乎？火本至陽，陽爲火極，故薪是火所寄，非其本也。神形相資，亦猶此矣。”這裏，他提出無火之前就有“火理”的存在，薪不是火之本，火理才是火之本的觀點。這顯然是唯心主義的，然而在理論分析上講，他比以前佛教徒的論證，細緻深入得多了。

一、神不滅論

多以形神同滅，照識俱盡。夫所以然，其可言乎？十世既以周、孔爲極矣，仁義禮教先結其心，神明之本絶而莫言。故感之所體，自形已還，佛唱至言，悠悠弗信。余墜弱喪，思拔淪溺，仰尋玄旨，研求神要，悟夫理精於形，神妙於理。寄象傳心，粗舉其證，庶鑒諸將悟，遂有功於滯惑焉。夫形神混會，雖與生俱存，至於粗妙分源，則有無區異。何以言之？夫形也，五臟六腑，四肢七竅，相與爲一，故所以爲生。當其受生，則五常殊授。是以肢體偏病，耳目互缺，無奪其爲生。一形之內，其猶如茲，況神體靈照，妙統衆形。形與氣息俱運，神與妙覺同流，雖動靜相資，而精粗異源，豈非各有其本，相因爲用者邪？近取諸身，卽明其理，庶可悟矣。一體所資，肌骨則痛癢所知，爪髮則知之所絕。其何故哉？豈非肌骨所以爲生，爪髮非生之本也？ _{南藏此下有“生在本邪，生之所本”八字。} 生在本則知存，生在末則知滅。一形之用，猶以本末爲興廢，況神爲生本，其源至妙，豈得與七尺同枯，戶牖俱盡者哉？推此理也，則神之不滅，居可知矣！

客難曰：子之辨神形盡矣，卽取一形之內，知與不知精矣。然形神雖粗妙異源，俱以有爲分。夫所以爲有，則生爲其本。既孰有本已盡，而資乎本者，獨得存乎？出生之表，則廓然冥盡，既冥盡矣，非但無所立言，亦無所立其識矣！識不立，則神將安寄？既無所寄，安得不滅乎？答曰：子之難，辯則辨矣，未本諸心，故有若斯之難乎？夫萬化皆有也，榮枯盛衰，死生代乎，一形盡，一形生，此有生之始終也。至於水火，則彌貫羣生，贍而不匱，豈非火體因物，水理虛順，生不自生，而爲衆生所資，因卽爲功，故物莫能竭乎？同在生域，其妙如此，況神理獨絕，器所不鄰，而限以生表冥盡，神無所寄哉？因斯而談，太極爲兩儀之母，兩儀爲萬物之本。彼太極者，渾元之氣而已，猶能總此化根，不變其一，矧神明靈極，有無兼盡者邪？其爲不滅，可以悟乎！

難曰：子推神照於形表，指太極於物先，誠有其義，然理貴厭心，然後談可究也。夫神形未嘗一時相違，相違則無神矣。草木之無神，無識故也。此形盡矣，神將安附，而謂之不滅哉？苟能不滅，則自乖其靈，不資形矣。既不資形，何理與形爲生，終不相違？不

能相遑，則生本是同，斷可知矣！答曰：有斯難也。形神有源，請
爲子循本而釋之。夫火因薪則有火，無薪則無火，薪雖所以生火，
而非火之本。火本自在，因薪爲用耳。若待薪然後有火，則燧人之
前，其無火理乎？火本至陽，陽爲火極，故薪是火所寄，非其本也。
神形相資，亦猶此矣。相資相因，生塗所由耳，安在有形則神存，無
形則神盡？其本惚悅，不可言矣。請爲吾子廣其類以明之。當薪
之在水則火盡，出水則火生，一薪未改，而火前期，神不賴形，又如
茲矣。神不待形，可以悟乎？

　　難曰：神不待形，未可頓辨。就如子言，苟不待形，則資形之與
獨照，其理常一。雖曰相資，而本不相關。佛理所明，而必陶鑄此
神，以濟彼形，何哉？答曰：子之問有心矣。此悠悠之所感，而未暨
其本者也。神雖不待形，然彼形必生。必生之形，此神必宅。必宅
必生，則照感爲一，自然相濟。自然相濟，則理極於陶鑄。陶鑄則
功存，功存則道行，如四時之於萬物，豈有心於相濟哉？理之所順，
自然之所至耳。

　　難曰：形神雖異，自然相濟，則敬聞矣。子既譬神之於形，如火
之在薪，薪無意於有火，火無情於寄薪，故能合用無窮，自與化永。
非此薪之火，移於彼薪，然後爲火。而佛理以此形既盡，更宅彼形，
形神去來，由於罪福。請問此形爲罪，爲是形邪？爲是神邪？若形
也，則大冶之一物耳；若神也，則神不自濟，繫於異形，則子形神不
相資之論，於此而躓矣！答曰：宜有斯問，然後理可盡也。所謂形
神不相資，明其異本耳。既以爲生，生生之內，各周其用。苟用斯
生以成罪福，神豈自妙其照，不爲此形之用邪？若其然也，則有意
於賢愚，非忘照而玄會順理，玄會，順理盡形化。神宅此形，子不疑
於其始，彼此一理，而性於其終邪？

　　難曰：神卽形爲照，形因神爲用，斯則然矣。悟既由神，惑亦在

神，神隨此形，故有賢愚。賢愚非神，而神爲形用。三世周迴，萬刧無算，賢愚靡始，而功顯中路。無始之理玄，而中路之功未，孰有在未之功，而拔無始之初者邪？若有嘉通，則請從後塵。答曰：子責其始，有是言矣。夫理無始終，玄極無涯，既生既化，罪福往復，自然所生耳。所謂聰明，誠由耳目，耳目之本，非聰明也。所謂賢愚，誠應有始，既爲賢愚，無始可知矣。夫有物也，則不能管物，唯無物，然後能爲物所歸。若有始也，則不能爲終，唯無始也，然後終始無窮。此自是理所必然，不可徵事之有始，而責神同於事。神道玄遠，至理無言，髣髴其宗，相與爲悟，而自末徵本，動失其統，所以守此一觀，庶階其峯。若肆辯競辭，余知其息矣。洪範説生之本，與佛同矣。至乎佛之所演，則多河漢，此溺於日用耳。商臣極逆，後嗣隆業；顏、冉德行，早夭無聞。周、孔之教，自爲方内，推此理也，其可知矣。請廣其證，以究其詳。夫禀靈乘和，體極淳粹，堯生丹朱；頑凶無章，不識仁義，瞽瞍誕舜。原生則非所育，求理應傳美其事，若兹而謂佛理爲迂，可不悟哉？

　　　　　　　　　　　（選自四部叢刊影印本弘明集 卷五）

竺　道　生

　　【簡介】　竺道生,本姓魏,生年不可詳考,死於公元四三四年
(宋文帝元嘉十一年),鉅鹿人(今河北平鄉),寓居彭城(今江蘇徐
州)。家世仕族,父爲縣令。年幼出家,中年廣爲遊學,曾去廬山見
僧伽提婆,從習佛教小乘一切有部的教義。後來又到長安,從佛教
大翻譯家鳩摩羅什受學,參加譯出大品般若經和小品般若經,是鳩
摩羅什的幾個主要弟子之一。返回京師建業(今南京)後,又大力
提倡涅槃學,深得宋文帝以及名士王弘、范泰、顏延之等人的敬重。
後來因爲道生認爲法顯所譯六卷泥洹經的經義不夠圓滿,主張一
闡提(指所謂斷了善根的人)都能成佛,而被認爲不符合教義,約於
公元四二八或四二九年受到佛教界的處分,被擯遣出走。初至蘇
州虎丘山,後投迹廬山。不久曇無讖譯的四十卷本大般涅槃經傳
至京師,果稱一闡提也有佛性,也能成佛,一時間道生成爲佛教僧
侶崇拜的對象。道生晚年大力開講大涅槃經,贏得了對涅槃學說
的更多信衆。

　　竺道生融匯佛教的毗曇學、般若學和涅槃學,集三者之大成,
尤其對涅槃學更深有所得,後世稱之爲涅槃聖。竺道生著作甚多,
據史書記載,有善不受報義(原名不詳)、頓悟成佛義、二諦論、佛性
當有論、法身無色論、佛無净土論、應有緣論、涅槃三十六問(門)、
釋八住初心欲取泥洹義、辯佛性義、還有若干經疏等,但多散失。
今較系統地留下的,有妙法蓮華經疏,另在注維摩詰經、大般涅槃
經集解中保留了若干殘篇。

涅槃佛性説和頓悟成佛説是竺道生的主要佛學思想。

竺道生的涅槃佛性説，是講人人本有佛性的學説。道生把般若學和涅槃學結合起來，宣揚萬物千差萬別，而本體只有一個，本體又是無所不在的，這個本體就是佛性。所以佛性也爲人人所具有。他説：“一切衆生莫不是佛，亦皆泥洹。”（妙法蓮華經疏）由此推論，一闡提人是人，當然也有佛性。竺道生正是據此而提出了曾引起當時佛教界一度强烈反對的“一闡提人皆得成佛”的口號。

在涅槃佛性説的基礎上，竺道生又獨創性地提出了頓悟成佛説。他認爲，既然佛性人人本有，也就是説，佛性是内在地、先天地存在每個人的本性中。因此，人們只要見性，就能成佛。再則，他認爲作爲佛性本體是不可分的，是完整圓滿的精神性的實體，要麽得到它，要麽得不到它，不能分期分批地得到，不能零碎逐步地得到。這種一次得到的説法，就是所謂頓悟。在道生看來，漸悟成佛的説法是錯誤的。

涅槃佛性説和頓悟成佛説是適應當時統治階級利益而提出的。東晉宋初是門閥士族地主階級專權的時代，他們特別注意家世門第的高低。這種情況也反映到僧侶集團中來，僧侶内部也有等級高下。由此，産生了成佛是否也有等級的問題，也就是關於成佛的原因、步驟等問題。竺道生宣揚人人都有佛性，都有成佛的平等權，正是以虚幻的平等來掩蓋現實的不平等。道生的學説既利於欺騙籠絡廣大被奴役的受苦難者，又對於那些享受榮華富貴的統治者、剥削者，哪怕是罪大惡極的人，也給以廉價的贖罪機會。所以，他的學説雖然一度被貶斥，但終究很快地流行起來。

竺道生的佛教學説在我國佛教史和哲學史上佔有重要的地位，它是唐代禪宗的淵源，由此伴隨着禪宗的盛行而影響我國思想界、學術界達數百年之久。

一、妙法蓮華經疏（節選）

妙法。夫至象無形，至音無聲，希微絶朕思之境，豈有形言者哉？所以殊經異唱者，理豈然乎？寔由蒼生機感不一，啓悟萬端。是以大聖示有分流之疏，顯以參差之教，始於道樹，終於泥曰。

（序品）

今但言十方，何耶？十者，數之滿極，表如來理圓無缺，道無不在，故寄十也。**如來**者，萬法雖異，一如是同，聖體之來，來化羣生，故曰**如來**。

（同上）

如煙是火相，能燒是性，相據于外，性主于内。體性相之通稱。

（方便品）

良由衆生，本有佛之見分，但爲垢障不現耳。佛爲開除，則得成之。

（同上）

聞一切衆生，皆當作佛。

（譬喻品）

無明，百八煩惱，隨事無量，實而言之，一惑而已。無明者，惑之通稱，即是現在愛取，愛取用廢，事謝過去，總名無明也。行，身口意業，現在謂之有，以能有來果，果報既謝，則功成事遂，事遂過去謂之行。行者，遷流生死義也。識，識爲今身之始，即有來生事也。名色，識既爲種，能成名色，四陰曰名，五情爲色。亦曰在胎茫昧，識苦樂微，有名而已。

（化城喻品）

一切衆生，莫不是佛，亦皆泥洹。

（見寶塔品）

夫色身佛者，皆應現而有，無定實形。形苟不實，豈壽哉？然則方形同致、古今爲一，古亦今也，今亦古矣。無時不有，無處不在，若有時不有，（有）處不在者，於物然耳，聖不爾也。

（壽量品）

無穢之净，乃是無土之義。寄土言無，故言净土。無土之净，豈非法身之所託哉？至於穢惡被燒，自是衆生罪報，亦何傷無不在，無不净乎？是以衆生見燒，而净土不毁，且今（按，“今”疑爲“令”字之誤）人情欣美尚好，若聞净土不毁，則生企慕意深，借事通玄，所益多矣。

（同上）

（選自續藏經第壹輯第貳編乙第二十三套第四册）

二、注維摩詰經（節選）

無垢之稱或止形迹，心不必然。故復言其解脱更爲一名。不可思議者，凡有二種：一曰：理空，非惑情所圖；二曰：神奇，非淺識所量。若體夫空理，則脱思議之惑，惑既脱矣，則爲所難測。維摩詰今動静皆神奇，必脱諸惑，脱惑在於體空，説空是其所體，是以垢之名信而有徵，名苟有徵，其求愈到，到於求者，何患不悟乎？

（經名解）

净土行者，行致净土，非造之也。造於土者，衆生類矣。

（佛國品）

夫國土者，是衆生封疆之域。其中無穢，謂之爲净。無穢爲無，封疆爲有。有生於惑，無生於解。其解若成，其惑方盡。始解是菩薩本化自應，終就使既成就爲統國。有屬佛之跡，就本隨於所化，義爲取彼之國。既云取彼，非自造之謂。若自造則無所統，無所衆生，何所成就哉？

（佛國品）

日月之照無不表色，而盲者不見，豈日月過耶？佛亦如是，昔之爲行以化衆生，無有不致，無沙石之土，而衆生有罪，故得斯穢，不見之耳，非佛咎也。

（同上）

心有高下者，據石沙致疑，則就衆生之優劣也。又是不依佛慧爲應之趣在乎必悟之處，故唯見不净耳。若取出惡之理，則沙石衆生與夫净土之人等無有異，又是依佛慧而觀，故無往而不净也。

（同上）

既悟其義，而據自疑以前爲本，故云本不見聞也。從不見聞而悟之，則佛土爲好净悉現也。

（同上）

慧心明净，則見功德莊嚴，以闇心而取，故謂之穢耳，非佛土然也。

（同上）

夫佛身者，丈六體也。丈六體者，從法身出也。以從出名之故曰卽法身也。法者，無非法義也。無非法義者，卽無相實也。身者，此義之體。法身真實，丈六應假，將何以明之哉？悟夫法者，封惑永盡，髣髴亦除，妙絶三界之表，理冥無形之境，形既已無，故能無不形，三界既絶，故能無不界。無不形者，唯感是應。佛，無爲也，至于形之巨細、壽之修短，皆是接衆生之影迹，非佛實也。衆生若無感則不現矣。非佛不欲接，衆生不致，故自絶耳。若不致而爲現者未之有也。譬日之麗天，而影在衆器，萬影萬形皆是器之所取，

豈曰爲乎？器若無水則不現矣，非不欲現，器不致故自絕耳。然則
丈六之與八尺皆是衆生心水中佛也。佛常無形，豈有二哉？以前
衆患皆由有身，故令樂佛身也。然佛道迹交在有，雖復精粗之殊，
至於無常不應有異，而令樂之，宜明其意。既云卽是法身，非徒使
知無有身患，乃所以用斷一切衆生病矣。斯又引使樂法，樂法之行
下法，是以行於法者得佛身也。

（方便品）

既觀理得性，便應縛盡泥洹，若必以泥洹爲貴而欲取之，卽復
爲泥洹所縛。若不斷煩惱卽是入泥洹者，是則不見泥洹異於煩惱，
則無縛矣。

（弟子品）

法有二種，衆生空、法空。衆生空法空理誠不殊，然於惑者取
悟事有難易，故分之也。衆生以總會成體，不實之意居然可領，故
易也。法以獨立近實之趣多，故難也。今先明衆生空也，法無衆生
者，以無衆生爲法也，離衆生垢故者釋之也，言衆生自出著者之情，
非理之然也。情不從理謂之垢也，若得見理，垢情必盡。以離垢驗
之，知無衆生也。衆生者，衆事會而生，以名宰一之主也。

（同上）

因謂先無其事而從彼生也，緣謂素有其分而從彼起也。因本
以生爲義，今也不能不生，豈曰能生哉？是則因不成因矣。因近故
難曉，緣遠故易了，今以所易釋所難，則易也。因親故言屬，緣疎故
言在也。

（同上）

法性者，法之本分也。夫緣有者，是假有也。假有者，則非性
有也。有既非性，此乃是其本分矣。然則法與法性理一而名異，故
言同也。性宜同故以同言之也。諸法皆異，而法入之則一統衆矣。

統衆以一,所以同法性者也。

(弟子品)

如者,無所不如也。若有所隨則異矣。不得隨也,都無所隨乃得隨耳。

(同上)

空似有空相也,然空若有空則成有矣,非所以空也,故言無相耳。既順於空,便應隨無相。

(同上)

從他生故無自性也,既無自性,豈有他性哉？然則本自不然,何有滅乎？故如幻。

(同上)

夫言無常者,據事滅驗之也。終苟有滅始無然乎？始若果然則生非定矣。生不定,生滅孰定哉？生滅既已不定,真體復何所在？推無在之爲理,是諸法之實也。實以不生不滅爲義,豈非無常之所存耶？然則無常雖明常之爲無,亦所以表無無常也,畢竟者,不得不然也。

(同上)

惑者,皆以諸法爲我之有也,理既爲苦,則事不從己,己苟不從,則非我所保,保之非我,彼必非有也。有是有矣,而曰非有,無則無也,豈可有哉？此爲無有無無,究竟都盡,乃所以是空之義也。

(同上)

理既不從我爲空,豈有我能制之哉？則無我矣。無我本無生死中我,非不有佛性我也。

(同上)

法既無常苦空,悟之則永盡泥洹。泥洹者,不復然也。不然者,事之靖也。夫終得寂寞者,以其本無實然,然既不實,滅獨實乎？

（弟子品）

　　心既不在三處，罪垢亦然也。反復皆不得異，諸法豈容有殊耶？則無不如也。

（同上）

　　衆生心相無垢，理不得異，但見與不見爲殊耳。

（同上）

　　垢實無也，在妄想中是垢耳。若無妄想，垢卽净也。妄想者，妄分別之想也。

（同上）

　　諸法皆從妄想而有，悉如此也。

（同上）

　　既以思欲爲原，便不出三界，三界是病之境也。佛爲悟理之體，超越其域，應有何病耶？言佛爲世尊者，以明過於世間也。

（同上）

　　菩提既是無相理極之慧，言得之者，得卽是菩提相也。果是其相則非實矣。苟得非實，一切衆生亦是此之得理也。所以然者，菩提本無不周，衆生卽是其相故也。

（菩薩品）

　　若見有菩提可得者，則有相情也。苟以相爲情者，豈能不以之起身心行乎？若以身心行求菩提者，則求之愈遠者也。寂滅是菩提滅諸相故。

（同上）

　　既不以相得菩提則無菩提相也。若不能滅諸相者，豈得以寂滅爲體哉？

（同上）

　　一念無不知者，始乎大悟時也。以向諸行終得此事，故以名焉。以直心爲行初,義極一念知一切法,不亦是得佛之處乎?

(菩薩品)

五欲者,五情所欲也。夫用爲自恣,寶之必深,若覺其無常,然後能以之求本矣。

(同上)

來本生於不來,來者尚無所從而來,況來者可得更來耶? 以去對來相明也,所可見者更不可見。

(文殊師利問疾品)

夫言空者,空相亦空,若空相不空,空爲有矣。空既爲有,有豈無哉? 然則皆有而不空也。是以分別亦空,然後空耳。

(同上)

夫計我者或即以身爲我,或謂身中有我也。今推身爲理,唯以四大合成無復別法。四大無主,身亦無我,四大四矣,我則一矣。苟云處中爲主之矣。然其無主則我無中矣,身爲一也,我亦一也。苟云即是身是之也。然無我則我不即也。我果是無,何所病哉?

(同上)

……因果即非我也,衆法合成之時,相緣而起。相緣起者,不能不相起,非能相起也。若能相起者,必有相起之知,而所知在彼不在於己,反覆爲相知矣。是即自在爲我義焉。

(同上)

從緣起者,亦不能不從起,非能從他起也。若能從起者,必有從起之知,而所知在己不在於彼,故無相知之義也,是亦自在爲我義焉。

(同上)

非不有幻人,但無實人耳,既無實人,以悟幻人亦無實矣。苟幻人之不實,衆生豈獨實哉?

(觀衆生品)

　　夫有煩惱出於惑情耳，便應觀察法理以遣之也。然始觀之時見理未明，心不住理，要須念力然後得觀也。念以不忘爲用，故得存觀焉。

（觀衆生品）

　　妄分別法，故有可貪著也。

（同上）

　　惑心內轉爲倒，然後妄分別外事。

（同上）

　　一切諸法莫不皆然，但爲理現于顛倒故，就顛倒取之爲所明矣，以此爲觀，復得有煩惱乎？

（同上）

　　夫大乘之悟本不近捨生死遠更求之也，斯爲在生死事中卽用其實爲悟矣，苟在其事而變其實爲悟始者，豈非佛之萌芽起于生死事哉？其悟旣長，其事必巧，不亦是種之義乎？所以始于有身終至一切煩惱者，以明理轉扶疎至結大悟實也。

（佛道品）

　　有相則有對，有對則爲二，不系一與三也。

（入不二法門品）

　　以體法爲佛，不可離法有佛也。若不離法有佛是法也，然則佛亦法矣。

（同上）

　　亦以體法爲衆。

（同上）

　　若謂己與佛接爲得見者，則己與佛異相去遠矣，豈得見乎？若能如自觀身實相，觀佛亦然，不復相異，以無乖爲得見者也。

（菩薩行品）

　　若以見佛爲見者，此理本無。佛又不見也，不見有佛乃爲見佛耳。見佛者見此人爲佛，從未來至現在，從現在入過去，故推不見三世有佛也。過去若有，便應更來，然其不來，明知佛不在過去矣。未來若有，便應卽去，然其不去，明知佛不在未來矣。現在若有，便應有住，然其不住，明知佛不在現在矣。

（菩薩行品）

向云不見佛者，或是己不能見非無佛也。故復推無佛可見以盡之焉。人佛者五陰合成耳。若有便應色卽是佛，若色不卽是佛，便應色外有佛也。色外有佛又有三種，佛在色中、色在佛中、色屬佛也。若色卽是佛，不應待四也；若色外有佛，不應待色也；若色中有佛，佛無常矣；若佛中有色，佛有分矣；若色屬佛，色不可變矣。色者，色之事也。如者，色不異也。性者，無本爲色也。既言其事，事或可改，故言如也。雖曰不改，本或不然，故言性也。然則要備三義，然後成色義也。是以如性，五事亦不得而殊也。至識皆同之焉。既無所見，乃爲見實也。以實見爲佛，見實所以見佛也。

（同上）

向雖推無人相佛，正可表無實人佛耳。未足以明所以，佛者，竟無人佛也。若有人佛者，便應從四大起而有也，夫從四大起而有者，是生死人也，佛不然矣，於應爲有佛常無也。

（同上）

非徒不可見聞覺知，亦無可作見聞覺知者矣。

（同上）

豈復容智出於羣智，自異於衆生哉？

（同上）

於一切法，都無復分別情也。

（同上）

（選自大正藏卷三八）

三、大般涅槃經集解（節選）

夫真理自然，悟亦冥符，真則無差，悟豈容易？不易之體，爲湛然常照，但從迷乖之，事未在我耳。苟能涉求，便返迷歸極，歸極得本。而似始起，始則必終。常以之昧，若尋其趣，乃是我始會之，非照今有。有不在今，則是莫先爲大。既云大矣，所以爲常。常必滅累，復曰般泥洹也。般泥洹者，正名云滅，取其義訓，自復多方。今此經明常，使伏其迷，其迷永伏，然後得悟。悟則衆迷斯滅，以之歸名其爲常説乎？又菩薩住斯經者，則已伏滅諸累，雖未造極，便能示般泥洹，衆示無妙泥洹，復以無不示爲大也。

（序題經）

以理驗知，非實涅槃也。夫從惑有身，身必起惑，何由能反，要從師乃悟，而受悟有解。惑則冥伏，冥伏不起，亦名爲滅，而未永滅。若至於無師，然後都盡，謂究竟斷矣。然則久已無有，今日捨身，明非實滅，滅既非實，示同奚請耶？

（純陀品）

夫有有則有滅，有滅則有苦。既已度有，何有滅苦耶？無苦之極，假名妙樂，假名爲受，故無所應請也。

（同上）

以佛所説，爲證真實之理，本不變也。唯從説者，得悟乃知之耳。所説之理，既不可變，明知其悟亦湛然常存也。

（同上）

三界之身，爲邪見之宅，爲惡所止，於其本善，爲他舍也。

（同上）

常與無常，理本不偏，言兼可珍，而必是應獲，由二乘漫修，乖之為失也。

（哀歎品）

法者，無復非法之義也，性者，真極無變之義也，即真而無變，豈有滅耶？今言滅是法性，蓋無所滅耳。

（長壽品）

向云滅是法性，似若丈六猶存，丈六若實，故是非法中出也。法性無有非法，何有丈六哉？身與法性，不可得並，而有身所未了也。

（同上）

病有二種：謂從意從想。愜情而之，謂之從意；所貪無崖，謂之從想。是以小制損其意也，都制損其想也。

（四相品）

種相者，自然之性也。佛性必生於諸佛。向云，我即佛藏；今云，佛性即我。互其辭耳。

（如來性品）

本有佛性，即是慈念眾生也。

（同上）

雖復受身萬端，而佛性常存，若能計此得者，實為善也。

（同上）

因上所言，凡夫所謂我者，本出於佛，今明外道所說，亦皆如是。然則文字語言，當理者是佛，乖則凡夫。於佛皆成真實，於凡皆成俗諦也。

（文字品）

惑者皆以所惑為實，名世諦也。雖云世諦，實不遂異，故是第一義耳。第一義諦，終不變為四諦也。

（聖行品）

若世諦卽第一義者，唯有第一義，無世諦也。

（聖行品）

向云四諦有實，名爲實諦。而如來虛空，佛性皆是真實，便是四諦真實。合以爲三，三有不實，故須分別也。

（同上）

盡者，結習都盡也。善性者，理妙爲善，反本爲性也。實者，體是常也。真者，見常故也。常者，不見常則不常也。樂者，常故也。我者，常故自在也。淨者，垢盡故也。

（德王品）

凡夫結斷，亦名湼槃。故及之也，未都盡故，不名爲盡，於縛有解，亦名解脫也。善性者，亦是妙善也，不實不真者，不見常故也。無常乃至不凈者，還起結故，是故無也。

（同上）

不見虛空者，虛空自表無空知空者，爲不見空，今以譬理結句後明也。若是無物名虛空者，如是虛空，乃名爲實者，有虛空相，則是三界之物，以無物故，乃是真實也。以是實故，則名常無者。無物之空，理無移易，爲常無也。以常無故，無樂我凈者，既無空相，亦無常樂我凈，義在於無，不得云有，乃是所以有也。譬如世間無物名空者，形相空耳，而取無物，爲無相空譬也。

（同上）

湼槃之體者，湼槃自表無湼槃，同於虛空也。斷煩惱處者，以斷處名滅，乃所以無滅也。卽是常者，無滅之滅則是常樂，不令同虛空矣。

（同上）

若佛性不可得斷，便已有力用，而親在人體，理應可見，何故不自見耶？

（師子吼品）

一切諸佛，莫不由佛而生，是以前佛，是後佛之種類也。

（師子吼品）

智解十二因緣，是因佛性也。今分爲二，以理由解得，從理故成佛果，理爲佛因也；解既得理，解爲理因，是謂因之因也。

（同上）

成佛得大涅槃，是佛性也。今亦分爲二，成佛從理，而至是果也；既成得大涅槃，義在於後，是謂果之果也。

（同上）

緣生非實，故不出；緣散必滅，故不常。前後故不一，不離故不二也。來去之義類生滅也。非作因故非因，非因故非果也。

（同上）

作有故起滅，得本自然，無起滅矣。

（同上）

法者，理實之名也。見十二緣，始見常無常，爲見法也。

（同上）

體法爲佛，法卽佛矣。

（同上）

夫體法者，冥合自然一切諸佛，莫不皆然，所以法爲佛性也。

（同上）

（選自大正藏卷三七）

四、答王衛軍書

究尋謝永嘉論，都無間然。有同似若妙善，不能不以爲欣。檀越難旨甚要切，想尋必佳通耳。且聊試略取論意，以伸欣悦之懷。以爲苟若不知，焉能有信？然則由教而信，非不知也。但資彼之知，理在我表，資彼可以至我，庸得無功於日進？未是我知，何由有分於入照？豈不以見理於外，非復全昧。知不自中，未爲能照耶？

（選自四部叢刊影印本廣弘明集卷一八）

〔附〕 竺道生傳

竺道生，本姓魏，鉅鹿人，寓居彭城。家世仕族，父爲廣戚令，鄉里稱爲善人。生幼而穎悟，聰哲若神。其父知非凡器，愛而異之。後值沙門竺法汰，遂改俗歸依，伏膺受業。既踐法門，俊思奇拔，研味句義，即自開解。故年在志學，便登講座，吐納問辯，辭清珠玉，雖宿望學僧，當世名士，皆慮挫詞窮，莫敢訓抗。年至具戒，器鑒日深，性度機警，神氣清穆。

初入廬山，幽棲七年，以求其志。常以入道之要，慧解爲本。故鑽仰羣經，斟酌雜論，萬里隨法，不憚疲苦。後與慧叡、慧嚴同遊長安，從什公受業。關中僧衆，咸謂神悟。後還都止青園寺。寺是晉恭思皇后褚氏所立。本種青處，因以爲名。生既當時法匠，請以居焉。宋太祖文皇深加歎重。後太祖設會，帝親同衆御於地筵，下食良久，衆咸疑日晚，帝曰："始可中耳。"生曰："白日麗天，天言始中，何得非中？"遂取鉢便食。於是一衆從之，莫不歎其樞機得衷。王弘、范泰、顏延之，並挹敬風猷，從之問道。

生既潛思日久，徹悟言外，乃喟然歎曰："夫象以盡意，得意則象忘。言以詮理，入理則言息。自經典東流，譯人重阻，多守滯文，鮮見圓義，若忘筌取魚，始可與言道矣。"於是，校閱真俗，研思因果，乃言善不受報，頓悟成佛。又著二諦論、佛性當有論、法身無色論、佛無淨土論、應有緣論等。籠罩舊說，妙有淵旨，而守文之徒，多生嫌嫉，與奪之聲，紛然競起。

又，六卷泥洹先至京都，生剖析經理，洞入幽微，乃説一闡提人皆得成佛。於是大本未傳，孤明先發，獨見忤衆。於是舊學以爲邪説，譏憤滋甚，遂顯大衆擯而遣之。生于大衆中正容誓曰："若我所説反於經義者，請於現身即表癘疾。若與實相不相違背者，願捨壽之時，據師子座。"言竟，拂衣而遊。初投吳之虎丘山，旬日之中，學徒數百。其年夏，雷震青園佛殿，龍升於天，光影西壁，因改寺名，號曰龍光。時人歎曰："龍既已去，生必行矣。"俄而投迹廬山，銷影巖岫，山中僧衆，咸共敬服。

後涅槃大本至於南京，果稱闡提悉有佛性，與前所説合若符契。生既獲新經，尋即講説。以宋元嘉十一年冬十一月庚子，於廬山精舍，升於法座，神色開朗，德音俊發，論議數番，窮理盡妙。觀聽之衆，莫不悟悦。法席將畢，忽見塵尾紛然而墜，端坐正容，隱几而卒。顏色不異，似若入定。道俗嗟駭，遠近悲泣。於是京邑諸僧，內慚自疚，追而信服，其神鑒之至徵瑞如此。仍葬廬山之阜。

初，生與叡公及嚴觀同學齊名，故時人評曰："生、叡發天真，嚴觀窪流得，慧義惶悙進，寇淵於默塞。"生及叡公獨標天真之目，故以秀出羣士矣。初關中僧肇始注維摩，世咸玩味。生乃更發深旨，顯暢新典，及諸經義疏，世皆寶焉。王微以生比郭林宗，乃爲之立傳，旌其遺德。時人以生推闡提得佛，此語有據，頓悟不受報等，時亦憲章。宋太祖嘗述生頓悟義，沙門僧弼等皆設巨難。帝曰："若使逝者可興，豈爲諸君所屈？"

後龍光又有沙門寶林，初經長安受學，後祖述生公諸義，時人號曰遊玄生。著涅槃記，及注異宗論、檄魔文等。林弟子法寶，亦學兼內外，著金剛後心論等，亦祖述生義焉。近代又有釋惠生者，亦止龍光寺，疏食，善衆經典，兼工草隸，時人以同寺相繼，號曰大小二生也。

（選自金陵刻經處本梁慧皎高僧傳卷七）

慧琳：龍光寺竺道生法師誄（節）

元嘉十一年冬十月庚子，道生法師卒于廬山，嗚呼哀哉！ 善人告盡，追酸者無淺，含理云滅，如惜者又深。法師本姓魏氏，彭城人也。父廣戚縣令，幼而奇之，携就法汰法師改服從業。夫資聰茂，思悟凤挺。志學之年，便登講座。於時望道才僧，著名之士，莫不窮辭挫慮，服其精致。魯連之屈，田巴頑託之抗，孔叟殆不過矣。加以性靜而剛烈，氣諧而易遵，喜捨以接誘，故物益重焉。中年遊學，廣搜異聞，自楊徂秦，登廬躡霍，羅什大乘之趣，提婆小道之要，咸暢斯旨，究舉其奧，所聞日優，所見踰蹟，既而悟曰：“象者，理之所假，執象則迷理；教者，化之所因，束教則愚化。”是以徵名責實，惑于虛誕，求心應事，芒昧格言，自胡相傳，中華承學，未有能出，斯誠者矣。乃收迷獨運，存履遺迹，於是衆經雲披，羣疑冰釋，釋迦之旨，淡然可尋，珍怪之辭，皆成通論。聃周之伸名教，秀弼之領玄心，於此爲易矣。物忌光穎，人疵貞越，怨結同服，好折羣遊，遂垂翼斂趾，銷影岩穴，遵晦至道，投迹愚公，登舟之迹，有往無歸，命盡山麓，悲興寰畿，嗚呼哀哉！

（選自四部叢刊影印本廣弘明集卷二三）

謝　靈　運

　　【簡介】　謝靈運,小名客兒,生於公元三八五年(東晉孝武帝
太元十年),死於公元四三三年(宋文帝元嘉十年),祖籍陳郡陽夏
人(今河南太康),出生於會稽始寧(今浙江上虞)。他是東晉世族
大地主謝玄之孫,襲封康樂公,所以後世稱他爲謝康樂。劉宋王朝
建立後,謝由公降爲侯,做過永嘉太守等官,後來在劉宋王室的爭
權鬥爭中被宋文帝殺死。宋書卷六十七,南史卷十九有傳。

　　謝靈運是晉宋之際名聲最大的詩人之一。他一生寫了大量的
山水詩,擅長刻畫景物,講究雕琢字句,喜用典故,注意詩歌的形式
美,有不少爲後人傳誦的名句。但由於他篤信佛教,在詩歌中流露
出有嚴重的出世思想和宗教感情。他的作品收集在謝康樂集中。

　　謝靈運認爲,"六經典文,本在濟俗爲治耳。必求性靈真奧,豈
得不以佛經爲指南邪[1]"(見何尚之答宋文帝讚揚佛教事)他是當時
名僧道生闡發的頓悟成佛説的鼓吹者。這裏選錄的辨宗論,是謝
靈運對於當時思想界有關"成聖"、"成佛"問題爭辨的評論。

　　所謂"辨宗",就是討論成佛之道或作聖之道。中國傳統思想
對這個問題的意見,大多認爲聖人是不可能達到的,是不可通過學
習達到的,而傳統的佛教則認爲佛是可以達到的,是可以通過學習
(漸進)達到的。道生對中國傳統的説法和佛教的傳統説法都不滿
意。他肯定了佛是可以達到的,而否定了需要通過學習(漸進)達
到。他提出了頓悟成佛的新理論。道生的這一觀點在當時佛教界
引起了極大的爭議,被稱之爲"新論"。一直到後來大般涅槃經譯

出，道生的論點才得到了經典的根據。

湯用彤先生在謝靈運辨宗論書後一文中說："自生公以後，超凡入聖當下卽是，不須遠求，因而玄遠之學乃轉一新方向。由禪宗而下接宋明之學，此中雖經過久長，然生公立此新義，實此變遷之大關鍵也。"又說："康樂承生公之說作辨宗論，提示當時學說二大傳統之不同，而指明新論乃二說之調和。其作用不啻在宣告聖人之可至，而爲伊川謂'學'乃以至聖人學說之先河。則此論在歷史上甚重要之意義益可知矣"。（見湯著魏晉玄學論稿）

謝靈運在佛經翻譯方面也有一定的貢獻，曾與僧人慧嚴、慧觀等一起修改過大般涅槃經的譯文。

一、與諸道人辨宗論

同遊諸道人，並業心神道，求解言外。余枕疾務寡，頗多暇日，聊伸由來之意，庶定求宗之悟。釋氏之論，聖道雖遠，積學能至，累盡鑒生，不應漸悟。孔氏之論，聖道既妙，雖顔殆庶，體無鑒周，理歸一極。有新論道士，以爲寂鑒微妙，不容階級，積學無限，何爲自絕？今去釋氏之漸悟，而取其能至，去孔氏之殆庶，而取其一極。一極異漸悟，能至非殆庶。故理之所去，雖合各取，然其離孔、釋矣。余謂，二談救物之言，道家之唱，得意之說，敢以折中自許，竊謂新論爲然。聊答下意，遲有所悟。

法勗問：敬覽清論，明宗極雖微，而一悟頓了。雖欣新剖，竊有所疑。夫明達者，以體理絕欲；悠悠者，以迷惑嬰累。絕欲本乎見理，嬰累由於乖宗。何以言之？經云："新學者離般若，便如失明者無導。”是爲懷理蕩患，於茲顯矣。若涉求未漸於大宗，希仰猶累於塵垢，則永刼劬勞，期果緬邈。既懷猶豫，伏遲嘉訓。初答：道與俗反，理不相關，故因權以通之。權雖是假，旨在非假；智雖是真，能爲非真。非真不傷真，本在於濟物；非假不遂假，濟物則反本。如此，之刼無爲空勤，期果有如皎日。

勗再問：案論孔、釋，其道既同，救物之假，亦不容異。而神道之域，雖顏也，孔子所不誨；實相之妙，雖愚也，釋氏所必教。然則二聖建言，何乖背之甚哉？再答：二教不同者，隨方應物，所化地異也。大而校之，華民易於見理，難於受教，故閉其累學，而開其一極；夷人易於受教，難於見理，故閉其頓了，而開其漸悟。漸悟雖可至，昧頓了之實；一極雖知寄，絕累學之翼。良由華人悟理無漸，而誣道無學；夷人悟理有學，而誣道有漸。是故權實雖同，其用各異。昔向子期以儒、道爲壹，應吉甫謂孔、老可齊，皆欲窺宗，而況真實者乎？

勗三問：重尋答，以華、夷有險易之性，故二聖敷異同之教，重方附俗，可謂美矣。然淵極朗鑒，作則於上，愚民蒙昧，伏從於下。故作則宜審其政，伏從必是其宗。今孔廢聖學之路，而釋開漸悟之巡。筌蹄既已紛錯，羣黎何由歸真？三答：冬夏異性，資春秋爲始末；晝夜殊用，緣辰暮以往復。況至精之理，豈可巡接至粗之人？是故傍漸悟者，所以密造頓解；倚孔教者，所以潛成學聖。學聖不出六經，六經而得；頓解不見三藏，而以三藏果。筌蹄歷然，何疑紛錯？魚兔既獲，羣黎以濟。

僧維問：承新論法師以宗極微妙，不容階級，使夫學者窮有之極，自然之無。有若符契，何須言無也？若資無以盡有者，焉得不謂之漸悟耶？初答：夫累既未盡，無不可得；盡累之弊，始可得無耳。累盡則無，誠如符契，將除其累，要須傍教。在有之時，學而非悟，悟在有表，託學以至。但階級教愚之談，一悟得意之論矣。

維再問：論云，悟在有表，得不以漸。使夫涉學希宗，當日進其明，不若使明不日進，與不言同。若日進其明者，得非漸悟乎？再答：夫明非漸至，信由教發。何以言之？由教而信，則有日進之功；非漸所明，則無入照之分。然向道善心起，損累出垢伏。伏似無同，善似惡乖，此所務不俱，非心本無累。至夫一悟，萬滯同盡耳。

維三問：答云，由教而信，則有日進之功；非漸所明，則無入照之分。夫尊教而推宗者，雖不永用，當推之時，豈可不暫令無耶？若許其暫合，猶自賢於不合，非漸如何？三答：暫者，假也；真者，常也。假知無常，常知無假。今豈可以假知之暫，而侵常知之真哉？今暫合賢於不合，誠如來言，竊有微證。巫臣諫莊王之言，物賒於己，故理爲情先；及納夏姬之時，己交於物，故情居理上。情理雲互，物己相傾，亦中智之率任也。若以諫日爲悟，豈容納時之惑耶？且南爲聖也，北爲愚也。背北向南，非停北之謂；向南背北，非至南之稱。然向南可以至南，背北非是停北。非是停北，故愚可去矣；可以至南，故悟可得矣。

慧驎演僧維問：當假知之壹合，與真知同異？初答：與真知異。

驎再問：以何爲異？再答：假知者累伏，故理暫爲用；用暫在理，不恆其知。真知者照寂，故理常爲用；用常在理，故永爲真知。

驎三問：累不自除，故求理以除累。今假知之一合，理實在心，在心而累不去，將何以去之乎？三答：累起因心，心觸成累。累恆觸者心日昏，教爲用者心日伏。伏累彌久，至於滅累，然滅之時，在累伏之後也。伏累滅累，貌同實異，不可不察。滅累之體，物我同忘,有無壹觀。伏累之狀,他己異情,空實殊見。殊實空、異己他者,入於滯矣;壹有無、同我物者,出於照也。

驎、維問:三世長於百年,三千廣於赤縣,四部多於戶口,七寶妙於石沙。此亦方有小大,故化有遠近,得不謂之然乎?初答:事理不同,恆成四端;自有小大,各得其宜。亦有賢愚違方而處,所謂世同時異,物是人非。譬割雞之政,亦有牛刀;佩璽而聽,豈皆唐、虞?今謂言游體盡於武城,長世皆覃於天下,未之聞也。且俱稱妙覺,而國土精粗。不可以精粗國土,而言聖有優劣。景迹之應,本非所徵矣。

維再問:論云,或道廣而事狹,或事是而人非。今不可以事之大小,而格道之粗妙。誠哉斯言!但所疑不在此耳。設令周、孔實未盡極,以之應世,故自居宗,此自是世去聖遠,未足明極。夫降妙數階,以接羣粗,則粗者所不測。然數階之妙,非極妙之謂。推此而言,撫世者於粗爲妙,然於妙猶粗矣。以妙求粗,則無往不盡;以粗求妙,則莫覯其源。無往不盡,故謂之窮理;莫覯其原,故仰之彌高。今豈可就顏氏所崇,而同之極妙耶?再答:今不藉顏所推,而謂之爲極,但謂顏爲庶幾,則孔知機矣。且許禹昌言,孔非本談,以堯則天,體無是同。同體至極,豈計有之小大耶?

維三問:凡世人所不測,而又昌言者,皆可以爲聖耶?三答:夫昌言賢者,尚許其賢,昌言聖者,豈得反非聖耶?日用不知,百姓之迷蒙,唯佛究盡實相之崇高。今欲以崇高之相,而令迷蒙所知,未之有也。苟所不知,焉得不以昌言爲信?既以釋昌爲是,何以孔昌爲非耶?

竺法綱問:敬披高論,深研宗極,妙判權實,存旨儒道,遺教孔、釋,昌言折中,允然新論,可謂激流導源,瑩拂發揮矣。詳複答勗、維之問,或謂因權以通,或學而非悟。爾爲玄句徒設,無關於胸情焉，竊所未安。何以言之？夫道形天隔，幾二險絶，學不漸宗，曾無髣髴。馳騁有端，思不出位，神崖曷由而登，機峯何從而超哉？若勤務於有，而坐體於無者，譬猶揮毫鍾、張之則，功侔羿、養之能，不然明矣！蓋同有非甚礙，尚不可以翫此而善彼，豈況乎有無之至背，而反得以相通者耶？又云：累既未盡，無不可得，盡累之弊，始可得無耳。問曰：夫膏肓大道，摧轊玄路，莫尚於封有之累也。蓋有不能袪有，袪有者必無；未有先盡有累，然後得無也。就如所言，累盡則無，爾爲累之自去，實不無待？實不無待，則不能不無，故無無貴矣。如彼重闇自晞，無假火日。無假火日，則不能不設，亦明無尚焉。落等級而奇頓悟，將於是乎躓矣！暇任之餘，幸思嘉釋。

　　釋慧琳問：三復精議，辨懂二家，斟酌儒道，實有懷於論矣。至於去釋漸悟，遺孔殆庶，蒙竊惑焉。釋云有漸，故是自形者有漸。孔之無漸，亦是自道者無漸。何以知其然耶？中人可以語上，久習可以移性，孔氏之訓也。一合於道場，非十地之所階，釋家之唱也。如此漸絶文論，二聖詳言，豈獨夷束於教，華拘於理？將恐斥離之辨辭，長於新論乎？勖道人難云：絶欲由於體理。當謂日損者，以理自悟也。論曰：道與俗反，本不相關，故因權以通之，物濟則反本。問曰：權之所假，習心者亦終以爲慮乎？爲曉悟之日，與經之空理都自反耶？若其永背，空談翻爲未說，若始終相扶，可循教而至不？答維、驎假知中殊爲藻艷，但與立論有違。假者，以旋迷喪理，不以鑽火致惑。苟南向可以造越，北背可以棄燕，信燕北越南矣。慮空可以洗心，捐有可以袪累，亦有愚而空聖矣。如此，但當勤般若以日忘，瞻郢路而驟進，復何憂於失所乎！將恐一悟之唱，更躓於南北之譬耶！

二、答綱琳二法師並書

披覽雙難，欣若暫對。藻豐論博，蔚然滿目，可謂勝人之口。然未厭於心，聊伸前意，無由言對，執筆長懷。謝靈運和南。

答綱公難

來難云：同有非甚閡，尚不可以戢此而善彼，豈況乎有無之至背，而反得以相通者耶？此是拘於所習以生此疑耳。夫專戢筆札者，自可不工於弧矢，弧矢既工，復戢筆札者，何爲不兼哉？若封有而不向宗，自是封者之失。造無而去滯，何爲不可得背？借不兼之有，以詰能兼之無，非惟鍾、胡愧射於更、李、羿、養慚書於羅、趙，觸類之躓，始充巧歷之歎！今請循其本。夫憑無以伏有，伏久則有志，伏時不能知，知則不復辨。是以坐忘日損之談，近出老、莊；數緣而滅，經有舊説。如此，豈累之自去，實無之所濟。且明爲悔新，功在火日。但火日不稱功於幽暗，般若不言惠於愚蠢耳。推此而往，詎俟多云。

答琳公難

孔雖曰語上，而云聖無階級；釋雖曰一合，而云物有佛性。物有佛性，其道有歸，所疑者漸教。聖無階級，其理可貴，所疑者殆庶。豈二聖異塗，將地使之然？斥離之歎，始是有在，辭長之論，無乃角弓耶？難云：若其永背空談，翻與未説；若始終相扶，可循教而至。可謂公孫之辭，辯者之囿矣。夫智爲權本，權爲智用。今取聖之意則智，卽經之辭則權。傍權以爲檢，故三乘咸蹄筌；既意以歸宗,故般若爲魚兔。良由民多愚也,教故迂矣。若人皆得意,亦何貴於攝悟。假知之論旨,明在有者能爲達理之諫,是爲交賒相傾,非悟道之謂,與其立論有何相違？燕北越南,有愚空聖,其理既當,頗獲於心矣。若勤者日忘,瞻者驟進,亦實如來言。但勤未是得,瞻未是至,當其此時,可謂向宗,既得既至,可謂一悟。將無同轡來馳,而云異轍耶।

三、答王衛軍問並書

問曰:由教而信,而無入照之分,則是暗信聖人耶。若暗信聖人,理不關心,正可無非聖之尤,何由有日進之功？答曰:顏子體二,未及於照,則向善已上,莫非暗信。但教有可由之理,我有求理之志,故曰關心。賜以之二,回以之十,豈直免尤而已？實有日進之功。

問曰:暫知爲假知者,則非不知矣,但見理尚淺,未能常用耳。雖不得與真知等照,然寧可謂無入照之分耶？若暫知未是見理,豈得云理暫爲用？又不知以何稱之。答曰:不知而稱知者,正以假知得名耳。假者爲名,非暫知如何？不恆其用,豈常之謂？既非常用,所以交賒相傾。故諫人則言政理,悅己則犯所知。若以諫時爲照,豈有悅時之犯।故知言理者浮談,犯知者沈惑。推此而判,自聖已下,無淺深之照,然中人之性,有崇替之心矣।

問曰:教爲用而累伏,爲云何伏耶？若都未見理,專心暗信,當其專心,唯信而已。謂此爲累伏者,此是慮不能並,屬此則彼廢耳,非爲理累相推,能使累伏也。凡厥心數,孰不皆然？如此之伏,根本未異,一倚一伏,循環無已,雖復彌久,累何由滅？答曰:累伏者

屬此則廢彼，實如來告。凡厭心數，孰不皆然，亦如來旨。更恨不
就學人設言，而以恆物爲譏耳。譬如藥驗者疾易痊，理妙者吝可
洗。洗吝豈復循環，疾痊安能起滅？則事不俟，居然已辨。但無漏
之功，故資世俗之善，善心雖在五品之數，能出三界之外矣。平叔
所謂冬日之陰，輔嗣亦云遠不必攜。聊借此語，以況入無，果無
阻隔。

　靈運白：一悟理，質以經誥，可謂俗文之談。然書不盡意，亦前
世格言。幽僻無事，聊與同行道人共求其衷。猥辱高難，詞徵理
析，莫不精究，尋覽彌日，欣若暫對。輒復更伸前論，雖不辨酬釋來
問，且以示懷耳。海嶠岨迴，披敍無期，臨白增懷，眷歎良深。謝靈
運再拜。

（選自四部叢刊影印本廣弘明集卷一八）

宗　炳

【簡介】　宗炳，字少文，生於公元三七五年（<u>東晉孝武帝</u>寧康三年），死於公元四四三年（<u>宋文帝元嘉</u>二十年），<u>南陽涅陽</u>人（今<u>河南南陽</u>）。他"精於言理"，隱逸不仕。<u>劉宋</u>王朝多次授於他官職，均不接受。<u>宋書</u>卷九十三，<u>南史</u>卷七十五有傳。

宗炳是佛教的虔誠信徒。他曾與名僧<u>慧遠</u>"考尋文義"，相互探討佛教義理。他還與當時著名天文學家<u>何承天</u>就有無佛的問題展開過激烈的爭論，對<u>慧琳</u>的白黑論進行了批評。以後，他寫了長篇論文明佛論，盛贊佛教，鼓吹神不滅，得到<u>宋文帝</u>劉義隆的推崇。

一、明　佛　論——名神不滅論

夫道之至妙，固風化宜尊，而世多誕佛。咸以我躬不閱，遑恤于後。萬里之事，百年以外，皆不以爲然，況須彌之大，佛國之偉，精神不滅，人可成佛，心作萬有，諸法皆空，宿緣縣邈，億刼乃報乎？此皆英奇超洞，理信事實，黃華之聽，豈納雲門之調哉？世人又貴<u>周</u>、<u>孔</u>、<u>書</u>、<u>典</u>，自<u>堯</u>至<u>漢</u>，九州<u>華夏</u>，曾所弗暨，殊域何感，<u>漢明</u>何德，而獨昭靈彩？凡若此情，又皆牽附先習，不能曠以玄覽，故至理匪遐，而疑以自沒。悲夫！<u>中國</u>君子明於禮義而暗於知人心，寧知佛心乎？今世業近事謀之不臧猶興喪及之，況精神我也？得焉則清升無窮，失矣則永墜無極，可不臨深而求，履薄而慮乎？夫一局之奕，形算之淺，而弈秋之心何嘗有得？而乃欲率井蛙之見，妄抑大猷，至獨陷神於天穽之下，不以甚乎？今以茫昧之識，燭幽冥之故，既不能自覽鑒於所失，何能獨明於所得？唯當明精暗向，推夫善道，居然宜修，以佛經爲指南耳。彼佛經也，包五典之德，深加遠大之實；含老、莊之虛，而重增皆空之盡。高言實理，肅焉感神，其映如日，其清如風，非聖誰說乎？謹推世之所見，而會佛之理，爲明論曰：

今自撫踵至頂以去陵虛，心往而勿已，則四方上下皆無窮也。生不獨造，必傳所資，仰追所傳，則無始也。奕世相生而不已，則亦無竟也。是身也，既日用無垠之實，親由無始而來，又將傳於無竟而去矣。然則，無量無邊之曠，無始無終之久，人固相與陵之以自敷者也。是以居赤縣於八極，曾不疑焉。今布三千日月，羅萬二千天下，恆沙閱國界，飛塵紀積刼，普冥化之容，俱眇末其未央，何獨安我而疑彼哉？

夫秋毫處滄海，其懸猶有極也，今綴彝倫於太虛，爲藐胡可言哉？故世之所大，道之所小，人之所遐，天之所邇。所謂軒轅之前，遐哉邈矣者，體天道以高覽，蓋昨日之事耳。書稱知遠，不出唐、虞；春秋屬辭，盡於王業。禮樂之良敬，詩、易之溫潔。今於無窮之中，煥三千日月以列照，麗萬二千天下以貞觀，乃知周、孔所述，蓋於蠻觸之域，應求治之粗感，且寧乏於一生之內耳，逸乎生表者，存而未論也。若不然也，何其篤於爲始形而略於爲神哉？登蒙山而小魯，登太山而小天下，是其際矣。且又墳、典已逸，俗儒所編專在治迹，言有出於世表，或散没於史策，或絶滅於坑焚。若老子、莊周之道，松、喬列真之術，信可以洗心養身，而亦皆無取於六經。而學者唯守救粗之闕文，以書、禮爲限斷，聞窮神積刼之遠化，炫目前而永忽，不亦悲夫！嗚呼！有似行乎層雲之下，而不信日月者也。

今稱“一陰一陽之謂道”，“陰陽不測之謂神”者，蓋謂至無爲道，陰陽兩渾，故曰“一陰一陽”也；自道而降，便入精神，常有於陰陽之表，非二儀所究，故曰“陰陽不測”耳。君平之説“一生二”，謂神明是也。若此二句，皆以明無，則以何明精神乎？然羣生之神，其極雖齊，而隨緣遷流，成粗妙之識，而與本不滅矣。今雖舜生於瞽，舜之神也，必非瞽之所生，則商均之神，又非舜之所育，生育之前，素有粗妙矣。既本立於未生之先，則知不滅於既死之後矣。又，不滅則不同，愚聖則異，知愚聖生死不革不滅之分矣。故云：精神受形，周遍五道，成壞天地，不可稱數也。夫以累瞳之質，誕于頑瞽，嚚均之身，受體黄中，愚聖天絶，何數以合乎？豈非重華之靈，始粗於在昔，結因往刼之先，緣會萬化之後哉？今則獨絶其神。昔有接粗之累，則練之所盡矣。神之不滅，及緣會之理，積習而聖，三者鑒於此矣。

若使形生則神生，形死則神死，則宜形殘神毀，形病神困。據有腐則其身或屬纊臨盡，而神意平全者，及自牖執手，病之極矣，而無變德行之主，斯殆不滅之驗也。若必神生於形，本非緣合，今請遠取諸物，然後近求諸身。夫五嶽四瀆，謂無靈也，則未可斷矣。若許其神，則嶽唯積土之多，瀆唯積水而已矣。得一之靈，何生水土之粗哉？而感託嚴流，肅成一體，設使山崩川竭，必不與水土俱亡矣。神非形作，合而不滅，人亦然矣。

神也者，妙萬物而爲言矣。若資形以造，隨形以滅，則以形爲本，何妙以言乎？夫精神四達，並流無極，上際於天，下盤於地，聖之窮機，賢之研微。逮于宰、賜、莊、嵇、吳札、子房之倫，精用所乏，皆不疾不行，坐徹宇宙，而形之臭腐，甘嗜所資，皆與下愚同矣。寧當復禀之以生，隨之以滅邪？又宜思矣。周公郊祀后稷，宗祀文王，世或謂空以孝。卽問談者，何以了其必空，則必無以了矣。苟無以了，則文、稷之靈，不可謂滅矣。齋三日，必見所爲齋者，寧可以常人之不見，而斷周公之必不見哉？嬴博之葬，曰："骨肉歸于土，魂氣則無不之"，非滅之謂矣！

夫至治則天，大亂滔天，其要心神之爲也。堯無理不照，無欲不盡，其神精也；桀無惡不肆，其神悖也。桀非不知堯之善，知己之惡，惡已亡也，體之所欲，悖其神也。而知堯惡亡之識，常含於神矣。若使不居君位，千歲勿死，行惡則楚毒交至，微善則少有所寬，寧當復不稍滅其惡，漸修其善乎？則向者神之所含，知堯之識，必當少有所用矣。又加千歲而勿已，亦可以其欲都澄，遂精其神如堯者也。

夫辰月變則律呂動，晦望交而蚌蛤應，分至啓閉而燕雁龍蛇颯焉出没者，皆先之以冥化，而後發於物類也。凡厥羣有，同見陶於冥化矣。何數事之獨然，而萬化之不盡然哉？今所以殺人而死，傷人而刑，及爲縲紲之罪者，及今則無罪，與今有罪而同然者，皆由冥緣前遘，而人理後發矣。夫幽顯一也，聲遺於幽而醜發於顯既無怪矣，行兇於顯而受毒於幽，又何怪乎？今以不滅之神，含知堯之識，幽顯於萬世之中，苦以創惡，樂以誘善，加有日月之宗，垂光助照，何緣不虛己鑽仰，一變至道乎？自恐往刧之桀、紂，皆可徐成將來之湯、武。況今風情之倫少，而汎心於清流者乎？由此觀之，人可作佛，其亦明矣！

夫生之起也，皆由情兆。今男女搆精，萬物化生者，皆精由情搆矣。情搆於己，而則百衆神，受身大似，知情爲生本矣。至若五帝三后，雖超情窮神，然無理不順。苟昔緣所會，亦必循俯入精化，相與順生，而敷萬族矣。況今以情貫神，一身壞死，安得不復受一身，生死無量乎？識能澄不滅之本，稟日損之學，損之又損，必至無爲無欲，欲情唯神獨照，則無當於生矣。無生則無身，無身而有神，法身之謂也。今黃帝、虞舜、姬公、孔父，世之所仰而信者也，觀其縱轡升天，龍潛鳥颺，反風起禾，絕粒弦歌，亦皆由窮神爲體。故神功所應，偶儻無方也。今形理雖外，當其隨感起滅，亦必有非人力所致而至者。河之出圖，洛之出書。糞莢無栽而敷，玄珪不琢而成，桑穀在庭，倏然大拱，忽爾以亡，火流王屋而爲鳥，鼎之輕重大小，皆禽欻變化，感靈而作，斯實不思議之明類也。夫以法身之極靈，感妙衆而化見，照神功以朗物，復何奇不肆，何變可限？豈直仰陵九天，龍行九泉，吸風絕粒而已哉？凡厥光儀，符瑞之偉，分身湧出，移轉世界，巨海入毛之類，方之黃、虞、姬、孔，神化無方。向者衆瑞之奄曖顯没，既出形而入神，同惚悅而玄化，何獨信此而抑彼哉？冥覺法王，清明卓朗，信而有徵，不遠顏咫尺，而昧者不知，哀矣哉!

　　夫洪範庶徵休咎之應，皆由心來。逮白虹貫日，太白入昴，寒谷生黍，崩城隕霜之類，皆發自人情而遠形天事，固相爲形影矣。夫形無無影，聲無無響，亦情無無報矣。豈直貫日隕霜之類哉？皆莫不隨情曲應。物無遁形，但或結於身，或播於事，交賒紛綸，顯昧渺漫，孰視其際哉？衆變盈世，羣象滿目，皆萬世已來精感之所集矣。故佛經云："一切諸法，從意生形。"又云："心爲法本，心作天堂，心作地獄。"義由此也。是以清心潔情，必妙生於英麗之境；濁情滓行，永悖於三塗之域。何斯唱之迢邈，微明有實理，而直疏魂沐想，飛誠悚志者哉？雖然，夫億等之情，皆相緣成識，識感成形，其性實無也。自有津悟已來，孤聲豁然，滅除心患，未有斯之至也。請又述而明之。

　　夫聖神玄照而無思營之識者，由心與物絕，唯神而已。故虛明之本終始常住，不可凋矣。今心與物交，不一於神，雖以顏子之微微，而必乾乾鑽仰，好仁樂山，庶乎屢空。皆心用乃識，必用用妙接，識識妙續，如火之炎炎相卽而成焰耳。今以悟空息心，心用止而情識歇，則神明全矣。則情識之構，既新故妙續，則悉是不一之際，豈常有哉？使庖丁觀之，必不見全牛者矣！佛經所謂變易離散之法，法識之性空，夢幻、影響、泡沫、水月，豈不然哉！顏子知其如此，故處有若無，撫實若虛，不見有犯而不校也。今觀顏子之屢虛，則知其有之實無矣。況自兹以降，喪真彌遠，雖復進趣大道，而與東走之疾，同名狂者。皆違理謬感，遁天妄行，彌非真有矣。況又質味聲色，復是情僞之所影化乎？且舟壑潛謝，變速奔電，將來未至，過去已滅，見在不住，瞬息之頃，無一毫可據，將欲何守而以爲有乎？甚矣！僞有之蔽神也。今有明鏡於斯，紛穢集之，微則其照藹然，積則其照胐然，彌厚則照而昧矣。質其本明，故加穢猶照，雖從藹至昧，要隨鏡不滅，以之辨物，必隨穢彌失，而過謬成焉。人之神理，有類於此。僞有累神，成精粗之識，識附於神，故雖死不滅。漸之以空，必將習漸至盡而窮本神矣，泥洹之謂也。是以至言雲富，從而鬻以空焉。夫巖林希微，風水爲虛，盈懷而往，猶有曠然，況聖穆乎空，以虛授人，而不清心樂盡哉！是以古之乘虛入道，一沙一佛未詎多也。

　　或問曰：神本至虛，何故沾受萬有而與之爲緣乎？又，本虛既均，何故分爲愚聖乎？又，既云“心作萬有”，未有萬有之時，復何以累心使感，而生萬有乎？答曰：今神妙形粗，而相與爲用。以妙緣粗，則知以虛緣有矣。今愚者雖鄙，要能處今識昔，在此憶彼，皆有神功，則練而可盡，知其本均虛矣。心作萬有，備於前論。據見觀實，三者固已信然矣。但所以然者，其來無始，無始之始，豈有始乎？亦玄之又玄矣！莊周稱冉求問曰：“未有天地可知乎”？仲尼曰：

"古猶今也。"蓋謂雖在無始之前,仰尋先際,初自茫渺,猶今之冉求耳。今神明始創,及羣生最先之祖,都自杳漠,非追想所及,豈復學者通塞所預乎?夫聖固凝廢,感而後應耳,非想所及。卽六合之外矣,無以爲感,故存而不論。聖而弗論,民何由悟?今相與踐地戴天而存,踐戴之外豈有紀極乎?禹之弼成五服,敷土不過九州者,蓋道世路所及者耳。至於大荒之表,暘谷濛汜之際,非復人理所預,則神聖已所不明矣。況過此彌往,渾瀚冥茫,豈復議其邊陲哉?今推所踐戴,終至所不議。故一體耳,推今之神用,求昔之所始終,至於聖人之所存而不論者,亦一理相貫耳,豈獨可議哉?皆由冥緣隨宇宙而無窮,物情所感者有限故也。夫衆心稟聖以成識,其猶衆目會日以爲見。離婁察秋毫於百尋者,資其妙目,假日而視耳。今布毫於千步之外,目力所匱,無假以見,而於察微避危,無所少矣。何爲以千步所昧,還疑百尋之毫乎?今不達緣本,情感所匱,無以會聖,而知取至於致道之津,無所少矣。何爲以緣始之昧,還疑既明之化矣哉?

或問曰:今人云:"不解緣始,故不得信佛。"此非感邪?聖人何以不爲明之?答曰:所謂感者,抱升之分,而理有未至。要當資聖以通,此理之實感者也。是以樂身滯有,則朗以苦空之義;兼愛弗弘,則示以投身之慈。體非俱至,而三乘設;分業異修,而六度明。津梁之應,無一不足,可謂感而後應者也。是以聞道靈鷲,天人咸暢,造極者蔚如也。豈復遠疑緣始,然後至哉?理明訓足,如說修行,何所不備,而猶必不信終?懷疑疑於想所不及者,與將隕之疾饋藥不服,流矢通中忍痛不拔,要求矢藥造構之始,以致命絶,夫何異哉?皆由猜道自昔,故未會無言,致使今日在信妄疑耳。豈可以爲實理之感哉?非理妄疑之感,固無以感聖而尅明矣。夫非我求蒙,蒙而求我,固宜虛己及身,隨順玄化,誠以信往,然後悟隨應來。一悟所振，終可遂至冥極。守是妄疑而不歸純，歙衽者方將長淪惑網之災，豈有旦期？背向一差，升墜天絕，可不慎乎！

或問曰：孔氏之訓"無求生以害仁，有殺身以成仁"。仁之至也，亦佛經説菩薩之行矣。老子明無爲，無爲之至也，卽泥洹之極矣。而曾不稱其神通成佛，豈孔、老有所不盡與？明道欲以扇物，而掩其致道之實乎？無實之疑，安得不生？答曰：教化之發，各指所應。世薄乎亂，洙泗所弘，應治道也；純風彌渳，二篇乃作，以息動也。若使顔、冉、宰、賜、尹喜、莊周，外贊儒玄之跡，以導世情所極；內稟無生之學，以精神理之求，世孰識哉？至若冉季、子游、子夏、子思、孟軻、林宗、康成、蓋公、嚴平、班嗣、楊王之流，或分盡於禮教，或自畢於任逸，而無欣於佛法，皆其寡緣所窮，終無僭濫。故孔、老發音指導，自斯之倫感向所暨，故不復越叩過應。儒以弘仁，道在抑動，皆已撫教得崖，莫匪爾極矣。雖慈良無爲與佛説通流，而法身泥洹無與盡言，故弗明耳。且凡稱無爲而無不爲者，與夫法身無形，普入一切者，豈不同致哉？是以孔、老、如來雖三訓殊路，而習善共轍也。

或問曰：自三五以來，暨于孔、老，洗心佛法要將有人，而獻酬之跡曾不乍聞者，何哉？答曰：余前論之旨已明俗儒而編專在治跡，言有出於世表，或散没於史策，或絕滅於坑焚。今又重敷所懷。夫三皇之書，謂之三墳，言大道也。爾時也，孝慈天足，豈復訓以仁義；純樸弗離，若老、莊者復何所扇？若不明神本於無生，空衆性以照極者，復以何道大道乎？斯文没矣，世孰識哉！史遷之述五帝也，皆云生而神靈。或弱而能言，或自言其名，懿淵疏通，其知如神，既以類夫大乘菩薩，化見而生者矣！居軒轅之丘，登崆峒，陟凡岱，幽陵蟠木之遊，逸跡超浪，何以知其不由從如來之道哉？以五帝之長世，堯治百年，舜則七十，廣成大隗鴻崖，巢、許、夸父、北人姑射四子之流，玄風畜積，洋溢於時。而五典餘類，唯唐、虞二篇，而至寡闕。子長之記，又謂百家之言黃帝，文不雅馴，搢紳難言，唯採繆伐治跡，猶萬不記一。豈至道之盛，不見于殘缺之篇，便當皆虛妄哉？今以神明之君，遊浩然之世，攜七聖於具茨，見神人於姑射，一化之生，復何足多談？微言所精，安知非窮神億刧之表哉？廣成之言曰：“至道之精，窈窈冥冥”，即首楞嚴三昧矣。得吾道者，上爲皇下爲王，即亦隨化升降，爲飛行皇帝，轉輪聖王之類也。失吾道者，上見光下爲土，亦生死於天人之界者矣。感大隗之風，稱天師而退者，亦十號之稱矣。自恐無生之化，皆道深於若時，業流於玄勝，而事没振古，理隨文翳，故百家所摭，若曉而昧。又搢紳之儒，不謂雅馴，遂令徇世而不深於道者，仗史籍而抑至理，從近情而忽遠化，困精神於永刧，豈不痛哉！伯益述山海：“天毒之國偎人而愛人”。郭璞傳：“古謂天毒即天竺，浮屠所興；偎愛之義，亦如來大慈之訓矣！”固亦既聞於三五之世也。國典弗傳，不足疑矣。凡三代之下，及孔、老之際，史策之外竟何可量？孔之問禮，老爲言之；關尹之求，復爲明道。設使二篇或没，其言獨存於禮記，後世何得不謂柱下翁直是知禮老儒？豈不體於玄風乎？今百代衆書飄蕩於存亡之後，理無備在，豈可斷以所見，絶獻酬於孔、老哉？東方朔對漢武刧燒之說，劉向列仙敍，七十四人在佛經，學者之管窺於斯，又非漢明而始也。但馳神越世者衆而顯，結誠幽微者寡而隱，故潛感之實不揚於物耳。道人澄公，仁聖於石勒、虎之世，謂虎曰：臨淄城中，有古阿育王寺處，猶有形像，承露盤在深林巨樹之下，入地二十丈。虎使者依圖搜求，皆如言得。近姚略叔父爲晉王，於河東蒲坂，古老所謂阿育王寺處，見有光明，鑿求得佛遺骨於石函銀匣之中，光曜殊常，隨路迎覿於灞上比丘，今見存辛一作新寺。由此觀之，有佛事於齊晉之地，久矣哉！所以不說於三傳者，亦猶干寶、孫盛之史無語稱佛，而妙化實彰有晉，而盛於江左也。

或問曰：若諸佛見存，一切洞徹，而威神之力，諸法自在，何爲不曜光儀於當今，俾精粗同其信悟，灑神功於窮迫，以拔寃枉之命？而令君子之流，於佛無覩，故同其不信，俱陷闡提之苦。秦、趙之衆，一日之中，白起、項籍坑六十萬。夫古今彝倫，及諸受坑者，誠不悉有宿緣大善，盡不覩無一緣而悉積大惡。而不視佛之悲一日俱坑之痛，愁然畢同，坐視窮酷而不應，何以爲慈乎！緣不傾天，德不邁世，則不能濟，何以爲神力自在，不可思議乎？魯陽迴日，耿恭飛泉，宋九江虎遠江而蝗避境，猶皆心力横徹，能使非道玄通，況佛神力，融起之氣，治籍之心，以活百萬之命殊易。夫納須彌於芥子，甚仁於毀身乎一虎一鴿矣！而今想焉而弗見，告焉而弗聞，禱之而無救，寂寥然與大空無別。而於其中有作沙門而燒身者，有絶人理而剪六情者，有苦力役傾資寶而事廟像者，頓奪其當年，而不見其所得。吁！可惜矣！若謂應在將來者，則向六十萬，命善惡不同，而枉滅同矣。命善惡雖異，身後所當，獨何得異？見世殊品，既一不蒙甄別，將來浩蕩，爲欲何望？況復恐實無將來乎？經云："足指按地，三千佛土皆見，及盲聾瘖瘂，牢獄毒痛，皆得安寧。"夫佛，遠近存亡，有戒無戒，等以慈焉。此之有心，宜見苦痛，宜寧與彼一矣，而經則快多是語，實則竟無暫應。安知非異國有命世逸羣者，構此空法，以脅異翼善交？言有微遠之情，事有澄肅之美，純而易信者，一已輸身，遂相承於不測而勢無止薄乎？答曰：今不覩其路，故於夷謂險，誠畎其塗，則不見所難矣。夫常無者道也。唯佛則以神法道，故德與道爲一，神與道爲二。二故有照以通化，一故常因而無造。夫萬化者，固各隨因緣，自作於大道之中矣。今所以稱佛云諸法自在，不可思議者，非曰爲可不由緣數，越宿命而横濟也。蓋衆生無量，神功所導，皆依崖曲暢，其照不可思量耳。譬之洪水、四凶，瞽頑、象傲，皆化之固然，堯、舜弗能易矣，而必各依其崖，澤水流凶，允若克諧，其德豈不大哉！夫佛也者，非他也。蓋聖人之道，不盡於濟生之俗，敷化於外生之世者耳。至於因而不爲，功自物成，直堯之殊應者耳。夫鍾律感類，猶心玄會，況夫靈聖以神理爲類乎？凡厥相與冥遘於佛國者，皆其烈志清神，積劫增明，故能感詣洞徹，致使釋迦發暉，十方交映，多寶湧見，燈王入室，豈佛之獨顯乎哉？能見矣！至若今之君子，不生應供之運，而域乎禹績之內，皆其誠背于昔，故會垂于今，雖復清若夷、齊，貞如柳季，所志苟殊，復何由感而見佛乎？況今之所謂，或自斯已還，雖復禮義熏身，高名馥世，而情深于人，志不附道，雖人之君子，而實天之小人，靈極之容復何由感映，豈佛之偏隱哉？我弗見矣！若或有隨緣來生，而六度之誠發自宿業，感見獨朗，亦當屢有其人。然雖道俗比肩，復何由相知乎？然則粗妙在我，故見否殊應，豈可以己之不曜於光儀，而疑佛不見存哉？夫天地有靈，精神不滅，明矣！今秦、趙之衆，其神與宇宙俱來，成敗天地而不滅，起、籍二將，豈將頓滅六十萬神哉？神不可滅，則所滅者身也。豈不皆如佛言，常滅羣生之身，故其身受滅，而數會於起、籍乎？何以明之？夫乾道變化，各正性命，至於雞彘犬羊之命，皆乾坤六子之所一也。民之咀命充身，暴同蛛蝥爲網矣。鷹虎非搏噬不生，人可飯蔬而存，則虐已甚矣。天道至公，所布者命，寧當許其虐命，而抑其冥應哉？今六十萬人，雖當美惡殊品，至於忍咀羣生，恐不異也。美惡殊矣，故其生之所享固可實殊；害生同矣，故受害之日固亦可同。今道家之言，世之所述，無以云焉。至若于公、邴吉、虞怡德應于後，嚴延年、田蚡、晉宣殺報交驗，皆書于魏、漢，世所信覩。夫活人而慶流子孫，況精神爲殺活之主，無殃慶於後身乎？殺活彼身，必受報己身，況通塞彼神，而不榮悴於己神乎？延年所殺，皆凡等小人，竇嬰、王陵宰牧之豪，賢不殊、貴賤異，其致報一也。報之所加，不論豪賤將相，晉王不二矣。豈非天道至平，才與不才亦各其子，理存性命，不在貴賤故邪？然則肫魚雖賤，性命各正於乾道矣。觀大鳥之迴翔，小鳥之啁噍，葛盧所聽之牛，西巴所感之鹿，情愛各深於其類矣。今有孕婦稚子於斯，而有刳而剔之，燔而炙之者，則謂冤痛之殃，上天所感矣。今春獵胎孕，燔蒩羔雛，亦天道之所一也，豈得獨無報哉？但今相與理，緣於飲血之世，畋漁非可頓絕，是以聖王庖廚其化，蓋順民之殺以滅其害，踐庖聞聲，則所不忍。因豺獺以爲節，疾非時之傷孕；解罝而不網，明含氣之命重矣。孟軻擊賞於釁鐘，知王德之去殺矣。先王撫鹿救急，故雖深其仁，不得頓苦其禁。如來窮神明極，故均重五道之命，去殺爲衆戒之首。萍沙見報於白兔，釋氏受滅於昔魚，以示報應之勢，皆其窈冤精深，迂而不昧矣。若在往生，能聞于道，敬修法戒，則必不墜長平而受坑馬服矣。及在既墜，信法能徹，必超今難。若緣釁先重，難有前報，及戒德後臻，必不復見坑來身矣。所謂灑神功於窮迫，以拔冤枉之命者，其道如斯，慈之至矣。今雖有世美，而無道心，犯害衆命，以報就迫，理之當也。佛乘理居當，而救物以法，不蹈法則理無橫濟，豈佛無實乎？譬之扁鵲，救疾以藥，而不信不服，疾之不瘳，豈鵲不妙乎？魯陽、耿恭，遠祖九江，所以能迴日飛泉，蠱虎避德者，皆以烈誠動乎神道。神道之感，即佛之感也，若在秦、趙，必不陷於難矣。則夫陷者，皆己無誠，何由致感於佛，而融冶起、籍哉？夫以通神之衆，萃窮化之堂，故須彌可見於芥子之内耳。又雖今則虎鴿，昔或爲人，嘗有緣會，故值佛嘉運，投身濟之，割股代之。苟無感可動，以命償殺，融冶之奇，安得妄作？吹萬之死，咸其自己，而疑佛哉？夫志之篤也，則想之而見，告之斯聞矣。推周、孔交夢，傅説形求實至，古今悠隔，傅巖退岨，而玄對無礙，則可以信。夫潔想西感，覿無量壽佛，越境百億,超至無功,何云大空無別哉? 夫道在練神,不由存形,是以沙門祝形燒身,厲神絶往,神不可滅,而能奔其往,豈有負哉? 契闊人理,崎嶇六情,何獲於我,而求累于神;誠自剪絶,則日損所情,實漸于道,苦力策觀,傾資夐居,未幾有之。俄然身滅,名實所收,不出盜跨。構館樓神象,淵然幽穆,形從其微,神隨之遠。微則應清,遠則福妙,盜跨與道,孰爲優乎? 頓奪其當年所以超升。潛行協于神明,福德彰於後身,豈能見其所得哉? 夫人事之動,必貫神道,物無妄然,要當有故而然矣。若使幽冥之報不如向論,則六十萬命何理以坑乎? 既以報坑,必以報坑矣。今戰國之人,眇若安期,幽若四皓,龍顏而帝,列地而君,英聲茂實,不可稱數,同在羿之彀中,獨何然乎? 豈不各是前報之所應乎? 既見福成於往行,則今行無負於後身明矣﹗見世殊品,既宿命所甄,則身後所當,獨何容濫? 經之所奇,自謂當佛化見之時,皆由素有嘉會,故其遇若彼。今曾無暫應,皆咎在無緣,而反誣至法空構。嗚呼﹗神鑒孔昭,侮聖人之殃,亦可畏也﹗敢問空構者將聖人與? 賢人與? 小人與? 夫聖無常心,蓋就物之性化使遂耳。若身死神滅,但當一以儒訓,盡其生極,復何事哉? 而誑以不滅,欺以成佛,使燒祝髮膚,絶其胖合,所遏苗裔,數不可量。且夫彥聖育無常所,或潛有塞矣,空構何利而其毒大苦,知非聖賢之爲矣。若人哉,樊須之流也,則亦斂身周、孔,畏懼異端,敢妄作哉﹗若自茲已降,則不肖之倫也,又安能立家九流之外,增徽老、莊之表,而照列於千載之後? 龍樹、提婆、馬鳴、迦旃延、法勝、山賢、達摩多羅之倫,曠載五百,仰述道訓,大智、中、百論、阿毗曇之類,皆神通之才也。近孫綽所頌耆域、健陀勒等八賢,支道林像而讚者竺法護、于法蘭、道邃闞公,則皆神映中華。中朝竺法行,時人比之樂令,江左尸梨蜜,羣公高其卓朗,郭文舉廓然邃允,而所奉唯佛。凡自龍樹以達,寧皆失身於向所謂不肖者之詫乎？然則黄面夫子之事，豈不明明也哉？今影骨齒髮，遺器餘武，猶光于本國，此亦道之證也。夫殊域之性，多有精察黠才而嗜欲類深，皆以厥祖身立佛前，累葉親傳世祇，其實影跡遺事，昭化融顯，故其裔王則傾國奉戒，四衆苦徹，死而無悔。若理之詭曖，事不實奇，亦豈肯傾己破欲以尊無形者乎？若影物無實，聲出來往，則古今來者何爲苦身離欲，若是之至？往而反者，宜其沮懈，而類皆更篤乎？粗可察矣。論曰：夫自古所以不顯治道者，將存其生也。而苦由生來，昧者不知矣。故諸佛悟之以苦，導以無生。無生不可頓體，而引以生之，善惡同，善報而彌升，則朗然之盡可階焉。是以其道浩若滄海，小無不津，大無不通，雖邈與務治存生者反，而亦固陶潛五典，勸佐禮教焉。今世之所以慢禍福於天道者，類若史遷感伯夷而慨者也。夫孔聖豈妄説也哉？稱積善餘慶，積惡餘殃，而顏、冉夭疾，厥胤蔑聞；商臣考終，而莊則賢霸。凡若此類，皆理不可通。然理豈有無通者乎？則納慶後身，受殃三塗之説，不得不信矣。雖形有存亡，而精神必應，與見世而報，夫何異哉？但因緣有先後，故對至有遲速，猶一生禍福之早晚者耳！然則孔氏之訓，資釋氏而通，可不曰玄極不易之道哉！夫人理飄紛，存没若幻，籠以百年，命之孩老，無不盡矣。雖復黄髮鮐背，猶自覺所經俄頃，況其短者乎？且時則無止，運則無窮，既往積劫，無數無邊，皆一瞬一閱，以及今耳。今積瞬以至百年，曾何難及，而又鮮克半焉？夫物之媚於朝露之身者，類無清遐之實矣，何爲甘臭腐於漏刻，以枉長存之神，而不自疏於遐遠之風哉？雖復名法佐世之家，亦何獨無分於大道，但宛轉人域，矕于世路，故唯覺人道爲盛，而神想蔑如耳。若使迴身中荒，升嶽遐覽，妙觀天宇澄肅之曠，日月照洞之奇，寧無列聖威靈尊嚴乎其中，而唯唯人羣，忽忽世務而已哉？固將懷遠以開神道之想，感寂以昭明靈之應矣。昔仲尼修五經於魯以化天下，及其眇邈太、蒙之顛，而天下與魯俱小，豈非神合於八遐，故超於一世哉？然則五經之作，蓋於俄頃之間，應其所小者耳，世又何得以格佛法，而不信哉？請問今之不信，爲謂黔首之外，都無神明邪？爲之亦謂有之，而直無佛乎？若都無神明，唯人而已，則誰命玄鳥，降而生商？孰遺巨跡，感而生棄哉？漢、魏、晉、宋，咸有瑞命，知視聽之表，神道炳焉。有神理必有妙極，得一以靈，非佛而何？夫神也者，依方玄應，不應不預存，從實致化，何患不盡，豈須詭物而後訓乎？然則其法之實，其教之信，不容疑矣。論曰：羣生皆以精神爲主，故於玄極之靈，咸有理以感。堯則遠矣，而百獸儛德，豈非感哉？則佛爲萬感之宗焉。日月海嶽猶有朝夕之禮，秩望之義，況佛之道衆，高者窮神於生表，中者受身於妙生，下則免夫三趣乎？今世教所弘，致治於一生之內。夫玄至者寡，順世者衆，何嘗不相與，唯習世情，而謂死則神滅乎？是以不務邈志清遐，而多循情寸陰，故君子之道鮮焉。若鑒以佛法，則厥身非我，蓋一憩逆旅耳，精神乃我身也，廓長存而無已。上德者，其德之暢於己也無窮；中之爲美，徐將清升以至盡；下而惡者，方有自新之迴路，可補過而上遷。是以自古精粗之中，潔己懷遠，祇行於今，以擬來業，而邁至德者，不可勝數，是佛法之效矣。此皆世之所壅，佛之所開，其於類豈不曠然融朗，妙有通塗哉！若之，何忽而不奉乎？夫風經炎則暄，吹林必涼，清水激濁，澄石必明，神用得喪，亦存所託。今不信佛法，非分之必然，蓋處意則然。誠試避心世物，移映清微，則佛理可明，事皆信矣。可不妙處其意乎？資此明信已往，終將克王神道。百世先業，皆可幽明永濟，孝之大矣；衆生沾仁，慈之至矣；凝神獨妙，道之極矣；洞朗無硋，明之盡矣。發軫常人之心，首路得轍，縱可多歷刼數，終必逕集玄極，若是之奇也。等是人也，背轍失路，躑蹬長往而永沒九地，可不悲乎！若不然也，世何故忽生懿聖，復育愚鄙，上則諸佛，下則蜎飛蠕動乎？皆精神失得之勢也。今人以血身七尺，死老數紀之內，既夜消其半矣，喪疾衆故又苦其半，生之美盛榮樂，得志蓋亦何幾？而壯齒不居，榮必懼辱，樂實連憂，亦無全泰，而皆競入流俗之險路，諱陟佛法之曠塗，何如其智也？世之以不達緣本，而悶於佛理者，誠亦衆矣！夫緣起浩汗，非復追想所及，失得所關，無理以感，即六合之外，故佛而不論，已具前論。請復循環而伸之。夫聖之作易，天之垂象，吉凶治亂，其占可知。然原其所以然之狀，聖所弗明，則莫之能知。今以所莫知，廢其可知，逆佔違天而動，豈有不亡者乎？不可以緣始弗明，而背佛法，亦猶此也。又以不憶前身之意，謂神不素存。夫人在胎孕至於孩齙，不得謂無精神矣，同一生之內耳，以今思之猶冥然莫憶，況經生死、歷異身，昔憶安得不亡乎？所憶亡矣，而無害神之常存。則不達緣始，何妨其理常明乎？子路問死，子曰：“未知生，安知死？”問事鬼神，則曰：“未知事人，焉知事鬼？”豈不以由也盡於好勇，篤於事君，固宜應以一生之內。至於生死鬼神之本，雖曰有問，非其實理之感，故性與天道，不可得聞。佛家之説衆生，有邊無邊之類，十四問，一切智者皆置而不答，誠以答之無利益，則墮惡邪？然則稟聖奉佛之道，固宜謝其所絕，餐其所應，如渴者飲河，挹洪流以盈己，豈須窮源於崑山哉？凡在佛法，若違天硋理，不可得然，則疑之可也。今無不可得然之硋，而有順天清神之實，豈不誠然哉？夫人之生也，與憂俱生，患禍發於時事，災疹奮於冥昧，雖復雅貴連雲，擁徒百萬，初自獨以形神坐待無常，家人嗃嗃，婦子嘻嘻，俄復淪爲慁恛，人理曾何足恃？是以過隙宜競，睩謗冥化，縱欲侈害，神既無滅，求滅不得，復當乘罪受身。今之無賴羣生，蠱豕萬等，皆殷鑒也。爲之謀者，唯有委誠信佛，託心履戒，以援精神。生蒙靈援，死則清升，清升無已，遲將作佛。佛固言爾，而人侮之，何以斷人之勝佛乎？其不勝也，當不下墜彼惡，永受其劇乎？嗚呼！六極苦毒而生者，所以世無已也。所聞所見，精進而死者，臨盡類多神意安定，有危迫者，一心稱觀世音，略無不蒙濟。皆向所謂生蒙靈援，死則清升之符也。夫萬乘之主，千乘之君，日昃不遑食，兆民賴之於一化內耳。何以增茂其神，而王萬化乎？今依周、孔以養民，味佛法以養神，則生爲明后，沒爲明神，而常王矣。如來豈欺我哉！非崇塔侈像，容養濫吹之僧，以傷財害民之謂也。物之不窺遠實而覩近弊，將橫以訴法矣！蓋尊其道，信其教，悟無常空色，有慈心整化，不以尊毫輕絕物命，不使不肖竊假非服，豈非道之以德，齊之以禮，天下歸仁之盛乎！其在容與之位，及野澤之身，何所足惜，而不自濟其精神哉？昔遠和尚澄業廬山，余往憩五旬，高潔貞屬，理學精妙，固遠流也。其師安法師，靈德自奇，微遇比丘，並含清真，皆其相與素洽乎道，而後孤立於山，是以神明之化，邃于巖林。驟與余言於崖樹澗窟之間，曖然乎有自言表而肅人者。凡若斯論，亦和尚據經之旨云爾。夫善卽者，因鳥跡以書契，窮神與人之頌；緹縈一言而霸業用遂，肉刑永除。事固有俄爾微感而終至沖天者。今無陋鄙言，以警其所感，奄然身沒，安知不以之超登哉？！

（選自四部叢刊影印本弘明集卷二）

二、答何衡陽書之一

所送琳道人白黑論辭清致美，但吾暗於照理，猶未遠其意。

既云：幽冥之理不盡於人事，周、孔疑而不辨，釋氏辨而不實，然則人事之表，幽暗之理，爲取廓然唯空，爲猶有神明邪？若廓然唯空，衆聖莊、老，何故皆云有神？若有神明，復何以斷其不實如佛言？今相與共在常人之域，料度近事，猶多差錯，以陷患禍，及博奕粗藝，注意研之，或謂生更死，謂死實生。近事之中都未見有常得而無喪者，何以決斷天地之外，億劫之表，冥冥之中，必謂所辨不實邪？若推據事不容得實，則疑之可也，今人形至粗，人神實妙，以形從神，豈得齊終？心之所感，崩城隕霜，白虹貫日，太白入昴，氣禁之醫，心作水火，冷煖輒應，況今以至明之智，至精之志，專誠妙徹，感以受身，更生於七寶之土，何爲不可實哉？

又云：析毫空樹，無傷垂蔭之茂；離材虛室，無損輪奐之美。貝錦以繁采發華，和羹以鹽梅致旨。以塞本無之教，又不然矣。佛經所謂本無者，非謂衆緣和合者皆空也。垂蔭輪奐處，物自可有耳，故謂之有諦。性本無矣，故謂之無諦。吾雖不悉佛理，謂此唱居然甚矣！自古千變萬化之有，俄然皆已空矣。當其盛有之時，豈不常有也，必空之實，故俄而得以空邪？亦如惠子所謂“物方生方死，日方中方睨”，死睨之實，恆預明於未生未中之前矣。愚者不覩其理，唯見其有，故齊侯攝爽鳩之餘僞，而泣戀其樂。賢者心與理一，故顏子庶乎屢空，有若無，實若虛也。自顏已下，則各隨深淺而味其虛矣。若又踰下，縱不能自清於至言以傾愛競之惑，亦何常無髣髴於一毫？豈當反以一火增寒，而更令戀嗜好之欲乎？乃云明無常增渴瘵之情，陳苦僞篤競辰之慮？其言過矣。

又以舟壑塘駬之論已盈耳於中國，非理之奧，故不舉爲教本，謂剖析此理，更由指掌之民（按，宋書卷九十七引慧琳白黑論“民”作“間”）。夫舟壑潛謝，佛經所謂見在不住矣，誠能明之，則物我常虛，豈非理之奧邪？蓋悟之者寡，故不以爲教本耳。支公所謂未與佛同也。何爲以素聞於中國，而蔑其至言哉？又以效神光無經寸之明，驗靈變無纖芥之實，徒稱無量之壽，孰見期頤之叟？諸若此

類，皆謂於事不符。夫神光靈變及無量之壽，皆由誠信幽奇，故將
生乎佛土，親映光明，其壽無量耳。今没於邪見，慢誕靈化，理固天
隔，當何由覩其事之符乎？夫心不貪欲，爲十善之本，故能俯絶地
獄，仰生天堂，即亦服義蹈道，理端心者也。今内懷虔仰，故禮拜悔
罪；達夫無常，故情無所吝。委妻子而爲施，豈有邀於百倍？復何
得乃云不由恭肅之意，不乘無吝之情乎？泥洹以無樂爲樂，法身以
無身爲身。若本不希擬，亦可爲增躭逸之慮，肇好奇之心；若誠餐
仰，則躭逸稍除而獲利於無利矣，又何關利競之俗乎？

又云：道在無欲，而以有欲要之，俯仰之間，非利不動。何誣佛
之深哉！夫佛家大趣，自以八苦皆由欲來，明言十二因緣，使高妙
之流朗神明於無生耳。欲此道者，可謂有欲於無欲矣。至於啟導
粗近，天堂地獄皆有影響之實，亦由于公以仁活招封，嚴氏以好殺
致誅。畏誅而欲封者，必舍殺而修仁矣。屬妙行以希天堂，謹五戒
以遠地獄，雖有欲於可欲，實踐日損之清塗，此亦西行而求郢，何患
其不至哉！又嫌丹青眩媚采之目，土木誇好壯之心，成私樹之權，
結師黨之勢，要屬精之譽，肆陵競之志，固黑蝱之醜，或可謂作法於
涼，其弊猶貪耳。何得乃慢佛云作法於貪邪？王莽竊六經以篡帝
位，秦皇因朝覲而構阿房，寧可復罪先王之禮教哉？

又云：宜廢顯晦之跡，存其所要之旨。示來生者，蔽虧於道釋不
得已。請問其旨，爲欲何要？必欲使修利遷善，以遂其性矣。夫聖
無常心，就萬物以爲心耳。若身死神滅，是物之真性，但當即其必
滅之性，與周、孔並力致教，使物無稟，則遷善之實，豈不純乎？何誣
以不滅，欺以佛理，使燒祝髮膚，絶其牉合，所遏苗裔，數不可量。爲
害若是，以傷盡性之美，釋氏何爲其不得已乎？若不信之流，亦不
肯修利而遷善矣。夫信者，則必耆域、犍陀勒、夷陀蜜、竺法乘、帛
法祖、竺法護、于法蘭、竺法行、於道邃闕公，則佛圖澄、尸梨蜜、郭

文學、釋道安、支道林、遠和尚之倫矣。神理風操似殊不在琳比丘之後，寧當妄有毀人理，落簣於不實人之化哉？皆靈奇之實，引緜邈之心，以成神通清真之業耳。

足下籍其不信，遠送此論，且世之疑者咸亦妙之，故自力白，答以塵露衆情。夫世之然否佛法，都是人興喪所大，何得相與共處以可否之間？吾故罄其愚思，制明佛論以自獻所懷。始成，已令人書寫，不及此信，晚更遣，信可聞，當付往也。宗炳白。

（選自四部叢刊影印本弘明集卷三）

三、答何衡陽書之二

敬覽來論，抑裁佛化，畢志儒業，意義儉著，才筆辨麤，善可以警策世情，實中區之美談也。

觀足下意，非謂制佛法者非聖也，但其法權而無實耳。未審竟何以了其無實？今相與斷，見事大計，失得略半也。靈化超於玄極之表，其故糺結於幽冥之中，曾無神人指掌相語，徒信史之闕文於焚燒之後，便欲以廢頓神化，相助寒心也。

夫聖人窮理盡性以至於命，物有不得其所，若己納之於隍。今誑以不滅，欺以成佛，使髡首赭衣，焚身然指，不復用天分以養父母，夫婦、父子之道。從佛法已來，沙河以西三十六國，未曁中華，絕此緒者億兆人矣。東夷、西羌或可聖賢，及由金日磾得來之類，將生而不得生者多矣。若使佛法無實，納隍之酷豈可勝言。反經之權，爲合何道而云欲以矯誑過正，以治外國剛强忿戾之民乎？夫忿戾之類，約法三章，交賞見罰尚不信懼，寧當復以卽色本無，泥洹法身，十二因緣，微塵刼數之言以治之乎？稟此訓者，皆足下所謂稟

氣清和，懷仁抱義之徒也。資清和以疎微言，屬義性以習妙行，故
遂能證照觀法，法照俱空，而至於道。皆佛經所載，而足下所信矣。
至若近世，通神令德，若孫興公所讚八賢，支道林所頌五哲，皆時所
共高，故二子得以綴筆，復何得其謂妄語乎？孫稱竺法護之淵達，
于法蘭之淳博，吾不關雅俗，不知當比何士。然法蘭弟子道邃，未
逮其師，孫論之時以對勝流，云謂庾文秉也。是護、蘭二公，當又出
之。吾都不識琳比丘，又不悉世論，若足下謂與文秉等者，自可不
後道邃，猶當後護、蘭也。前評未爲失言。誠能僧貌天虛，深識真
僞，何必非天帝釋化作，故激屬以成佛邪？白黑論未可以爲誠
實也。

　　來告所疑，若實有來生報應，周、孔何故默無片言？此固偏見
之恆疑也，真宜所共明。夫聖神玄發，感而後應，非先物而唱者也。
當商、周之季，民墜塗炭，殺逆橫流，舉世情而感聖者亂也，故六經
之應治而已矣，是以無佛言焉。劉向稱禹貢九州，蓋述山海所記申
毒之民，儇人而愛人。郭璞謂之天竺。浮屠所興，雖此之所夷，然
萬土星陳於太虛，竟知孰爲華哉？推其儇愛之感，故浮屠之化應
焉。彼之粗者，雜有亂虐，君臣（按，全宋文云："臣"下脱一"不"字）
治；此之精者，隨時抱道，情（按，全宋文云："情"字衍）佛事亦存。雖
可有稟法性於伊洛，滄真際於洙泗，苟史佚以非治道而不書，卜商
以皆儒術而弗編。縱復或存於複壁之外典，復爲秦王所燒，周、孔
之無言，未必審也。夫玄虛之道，靈仙之事，世典未嘗無之，而夫子
道言遠，見莊周之篇，瑤池之宴，乃從汲冢中出。然則治之五經，未
可以塞天表之奇化也。

　　難又曰：若卽物常空，空物爲一，空有未殊，何得賢愚異稱？夫
佛經所稱卽色爲空，無復異者，非謂無有有而空耳。有也，則賢愚
異稱；空也，則萬異俱空。夫色不自色，雖色而空；緣合而有，本自

無有。皆如幻之所作，夢之所見，雖有非有，將來、未至、過去已滅，見在不住，又無定有。凡此數義，皆玄聖致極之理，以言斥之誠難朗然。由此觀物我，亦實覺其昭然所以曠焉，增洗汰之清也。足下當何能安之？

又云：形神相資，古人譬之薪火，薪蔽火微，薪盡火滅，雖有其妙，豈能獨存？夫火者薪之所生，神非形之所作。意有精粗，感而得，形隨之；精神極，則超形獨存。無形而神存，法身常住之謂也。是以始自凡夫，終則如來，雖一生尚粗，苟有識向，萬劫不没，必習以清昇。螟蛉有子，蜾蠃負之，況在神明，理曆寶積之蓋，昇鐙王之座，何爲無期？

又疑釋迦以盡權救物，豈獨不愛數十百萬之説，而恪俄傾神光，不以曉邪見之徒？夫雖云善權，感應顯昧各依罪福。昔佛爲衆説，又放光明，皆素積妙誠，故得神遊若時。言成已著之筌，故慢者可覩光明，發由觀照，邪見無緣瞻灑。今覩經而不悛其慢，先灑夫復何益？若誠信之賢，獨朗神照，足下復何由知之？而言者會復謂是妄説耳。恆星不見夜明也，考其年月即佛生放光之夜也。管幼安風夜泛海，同侣皆没，安於暗中見光，投光赴島，闔門獨濟。夫佛無適莫，唯善是應。而致應若王祥、郭巨之類，不可稱説，即亦見光之符也。豈足下未見，便無佛哉？

又，陳周、孔之盛，唯方佛爲弘，然此國治世君王之盛耳，但精神無滅，冥運而已。一生瞬息之中，八苦備有，雖尅儒業以整俄頃，而未幾已滅。三監之難，父子相疑，兄弟相戮；七十二子雖復升堂入室，年五十者曾無數人。顔夭冉疾，由醢予族，賜滅其鬒，匡、陳之苦，豈可勝言？忍饑弘道，諸國亂流，竟何所救？以佛法觀之，唯見其哀。豈非世物宿緣所萃邪？若所被之實理，於斯猶未爲深弘。若使外率禮樂，内修無生，澄神於泥洹之境，以億劫爲當年，豈不誠弘哉！事不傳後，理未可知，幸勿據粗跡，而云周、孔則不然也。人皆謂佛妄語，山海經説死而更生者甚衆，崑崙之山，廣都之野，軒轅之丘，不死之國，氣不寒暑，鳳卵是食，甘露是飮，醪玗琪之樹，欰朱泉（按，全宋文云：“泉”下脱“之水”二字），人皆數千歲不死。及化爲黃能，入于羽淵，申生、伯有之類，丘明所説亦不少矣。皆可推此之粗，以信彼之精者也。

承音有道，聞佛法而斂衽者，必不啻作蒲城之死士可知矣。當由所聞者未高故邪？足下所聞者高，於今猶可豹變也。人是精神物，但使歸信靈極，粗稟教誡，縱復微薄，亦足爲感。感則彌升，豈非脱或不滅之良計邪？昔不滅之實，事如佛言，而神背心毀，自逆幽司，安知今生之苦毒者，非往生之故爾邪？輕以獨見憪尊神之訓，恐或自貽伊阻也。佛經説釋迦文昔爲小乘比丘而毀大乘，猶爲此備苦地獄，經歷刼數，況都不信者邪？復何以斷此經必虛乎？

足下所詰前書中語，爲因琳道人章句耳。其意既已粗達，不能復一二辯答。所製明佛論已事事有通，今付往。足下力爲善尋，具告中否。老將死，以此續其書耳。此書至，便倚索答，殊不密悉。宗炳白。

（選自四部叢刊影印本弘明集卷三）

顏　延　之

【簡介】　顏延之,字延年，生於公元三八四年(東晉孝武帝太元九年)，死於公元四五六年(宋孝武帝孝建三年)，瑯琊臨沂人(今山東臨沂)。他曾做過始安太守、永嘉太守、國子祭酒、光禄大夫等官職。他也是晉宋之際名聲最大的詩人之一，與謝靈運並稱"顏謝"。他的詩也喜歡舖陳典故，講究雕琢。時人鮑照評論他的詩"若舖錦列繡"，"雕繢滿眼"，但不如謝靈運的詩自然清新。他的著作收集在顏光禄集中。宋書卷七十三，南史卷三十四有傳。

宋文帝時，圍繞着佛教神學唯心主義關於生死輪迴和因果報應問題，在思想界有一場激烈的鬥爭。當時,僧人慧琳寫了一篇白黑論,假設白學先生(代表儒家)和黑學先生(代表佛教)相互辯難。他借白學先生之口，對佛教進行了攻擊，因此被佛教徒視爲異端，遭到激烈地圍攻。慧琳的觀點得到當時著名天文學家、思想家何承天的支持。何不僅把白黑論送給篤信佛教的宗炳，就此問題與宗炳展開辯論,而且寫了達性論、報應問等著名論文,對佛教的神不滅和因果報應思想進行了批駁。他在達性論中明確指出三點:一,"人以仁義立"，"神明特達"，"安得與飛沈蝡蠕並爲衆生哉？"二,"生必有死,形斃神散,猶春榮秋落,四時代换,奚有於更受形哉」"三,"施而望報,在昔先師,未之或言。"在報應問中,他又指出:"西方說報應,其枝末雖明,而卽本常昧,其言奢而寡要,其譬迂而無徵,乖背五經,故見棄於先聖。"

顏延之是篤信佛法的,這裏選錄他的釋達性論等二篇文章,就

是站在佛教神學的立場上與何承天進行辯論的書信。他認爲，人
與萬物“不異之生，宜其爲衆”。人死之後“異與草木”，而“精靈必
在”，必當再“受形”。至於報應之事，他説：“凡氣數之内，無不感對，
施報之道，必然之符。”顔延之維護佛教唯心主義的觀點，得到當時
佛教信徒的稱贊。如何尚之在答宋文帝讚揚佛教事中引宋文帝的
話説：“顔延年之折達性，宗少文（宗炳）之難白黑，論明佛法汪汪，
尤爲名理並足，開獎人意。”

一、釋達性論

　　前得所論，深見弘慮。崇致人道，黜遠生類，物有明微（按，全
宋文云：“微”當作“徵”），事不愆義。維情輔教，足使異門掃軌，況
在蘄同，豈忘所附？徒恐琴瑟專一，更失闓諧，故略廣數條，取盡
後報。

　　足下云：同體二儀，共成三才者，是必合德之稱，非遭人之目。
然總庶類同號衆生，亦含識之名，豈上哲之謚？然則議三才者，無
取於岷隷；言衆生者，亦何濫於聖智？雖情在序別，自不患亂倫。若
能兩籍方教，俱舉達義，節彼離文，採此共實，則可便倍害自和，析
符復合，何詎怏怏，執呂以毁律？且大德曰生，有萬之所同，同於所
方萬，豈得生之可異？不異之生，宜其爲衆。但衆品之中，愚慧羣
差。人則役物以爲養，物則見役以養人。雖始或因順，終至裁殘。
庶端萌超，情嗜不禁，生害繁慘，天理鬱滅。皇聖哀其若此，而不能
頓奪所滯，故設候物之教，謹順時之經，將以開仁育識，反漸息泰
耳。與道爲心者，或不劑此而止，又知大制生死，同之榮落，類諸區
有，誠亦宜然。然神理存没，儻異於枯荄變謝，就同草木，便當煙盡，

而復云三后升遐，精靈在天？若精靈必在，果異於草木，則受形之論，無乃更資來說，將由三后粹善，報在生天邪！欲毀後生，反立升遐，當毀更立，固知非力所除。若徒有精靈，尚無體狀，未知在天，當何憑以立？吾怯於庭斷，故務求依倣，而進退思索，未獲所安。

凡氣數之內，無不感對，施報之道，必然之符。言其必符，何猜有望？故遺惠者無要，在功者有期，期存未善，去惠乃至。人有賢否，則意有公私，不可見物或期報，因謂樹德皆要。且經世恆談，貴施者勿憶，士子服義，猶惠而弗有，況在闇道要，更不得虛心，而動必懷嗜，事盡憚權邪？曾不能引之上濟，每驅之下論，雖深誚校責，亦已原言不代。足下繈城素堅，難為飛書，而吾自居憂患，情理無託，近辱褒告，欲其布意裁往釋，慮或不值。顏延之白。

（選自四部叢刊影印本弘明集卷四）

二、重釋何衡陽

薄從歲事，躬斂山田，田家節隙，野老為儔，言止穀稼，務盡耕牧，談年計耦，無聞達義。重獲微辨，得用昭慰，啓告精至，愈慚固結。今復忘書往懷，以輸末述。

夫藉意探理，不若析之聖文。三才之論，故當本諸三畫，三畫既陳，中稱君德，所以神致太上，崇一元首。故前謂自非體合天地，無以元膺斯弘，知研其清慮，未肯存同。猶以兼容罔棄，廣載不遺，篤物之志，誠為優贍，恐理位雜越，疑陽遂衆。若惻隱所發，窮博愛之量；恥惡所加，盡祐直之正，則上仁上義，吾無閒然。但情之者寡，利之者衆，預有其分而未臻其極者，不得以配擬二儀耳。今方使極者為師，不極者為資，扶其敬讓，去其忮爭，令鑒斧鑄刃，利害寢端，驅百代之民，出信厚之塗，則何萌不滋，何善不援？而誣以不算，未值其意。三才等列，不得取偏才之器；衆生爲號，不可濫無生之人。故此去氓隸，彼甄聖智，兩籍俱舉，旨在於斯。若僑、札未能道一皇王，豈獲上附？伊、顔猶共賴氣化，宜乎下麗。二塗之判，易於蹟指。

又知以人生雖均被大德，不可謂之衆生，譬聖人雖同禀五常，不可謂之衆人。夫不可謂之衆人，以茂人者神明也。今已均被同衆，復何諱衆同？故當殊其特靈，不應異其得生。徒忌衆名，未虧衆實，無似蜀梁逃畏，卒不能避？所謂役物爲養，見役養人者，欲言愚慧相傾，惛算相制，事由智出，作非出天理。是以始矜萌起，終哀鬱滅，豈與足下芻豢百品，共其指歸？凡動而蓋流，下民之性；化而裁之，上聖之功。謹爲垣防，猶患踰盜，況乃罔不備設，以充侈志，方開所泰，何議去甚？故知慘物之談，不得與薄夫同憂。樂殺意偏，好生情博。所云與道爲心者，博乎生情，將使排虚率遂，跖實莫反，利澤通天而不爲惠，庸適恩止麛卵，事法豺獺邪？推此往也，非唯自己，不復委咎市鄽乎庖廚，且市庖之外，非無御養。神農所書，中散所述，公理美其事，仲彦精其業，是必古有其傳。今闡其人，何必以刲刳爲禀和之性，爛淪爲翼善之具哉？若以編户難齊，憂鄙論未立，是見二叔不咸，慮周德先亡，儻能伸以遠圖，要之長世，則日計可滿，歲功可期。精靈草木，果已區别，遊魂之答，亦精靈之説。若雖有無形，天下寧有無形之有？顧此惟疑，宜見正定。仲尼不答，有無未辨。足下既辨其有，豈得同不辨之答？雖子嗜學，懼未獲所附，或是曉晦塗隔，隱著事懸，遂令明月廢照，世智限心。知謂必符之言，體之極于罔，講求反意，如非相盡。或世人守璞，受讓玉市，將譯胥牽俗，還説國情。苟未照盡，請復具伸。

近釋報施，首稱氣數者，以爲物無妄然，各以類感，感類之中，人心爲大，心術之動，隸歷所不能得，及其積致于可勝原，而當斷取世見，據爲高證。莊周云：莽鹵滅裂，報亦如之。孫卿曰：報應之勢，各以類至，後身著戒，可不敬與？慈護之人，深見此數，故正言其本，非邀其末，長美遏惡，反民大順，濟有生之類，入無死之地，令慶周兆物，尊冠百神，安宜祚極，子胤福限，卿相而已。常善以救，善亦從之，勢猶影表，不慮自來，何言乎要惠悅報？疑罪勤施，似由近驗吝情，遠猜德教，故方罰矜功，而濫咎忘賢。遺存異義，公私殊意，已備前白，若不重云，想處實陋華者，復見其居厚去薄耳。若施非周急，惠而期譽，乃如之人，誠道之蠹，惟子之耻，丘亦耻之。

（選自四部叢刊影印本弘明集卷四）

慧　琳

　　【簡介】 慧琳，本姓劉，生卒年不詳，秦郡秦縣人。宋文帝時僧人，名僧道淵的弟子。少年出家，住建業冶城寺。高僧傳道淵傳，宋書卷九十七天竺迦毗黎傳載有他的事跡。

　　宋文帝元嘉十年（公元四三三年）前後，慧琳作白黑論。此論一出，就遭到許多佛教徒的攻擊，但是得到了宋文帝的賞識。據宋書記載，元嘉中慧琳參與朝廷機要，連國家大事都參加討論。賓客甚多，門前車馬常有數十輛，四方贈送賄賂不斷，權勢極大。當時有"黑衣宰相"之稱。

　　白黑論又名均善論、均聖論。所謂"均聖"，即認爲儒、道、佛的創始人都是聖人；而"均善"，即認爲儒、道、佛三教各有長處，可以并行而不悖。尤其針對當時佛教與反佛教雙方爭執的根本問題，假設白學先生（代表儒、道）和黑學先生（代表佛教）相互辯難，對於佛教的基本理論，特別是"來生説"，頗多譏評。慧琳身爲僧人，而認爲儒、道、佛"均善"，當是佛教中的"異端"，因此遭到佛教徒的圍攻。其實慧琳的論旨並沒有反對佛教，在他看來，佛教仁慈，勸人改惡遷善，與儒家以仁義化天下，只是途徑不同，最終目的是一樣的。他主張"六度（佛教的六種修行方法）與五教（儒家的五常）並行，信順（指道）與慈悲（指佛）齊立"，體現了調和儒、佛、道的傾向。至於他對"來生説"的譏評，得到當時唯物主義思想家何承天的贊同。

　　慧琳對儒家經典和老、莊著作都頗有研究。除白黑論外，尚有文集十卷，孝經注及莊子逍遙遊注。

一、白　黑　論

有白學先生，以爲中國聖人，經綸百世，其德弘矣，智周萬變，天人之理盡矣，道無隱旨，教罔遺筌，聰叡迪哲，何負於殊論哉！有黑學道士陋之，謂不照幽冥之途，弗及來生之化，雖尚虛心，未能虛事，不逮西域之深也。於是白學訪其所以不逮云爾。

白曰：“釋氏所論之空，與老氏所言之空，無同異乎？”黑曰：“異。釋氏即物爲空，空物爲一。老氏有無兩行，空有爲異。安得同乎！”

白曰：“釋氏空物，物信空邪？”黑曰：“然。空又空，不翅於空矣。”

白曰：“三儀靈長於宇宙，萬品盈生於天地，孰是空哉？”黑曰：“空其自性之有，不害因假之體也。今橾羣材以成大廈，罔專寢之實；積一豪以致合抱，無檀木之體。有生莫俄頃之留，泰山蔑累息之固，興滅無常，因緣無主，所空在於性理，所難據於事用，吾以爲惧矣。”

白曰：“所言實相，空者其如是乎？”黑曰：“然。”

白曰：“浮變之理，交於目前，視聽者之所同了邪？解之以登道場，重之以輕異學，誠未見其淵深。”黑曰：“斯理若近，求之實遠。夫情之所重者虛，事之可重者實。今虛其真實，離其浮僞，愛欲之惑，不得不去。愛去而道場不登者，吾不知所以相曉也。”

白曰：“今析豪空樹，無傷（“傷”字據弘明集宗炳與何承天書補）垂蔭之茂，離材虛室，不損輪奐之美，明無常增其愒蔭（弘明集作“渴癕”）之情，陳若徧（弘明集作“苦僞”）篤其競辰之慮。貝錦以繁采發輝，和羹以鹽梅致旨，齊侯追爽鳩之樂，燕王無延年之術，恐和合之辯，危脆之教，正足戀其嗜好之欲，無以傾其愛競之惑也。"黑曰："斯固理絕於諸華，墳素莫之及也。"

白曰："山高累卑之辭，川樹積小之詠，舟壑火傳之談，堅白唐肆之論，蓋盈於中國矣，非理之奧，故不舉以爲教本耳。子固以遺情遺累，虛心爲道，而據事剖析者，更由指掌之間乎？"黑曰："周、孔爲教，正及一世，不見來生無窮之緣。積善不過子孫之慶，累惡不過餘殃之釁，報効止於榮祿，誅責極於窮賤。視聽之外，冥然不知，良可悲矣！釋迦關無窮之業，拔重關之險，陶方寸之慮，宇宙不足盈其明，設一慈之救，羣生不足勝其化。敍地獄則民懼其罪，敷天堂則物歡其福，指泥洹以長歸，乘法身以遐覽，神變無不周，靈澤靡不覃。先覺翻翔於上世，後悟騰翥而不紹，坎井之局，何以識大方之家乎！"

白曰："固能大其言矣，今効神光無徑寸之明，驗靈變罔纖介之異，勤誠者不覩善救之貌，篤學者弗尅陵虛之實，徒稱無量之壽，孰見期頤之叟？咨嗟金剛之固，安覿不朽之質？苟於事不符，宜尋立言之指，遺其所寄之說也。且要天堂以就善，曷若服義而蹈道，懼地獄以敚身，孰與從理以端心。禮拜以求免罪，不由祇肅之意，施一以徼百倍，弗乘無吝之情。美泥洹之樂，生耽逸之慮，贊法身之妙，肇好奇之心，近欲未弭，遠利又興，雖言菩薩無欲，羣生固以有欲矣。甫救交敝之氓，永開利競之俗，澄神反道，其可得乎？"黑曰："不然。若不示以來生之欲，何以權其當生之滯？物情不能頓至，故積漸以誘之。奪此俄頃，要彼無窮，若弗勤春稼，秋穡何期？端坐井底，而息意庶慮者，長淪於九泉之下矣。"

白曰："異哉！何所務之乖也。道在無欲，而以有欲要之，北行求郢，西征索越，方長迷於幽都，永謬滯於昧谷。遼遼閩、楚，其可見乎？所謂積漸者，日損之謂也。當先遺其所輕，然後忘其所重，使利欲日去，諄白自生耳。豈得以少要多，以粗易妙。俯仰之間，非利不動，利之所蕩，其有極哉！乃丹青眩媚綵之目，土木夸好壯之心，興糜費之道，單九服之財，樹無用之事，割羣生之急，致營造之計，成私樹之權，務勸化之業，結師黨之勢，苦節以要屬精之譽，護法以展陵競之情。悲矣夫！道其安寄乎？是以周、孔敦俗，弗關視聽之外，老、莊陶風，謹守性分而已。”黑曰：“三遊本於仁義，盜跖資於五善，聖跡之敝，豈有內外？且黃、老之家，符章之僞，水祝之誣，不可勝論。子安於彼，駭於此，玩於濁水，遠於清淵耳。”

白曰：“有跡不能不敝，有術不能無僞，此乃聖人所以桎梏也。今所惜在作法於貪，遂以成俗，不正其敝，反以爲高耳。至若滔妄之徒，世自近鄙，源流蔑然，固不足論。”黑曰：“釋氏之教，專救夷俗，便無取於諸華邪？”

白曰：“曷爲其然。爲則開端，宜懷屬緒，愛物去殺，尚施周人，息心遺榮華之願，大士布兼濟之念，仁義玄一者，何以尚之？惜乎幽旨不亮，末流爲累耳。”黑曰：“子之論善殆同矣。便事盡於生乎？”

白曰：“幽冥之理，固不極於人事矣。周、孔疑而不辨，釋迦辨而不實，將宜廢其顯晦之跡，存其所要之旨。請嘗言之：夫道之以仁義者，服理以從化；帥之以勸戒者，循利而遷善。故甘辭興於有欲，而滅於悟理；淡說行於天解，而息於貪偽。是以示來生者，蔽虧於道、釋不得已；杜幽暗者，冥符於姬、孔閉其兌。由斯論之，言之者未必遠，知之者未必得，不知者未必失，但知六度與五教並行，信順與慈悲齊立耳。殊塗而同歸者，不得守其發輪之轍也。”

（選自宋書卷九七天竺迦毗黎傳）

謝　鎮　之

【簡介】　謝鎮之，生卒年及生平事蹟均不可詳考。宋明帝（公元四六五——四七二年）時，曾爲散騎常侍。

一、與顧道士書折夷夏論

謝鎮之白：敬覽夷夏之論，辯摧一源，詳據二典，清辭斐暐，宮商有體，玄致疊疊，其可味乎！吾不涯管昧，竭闕幽宗，苦不思探賾，無階豪繪。但鏡復逾三，未消鄙惑，聊述所疑，庶聞後釋。

論始云：佛是老子，老子是佛。又以（按，“以”原作“似”，據全宋文說改）仙化比泥洹，長生等無死，爰引世訓，以符玄教。纂其辭例，蓋似均也，未譏翦華廢祀，亦猶蟲諠鳥聒，非所宜效。請試論之。案周、孔以儒墨爲典，老、莊以棄教明筌，此皆開漸遊方，未猶洪祐也。且蟲鳥殊類，化道本隔，夫欲言之，宜先究其由。故人參二儀，是謂三才。三才所統，豈分夷、夏？則知人必人類，獸必獸羣。近而徵之，七珍，人之所愛，故華、夷同貴；恭敬，人之所厚，故九服攸敦。是以關雎之風，行乎四國。況大化所陶，而不洽三千哉？若據經而言，蓋聞佛之興世也，古昔一法，萬界同軌。釋迦文初修菩薩時，廣化羣生，於成佛而有其土，預霑慈澤，皆來生我國，我閻浮提也。但久迷生死，隨染俗流，暫失正路，未悟前覺耳。以聖人俯三達之智，各觀其根，知區品不同，故說三乘而接之。原夫真道唯一，法亦不二，今權説有三,殊引而同歸。故遊會説法,悟者如沙塵,拯沈濟惑,無出此法。是以當來過去,無邊世界,共斯一揆,則知九十有五,非其流也明矣。彼乃始言其同,而末言其異,故知始之所同者非同,末之所異者非異。將非謬擊瓦釜,濫諧黄鍾邪?豈不誣哉?至如全形守祀,戴冕垂紳,披氈繞貝,埋塵焚火,正始之音,婁羅之韻,此俗禮之小異耳。今見在鳥而鳥鳴,在獸而獸呴,允執萬之一音,感異類而殊應,便使夷、夏隔化,一何混哉?舟枯車溺,可以譬彼。夫俗禮者,出乎忠信之薄,非道之淳。修淳道者,務在反俗;俗既可反,道則可淳。反俗之難,故宜袪其甚泰。袪其甚泰,必先墮冠削髮,方衣去食。墮冠無世飾之費,削髮則無笄櫛之煩,方衣則不假工於裁製,去食則絶情想於嗜味。此則爲道者日損,豈夷俗之所制?及其敷文奧籍,三藏四含,此則爲學者日益,豈華風之能造?

又云:佛經繁顯,道經簡幽。推此而言,是則幽者鑽仰難希,顯則涉求易望;簡必不足以示理,繁則趣會而多津。佛法以有形爲空幻,故忘身以濟衆;道法以吾我爲真實,故服食以養生。且生而可養,則及日可與千松比霜,朝菌可與萬椿齊雪邪?必不可也。若深體三界爲長夜之宅,有生爲大夢之主,則思覺悟之道,何貴於形骸?假使形之可練,生而不死,此則老宗本異,非佛理所同。何以言之?夫神之寓形,猶於逆旅,苟趣舍有宜,何戀戀於檐宇哉?夫有知之知,可形之形,非聖之體。雖復堯、孔之生,壽不盈百,大聖泥洹,同於知命,是以永刼已來,澄練神明。神明既澄,照絶有無,名超四句,此則正真終始不易之道也。又,刻船者祈心於金質,守株者期情於羽化,故封有而行六度,凝滯而茹靈芝。有封雖乖六度之體,爲之或能濟物。凝滯必不羽化,卽事何足兼人?尋二源稍迹,曠局異懷,居然優劣。如斯之流,非可具詰,彼皆自我之近情,非通方之宏識,則知殊俗可以道甄。哀哉!玄聖既邈,斐然競興,可謂指蟲迹爲蒼文，餌螫乳爲醍醐，良可哀也！佛道汪洋，智量不可以言窮，應跡難以形測。其辯有也，則萬相森陳，若千峙並立；其析無也，則泰山空盡，與秋毫俱散。運十力以摧魔，弘四等以濟俗。抗般若之法炬，何幽而不燭？潛三昧之法威，何遠而不伏？寧疑夷、夏不效哉？

（選自四部叢刊影印本弘明集卷六）

二、重與顧道士書並頌

謝鎮之白：猥辱反釋，究詳淵況，既和光道、佛，而涇渭釋、李。觸類長之，爰至棋弈，敷佛彌過，精旨踰昧。夫飾櫝賈珍，曜夜不售，所謂馳走滅迹，跳動息影，焉可免乎？循雅論所據，正以蟲鳥異類，夷、夏舛俗。

余以三才均統，人理是一；俗訓小殊，法教大同。足下答云：存乎周易，非胡書所擬，便謂素旗已舉，不復伸檢玄旌爲素麾，異乎曹子之觀旗。輒復略諸近要，以標大歸。然瑿珠雖隱，暮四易顯，聊以寄譖，儻不貽忤。

夫太極剖判，兩儀妄搆，五陰合興，形識謬彰。識以流染因結，形以愛滯緣生。羲皇之前，民多專愚。專愚則巢居穴處，飲血茹毛。君臣父子，自相視胡、越，猶若禽獸。又比蒙童，道教所不入，仁義所未移，及其妖慾淪波，觸崖思濟，思濟則祈善，祈善則聖應。夫聖者何邪？感物而遂通者也。夫通不自通，感不自感；感恆在此，通每自彼。自彼而言，懸鏡高堂；自此而言，萬象斯歸。故知天竺者居娑婆之正域，處淳善之嘉會，故能感通於至聖，土中於三千。聖應既彼，聲被則此。覩日月之明，何假離朱之察？聞雷霆之音，奚事子野之聽？故卑高殊物，不嫌同道；左右兩儀，無害天鈞。無害天鈞，則雲行法教；不嫌同道，則雨施夷、夏。夫道者一也，形者二也；道者真也，形者俗也。真既猶一，俗亦猶二。盡二得一，宜一其法。滅俗歸真，必反其俗。是以如來制軌，玄趻同風。假令孔、老是佛，則爲韜光潛導，匡救偏心，立仁樹義，將順近情。是以全形守祀，恩接六親，攝生養性，自我外物，乃爲盡美，不爲盡善。蓋是有涯之制，未鞭其後也，何得擬道菩提，比聖牟尼？佛教敷明，要而能博；要而能博，則精疎兩汲；精疎兩汲，則剛柔一致。是以清津幽暢，誠規易準。夫以規爲圓者易，以手爲圓者難，將不捨其所難，從其所易邪？道家經籍簡陋，多生穿鑿。至如靈寶、妙真，採撮法華，制用尤拙。及如上清、黃庭，所尚服食，咀石餐霞，非徒法不可效，道亦難同。其中可長，唯在五千之道，全無爲用。全無爲用，未能遣有。遣有爲懷，靈芝何養？佛家三乘所引，九流均接。九流均接，則動靜斯得。禪通之理，是三中之一耳，非其極也。禪經微妙，境相精深，以此締真，尚不能至。今云道在無爲，得一而已。無爲得一，是則玄契千載。玄契千載，不俟高唱。夫明宗引會，導達風流者，若當廢學精思，不亦怠哉？豈道教之筌一作"全"邪？敬尋所辨，非徒止不解佛，亦不解道也。反亂一首，聊酬啓齒。

頌曰：運往兮韜明，玄聖兮幽翳。長夜兮悠悠，衆星兮晢晢。太暉灼兮昇曜，列宿奄兮消蔽。天輪拲兮殊材，歸敷繩兮一制。苟專迷兮不悟，增上驚兮遠逝。卞和慟兮荆側，豈偏尤兮楚厲。良芻蔜兮般若，焉相責兮智慧。

（選自四部叢刊影印本弘明集卷六）

朱　昭　之

【簡介】　朱昭之，吳郡錢塘人，生卒年和生平事蹟均不可詳考。

一、難顧道士夷夏論並書

　　見足下高談夷、夏，辨商二教，條勒經旨，冥然玄會，妙唱善同，非虛言也。昔應吉甫齊孔、老於前，吾賢又均李、釋於後，萬世之殊塗，同歸於一朝，歷代之疑爭，怡然於今日。賞深悟遠，蠲慰者多，益世之談，莫過於此。至於各言所好，便復肝膽楚越，不知苦甘之方雖二，而成體之性必一。乃互相攻擊，異端遂起，往反紛類（按，全宋文云："類"當作"頻"），斯害不少。惜矣！初若登天，光被俗表，未如入淵，明夷輝淪。夫導師失路，則迷塗者衆。故忘其淺昧，遽相牽拯，令先布其懷，末陳所恨，想從善如流者，不惜乖於一往耳。山川悠遠，良話未期，聊寄於斯，以代暫對。情旗一接，所釋不淺。朱昭之白。

　　夫聖道虛寂，故能圓應無方。以其無方之應，故應無不適。所以自聖而檢心，本無名於萬會，物自會而爲稱，則名號以爲之彰。是以智無不周者，則謂之爲正覺；通無不順者，則謂之爲聖人；開物成務，無不達也，則謂之爲道。然則聖不過覺，覺不出道，君可知也，何須遠求哉？但華、夷殊俗，情好不同，聖動常因，故設教或異。然

曲禮、淨戒，數同三百，威儀容止，又等三千。所可爲異，政在道佛
之名，形服之間耳。達者尚復以形骸爲逆旅，衰冕豈足論哉？所可
爲嫌，祇在設教之始，華、夷異用，當今之俗，而更兼治，遷流變革，
一條宜辨耳。今當之言（按，全宋文云：“之言”當作“言之”）聖人之
訓，動必因順。東國貴華，則爲衰冕之服，禮樂之容，屈伸俯仰之節，
衣冠簪佩之飾，以弘其道，蓋引而近之也。夷俗重素，故教以極質，
髡落徽容，衣裳弗裁，閉情開照，期神曠劫，以長其心，推而遠之也。
道法則採餌芝英，餐霞服丹，呼吸太一，吐故納新。大則靈飛羽化，
小則輕强無疾，以存其身，卽而效之也。三者皆應之一用，非吾所
謂至也。夫道之極者，非華非素，不卽不殊，無近無遠，誰舍誰居，
不偏不黨，勿毀勿譽，圓通寂寞，假字曰無，妙境如此，何所異哉？
但自皇犧已來，各弘其方，師師相傳，不相關涉，良由彼此兩足，無
復我外之求。故自漢代已來，淳風轉澆，仁義漸廢，大道之科莫傳，
五經之學彌寡。大義既乖，微言又絕，衆妙之門莫遊，中庸之義弗
覿。禮術既壞，雅樂又崩，風俗寢頓，君臣無章。正教陵遲，人倫失
序，於是聖道彌綸，天運遠被，玄化東流，以慈係世。仁衆生民，黷
所先習，欣所新聞，革面從和，精義復興。故微言之室，在在並建；
玄詠之賓，處處而有。此可以事見，非真（按，全宋文云：“真”當作
“直”）布之空談。將無物不可以終否，故受之以同人故邪？意者，
夫聖人之撫百姓，亦猶慈母之育嬰兒。始食則餌以甘肥，甘肥既
厭，復改以脂蜜，脂蜜既厭，則五體休和，內外平豫，爲益至矣。不
其然乎？理既然矣，而橫厝非貶，妄相分別，是未悟環中，不可與
議。二賢推盪往反，解材之勢，縱復得解，非順理之作。順理析之，
豈待推盪？

　　足下發源開端，明孔、老是佛，結章就議，則與奪相懸。何搢
紳擎跽爲諸華之容，稽首佛足則有狐蹲之貶？端委罄折爲侯甸之

恭，右膝著地增狗踞之辱？請問，若孔是正覺，釋爲邪見，今日之談，吾不容聞。許爲正真，何理鄙誚？既虧畏聖之箴，又忘無苟之禮。取之吾心，所恨一也。

又云：全形守祀，繼善之教，毀貌易性，絕惡之學。是商臣之子有繼善之功，覆障毀落有絕惡之志，推尋名實，爲恨二也。

又云：下棄妻孥，上廢宗祀。夫鬼神之理，溟漠難明，故子路有問，宣尼弗釋。當由生死之道殊，神緣難測，豈爲聖不能言？良恐賢不能得。三達之鑒，照之有在。足下已許神化東流，而復以喪祭相乘，與奪無定，爲恨三也。

又云：切法可以進謙弱，賖法可以退夸強。三復此談，顛倒不類。夫謙弱易回，可以賖和而進；夸強難化，應以苦切乃退。隱心檢事，不其然乎？米糠在目，則東西易位；偏著分心，則辭義舛惑。所言乖當，爲恨四也。

又云：抑則明者獨進，引則昧者競前。夫道言真實，敬同高唱，覆載萬物，養育衆形，而云明者獨進，似若自私。佛音一震，則四等兼羅，三乘同順，天龍俱靡，而云昧者競前，亦又近誣探賾之談，而安生瘡疣。游辭放發，爲恨五也。

又云：佛是破惡之方，道是興善之術。破惡之方，吾無間然。夫惡止善行，乃法教所以興也。但未知興善之術，術將誰然？若善者已善，奚用興善？善者非善，又非興善。則興善之名，義無所託。今道者善也，復以興善，取之名義，太爲繼富，不以振惡，爲教褊矣。大道兼弘，而欲局之，爲恨六也。

又云：殘忍剛愎，則師佛爲長；慈柔虛受，則服道爲至。夫摧伏勇猛，迴靡殘暴，實是牟尼之巨勳，不乖於慧旨。但道力剛明，化功彌遠；成性存存，恩無不被；梟鴟革心，威無不制，而云唯得虛受，太爲淺略。將無意瀹偏著，不悟狹劣傷道邪？披尋第目，則先誠臆说；建言肆論，則不覺情遷。分石難持，爲恨七也。

又云：八象、西域諸典，廣略兼陳；金剛、般若，文不踰千；四句所弘，道周萬法。粗妙兩施，繁約共有，典法細誡，科禮等碎。精粗橫生，言乖乎實，爲恨八也。

又云：以國而觀，則夷虐夏溫。請問，炮烙之苦，豈康、竺之刑？流血之悲，詎齊、晉之子？刳剔之苦害，非左衽之心；秋露含垢，匪海濱之士。推檢性情，華、夷一揆。虛設溫嚴，爲恨九也。

又云：博弈賢於慢遊，講誦勝於戲謔。尋夫風流所以得傳，經籍所以不廢，良由講誦以得通，諮求以成悟。故曰：學而不講，是吾憂也。而方之戲謔，太爲慢德。請問善誘之筌，其將安寄？初未得意，而欲忘言，爲恨十也。

有此十恨，不能自釋，想望君子更爲伸之，謝生亦有參差。足下攻之已密，且專所請，不復代匠。

　　　　　　　　　（選自四部叢刊影印本弘明集卷七）

周　顒

【簡介】　周顒，字彥倫，生卒年不可詳考，約死於公元四八五年左右，汝南安城人。他在劉宋王朝時曾爲剡令，入齊後曾官山陰令、中書郎、給事中等。南齊書卷四十一，南史卷三十四有傳。

周顒篤信佛教，宋明帝劉彧時他經常爲明帝“誦經中因緣罪福事”。南齊書本傳中稱他“汎涉百家，長於佛理。著三宗論，立空假名，立不空假名。設不空假名，難空假名；設空假名，難不空假名。假名空難二宗，又立假名空”。他的三宗論得到當時佛教徒的推崇，僧人智林稱譽此論爲“真實行道第一功德”。可惜此論已佚。

周顒又“兼善老、易”。他曾與當時的道教信徒張融進行過辯論，張融寫了一篇門論（南齊書本傳作“門律”），說到“吾門世恭佛，舅氏奉道”。他的主旨是“佛也與道，逗極無二。寂然不動，致本則同；感而遂通，達迹成異”。這是說，佛教與道教在根本宗旨上是一致的。所以他在給周顒等人的信中說道，他寫門律是要“通源”，卽調和佛、道。又，據南齊書張融傳記載，他在死時留下遺囑：“左手執孝經、老子，右手執小品法華經”，基本上是主張三教一致的。周顒在難張長史門論中，則竭力辨別佛教與道教的不同，崇佛而抑道。

一、難張長史門論並問答三首

周剡山茨歸書少子曰，周顒頓首，懋製來班，承復峻其門，則參子無踞，誠不待獎。敬尋同本，有測高心，雖神道所歸，吾知其主。然自釋之外，儒綱爲弘，過此而能與仲尼相若者，黃老實雄也。其教流漸，非無邪弊，素樸之本，義有可崇。吾取捨舊懷，粗有涇渭，與奪之際，不至朱紫，但蓄積懷抱，未及厝言耳。途軌乖順，不可謬同，異之聞文，宜有歸辨。來旨謂致本則同，似非吾所謂同；時殊風異，又非吾所謂異也。久欲此中，微舉條裁，幸因雅趣，試共極言，且略如左，遲聞深況。

通源曰：道也與佛，逗極無二。寂然不動，致本則同；感而遂通，達迹誠異。周之問曰：論云“致本則同”，請問何義是其所謂本乎？言道家者，豈不以二篇爲主？言佛教者，亦應以般若爲宗。二篇所貴，義極虛無；般若所觀，照窮法性。虛無、法性，其寂雖同，往寂之方，其旨則別。論所謂“逗極無二”者，爲逗極極於虛無？當無二於法性邪？將二塗之外，更有異本？儻虛無、法性，其趣不殊乎？若有異本，思告異本之情，如其不殊，願聞不殊之説。

通源曰：殊時故不同其風，異世故不一其義。吾見道士與道人戰儒、墨，道人與道士獄是非。昔有鴻飛天，道積遠難亮，越人以爲鳧，楚人以爲乙。人自楚、越耳，鴻常一鴻乎？夫澄本雖一，吾自俱宗其本；鴻跡既分，吾已翔其所集。周之問曰：論云“時殊故不同其風”，是佛教之異於道也；“世異故不一其義”，是道言之乖於佛也。道佛兩殊，非鳧則乙。唯足下所宗之本，一物爲鴻耳。驅馳佛道，無免二乖，未知高鑒緣何識本？輕而宗之，其有旨乎？若猶取二教以位其本，恐戰獄方興，未能聽訟也。若雖因二教，同測教源者，則此教之源，每沿教而見矣。自應鹿巾環杖，悠然目擊，儒、墨闉闍，從來何靜？苟合源共是，分跡雙非，則二迹之用，宜均去取。奚爲翔集所向，勤務唯佛；專氣抱一，無謹於道乎？言精旨遠，企聞後要。

通源曰：汝可專遵於佛跡，而無侮於道本。周之問曰：足下專遵佛跡，無侮道本，吾則心持釋訓，業愛儒言。未知足下雅意，佛、儒安在？爲當本一末殊，爲本末俱異邪？既欲精探彼我，方相究涉，理類所關，不得無請。

（選自四部叢刊影印本弘明集卷六）

二、重答張長史書

周顒頓首，夫可以運寄情抱，非理何師？中外聲訓，登塗所奉，而使此中介分，然去留無薄，是則怏怏失路，在我奚難？足下善欲言之，吾亦言之未已也，輒復往研，遲承來析。

通源曰：法性雖以卽色圖空，虛無誠乃有外張義。所以苦下之翁，且藏卽色。順其所有，不震其情；尊其所無，漸情其順。周之問曰：苦下之藏卽色，信矣。斯言也，更恐有不及於卽色，容自託以能藏，則能藏者廣，或不獨出於厲鄉耳。夫有之爲有，物知其有；無之爲無，人識其無。老氏之署有題無，無出斯域。是吾三宗鄙論所謂取捨驅馳。夫有能越其度者也，佛教所以義奪情靈，言詭聲律。蓋謂卽色非有，故擅絕於羣家耳。此塗未明，在老何績？但紛紛橫沸，皆由著有，迸道淪俗，茲焉是患。既患由有滯，而有性未明，矯有之家，因崇無術。有性不明，雖則巨蔽，然遣誰尚靜，涉累實微，是道家之所以有坤弘教，前白所謂黄老實雄者也。王（按，"王"原作"正"，據全齊文説改）何舊説，皆云老不及聖。若如斯論，不得影響於釋宗矣。吾之位老，不至乃然。夫大士應世，其體無方，或爲儒林之宗，或爲國師道士，斯經教之成説也。乃至宰官長者，咸託身相，何爲老生獨非一跡？但未知涉觀深淺，品位高下耳。此皆大明未啓，權接一方。日月出矣，爝火宜廢，無餘既説，衆權自寢。足下猶欲抗遺燎於日月之下，明此火與日月通源，既情崇於日月，又無悔於火本。未知此火本者，將爲名乎？將或實哉？名而已邪，道本安在？若言欲實之，日月爲實矣！斯則事盡於一佛，不知其道也。通源之旨，源與誰通？

通源曰：當其神地悠悠，精和坐廢，登其此地，吾不見釋家之與老氏；陟其此意，吾孰識老氏之與釋家？又曰：今既静而兩神，神静而道二，吾未之前聞也。又曰：伯陽專氣致柔，停虚任魄，魄緒停虚，故融然自道也。又曰：心塵自拂，一舉形上。周之問曰：足下"法性雖以即色圖空，虚無誠乃有外張義"，竊謂老，釋重出，對分區野，其所境域，無過斯言。然則老氏之神地悠悠，自悠悠於有外；釋家之精和坐廢，每坐廢於色空。登老氏之地，則老異於釋；涉釋氏之意，則釋氏殊於老。神既静而不兩，静既兩而道二。足下未之前聞，吾則前聞之矣。苟然，則魄緒停虚，是自虚其所謂虚；融然自道，亦非吾所聞道。若夫心塵自拂，一舉形上，皆或未涉於大方，不敢以通源相和也。

通源曰：足下欲使伯陽不静，寧可而得乎？使静而不怕道，亦于何而不得？周之問曰：甚如來言，吾亦慮其未極也。此所謂得在於神静，失在於物虚。若謂静於其静，非曰窮静，魄於其魄，不云盡魄，吾所許也，無所間然。

通源曰：若卿謂老氏不盡乎無，則非想期於得意；若卿謂盡無而不盡有，得意復爽吾所期。周之問曰：盡有盡無，非極莫備。知無知有，吾許其道家，唯非有非無之一地，道言不及耳。非有非無，三宗所蘊，儻贍餘慮，惟足下其眄之。念不使得意之相，爽移失於有歸耳。

通源曰：非鳧則乙，跡固然矣。跡固其然，吾不復答。又曰：吾與老、釋相識正如此，正復是目擊道斯存。又曰：得意有本，何至取教？又曰：誠哉有是言，吾所以見道來（按，張融答周顒書“來”字作“未”字）一於佛。周之問曰：足下之所目擊道存，得意有本，想法性之真義，是其此地乎？佛教有之。足下所取非，所以何至取教也？目擊之本，卽在教跡，謂之鳧乙，則其鴻安漸哉？諸法真性，老無其旨；目擊高情，無存老跡。旨跡兩亡，索宗無所，論所謂無侮於道本，當無侮於何地哉？若謂探道家之跡，見其來一於佛者，則是真諦實義，沿文可見矣。將沿於道章而得之乎？爲沿於德篇而遇之也？若兩無所沿，而玄德於方寸者，此自足下懷抱，與老、釋而爲三耳。或可獨樹一家，非老情之所敢逮也。

通源曰：虞、芮二國之鬪田，非文王所知也。斯自鹿巾之空負頭上，環杖之自誣掌中，吾安能（按，張融答周顒書“能”字作“得”字）了之哉？周之問曰：足下謂苦下之且藏卽色，則虛空有闕矣。足下謂法性以卽色圖空，則法性爲備矣。今有人於此，操環杖而言法性，鹿巾之士執虛無而來詰曰：爾不同我，吾與爾鬪（按，全齊文云：“闕”當作“鬪”）。足下從容倚棘，聽斷於其間曰：皆不可也。謂其鹿巾空負於頭上，環杖自誣於掌中。以足下之精明特達，而判訟若斯，良虞、芮之所以於邑也。

通源曰：吾不翔翻於四果，卿尚無疑其集佛。吾翻不翔於五通（按，張融答周顒書此句作“吾不翔翻於五通”），而於集道復何晦？周之問曰：足下不翔翻於四果，猶勤集於佛教；翻不翔於五通，何獨棄於道跡乎？理例不通，方爲彼訴。

通源曰：當欲列儒圍道，故先屬垣隙（按，張融答周顒書此句作“故無屬垣耳隙”）。周之問曰：足下通源，唯道源不及儒，吾因疑其闕，是以相訪。但未知融然自道，唯道能融，將道之融然？修儒可會邪？雖非義本，縱言宜及。想釋本多暇，幸惠餘音。

（選自四部叢刊影印本弘明集卷六）

三、抄成實論序

尋夫數論之爲作也，雖製興於晚集，非出於一音，然其所以開家命部，莫不各有弘統，皆足以該領名教，隆讚方等，契闊顯益，不可誓言。至如成實論者，總三乘之祕數，窮心色之微闈，標因位果，解惑相馳，凡聖心樞，罔不畢見乎其中矣。又，其設書之本，位論爲家，抑揚含吐，咸有憲章，則優柔闊探，動開獎利。自發聚之初首，至道聚之本章，其中二百二品，鱗綵相綜，莫不言出於奧典，義溺於邪門。故必曠引條繩，碎陳規墨，料同洗異，峻植明塗，裨濟之功，實此爲著者也。既效宣於正經，無染乎異學，雖則近派小流，實乃有變方教。是以今之學衆，皆云志存大典，而發迹之日，無不寄濟此塗。乘津鶩永，本期長路，其書言精理贍，思味易狁，頃遂赴蹈爭流，重跰相躡。又，卷廣義繁，致功難盡，故復往不旋，終妨正務。頃泥洹、法華，雖或時講，維摩、勝鬘，頗參餘席，至於大品精義，師匠蓋疏，十住淵弘，世學將殄。皆由寢處於論家，求均於弱喪，是使大典榛蕪，義種行輟。興言悵悼，側寐忘安。成實既有功於正篆，事不可闕，學者又遂流於所赴，此患宜裁。今欲內全成實之功，外蠲學士之慮，故詮引論才，備詳切緩，刊文在約，降爲九卷，刪賒采要，取效本根，則方等之助無虧，學者之煩半遣。得使功歸至典，其道彌傳，波若諸經無墜於地矣。業在心源，庶無裁削之累；全典故令，豈有妨於好學？相得意於道心，可不謀而隨喜也。

（選自<u>金陵刻金處</u>本<u>出三藏記集卷一一</u>）

明　僧　紹

【簡介】　明僧紹，字承烈（南史作“字休烈，一字承烈”），生年
不詳，死於公元四八三年（齊武帝永明元年），平原鬲人（今山東平
原南）。宋、齊兩朝曾多次委以官職，均被他辭却。他早年聚徒講
學，晚歲好佛，在南京攝山建棲霞寺安身。南齊書卷五十四，南史
卷五十有傳。

　　明僧紹的文字只留下這篇與道士顧歡辯論的正二教論。文
中，明僧紹貶道教，揚佛教，認爲：“神（佛）明其宗，老全其生。守生
者蔽，明宗者通。”

一、正二教論 道士有爲夷夏論者，故作此以正之。

　　及聞殊論，銳言置家，有懼誣聖。將明其歸，故先詳正所證二
經之句，庶可兩悟幽津。

　　論稱道經云：老子入關，之于天竺維衞國，國王夫人名曰清妙，
老子因其晝寢，乘日之精，入清妙口中。後年四月八日夜半時，剖
右腋而生。墮地卽行七步，舉手指天曰：天上天下，唯我爲尊。三
界皆苦，何可樂者？於是佛道興焉。事在玄妙内篇，此是漢中真典，非穿
鑿之書。正曰：道家之旨，其在老氏二經；敷玄之妙，備乎莊生七章。
而得一盡靈，無聞形變之奇；彭、殤均壽，未覿無死之唱。故恬其
天和者，不務變常；安時處順，夫何取長生？若乘日之精，入口剖

朕，年事不符，託異合説，稱非其有，誕譏神化。秦、漢之妄，妖延魏、晉，言不經聖，何云真典乎？

論稱佛經云：釋迦成佛，已有塵劫之數。或爲儒林之宗，國師道士。此皆成實正經，非方便之説也。正曰：佛經之宗，根明極教，而三世無得俗證，覺道非可事顯。然精深所會，定慧有徵於内；緣感所應，因果無妄於外。夫釋迦發窮源之真唱，以明神道之所通也。故其練精研照，非養正之功，微善階極異殆庶。自崖道濟在忘形，而所貴非全生，生生不貴，存存何功？忘功而功著，寂滅而道常。出乎無始，入乎無終，靡應非身，塵劫非退，此其所以爲教也。

論曰：二經之旨，若合符契。正曰：夫佛開三世，故圓應無窮。老止生形，則教極澆淳。所以在形之教，不議殊生；圓應之化，爰盡物類。是周、孔、老、莊，誠帝王之師，而非前説之證。既關塞異教，又違符合之驗矣。

論曰：道則佛也，佛則道也。正曰：既教有方圓，豈覬其同？夫由佛者固可以權老，學老者安取同佛？苟挾競慕高，撰會雜妄，欲因其同，樹邪去正，是乃學非其學，自漏道蠹，祇多不量，見耻守器矣。

論曰：其入不同，其爲必異，各成其性，不易其事。又曰：或照五典，或布三乘，教在華而華言，化夷而夷語。又曰：佛、道齊乎達化，而有夷、夏之別。正曰：寂感遂通，在物必暢。佛以一音，隨類受悟。在夷之化，豈必三乘；教華之道，何拘五教？沖用因感，既夷、華未殊，而俗之所異，孰乖聖則？雖其人不同，然其教自均也。

論曰：端委搢紳，諸華之容也；翦髪緇衣，羣夷之服也。正曰：將求理之所貴，宜無（按，全齊文云："無"當作"先"）本禮俗。沿襲異道，唯其時物。故君子豹變，民文先革。顓孫膺訓，喪志學殷。夫致德韶、武，則禪代異典；後聖有作，豈限夷、華？況由之極教，必拘國服哉？是以繁其恒方，而迷深動躓矣。水陸既變，致遠有節，舟車之譬，得無翩乎？而刻船守株，固以兩見所歸。

論曰：下棄妻孥，上廢宗祀，嗜欲之物，咸以禮伸，孝敬三典，獨以法屈，悖德犯順，曾莫之覺。又曰：全形守祀，繼善之教也；毀貌易姓，絕惡之學也。理之可貴者道，事之可賤者俗。正曰：今以廢宗祀爲犯順，存嗜欲以申禮，則是孝敬三典，在我爲得，俗無必賤矣。毀貌絕惡，自彼爲鄙，道無必貴矣。愛俗拘奮（按，全齊文云："奮"當作"舊"），崇華尚禮，貴賤迭置，義成獨說，徒欲鬻粥（按，全齊文云："粥"當作"溺"）於凡觀，豈期本（按，全齊文云："本"當作"卒"）理於聖言邪？

論曰：泥洹仙化，各是一術。佛號正真，道稱正一。一歸無死，真會無生。正曰：侯王得一而天下貞，莫議仙化；死而不亡者壽，不論無死。臆說誣濫，辭非而澤，大道既隱，小成互起，誠哉是言！其諸誣詭謗慢，欲以苟濟其違，求之聖言，固不容譏矣。今之道家所教，唯以長生爲宗，不死爲主。其練映金丹，餐霞餌玉，靈升羽蛻，尸解形化，是其託術，驗（按，全齊文云："驗"下脫一"之"）而竟無覩其然也。又稱其不登仙，死則爲鬼，或召補天曹，隨其本福，雖大乖老、莊立言本理，然猶可無違世教。損欲趣善，乘化任往，忘生生存存之旨，實理歸於妄，而未爲亂常也。至若張、葛之徒，又皆離以神變化俗，怪誕惑世，符呪章劾，咸託老君所傳，而隨稍增廣，遂復遠引佛教，證成其偽。立言舛雜，師學無依，考之典義，不然可知。將令真妄渾流，希悟者永惑，莫之能辯，誣亂已甚矣！

客既悉於佛、老之正，猶未值其津，今將更粗言其隅，而使自反焉。夫理照研心，二教兩得，乃可動靜兼盡，所遇斯乘也。老子之教，蓋修身治國，絕棄貴尚，事止其分。虛無爲本，柔弱爲用，內視反聽，深根寧極，渾思天元，恬高人世，浩氣養和，失得無變，窮不謀通，致命而竢，達不謀己，以公爲度。此學者之所以詢仰餘流，而其道若存者也。安取乎神化無方，濟世不死哉？其在調霞羽蛻，精變窮靈，此自繕積前成，生甄異氣，故雖記奇之者有之，而言理者弗由矣。稽之神功，爰及物類，大若麟鳳怪瑞，小則雀雉之化，夫既一受其形，而希學可致乎至。乃顏、孔道隣，親資納之極固，將抑靈塵而止。欲從末由，則分命之不妄有，推之可明矣。故仲尼貴知命，而必有所不言；伯陽去奇尚，而固守以無爲。皆將以抑其誕妄之所自來也。然則窮神盡教，固由之有宗矣。道成事得，各會之有元矣。夫行業著於前生，而強學以求致其功；積習成於素屏，而橫慕以妄易其爲。首燕求越，其希至何由哉？故學得所學，而學以誠也；爲其可爲，而爲可致也。則夫學鏡生靈，中天設教，觀象測變，存而不論，經世之深，孔、老之極也。爲於未有，盡照窮緣，殊生共理，練偽歸真，神功之正，佛教之弘也。是乃神（按，全齊文“神”作“佛”，南齊書卷五十四顧歡傳亦作“佛”），明其宗，老全其生，守生者蔽，明宗者通。然靜止大方，乃雖蔽而非妄；動由其宗，則理通而照極。故必德貴天全，自求其道；崇本資通，功歸四大。不謀非然，守教保常，孔、老之純，得所學也。超宗極覽，尋流討源，以有生爲塵毒，故息敬於君親。不敬（按，全齊文云：“敬”當作“驚”）議其化異，不執方而駭奇，妙寂觀以祐思，功積見而要來，則佛教之粹，明於爲也。故夫學得所學，則可以資全生靈，而教尊域中矣。明爲於爲，將乃滅習反流，而邈天人矣。過此已往，未之或知。洗慮之得，其將在茲。

（選自四部叢刊影印本弘明集卷六）

沈　約

【簡介】　沈約，字休文，生於公元四四一年（宋文帝元嘉十八年），死於公元五一三年（梁武帝天監十二年），吳興武康人（今浙江吳興）。他在齊時，與蕭衍等同爲竟陵王蕭子良門客，入梁後官至尚書令。梁書卷十三，南史卷五十七有傳。

沈約博學多藝，既是著名的歷史學家，又是著名的文學家、詩人。他精於音律，作詩講究聲律、對仗。他與謝朓開創的“永明體”，標誌着我國詩歌開始由比較自由的“古體”向格律嚴整的“近體”的過渡。他的歷史學著作有晉書、宋書等，音韻學著作有四聲譜等。

沈約又篤信佛教，精通佛典，他參加了齊、梁間圍繞着佛教教義的一系列論争。他對佛教和中國傳統的思想，採取調和的立場，作均聖論。論中認爲：“内聖外聖，義均理一。”他寫了形神論、神不滅論等文章，反對范縝的神滅論，鼓吹神不滅的觀點。他寫的佛知不異衆生知義一文，是對當時流行的涅槃佛性説理論的發揮。

一、均　聖　論

自天地權輿，民生攸始，遐哉眇邈，無得而言焉。無得而言，因有可言之象。至於太虚之空曠，無始之杳茫，豈唯言象莫窺，良以心慮事絶。及天地蕝爾，來宅其中，毫端之泛巨海，方斯非譬。然則有此天地已來，猶一念也。我之所久，莫過軒、犧，而天地之在彼太虛，猶軒、犧之在彼天地。齷齪之徒，唯謂赫胥爲遠，何其瑣瑣爲念之局邪？

　　世之有佛，莫知其始，前佛後佛，其道不異。法身湛然，各由應感，感之所召，跨大千而咫尺；緣苟未應，雖踐迹而弗覿。娑婆南界，是曰閻浮，葱嶺以西，經途密邇，緣運未開，自與理隔。何以言之？夏、殷已前，書傳簡寡，周室受命，經典備存。象寄狄鞮，隨方受職，重譯入貢，總括要荒。而八蠻五狄，莫不愚鄙，文字靡識，訓義不通，咸納贄王府，登樂清廟。西國密塗，厥路非遠，雖葉書橫字，華、梵不同，而深義妙理，於焉自出。唐、虞、三代，不容未有，事獨西限，道未東流，豈非區區中國，緣應未啓？求其會歸，尋其旨要，寧與四夷之樂同日而語乎？非爲姬公所遺，蓋由斯法宜隱故也。炎、昊之世，未火未粒，肉食皮衣，仁惻之事，弗萌懷抱。非肉非皮，死亡立至，雖復大聖殷勤，思存救免，而身命是資，理難頓奪，實宜導之以漸，稍啓其源。故燧人火化，變腥爲熟。腥熟既變，蓋佛教之萌兆也。何者？變腥爲熟，其事漸難，積此漸難，可以成著。迄乎神農，復垂汲引，嘉穀肇播，民用粒食，歉腹充虛，非肉可飽，則全命減殺，於事彌多。自此已降，矜護日廣。春蒐免其懷孕，夏苗取其害穀，秋獮冬狩，所害誠多，頓去之難，已備前說。周、孔二聖，宗條稍廣。見其生，不忍其死；聞其聲，不食其肉。草木斬伐有時，麛卵不得妄犯，漁不竭澤，畋不燎原，釣而不網，弋不射宿。肉食蠶衣，皆須耆齒；牛羊犬豕，無故不殺。此則戒有五支，又開其一也。逮於酖酖於酒，淫迷乎色，詭妄於人，攘濫自己，外典所禁，無待釋教。四者犯人，人爲含靈之首。一者害獸，獸爲生品之末。上聖開宗，宜有次第，亦由佛戒殺人，爲業最重也。内聖外聖，義均理一，而蔽理之徒，封著外教，以爲烹羊豢豕理固宜然。惑者又云，若如釋氏之書，咸有緣報之業，則禹、湯、文、武並受封剟，周公、孔子俱入鼎鑊。是何迷於見道，若斯之篤耶？試尋斯證，可以有悟矣!

（選自四部叢刊影印本廣弘明集卷五）

二、答陶華陽

難云：釋迦之現，近在莊王，唐、虞、夏、殷，何必已有。周公不言，恐由未出，非關宜隱。育王造塔，始敬王之世，閻浮有四，則東國不容都無。答曰：釋迦出世，年月不可得知，佛經既無年曆注記，此法又未東流，何以得知是周莊之時？不過以春秋魯莊七年四月辛卯，恒星不見爲據。三代年既不同，不知外國用何曆法，何因知魯莊之四月，是外國之四月乎？若外國用周正耶，則四月辛卯，長曆推是五日，了非八日。若用殷正耶，周之四月，殷之三月。用夏正耶，周之四月，夏之二月。都不與佛家四月八日同也。若以魯之四月爲證，則日月參差，不可定；若不以此爲證，則佛生年月無證可尋。且釋迦初誕，唯空中自明，不云星辰不見也。瑞相又有日月星辰，停住不行。又云，明星出時，墮地行七步，初無星辰不現之語，與春秋恒星不現，意趣永乖。若育王造塔是敬王之世，閻浮有四，此道已流東國者，敬王已來，至於六國，記注繁密，曾無一概，育王立塔，非敬王之時，又分明也。以此而推，則釋迦之興，不容在近，周世公旦之情，何得未有？

難云：夫子自以華禮興教，何宜乃說夷法？故歎中國失禮，求之四夷。亦良有別意。答曰：弘教次第，前論已詳，不復重辨。

難云：四夷之樂，裁出要荒之際，投諸四裔，亦密邇危羽之野。禹跡所至，不及河源，越裳白雉，尚稱重譯，則天竺、罽賓，久與上國殊絕，衰周已後，時或有聞。故鄒子以爲赤縣於宇內，止是九州中之一耳。漢初長安乃有浮圖，而像眇昧。張騫雖將命大夏，甘英遠屆安息，猶弗能宣譯風教，必其發夢帝庭，乃稍興顯，此則似時有通礙，非關運有起伏也。答曰：本以西域路近，而大法不被，此蓋由緣應未發，非謂其途爲遠也。其路既近，而此法永不東流，若非緣應未至，何以致此？及後東被，皆由緣應宜發，通礙各有其時，前論已盡也。

難曰：若必以緣應有會，則昔之淳厚，羣生何辜？今之澆薄，羣生何幸？假使斯法本以救澆者，夫爲罪莫過於殺，肉食之時，殺孰甚焉，而方俟火粒甫爲？教萌於大慈，神力不有所躓乎？若秔糧未播，殺事難息，未審前時過去諸佛，復以何法爲教？此教之萌起在何佛？兼四戒犯人，爲報乍輕，一殺害獸，受對更重，首輕末重，亦爲未達。夫立人之道，曰仁與義。周、孔所云，聞聲不食，斬伐以時者，蓋欲大明仁義之道。於鳥獸草木，尚曰其然，況在乎人，而可悖虐？非謂內惕寡方，意在緣報覘迹，或似論情頓乖，不審於內外兩聖。其事可得是均以不？此中參差，難用頓悟，謹備以諮洗，願具啓諸蔽。答曰：民資肉食，而火粒未啓，便令不肉，教豈得行，前論言之已具，不復重釋。衆生緣果所遭，各有期會。當昔佛教未被，是其惡業盛時；後之聞法，是其善業萌時。善惡各有其時，何關淳厚之與澆薄？五支之戒，各有輕重，非殺戒偏重，四支並輕。且五業雖異，而互相發起，犯人之戒，人重故先出，犯獸之戒，獸輕故後被。訓戒之道，次第宜然。周公、孔子，漸弘仁惻，前論已詳，請息重辨。若必釋教乖方，域之理外，此自一家之學，所不敢言。

（選自四部叢刊影印本廣弘明集卷五）

三、佛　記　序並敕啓三首

敕云：去歲令虞闡等撰佛記，並令作序。序體不稱，頻治改，猶未盡致。尋佛教因三假以寄法，藉二諦以明理，達相求宗，不著會道，論其指歸，似未至極。乃不應以此相煩，亦是一途善事，可得爲脣筆不？以故指敕。闡等結序末體，又似小異。

臣約言：佛記序今謹以上呈。詞義無取，伏懷自惡，謹啓。

敕云：記序始得看，今敕繕寫流布。

序曰：含靈萬品，既非記諜所窮，物物稟生，豈伊積塵能計？莫不起乎無理，而至乎無生者也。雖要終有地，而原始莫聞。自非靈照特達，宗極斯在，則理閉機初，鑽叩事絕，非唯四果不議，固亦十地罔窺。邈乎悠夐，有之而莫知所從者也。如來覆簣爰始，言登永路，起滅迴還，馳驟不息。去來五道，大千比之毫端；往復三界，祇劫未足稱遠。積明累照，念念不休，離此生滅，證成妙果。固已空有兼謝，豈徒齊遷魯變而已哉？旻昊區區，猶乘何言之稱；至人無己，寧以辭義爲珍？蓋由萬惑相扇，昧明代起，業假緣開，事須曉達。一音所吐，無思不服；義在狥物，動非爲己。法吼震灑於無外，甘露炳煥於龍宮，開宗闡教，致之有漸。標四諦於鹿園，辯百非於雙樹。廓不二之法門，廣一乘之長陌。行迷復路，弱喪知歸，而因應回舛，厥塗不一。白毫所照，遍刹土於恒沙；七步降踐，壅龍堆而攸被。推極神道，原本心靈。感之所召，跨無邊而咫尺；緣之所乖，面法城而不覩。及像教雲末，經紀東流，熱坂艱長，寒山峻阻，橫書左字，累萬方通，蒟葉成文，重譯未曉。自此迄今，千祀過半，靈迹稍啓，名僧間出，律藏方等，行來漸至，蘊乎西國，未至者多。雖法

身常住之奧遠，二諦三假之淵曠，悟道求宗，於斯可足。而能仁體
茲大聖，實爲本師。悠悠羣品，精靈所係，迄于前因往業，多所昧
略。然神化應感，參差互見。又世胄名氏，本國俗緣，散折衆部，卒
難討究。神功妙力，同出異名，降胎求道，寧止一相？託生迦維，本
由權迹，出自北門，非悟法之始，遍照東方，豈通化之極？適道已
來，四十九載，妙應事多，宜加總緝，共成區畛。至於經像舊録，境
刹遺記，開勸之功，於斯自遠。大權弘曠，亡身以濟物；應真耿介，
標心非爲己，分蹤或異，適末必同。神塗詭互，難以臆辨；靈怪偶
儻，言語斯絶。圖澄之龍見趙魏，羅什之鳳集關輔，犍陀近游京洛，
單開遠適羅浮，雖迹與俗同，而意無可察。塗出玉門，法座不遠，七
處九會，峨然在目。靈應肸蠁，徧富延澤以西；光景葳蕤，多見天山
之表。有志奇僧，每經游歷，神迹昭然，咸有文註，繁蕪舛雜，實須
裁整。分五道於人天，設重牢於厚地，各隨業力，的焉不差。此皆
卷舒真俗，終始名相。其玄塗幽遠，大則直至道場；其徵證切近，小
則開勸晚學。斯實兼濟之方舟，大悲之廣路，雖後智昏視肉，形窮
尺棰，緣動必應，又況進於此者乎！是以至聖慇懃，每存汲引，垂文
見意，貽厥將來。皇帝行成無始，道承曠刼，十號在躬，三達靡礙，
屈茲妙有，同此轉輪。傷昏慇惑，久迷正路，悱發之徒，空懷鑽仰，
條流緬曠，事難總一，志淺業勞，迄用無就，非所以關彼四衢，出之
火宅者也。乃詔中書侍郎虞闡，太子洗馬劉溉，後軍記室周捨，博
尋經藏，搜採註説，條別流分，各以類附。日少功多，可用譬此。名
曰佛記，凡三十篇。其有感應之流，事類相似，止取其一，餘悉不
書。或後死而更生，陳説經見，事涉杳冥，取驗無所，亦皆靡載，同
之關疑。或憑人以言，託想成夢，尤難信曉，一無所録。若夫欲遐
適者，必遠記所從；欲悟道者，必妙識所宗。然後能允得其門，親承
音旨。未有不知厥路，莫辨伊人，膠目暗踐，自與理合。所以引彼

衆流，歸之一源，可令莘莘含識，望塗知往，案砥矢而言歸，不迴遑於歧路。俾厥清信之士，亦有取於此云。

（選自四部叢刊影印本廣弘明集卷一五）

四、佛知不異衆生知義

佛者，覺也。覺者，知也。凡夫之與佛地，立善知惡，未始不同也。但佛地所知者，得善之正路；凡夫所知者，失善之邪路。凡夫得正路之知，與佛之知不異也。正謂以所善非善，故失正路耳。故知凡夫之知與佛之知不異，由於所知之事異，知不異也。凡夫之所知，不謂所知非善，在於求善而至於不善。若積此求善之心，會得歸善之路，或得路則至於佛也。此衆生之爲佛性，實在其知性常傳也。

五、六道相續作佛義

一切種智與五道六趣衆生，共有受知之分，無分異也。問曰：受知非知耶？答曰：非也。問：此以何爲體？答曰：相續不滅是也。相續不滅，所以能受知。若今生陶練之功漸積，則來果所識之理轉精，轉精之知來應，以至於佛，而不斷不絕也。若今生無明，則來果所識轉暗，轉暗之知亦來應，以至於六趣也。受知之具隨緣受知，知之美惡不關此受知之具也。問曰：知非知，既聞命矣，受知受知，自是相續不滅。知自然因緣中來，與此受知之具，從理而相關？答曰：有此相續不滅，自然因果中來。有因有果，何得無美無惡乎！

六、因　緣　義

凡含靈之性，莫不樂生；求生之路，參差不一。一爾流遷，塗徑各異；一念之間，衆緣互起；一因一果，內有差忒。好生之性，萬品斯同，自然所禀，非由緣立。固知樂生非因緣，因緣非樂生也。雖然，復俱宅形骸而各是一物。一念既召衆緣，衆緣各隨念起。善惡二念，誠有不同，俱資外助，事由一揆。譬諸非水非土，穀芽不生，因緣性識，其本既異，因果不惑。雖則必然，善惡獨起，亦有受礙。雖云獨起，起便成因，內因外緣，實由乎此也。

七、形　神　論

凡人一念之時，七尺不復關所念之地。凡人一念，聖人則無念不盡。聖人無己，七尺本自若空。以若空之七尺，總無不盡之萬念，故能與凡夫異也。凡人一念，忘彼七尺之時，則目廢於視，足廢於踐。當其忘目忘足，與夫無目無足亦何異哉？凡人之暫無，本實有。無未轉瞬，有已隨之，念與形乖則暫忘，念與心謝則復合。念在七尺之一處，則他處與異人同，則與非我不異。但凡人之暫無其無，其無甚促；聖人長無其無，其無甚遠。凡之與聖，其路本同。一念而暫忘，則是凡品；萬念而都忘，則是大聖。以此爲言，則形神幾乎惑人。疑因果相主，毫分不爽，美惡之來，皆有定業，而六度所修，咸資力致。若修此力致，復有前因，因熟果成，自相感召，則力致之功，不復得立，六度所修，幾於廢矣。<u>釋迦</u>邁九刼，勇猛所成；勇猛之因,定於無始;本不資九,安得稱玅?余以爲因果情照,本是二物。先有情照,却有因果,情照既動,而因果隨之。未有情照,因果何託?因識二塗,用合本異。其本既異,厥體不同。情照別起,於理非礙,六度九刼,差不足疑也。

八、神不滅論

含生之類,識鑒相懸,等級參差,千累萬殊。昆蟲則不逮飛禽,飛禽則不逮犬馬,昺明昭著,不得謂之不然。人品以上,賢愚殊性,不相窺涉,不相曉解,燕北越南,未足云殊。其愚者則不辨菽麥,悖者則不知愛敬,自斯已上,性識漸弘。班固九品,曾未概其萬一。何者?賢之與愚,蓋由知與不知也。愚者所知則少,賢者所知則多。而萬物交加,羣方緬曠,情性曉昧,理趣深玄,由其塗,求其理,既有曉昧之異,遂成高下之差。自此相傾,品級彌峻,窮其原本,盡其宗極,互相推仰,應有所窮。其路既窮,無微不盡,又不得謂不然也。且五情各有分域,耳目各有司存,心運則形忘,目用則耳廢。何則?情靈淺弱,心慮雜擾,一念而兼,無由可至。既不能兼,紛糾遞襲,一念未成,他端互起,互起衆端,復同前矣。不相兼之由,由於淺惑。惑淺爲病,病於滯有,不淺不惑,出於兼忘。以此兼忘,得此兼照,始自凡夫,至於正覺,始惑於不惑,不兼至能兼,又謂不然也。又,昆蟲夭促,含靈靡二,或朝生夕殪,或不識春秋,自斯而進,修短不一。既有其短,豈得無長?虛用損年,善攝增壽,善而又善,焉得無之?又不得謂之不然也。生既可夭,則壽可無夭,既無矣,則生不可極。形神之別,斯既然矣。形既可養,神寧獨異?神妙形粗,較然有辨。養形可至不朽,養神安得有窮?養神不窮,不生不滅,始末相校,豈無其人？自凡及聖,含靈義等,但事有精粗,故人有凡聖。聖既長存,在凡獨滅,本同末異,義不徑通。大聖貽訓,豈欺我哉!

（以上選自四部叢刊影印本廣弘明集卷二二）

九、難范縝神滅論

來論云:形卽是神,神卽是形。又云:人體是一,故神不得二。若如雅論,此二物不得相離,則七竅百體無處非神矣。七竅之用既異,百體所營不一,神亦隨事而應,則其名亦應隨事而改。神者,對形之名,而形中之形各有其用,則應神中之神亦應各有其名矣。今舉形則有四肢百體之異,屈伸聽受之別,各有其名,各有其用。言神唯有一名,而用分百體,此深所未了也。若形與神對,片不可差,何則形之名多,神之名寡也？若如來論,七尺之神,神則無處非形,形則無處非神矣。刀則唯刃,猶利非刃則不受利名。故刀是舉體之稱,利是一處之目。刀之與利既不同矣,形之與神豈可妄合耶？又,昔日之刀,今鑄爲劍,劍利卽是刀利,而刀形非劍形。於利之用弗改,而質之形已移,與夫前生爲甲,後生爲丙,天人之道或異,往識之神猶傳,與夫劍之爲刀,刀之爲劍,有何異哉？又,一刀之質分爲二刀,形已分矣,而各有其利。今取一牛之身而剖之爲兩,則飲齕之生卽謝,任重之用不分,又何得以刀之爲利,譬形之與神耶？

來論謂:刀之與利,卽形之有神。刀則舉體是一利,形則舉體是一神。神用於體,則有耳目手足之別,手之用不爲足用,耳之用不爲眼用。而利之爲用,無所不可,亦可斷蛟蛇,亦可截鴻雁,非一處偏可割東陵之瓜，一處偏可割南山之竹。若謂利之爲用亦可得分，則足可以執物，眼可以聽聲矣。若謂刀背亦有利，兩邊亦有利，但未鍛而錯之耳。利若遍施四方，則利體無處復立，形方形宜，並不得施利，利之爲用，正存一邊毫毛處耳。神之與形，舉體若合，又安得同乎？刀若舉體是利，神用隨體則分，若使刀之與利，其理若一，則脊下亦可安眼，背上亦可施鼻，可乎不可也？若以此譬爲盡耶？則不盡。若謂本不盡耶？則不可以爲譬也。若形卽是神，神卽是形，二者相資，理無偏謝，則神亡之日，形亦應消。而今有知之神亡，無知之形在，此則神本非形，形本非神，又不可得強令如一也。若謂總百體之質謂之形，總百體之用謂之神，今百體各有其分，則眼是眼形，耳是耳形，眼形非耳形，耳形非眼形，則神亦隨百體而分，則眼有眼神，耳有耳神，耳神非眼神，眼神非耳神也。而偏枯之體，其半已謝，已謝之半，事同木石。譬彼僵尸，永年不朽，此半同滅，半神既滅，半體猶存，形神俱謝，彌所駭惕。若夫二負之尸，經億載而不毀；單開之體，尚餘質於羅浮。神形若合，則此二士不應神滅而形存也。

　　來論又云：欻而生者，欻而滅者；漸而生者，漸而滅者。請借子之衝以攻子之城。漸而滅，謂死者之形骸始乎無知，而至於朽爛也。若然，則形之與神，本爲一物。形既病矣，神亦告病；形既謝矣，神亦云謝。漸之爲用，應與形俱。形以始亡未朽爲漸，神獨不得以始末爲漸耶？

　　來論又云：生者之形骸，變爲死者之骨骼。案如來論，生之神明，生之形骸，既化爲骨骼矣，明生之神明獨不隨形而化乎？若附形而化，則應與形同體。若形骸卽是骨骼，則死之神明不得異生之神明矣！向所謂死，定自未死也。若形骸非骨骼，則生神化爲死神。生神化爲死神，卽是三世，安謂其不滅哉？神若隨形，形既無知矣,形既無知,神本無質,無知便是神亡，神亡而形在，又不經通。若形雖無知，神尚有知，形神既不得異，則向之死形，翻復非枯木矣[1]

（選自四部叢刊影印本廣弘明集卷二二）

僧　祐

　　【簡介】　僧祐,本姓俞，生於公元四四四年(宋武帝永初二十一年)，死於公元五一八年(梁武帝天監十七年)，建業人。僧祐幼年時卽入建初寺禮拜,師事僧範。十四歲至定林寺投法達法師。出家後,受業於沙門法穎。穎是當時著名的律學大師,因此僧祐刻苦鑽求，精通律學。他曾爲齊竟陵文宣王宣講律學,聽衆常達七、八百人。入梁後，他更受朝廷禮遇，經常"乘輿入內殿,爲六宮受戒"。

　　他的著作有:釋迦譜五卷、世界記五卷、出三藏記集十卷、薩婆多部相承傳五卷、法苑集十卷、弘明集十卷等。其中尤以出三藏記集與弘明集兩部著作影響爲最大。出三藏記集一書,包括有當時佛教的譯著目錄,和中國僧徒所撰寫的佛教經論的序文,以及僧徒列傳。弘明集則"撰古今之明篇，總道俗之雅論",收集了許多當時佛教徒的重要論著，以及反佛教鬥爭的史料。這兩部著作都有很大的歷史價值,至今仍是我們研究當時佛教的重要思想資料。

　　僧祐主大乘性空説。他所謂的"真諦玄凝,法性虛寂"、(出三藏記集序)"道法空寂,包三界以等觀"(弘明集后序),就是講的萬法性空的道理。然而他雖主性空之理，却又不破神,而主存神之説,認爲"等觀三界,則神化之理常照"(同上)。因此,他講"道法空寂",並不空神,而主張神是實有的,因果三世輪迴受報就在於一個人的性靈不滅。由此可知,僧祐也是一位神不滅論者。他所宣揚的仍然是一套漢代以來的粗糙的唯心主義佛教神學。

一、弘明集後序

余所集弘明，爲法禦侮。通人雅論，勝士妙説，摧邪破惑之衝，弘道護法之塹，亦已備矣。然智者不迷，迷者乖智。若導以深法，終於莫領，故復撮舉世典，指事取徵。言非榮華，理歸質實，庶迷塗之人，不遠而復。總釋衆疑，故曰"弘明"。

論云：夫二諦差別，道俗斯分。道法空寂，包三界以等觀。俗教封滯，執一國以限心。心限一國，則耳目之外皆疑。等觀三界，則神化之理常照。執疑以迷照，羣生所以永淪者也。詳檢俗教，並憲章五經，所尊唯天，所法唯聖，然莫測天形，莫窺聖心，雖敬而信之，猶矇矇弗了。況乃佛尊於天，法妙於聖，化出域中，理絶繫表。肩吾猶驚怖於河漢，俗士安得不疑駭於覺海哉！既駭覺海，則驚同河漢。一疑經説迂誕，大而無徵；二疑人死神滅，無有三世；三疑莫見真佛，無益國治；四疑古無法教，近出漢世；五疑教在戎方，化非華俗；六疑漢魏法微，晉代始盛。以此六疑，信心不樹。將溺宜拯，故較而論之。

若疑經説迂誕，大而無徵者，蓋以積劫不極，世界無邊也。今世咸知百年之外，必至萬歲，而不信積萬之變，至於曠劫，是限心以量造化也。咸知赤縣之表，必有四極，而不信積極之遠，復有世界，是執見以判太虛也。昔湯問革曰："上下八方有極乎？"革曰："無極之外，復無極；無盡之中，復無盡。朕是以知其無極無盡也。"上古大賢，據理詶聖，千載符契，懸與經合。井識之徒，何知得異！夫以方寸之心，謀己身而致謬；圓分之眸，隔牆壁而弗見。而欲悔尊經、背聖説、誣積劫、罔世界，可爲愍傷者一也。

若疑人死神滅，無有三世，是自誣其性靈，而蔑棄其祖禰也。然則周、孔制典，昌言鬼神。易曰："游魂爲變，是以知鬼神之情狀。"既情且狀，其無形乎？詩云："三后在天，王配于京。"升靈上旻，豈曰滅乎？禮云："夏尊命，是（"是"應作"事"）鬼敬神。"大禹所祇，寧虛誕乎？書稱周公代武，云能事鬼神。姬旦禱親，可虛罔乎？苟亡而有靈，則三世如鏡，變化輪迴，孰知其極？俗士執禮，而背叛五經，非直誣佛，亦侮聖也。若信鬼於五經，而疑神於佛説，斯固聾瞽之徒，非議所及，可爲哀矜者二也。

若疑莫見真佛，無益國治，則禋祀望秩，亦宜廢棄。何者？蒼蒼積空，誰見上帝之貌；茫茫累塊，安識后祇之形？民自躬稼，社神何力？人造庸畷，蠟鬼奚功？然猶盛其犧牲之費，繁其歲時之祀者，豈不以幽靈宜尊，教民美報耶？況佛智周空界，神凝域表。上帝成天，緣其陶鑄之慈；聖王爲人，依其亭育之戒。崇法則六天咸喜，廢道則萬神斯怒。今人莫見天形，而稱郊祀有福，不覩金容，而謂敬事無報，輕本重末，可爲震懼者三也。

若疑古無佛教，近出漢世者，夫神化隱顯，孰測始終哉？尋羲農緬邈，政績猶湮，彼有法教，亦安得聞之。昔佛圖澄，知臨淄伏石有舊像露盤；犍陀勒見槃鴟山中，有古寺基塴；衆人試掘，並如其言。此萬代之遺徵，晉世之顯驗，誰判上古必無佛乎？列子稱周穆王時，西極有化人來，入水火，貫金石，反（"反"應作"厲"）山川、移城邑、乘虛不墜、觸實不礙、千變萬化，不可窮極，既能變人之形，又且易人之慮。穆王敬之若神，事之若君，觀其靈跡，乃開士之化。大法萌兆，已見周初，感應之漸，非起漢世，而封執一時，可爲歎息者四也。

若疑教在戎方，化非華夏者，則是前聖執地以定教，非設教以移俗也。昔三皇無爲，五帝德化，三王禮形，七國權勢，地當諸夏，而世教九變。今反以至道之源，鏡以大智之訓，感而遂通，何往不被？夫禹出西羌，舜生東夷，孰云地賤而棄其聖？丘欲居夷，聃適西戎，道之所在，寧選於地？夫以俗聖設教，猶不繫於華夷，況佛統大千，豈限化於西域哉？案禮王制云："四海之内，方三千里。"中夏所據，亦已不曠。伊洛本夏，而鞠爲戎墟；吴楚本夷，而翻成華邑。道有運流，而地無恒化矣。且夫厚戴無疆，寰域異統，北辰西北，故知天竺居中。今已區分中土稱華，以距正法，雖欲距塞，而神化常通，可爲悲凉者五也。

　　若疑漢魏法微，晉代始盛者，道運崇替，未可致詰也。尋沙門之修釋教，何異孔氏之述唐虞乎？孔修五經，垂範百王。然春秋諸侯，莫肯遵用，戰伐蔑之，將墜于地。爰至秦皇，復加燔爐。豈仲尼之不肖，而詩書之淺鄙哉？逮及漢武，始顯儒教，舉明經之相，崇孔聖之術。寧可以見輕七國，而遂廢後代乎？案漢元之世，劉向序仙云：七十四人出在佛經。故知經流中夏，其來已久。逮明帝感夢，而傅毅稱佛，於是秦景東使，而攝騰西至。乃圖像於關陽之觀，藏經於蘭臺之室。不講深文，故莫識奥義。是以楚王修仁潔之祠，孝桓建華蓋之祭。法相未融，唯神之而已。至魏武英鑒，書述妙化；孫權雄略，崇造塔寺。晉武之初，機緣漸深。耆域耀神通之跡，竺護集法寶之藏。所以百辟搢紳，洗心以進德；萬邦黎憲，刻意而遷善。暨晉明叡悟，秉壹棲神，手畫寶像，表觀樂覽。既而安上弘經於山東，什公宣法於關右，精義既敷，實相彌照。英才碩智，並驗理而伏膺矣。故知法雲始於觸石，慧水流于濫觴，教必有漸，神化之常，感應因時，非緣如何？故儒術非愚於秦而智於漢，用與不用耳；佛法非淺於漢而深於晉，明與不明耳。故知五經恒善而崇替隨運；佛化常熾而通塞在緣。一以此思，可無深惑，而執疑莫悟，可爲痛悼者六也。

夫信順福基，迷謗禍門。而況矇矇之徒，多不量力，以己所不知，而誣先覺之徧知；以其所不見，而罔至人之明見。鑒達三世，反號邪僻；專拘目前，自謂明智。於是迷疑塞胸，謗讟盈口，輕議以市重苦，顯誹以賈幽罰，言無錙銖之功，慮無毫釐之益。逝川若飛，藏山如電，一息不還，奄然後世，報隨影至，悔其可追？夫神化茫茫，幽明代運，五道變化，于何不之？天宮顯驗，趙簡、秦穆之錫是也；鬼道交報，杜伯、彭生之見是也。修德福應，殷代宋景之驗是也；多殺禍及，白起、程普之證是也。現世幽徵，備詳典籍；來生冥應，布在尊經。但緣感理奧，因果義微，微奧難領，故略而不陳。前哲所辨，關鍵已正，聊率鄙懷，繼之于末。雖文非珪璋，而事足聲鑑。惟愷悌君子，自求多福焉。

（選自四部叢刊影印本弘明集卷一四）

〔附〕　僧祐傳

釋僧祐，本姓俞氏，其先彭城下邳人。父世居於建業。祐年數歲，入建初寺禮拜，因踴躍樂道，不肯還家。父母憐其志，且許入道，師事僧範道人。年十四，家人密爲訪婚，祐知而避至定林，投法達法師。達亦戒德精嚴，爲法門梁棟。祐師奉竭誠，及年滿具戒，執操堅明。

初，受業於沙門法穎。穎既一時名匠，爲律學所宗。祐乃竭思鑽求，無懈昏曉，遂大精律部，有邁先哲。齊竟陵文宣王，每請講律，聽衆常七、八百人。永明中，勅入吳，試簡五衆，并宣講十誦，更伸受戒之法。凡獲信施，悉以治定林、建初，及修繕諸寺，并建無遮大集捨身齋等。及造立經藏，搜校卷軸，使夫寺廟廣開，法言無墜，咸其力也。祐爲性巧思，能自準心計，及匠人依標，尺寸無爽。故光宅攝山大像，剡縣石佛等，並請祐經始，準畫儀則。今上深相禮遇，凡僧事碩疑，皆勑就審決。年衰脚疾，勑聽乘輿入内殿，爲六宫受戒，其見重如此。

　　開善智藏、法音慧廓，皆崇其德素，請事師禮。梁臨川王宏、南平王偉、儀同陳郡袁昂、永康定公主、貴嬪丁氏，並崇其戒範，盡師資之敬，凡白黑門徒一萬一千餘人。以天監十七年五月二十六日，卒於建初寺，春秋七十有四。因窆於開善路西，定林之舊墓也。弟子正度，立碑頌德，東莞劉勰製文。初祐集經藏既成，使人抄撰要事，爲三藏記、法苑記、世界記、釋迦譜及弘明集等，皆行於世。

　　　　　　　　（選自金陵刻經處本梁慧皎高僧傳卷一一）

蕭　衍

【簡介】　蕭衍，字叔達，南朝梁代的第一位皇帝，諡武帝，生於公元四六四年（宋孝武帝孝建八年），死於公元五四九年（梁太清三年），南蘭陵中都里人（今江蘇武進）。他原是南齊王族，曾爲齊竟陵王蕭子良門客，與沈約、謝朓、王融、蕭琛、范雲、任昉、陸倕等人並遊，號稱八友。齊和帝卽位後，蕭衍官都督中外諸軍事，同年又進位相國，封爵梁公，又進梁王。第二年代齊，建立梁朝。梁書卷一有傳。

蕭衍是一個迷信極深的佛教徒，早年也曾信過道教，與著名道士陶弘景關係十分密切。他卽帝位後，遇到國家征討大事，還經常派遣使者去向陶弘景諮詢，以至當時有“山中宰相”之稱。天監三年（公元五〇四年）梁武帝曾下詔捨事道法，宣佈佛教爲國教。他曾四次捨身佛寺，大臣們花了大量錢財把他贖回來。在他的倡導下，有梁一代佛教之盛，僧尼之衆是空前的，僅首都建康（今南京）一處就有佛寺五百餘所，僧尼十餘萬人，“天下戶口幾亡其半”。

蕭衍是佛教神不滅論的鼓吹者。他把晉宋以來的涅槃佛性說與中國傳統的有神論思想結合起來，論證人人都有成佛的本性，這個本性就是人的神明（靈魂）。對於范縝堅持神滅的唯物主義無神論觀點，蕭衍不僅親自撰文反對，並且發動王公朝貴撰寫了七十多篇文章，對范縝進行圍攻。

蕭衍有關佛教的著作很多，除本書所選各篇外，主要的還有：

制旨大涅槃經講疏、大品注解、三慧經講疏、淨名經義記、制旨大集經講疏、發般若經題論義並問答等。

一、立神明成佛義記 並沈績序注

夫神道冥默，宣尼固已絕言；心數理妙，柱史又所未說。非聖智不周，近情難用語遠故也。是以先代玄儒，談遺宿業，後世通辯，亦淪滯來身，非夫天下之極慮，何得而詳焉！故惑者聞識神不斷而全謂之常，聞心念不常而全謂之斷。云斷則迷其性常，云常則惑其用斷。因用疑本，謂在本可滅；因本疑用，謂在用弗移。莫能精求，互起偏執，乃使天然覺性自没浮談。聖王稟以玄符，御茲大寶，覺先天垂則，觀民設化。將恐支離詭辯，搆義橫流，微叙繁絲，伊誰能振？釋教遺文，其將喪矣！是以著斯雅論，以弘至典。績早念身空，栖心内教，每餐法音，用忘寢疾，而暗情難曉，觸理多疑，至於佛性大義，頓迷心路。既天誥遠流，預同撫覿，萬夜獲開，千昏永曙，分除之疑，朗然俱澈。竊惟事與理亨，無物不識；用隨道合，奚心不辨？故行雲徘徊，猶感美音之和；游魚踴躍，尚賞清絲之韻；況以入神之妙，發自天衷。此臣所以舞之蹈之，而不能自己者也。敢以膚受，謹爲注釋，豈伊錐管，用窮天奧，庶幾固惑，所以釋焉。

夫涉行本乎立信，臣績曰：夫愚心暗識，必發大明。明不歘起，起必由行。行不自修，修必由信。信者，憑師仗理，無違之心也。故五根以一信爲本，四信以不違爲宗。宗信既立，萬善自行，行善造果，謂之行也。信立由乎正解。臣績曰：夫邪正不辨，將何取信？故立信之本，資乎正解。解正則外邪莫擾，臣績曰：信一心者，則萬邪滅矣。是知內懷正見，則外邪莫動也。**信立則內識無疑。**臣績曰：識者，心也。故成實論云：心、意、識、體一而異名。心既信矣，將何疑乎？**然信解所依，其宗有在。**臣績曰：依者，憑也。夫安心有本，則枝行自從。有本之旨，顯乎下句也。**何者？源神明以不斷爲精，精神必歸妙果。**臣績曰：神而有盡，寧謂神乎？故經云：吾見死者形壞，體化而神不滅。隨行善惡，禍福自追，此卽不滅斷之義也。若化同草木，則豈曰精乎？以其不斷，故終歸妙極。憑心此地，則觸理皆明。明於衆理，何行不成？信解之宗，此之謂也。**妙果體極常住，精神不免無常。**臣績曰：妙果明理已足，所以體唯極常。精神涉行未滿，故之不免遷變。**無常者，前滅後生，剎那不住者也。**臣績曰：剎那，是天竺國音，迅速之極名也。生而卽滅，寧有任乎？故淨名歎曰：比丘卽時生老滅矣。**若心用心於攀緣，前識必異後者，斯則與境俱往，誰成佛乎？**臣績曰：夫心隨境動，是其外用；後雖續前，終非實論。故知神識之性，湛然不移，故終歸於妙果矣。**經云：心爲正因，終成佛果。**臣績曰：略語佛因，其義有二：一曰緣因，二曰正因。緣者，萬善是也。正者，神識是也。萬善有助發之功，故曰緣因。神識是其正本，故曰正因。經既云終成佛果，斯驗不斷明矣。**又言：若無明轉，則變成明。案此經意，理如可求。何者？夫心爲用本，本一而用殊，殊用自有興廢，一本之性不移。**臣績曰：陶沐塵穢，本識則明，明暗相移，謂之變也。若前去後來，非變之謂。**一本者，卽無明神明也。**臣績曰：神明本暗，卽故以無明爲因。**尋無明之稱，非太虛之目，土石無情，豈無明之謂？**臣績曰：夫別了善惡，匪心不知；明審是非，匪情莫識。太虛無情，故不明愚智，土石無心，寧辨解惑？故知解惑存乎有心，愚智在乎有識。既謂無明，則義在心矣。**故知識慮應明，體不免惑，惑慮不知，故曰無明。**臣績曰：明爲本性，所以應明。識染外塵，故內不免惑。惑而不了，乃謂無明。因斯致稱，豈旨空也哉？**而無明體上，有生有滅，生滅是其異用，無明心義不改。**臣績曰：既有其體，便有其用。語用非體，論體非用。用有興廢，體無生滅者也。**將恐見其用異，便謂心隨境滅，**臣績曰：惑者迷其體用，故不能精。何者？夫體之與用，不離不卽。離體無用，故云不離；用義非體，故云不卽。見其不離，而迷其不卽；迷其不卽，便謂心隨境滅。**故繼無明名下，加以住地之目。此顯無明，卽是神明，神明性不遷也。**臣績曰：無明係以住地，蓋是斥其迷體。而抱惑之徒，

未曾論也。何以知然？如前心作無間重惡，後識起非想妙善，善惡之理大懸，而前後相去甚迥，斯用果無一本，安得如此相續？**臣續曰：不有一本，則用無所依。而惑者見其類續爲一，故舉大善斥相續之迷。是知前惡自滅，惑識不移，後善雖生，暗心莫改。臣續曰：未嘗以善惡生滅，虧其本也。**故經言：若與煩惱諸結俱者，名爲無明；若與一切善法俱者，名之爲明。豈非心識性一隨緣異乎？**臣續曰：若善惡互起，豈謂俱乎？而恒對其言，而常迷其旨，故舉此要文，以曉羣惑。**故知生滅遷變，酬於往因；善惡交謝，生乎現境。**臣續曰：生滅由於本業，非現境使之然；善惡生於今境，非本業令其爾也。**而心爲其本，未曾異矣。**臣續曰：雖復用由不同，其體莫異。**以其用本不斷，故成佛之理皎然；隨境遷謝，故生死可盡明矣！**臣續曰：成佛皎然，狀其本也；生死可盡，由其用也。若用而無本，則滅而不成；若本而無用，則成無所滅矣。**

（選自四部叢刊影印本弘明集卷九）

二、敕答臣下神滅論

位現致論，要當有體。欲談無佛，應設賓主，標其宗旨，辨其短長，來就佛理以屈佛理，則有佛之義既躓，神滅之論自行。豈有不求他意，妄作異端，運其隔心，鼓其騰口，虛畫瘡痏，空致詆訶？篤時之蟲，驚疑於往來；滯甃之鼁，河漢於遠大。其故何也？淪蒙怠而爭一息，抱孤陋而守井幹，豈知天地之長久，溟海之壯闊？孟軻有云："人之所知，不如人之所不知。"信哉！觀三聖設教，皆云不滅，其文浩博，難可具載，止舉二事，試以爲言。祭義云："惟孝子爲能饗親。"禮運云："三日齋，必見所祭。"若謂饗非所饗，見非所見，違經背親，言語可息。神滅之論，朕所未詳。

〔附　釋法雲與王公朝貴書
並六十二人答（選）〕

主人答臣下審神滅論，今遣相呈。夫神妙寂寥，可知而不可說。義經丘而未曉，理涉旦而猶昏。主上凝天照本，襲道赴機，垂答臣下，旨訓周密。孝享之禮既彰，桀懷曾、史之慕；三世之言復闡，紂協波崙之情。預非草木，誰不歌歡？希同挹風猷，共加弘讚也。釋法雲呈。

辱告。惠示敕答臣下審神滅論，淵旨沖邈，理窮幾奧。竊以修因趣果，神無兩識，由道得滅，佛惟一性。殷人示民有知，孔子祭則神在，或理傳妙覺，或義闡生知，而楊、墨紛綸，徒然穿鑿，凝滯逐往，將掩名教。聖情玄覽，理證無間，振領持綱，舒張毛目，抑揚三代，汲引同歸。實假雙祛，朗然無礙，伏奉循環，疑吝俱盡。來告存及，悲抱唯深。柳憕頓首白。

辱告。惠示至尊答臣下神滅論，伏覽未周，煙雲再廓。竊惟蠢動有知，草木無識。神滅瞽論，欲以有知同此無識，乃謂種智亦與形骸俱盡，此實理之可悲。自非德合天地，均大域中，屬反流之日，值飲化之幾，則二諦之言無以得被，三世之談幾乎息矣。聖上愍此四生方淪六道，研校孔、釋，共相提證，使窮陸知海，幽都見日，至言與秋陽同朗，羣疑與春冰俱釋。雖發論弘道，德感沖襟，而預聞訓誘，俯欣前業。法師服膺法門，深同此慶，謹當讚味吟誦，始終無斁。弟子庾詠和南。

卓和南。辱告。蒙示敕答臣下審神滅論，伏覽淵謨，用清魂府，既排短說，實啓羣疑。竊惟人生最靈，神用不極，上則知來藏往，次乃鄰庶入幾。以此觀之，理無可滅。是以巨儒伸其祀事，大慈照其生緣，内外發明，已足祛滯，況復天誨諄諄，引諭彌博，弘資始於黔黎，導識業於精爽，固令開蒙出障，坐測重玄。異端既絕，正路斯反。論者慚其墨守，范氏悟其膏肓，預在有識，孰不擊讚。但弟子徒懷遊聖，終慚管窺，頂奉戴躍，永懼膚誘。謝綽和南。

辱告。惠示敕旨答臣下審神滅論，源深趣遠，豈鹿兔所測？隨類得解，或亦各欣其所見，奉以周旋，不勝舞躍。法師學冠一時，道叶千載，起予之寄，允在明德，想弘宣妙旨，無復遺蘊邪？弟子業謝專經，智非通識，豈能仰述淵猷，讚揚風教？論者限以視聽，豈達曠遠？目覩百年，心惑三世，謂形魄既亡，神魂俱滅，斯則既違釋典，復乖孔教矣，焉可與言至道，語妙理者哉？夫明則有禮樂，幽則有鬼神，是以孔宣垂範，以知死酬問；周文立教，以多才代終。詩稱“三后在天”，書云“祖考來格”。且濠上英華，著方生之論；柱下叡哲，稱其鬼不神。爲薪而火傳，交臂而生謝，此皆陳之載籍，彰彰其明者也。夫緣假故有滅，業造故無常，是以五陰合成，終同煙盡，四微虛構，會均火滅。竊謂神明之道，非業非緣。非業非緣，故雖遷不滅。能緣能業，故苦樂殊報。此能仁之妙唱，搢紳之所抑也。雖教有殊途，理還一致。今棄周、孔之正文，背釋氏之真說，未知以此，將欲何歸？正法住世，尚有斷常之說，況像法也，流而無異端之論？有神不滅，乃三聖同風，雖典籍著明，多歷年所，通儒碩學，並未能值。皇上智周空有，照極神源，爰發聖衷，親染神翰，弘獎至教，啓悟重昏，令夫學者永祛疑惑。眷遂不遺，使得預餐風訓，沐浴頂戴，良兼欣戢。明山賓和南。

孝經云："生則親安之，祭則鬼饗之。"樂記云："明則有禮樂，幽則有鬼神。"詩云："肅雍和鳴，先祖是聽。"周官宗伯職云："樂九變，人鬼可得而禮。"祭義云："入户愾然，必有聞乎其歎息之聲。"尚書云："若示三王有太子之責。"左傳云："鯀神化爲黄能，伯有爲妖，彭生豕見。"右七條。弟子生此百年，早聞三世，驗以衆經，求諸故實，神鬼之證，既布中國之書，菩提之果，又表西方之學，聖教相符。性靈無泯，致言或異，其揆唯一。但以聖人之化，因物通感，抑引從急，與奪隨機。非會不言，言必成務；非時不感，感惟濟物。而參差業報，取捨之塗遂分；往還緣集，淪悟之情相舛。狎其小識，晦兹大旨，滯涀聞見，莫辯幽微，此榆枋所以笑九萬，赤縣所以駭大千，故其宜也。若斯之倫，遂復構穿鑿，駕危辯，鼓偶言，煽非學，是謂異端，故宣尼之所害也。我皇繼三五而臨萬機，紹七百以御六辯，勳格無稱，道還淳粹，經天緯地之德，左日右月之明。皇王之所未曉，羣聖之所不備，億兆之所宜通，將來之所必至，莫不挹其玄波，而達其幽致者也。伏覽神論，該冠真俗，三才載朗，九服移心。跂行蠢蠕，猶知舞蹈，況在生靈，誰不撫節？弟子少缺下帷，尤蔽名理，既符夙志，竊深踊躍。至如百家恢怪，所述良多，搜神靈鬼，顯驗非一。且般若之書，本明斯義，既魔從所排，輒無兼引，自非格言，孰能取正？略說七條，皆承經典，譬猶秋毫之憑五嶽，蠲氏之附六軍，敢瀝微塵，祇增悚忏。弟子庾黔婁和南。

猥枉明誥，須述敕旨，審神不滅，以答臣下，理據昞然，表裏該妙，所以慧現獨宣，舟梁含氣。夫目所不覩，惟屏爲隔，耳所不聞，退邐致擁，不得以不聞不見，便謂無聲無物。今欲詰内教，當仗外書，外書不殊，内教兹現。書云："魂氣無所不之。"佛經又曰："而神不滅。"既内外符同，神在之事，無所多疑。疑其滅者，即蜉蝣不知晦朔，蟪蛄之非春秋，寧識大椿之永久，日月之無窮？主上聖明超古，微妙通神，三世之旨有證，孝饗之理斯光。蒼生管見，已晦而復曉；晚俗淪溟，既迷而更悟。弟子宿值逢幸，預從餐道，投心慈氏，歸敬誠深，唯屏來緣可期，載懷鳧藻而已。弟子顔繕呈。

辱告。惠示救難滅性論。竊以慈波洪被，道冠衆靈，智照淵凝，理絶羣古。七禪八慧之辨，三空四諦之微，故以焕乎載籍，炳於通誥也。優陀云，喻如百首齊音，同讚妙覺，尚不能言萬分之一矣。夫業生則報起，因往則果來，雖義微而事著，亦理幽而證顯，自近可以知遠，尋邇可以探遐。譬如日月懸天，無假離朱之目；鳴鍾在耳，不勞子期之聽。而議者自昏，迷途難曉，苟狗所懷，坐顚坑窣。伏覽皇上令旨，理妙辭綿，致極鈎深，究至寂而異闡，啓幽途以還晰，雖復列聖齊鑣，羣經聯奥，靈山金口，禪冰玉舌，終不能捨此以求通，遠兹而得正。信哉！澡江漢之波，塵滓以滌，導德齊禮，遷風反化，法俗兼通，於是乎在。付此言展，方盡述讚。弟子司馬褧呈。

（選自四部叢刊影印本弘明集卷一〇）

三、爲亮法師製湼槃經疏序

曰：非言無以寄言，言即無言之累，累言則可以息言，言息則諸見競起。所以如來乘本願以託生，現慈力以應化，離文字以設教，忘心相以通道。欲使珉玉異價，涇渭分流，制六師而正四倒，反八邪而歸一味。折世智之角，杜異人之口，導求珠之心，開觀象之目，救燒灼於火宅，拯沈溺於浪海。故法雨降而燋種更榮，慧日升而長夜蒙曉；發迦葉之悱憤，吐真實之誠言。雖復二施等於前，五大陳於後，三十四問參差異辯，方便勸引各隨意答。舉要論經，不出兩塗，佛性開其本有之源，涅槃明其歸極之宗。非因非果，不起不作，義高萬善，事絕百非。空空不能測其真際，玄玄不能窮其妙門。自非德均平等，心合無生，金牆玉室，豈易入哉？

（選自四部叢刊影印本廣弘明集卷二〇）

四、注解大品序

機事未形，六畫得其悔吝；玄象既運，九章測其盈虛。斯則鬼神不能隱其情狀，陰陽不能遁其變通。至如摩訶般若波羅密者，洞達無底，虛豁無邊，心行處滅，言語道斷。不可以數術求，不可以意識知，非三明所能照，非四辯所能論。此乃菩薩之正行，道場之直路，還源之真法，出要之上首。本來不然，畢竟空寂，寄大不能顯其博，名慧不能庶其用，假度不能機其通，借岸不能窮其實。若談一相，事絕百非，補處默然，等覺息行，始乃可謂無德而稱，以無名相，作名相說。導涉求之意，開新發之眼，故有般若之字，彼岸之號。頃者學徒罕有尊重，或時聞聽，不得經味。帝釋誠言，信而有徵。此實賢衆之百慮，菩薩之魔事。故唱愈高，和愈寡，知愈希，道愈貴，致使正經沈匱於世。實由虛己情少，懷疑者多。虛己少，則是我之見深；懷疑多，則橫構之慮繁。然則，雖繁慮紛紜，不出四種。一謂此經非是究竟，多引涅槃以爲碩訣。二謂此經未是會三，咸誦法華以爲盛難。三謂此經三乘通教，所說般若即聲聞法。四謂此經是階級行，於漸教中第二時説。舊義如斯，乃無是非。較略四意，粗言所懷：涅槃是顯其果德，般若是明其因行。顯果則以常住佛性爲本，明因則以無生中道爲宗。以世諦言説，是涅槃，是般若；以第一義諦言説，豈可復得談其優劣？法華會三以歸一，則三遣而一存，一存未免乎相，故以萬善爲乘體。般若卽三而不三，則三遣而一亡，然無法之可得，故以無生爲乘體。無生絕於戲論，竟何三之可會？所謂百花異色，共成一陰；萬法殊相，同入般若。言三乘通教，多執二文，今復開五意，以增所疑。一，聲聞若智若斷，皆是菩薩無生法忍。二，三乘學道，宜聞般若。三，三乘同學般若，俱成菩提。四，三乘欲住欲證，不離是忍。五，羅漢辟支，從般若生。於此五義不善分別，堅著三乘教同一門，遂令朱紫共色，珉玉等價。若明察此説，深求經旨，連環既解，弄丸自息。謂第二時，是亦不然。人心不同，皆如其面，根性差別，復過於此，非可局以一教，限以五時。般若無生，非去來相，豈可以數量拘，寧可以次第求？始於道樹，終於雙林，初中後時，常説智慧，復何可得名爲漸教？釋論言：須菩提聞法華經中説，於佛所作少功德，乃至戲笑，漸漸必當作佛。又聞阿鞞跋致品中有退不退，又復聞聲聞人皆當作佛。是故今問爲畢定，爲不畢定？以此而言，去之彌遠。夫學出離，非求語言；應定觀道，以正宗致。三乘不分，依何義説？相與無相，有如水火，二性相違，豈得共貫？雖一切聖人以無爲法，三乘入空其行各異。聲聞以壞緣觀，觀生滅空；緣覺以因緣觀，觀法性空；菩薩以無生觀，觀畢竟空。此則淄澠殊味，涇渭分流，非可以口勝，非可以力爭。欲及弱喪，去斯何適｜值大寶而不取，遇深經而不求，亦何異窮子反走於宅中，獨姥掩目於道上？此酒惑行之常性，迷途之恒心，但好龍而觀畫，愛象而玩迹。荆山可爲流慟，法水所以大悲。經譬兔馬，論喻鹿犀，俱以一象配成三獸，用渡河以測境，因圍鹿以驗智。格得空之淺深，量相心之厚薄。懸鏡在前，無待耳識；離婁既睇，豈勞相者？若無不思議之理，豈有不思誼之事！放瑞光於三千，集奇蓮於十方，變金色於大地，嚴華臺於虛空，表舌相之不虛，證般若之真實，所以龍樹、道安、童壽、慧遠，或以大權應世，或以殆庶救時，莫不服膺上法。如説修行，況於細人可離斯哉！

此經東漸，二百五十有八歲。始於魏甘露五年，至自于闐。叔蘭開源，彌天導江，鳩摩羅什澍以甘泉，三譯五校，可謂詳矣。龍樹菩薩著大智論，訓解斯經，義旨周備。此實如意之寶藏，智慧之滄海，但其文遠曠，每怯近情。朕以聽覽餘日，集名僧二十人，與天保寺法寵等，詳其去取，靈根寺慧令等，兼以筆功，探采釋論，以注經本，略其多解，取其要釋。此外或捃關河舊義，或依先達故語，時復開出，以相顯發。若章門未開，義勢深重，則參懷同事，廣其所見，使質而不簡，文而不繁，庶令學者有過半之思。講般若經者，多説五時，一住、聽受，似有條理。重更研求，多不相符。唯仁王般若，具書名部，世既以爲疑經，今則置而不論。僧叡小品序云：斯經正文凡有四種，是佛異時適化之説，多者十萬偈，少者六百偈。略出四種，而不列名。釋論言般若部黨有多有少，光讚、放光、道行，止舉三名，復不滿四。此土別有一卷，謂爲金剛般若，欲以配數，可得爲五。既不具得經名，復不悉時之前後，若以臆斷，易致譏嫌，此非義要，請俟多聞。今注大品，自有五段，非彼所言五時般若。勸説以不住標其始，命説以無教通其道，願説以無得顯其行，信説以甚深歎其法，廣説以不盡要其終。中品所以累教，末章所以三屬，義備後釋，不復詳言。設乃時曠正教，處無法名，猶且苦辛草澤，經歷嶮遠，翹心遏聽，澍意希夷，冀遲玄應。想像空聲，輕生以重半偈，賣身以尊一言，甘歃血而不疑，欣出髓而無悋。況復龍宮神珠，寶臺金牒，難得之貨，難聞之法，徧布塔寺，充仞目前，豈可不伏心受持，虛懷鑽仰，使佛種相續，菩提不斷！知恩反覆，更無他道，方以雪山，匹以香城，寧得同日語其優劣？率書所得，懼增來過，明達後進，幸依法行。

（選自<u>金陵刻經處</u>本<u>出三藏記集卷八</u>）

曹　思　文

【簡介】　曹思文,齊梁時人,生卒年不詳,齊永泰時(公元四九八年)曾爲國子助教,梁武帝時曾爲尚書論功郎。

他是梁武帝發動圍攻范縝神滅論的重要幫手之一,寫有兩篇難范縝神滅論的文章。但他感到並不能從根本上駁倒神滅論,所以在給梁武帝的啓奏中說:"思文情識愚淺,無以折其鋒銳。"

一、難 神 滅 論 並啓詔

論曰:神卽形也,形卽神也。是以形存則神存,形謝則神滅也。難曰:形非卽神也,神非卽形也,是合而爲用者也,而合非卽矣。生則合而爲用,死則形留而神逝。何以言之?昔者趙簡子疾,五日不知人,秦穆公七日乃寤,並神遊於帝所,帝賜之鈞天廣樂。此其形留而神逝者乎?若如論言,形滅則神滅者,斯形之與神,應如影響之必俱也。然形既病焉,則神亦病也,何以形不知人,神獨遊帝所(按,"所"字原脱,據文義補),而欣歡於鈞天廣樂乎?斯其寐也,魂交,故神遊於蝴蝶,卽形與神分也;其覺也,形開,蘧蘧然周也,卽形與神合也。然神之與形,有分有合,合則共爲一體,分則形亡而神逝也。是以延陵穼子而言曰:"骨肉歸復于土,而魂氣無不之也。"斯卽形亡而神不亡也。然經史明證,灼灼也如此,寧是形亡而神滅者也₁

論曰：問者曰：經云，"爲之宗廟，以鬼饗之"。通云非有鬼也，斯是聖人之教然也，所以達孝子之心，而屬渝薄之意也。難曰：今論所云，皆情言也，而非聖旨。請舉經記，以證聖人之教。孝經云："昔者周公郊祀后稷以配天，宗祀文王於明堂以配上帝。"若形神俱滅，復誰配天乎？復誰配帝乎？且無神而爲有神。宣尼云："天可欺乎？"今稷無神矣，而以稷配，斯是周旦其欺天乎？果其無稷也，而空以配天者，既其欺天矣，又其欺人也。斯是聖人之教，教以欺妄也。設欺妄以立教者，復何達孝子之心，屬渝薄之意哉？

原尋論旨，以無鬼爲義。試重詰之曰：孔子菜羹瓜祭，祀其祖禰也。記云："樂以迎來，哀以送往。"神既無矣，迎何所迎？神既無矣，送何所送？迎來而樂，斯假欣於孔貌；送往而哀，又虛淚於丘體。斯則夫子之祭禮也，欺僞滿於方寸，虛假盈於廟堂。聖人之教，其若是乎？而云聖人之教然也，何哉？

思文啓：竊見范縝神滅論，自爲賓主，遂有三十餘條。思文不惟暗蔽，聊難論大旨，二條而已，庶欲以此傾其根本，謹冒上聞。但思文情用淺屓，懼不能徵折詭經，仰黷天照，伏追震悸。謹啓。

詔答所難二條，當別詳覽也。

（選自四部叢刊影印本弘明集卷九）

二、重難神滅論

論曰：若合而爲用者，明不合則無用，如蚤駏之相資，廢一則不可。此乃是滅神之精據，而非存神之雅決。子意本欲請戰，而定爲我援兵也。論又云：形之於神，猶刃之於利，未聞刃沒而利存，豈形亡而神在？又伸延陵之言，卽形消於下，神滅於上，故云無不之也。

又云：以稷配天，非欺天也，猶湯放武伐，非弒君也。子不責聖人放弒之迹，而勤勤於郊稷之妄邪？難曰：蚩蚩駏驉是合用之證耳，而非形滅卽神滅之據也。何以言之？蚩非驉也，驉非蚩也。今滅蚩蚩，而駏驉不死；斬駏驉，而蚩蚩不亡，非相卽也。今引此以爲形神俱滅之精據，又爲救兵之良援，斯倒戈授人，而欲求長存也。悲夫！斯則形滅而神不滅之證一也。

論云：形之與神，猶刃之於利，未聞刃沒而利存，豈容形亡而神在？雅論據形神之俱滅，唯此一證而已，愚有惑焉。何者？神之與形，是二物之合用，卽論所引蚩駏相資是也。今刃之於利，是一物之兩名耳。然一物兩名者，故捨刃則無利也；二物之合用者，故形亡則神逝也。今引一物之二名，以徵二物之合用，斯差若毫釐者，何千里之遠也？斯又是形滅而神不滅之證二也。

又伸延陵之言曰：卽是形消於下，神滅於上。論云形神是一體之相卽，今形滅於此，卽應神滅於形中，何得云形消於下，神滅於上，而云無不之乎？斯又是形滅而神不滅之證三也。

又云：以稷配天，非欺天也，猶湯放桀，武伐紂，非弒君也。卽是權假以除惡乎？然唐、虞之君，無放伐之患矣！若乃運非太平，世值三季，權假立教，以救一時，故權稷以配天，假文以配帝，則可也。然有虞氏之王天下也，禘黃而郊嚳，祖顓而宗堯，既淳風未殄，時非權假，而令欺天罔帝也何乎？引證若斯，斯又是形滅而神不滅之證四也。

斯四證既立，而根本自傾，其餘枝葉，庶不待風而靡也。

論曰：樂以迎來，哀以送往，此義不假通而自釋，不復費於無用，禮記有斯言多矣。又云：夫言欺者，謂傷化敗俗耳，苟可以安上治民，復何欺妄之有乎？難曰：前難云，迎來而樂，是假欣於孔貌；送往而哀，又虛淚於丘體，斯實鄙難之雲梯，弱義之鋒的。在此言也，而答者曾不慧解，唯云不假通而自釋。請重言之曰：依如論旨，既已許孔是假欣而虛淚也，又許稷之配天是指無以爲有也。宣尼云：亡而爲有，虛而爲盈，斯爻象之所不占，而格言之所攸棄。用此風以扇也，茲化何得不傷，茲俗於何不敗，而云可以安上治民也何哉？論云已通，而昧者未悟。聊重往諮，側聞提耳。

（選自四部叢刊影印本弘明集卷九）

蕭　琛

【簡介】 蕭琛，字彥倫，生於公元四七八年（宋順帝昇明二年），死於公元五三〇年（梁武帝中大通二年），南蘭陵人（今江蘇武進）。他在齊時曾與梁武帝蕭衍同爲竟陵王蕭子良門客，官至黃門侍郎。入梁後，官至雲麾將軍晉陵太守，授金紫光禄大夫。梁書卷二十六有傳。

　　齊梁時著名的唯物主義無神論思想家范縝是蕭琛的内兄，但蕭琛却是一個佛教的信奉者。他附和齊竟陵王蕭子良和梁武帝蕭衍，對范縝的神滅論發起駁難。他論證神不滅的主要論點是：“靈質分途”，“神與形離”，“形傷神不害”。

一、難神滅論並序（本論范縝作）

　　内兄范子縝著神滅論，以明無佛。自謂辯摧衆口，日服千人。予意猶有惑焉，聊欲薄其稽疑，詢其未悟。論至今所持者形神，所訟者精理。若乃春秋孝享，爲之宗廟，則以爲聖人神道設教，立禮防愚。杜伯關弓，伯有被介，復謂天地之間，自有怪物，非人死爲鬼。如此，便不得詰以詩、書，校以往事，唯可於形神之中，辨其離合。脱形神一體，存滅罔異，則范子奮揚蹈厲，金湯邈然。如靈質分途，興毀區別，則予刲敵得儁，能事畢矣。又，予雖明有佛，而體佛不與俗同爾。兼陳本意，係之論左焉。

問曰：子云神滅，何以知其滅邪？答曰：神即形也，形即神也。是以形存則神存，形謝則神滅也。

問曰：形者，無知之稱；神者，有知之名。知與無知，即事有異，神之與形，理不容一。形神相即，非所聞也。答曰：形者，神之質；神者，形之用。是則形稱其質，神言其用，形之與神，不得相異。

難曰：今論形神合體，則應有不離之證。而直云神即形，形即神；形之與神，不得相異，此辨而無徵，有乖篤喻矣。予今據夢以驗，形神不得共體。當人寢時，其形是無知之物，而有見焉，此神遊之所接也。神不孤立，必憑形器，猶人不露處，須有居室。但形器是穢暗之質，居室是蔽塞之地。神反形內，則其識微惛；惛，故以見為夢。人歸室中，則其神暫壅；壅，故以明為昧。夫人或夢上騰玄虛，遠適萬里，若非神行，便是形往邪？形既不往，神又弗離，復焉得如此？若謂是想所見者，及其安寐，身似僵木，氣若寒灰，呼之不聞，撫之無覺。既云神與形均，則是表裏俱勍，既不外接聲音，寧能內興思想？此即形靜神馳，斷可知矣！又疑凡所夢者，或反中詭遇，趙簡子夢童子臝歌，而吳入郢。晉小臣夢負公登天，而負公出諸廁之類是也。或理所不容，呂錡夢射月中之兔，吳后夢腸出繞閶闔門之類是也。或先覺未兆，呂姜夢天名其子曰虞，魯人夢秉君子謀欲亡魯之類是也。或假借象類，蔡茂夢禾失為秩，王濬夢三刀為州之類是也。或即事所無，胡人夢舟，越人夢騎之類是也。或乍驗乍否。殷宗夢得傅說，漢文夢獲鄧通，驗也。否事衆多，不復具載。此皆神化茫渺，幽明不測，易以約通，難用理檢。若不許以神遊，必宜求諸形內，恐塊爾潛靈，外絕覿覯，雖復扶以六夢，濟以想因，理亦不得然也。

問曰：神故非質，形故非用，不得為異，其義安在？答曰：名殊而體一也。

問曰：名既已殊，體何得一？答曰：神之於質，猶利之於刃；形之於用，猶刃之於利。利之名非刃也，刃之名非利也，然而捨利無刃，捨刃無利。未聞刃没而利存，豈容形亡而神在？

難曰：夫刃之有利，砥礪之功，故能水截蛟螭，陸斷兕虎。若窮利盡用，必摧其鋒鍔，化成鈍刃。如此，則利滅而刃存，即是神亡而形在，何云捨利無刃，名殊而體一邪？刃利既不俱滅，形神則不共亡，雖能近取譬，理實乖矣。

問曰：刃之與利，或如來說，形之與神，其義不然。何以言之？木之質無知也，人之質有知也。人既有如木之質，而有異木之知，豈非木有其一，人有其二邪？答曰：異哉言乎！人若有如木之質以爲形，又有異木之知以爲神，則可如來論也。今人之質，質有知也；木之質，質無知也。人之質，非木質也；木之質，非人質也。安在有如木之質，而復有異木之知？

問曰：人之質所以異木質者，以其有知耳。人而無知，與木何異？答曰：人無無知之質，猶木無有有知之形。

問曰：死者之形骸，豈非無知之質邪？答曰：是無知之質也。

問曰：若然者，人果有如木之質，而有異木之知矣。答曰：死者有如木之質，而無異木之知；生者有異木之知，而無如木之質。

問曰：死者之骨骼，非生者之形骸邪？答曰：生形之非死形，死形之非生形，區已革矣。安有生人之形骸，而有死人之骨骼哉？

問曰：若生者之形骸非死者之骨骼，死者之骨骼則應不由生者之形骸，不由生者之形骸，則此骨骼從何而至？答曰：是生者之形骸，變爲死者之骨骼也。

問曰：生者之形骸，雖變爲死者之骨骼，豈不因生而有死？則知死體猶生體也。答曰：如因榮木變爲枯木，枯木之質，寧是榮木之體？

問曰：榮體變爲枯體，枯體即是榮體。如絲體變爲縷體，縷體

卽是絲體，有何咎焉？答曰：若枯卽是榮，榮卽是枯，則應榮時彫
零，枯時結實。又，榮木不應變爲枯木，以榮卽是枯，故枯無所復變
也。又，榮枯是一，何不先枯後榮，要先榮後枯何也？絲縷同時，不
得爲喻。

問曰：生形之謝，便應豁然都盡，何故方受死形，綿歷未已邪？
答曰：生滅之體，要有其次故也。夫歘然而生者，必歘然而滅，漸而
生者，必漸而滅。歘而生者，飄驟是也；漸而生者，動植是也。有歘
有漸，物之理也。

難曰：論云，人之質有知也，木之質無知也。豈不以人識涼燠、
知痛痒，養之則生，傷之則死邪？夫木亦然矣。當春則榮，在秋則
悴，樹之必生，拔之必死，何謂無知？今人之質，猶如木也，神留則
形立，神去則形廢。立也卽是榮木，廢也卽是枯木，子何以辨此非
神知，而謂質有知乎？凡萬有皆以神知，無以質知者也。但草木蜫
蟲之性，裁覺榮悴生死；生民之識，則通安危利害。何謂非有如木
之質以爲形，又有異木之知以爲神邪？此則形神有二，居可別也。
但木禀陰陽之偏氣，人含一靈之精照，其識或同，其神則異矣。骨
骸形骸之論，死生授受之說，義既前定，事又不經，安用典辨哉？

問曰：形卽神者，手等亦是神邪？答曰：皆是神分。

問曰：若皆是神分，神應能慮，手等亦應能慮也。答曰：手等有
痛痒之知，而無是非之慮。

問曰：知之與慮，爲一爲異？答曰：知卽是慮。淺則爲知，深則
爲慮。

問曰：若爾應有二慮，慮既有二，神有二乎？答曰：人體惟一，
神何得二？

問曰：若不得二，安有痛痒之知，而復有是非之慮？答曰：如手
足雖異，總爲一人。是非痛痒雖復有異，亦總爲一神矣。

問曰：是非之慮不關手足，當關何也？答曰：是非之慮，心器所主。

問曰：心器是五臟之心非邪？答曰：是也。

問曰：五臟有何殊別，而心獨有是非之慮？答曰：七竅亦復何殊，而所用不均何也？

問曰：慮思無方，何以知是心器所主？答曰：心病則思乖，是以知心爲慮本。

問曰：何知不寄在眼等分中邪？答曰：若慮可寄於眼分，眼何故不寄於耳分。

問曰：慮體無本，故可寄之於眼分。眼自有本，不假寄於他分。答曰：眼何故有本，而慮無本？苟無本於我形，而可遍寄於異地，亦可張甲之情，寄王乙之軀，李丙之性，託趙丁之體？然乎哉？不然也。

難曰：論云，形神不殊，手等皆是神分。此則神以形爲體，體全卽神全，體傷卽神缺矣。神者何？識慮也。今人或斷手足、殘肌膚，而智思不亂。猶孫臏刖趾，兵略愈明，膚浮解腕，儒道方謐。此神與形離，形傷神不害之切證也。但神任智以役物，託器以通照，視聽香味，各有所憑，而思識歸乎心器。譬如人之有宅，東閣延賢，南軒引景，北牖招風，西櫺映月，主人端居中雷，以收四事之用焉。若如來論，口鼻耳目各有神分，一目病卽視神毀，二目應俱盲矣；一耳疾卽聽神傷，兩耳俱應聾矣。今則不然，是知神以爲器，非以爲體也。又云，心爲慮本，慮不可寄之他分。若在於口眼耳鼻，斯論然也；若在於他心，則不然矣。耳鼻雖共此體，不可以相雜，以其所司不同，器用各異也。他心雖在彼形，而可得相涉，以其神理均妙，識慮齊功也。故書稱："啓爾心，沃朕心。"詩云："他人有心，予忖度之。"齊桓師管仲之謀，漢祖用張良之策，是皆本之於我形，寄之於他分。何云張甲之情，不可託王乙之軀，李丙之性，勿得寄趙丁之體乎？

問曰：聖人之形，猶凡人之形，而有凡聖之殊，故知形神異矣。答曰：不然。金之精者能照，穢者不能照。能照之精金，寧有不照之穢質？又豈有聖人之神，而寄凡人之器？亦無凡人之神，而託聖人之體。是以八彩、重瞳，勳、華之容；龍顏、馬口，軒、皞之狀，此形表之異也。比干之心，七竅並列；伯約之膽，其大如拳，此心器之殊也。是以知聖人區分，每絶常品，非惟道革羣生，乃亦形超萬有。凡聖均體，所未敢安。

問曰：子云聖人之形，必異於凡。敢問陽貨類仲尼，項籍似虞帝，舜、項、孔、陽，智革形同，其故何邪？答曰：珉似玉而非玉，鷗類鳳而非鳳，物誠有之，人故宜爾。項、陽貌似而非實似，心器不均，雖貌無益也。

問曰：凡聖之殊，形器不一可也。聖人圓極，理無有二。而丘（按，原誤作"立"字，據梁書卷四十八范縝傳改）、旦殊姿，湯（按，原誤作"陽"字，據梁書卷四十八范縝傳改）、文異狀，神不係色，於此益明。答曰：聖與聖同，同於聖器，而器不必同也。（按，此句梁書本傳作："聖同於心器，形不必同也。"）猶馬殊毛而齊逸，玉異色而均美。是以晉棘、楚和，等價連城，驊騮、盜驪，俱致千里。

問曰：形神不二，既問之矣，形謝神滅，理固宜然。敢問經云：爲之宗廟，以鬼饗之，何謂也？答曰：聖人之教然也，所以從孝子之心，而厲渝薄之意。神而明之，此之謂矣。

問曰：伯有被甲，彭生豕見，墳、索（按，原誤作"素"字，據文義改）著其事，寧是設教而已邪？答曰：妖怪茫茫，或存或亡。強死者衆，不皆爲鬼，彭生、伯有，何獨能然？乍人乍豕，未必齊、鄭之公子也。

問曰：易稱"故知鬼神之情狀，與天地相似而不違"。又曰，"載鬼一車"。其義云何？答曰：有禽焉，有獸焉，飛走之別也。有人焉，有鬼焉，幽明之別也。人滅而爲鬼，鬼滅而爲人，則吾未知也。

難曰：論云，豈有聖人之神，而寄凡人之器？亦無凡人之神，而託聖人之體。今陽貨類仲尼，項籍似帝舜，卽是凡人之神，託聖人之體也。珉玉鵾鳳，不得爲喻。今珉自名珉，玉實名玉，鵾號鵾鵾，鳳曰神鳳，名既殊稱，貌亦爽實。今舜重瞳子，項羽亦重瞳子，非有珉玉二名，唯視重瞳相類。又有女媧蛇軀，皐陶馬口，非直聖神入於凡器，遂乃託于蟲畜之體。此形神殊別，明暗不同，兹益昭顯也。若形神爲一，理絕前因者，則聖應誕聖，賢必産賢，勇怯愚智，悉類其本。既形神之所陶甄，一氣之所孕育，不得有堯睿朱嚚，瞍頑舜聖矣。論又云，聖同聖器，而器不必同，猶馬殊毛而齊逸。今毛復是逸氣邪？馬有同毛色而異駑駿者。如此，則毛非逸相，由體無聖器矣。人形骸無凡聖之別，而有貞脆之異，故逞靈栖於遠質，促神寓乎近體，唯斯而已耳。向所云聖人之體，指直語近舜之形，不言器有聖智，非矛盾之説，勿近於此惑也。

問曰：知此神滅，有何利用？答曰：浮屠害政，桑門蠹俗，風驚霧起，馳蕩不休。吾哀其弊，思拯其溺。夫竭財以趣僧，破産以趨佛，而不恤親戚，不憐窮匱者，何邪？良由厚我之情深，濟物之意淺。是以圭撮涉於貧友，吝情動於顏色；千鍾委於富僧，歡懷暢於容髮。豈不以僧有多稌之期，友無遺秉之報？務施不關周給，立德必於在己。又惑以茫昧之言，懼以阿鼻之苦，誘以虛誕之辭，欣以兜率之樂。故捨逢掖，襲橫衣，廢俎豆，列瓶鉢，家家棄其親愛，人人絕其嗣續。至使兵挫於行間，吏空於官府，粟罄於惰游，貨殫於土木。所以姦宄弗勝，頌聲尚擁（按，原誤作"權"字，據梁書本傳改），惟此之故也。其流莫已，其病無垠。若知陶甄稟於自然，森羅均於

獨化，忽焉自有，悅爾而無，來也不禦，去也不追，乘夫天理，各安其
性。小人甘其壠畝，君子保其恬素。耕而食，食不可窮也；蠶以衣，
衣不可盡也。下有餘以奉其上，上無爲以待其下。可以全生，可以
養親，可以爲己，可以爲人，可以匡國，可以霸君，用此道也。

　　難曰：佛之有無，寄於神理存滅。既有往論，且欲略言。今指
辨其損益，語其利害，以弼夫子過正之談。子云，釋氏蠹俗傷化，費
貨損役。此惑者爲之，非佛之尤也。佛之立教，本以好生惡殺，修
善務施。好生非止欲繁育鳥獸，以人靈爲重；惡殺豈可得緩宥逭
逃，以哀矜斷察？修善不必贍丈六之形，以忠信爲上；務施不苟使
殫財土木，以周給爲美。若悉絶嗣續，則必法種不傳，如並起浮圖，
又亦播殖無地。凡人且猶知之，況我慈氏，寧樂爾乎？今守株桑
門，迷務俗士，見寒者不施之短褐，遇餒者不錫以糠豆，而競聚無識
之僧，爭造衆多之佛，親戚棄而弗䘏，祭祀廢而弗修，良繒碎於刹
上，丹金糜于塔下，而謂爲福田，期以報業。此並體佛未深，解法不
妙，雖呼佛爲佛，豈曉歸佛之旨；號僧爲僧，寧達依僧之意？此亦神
不降福，予無取焉。夫六家之術，各有流弊，儒失於僻，墨失於蔽，
法失於峻，名失於訐，咸由祖述者失其傳，以致泥溺。今子不以僻
蔽誅孔、墨，峻訐責韓、鄧，而獨罪我如來，貶兹正覺，是忿風濤而毀
舟檝也。今悖逆之人，無賴之子，上罔君親，下虐儔類。或不忌明
憲，而乍懼幽司，憚閻羅之猛，畏牛頭之酷，遂悔其穢惡，化而遷善，
此佛之益也。又，罪福之理，不應殊於世教，背乎人情。若有事君
以忠，奉親唯孝，與朋友信，如斯人者，猶以一眚掩德，蔑而棄之，裁
犯蠹魚，陷于地獄，斯必不然矣。夫忠莫踰於伊尹，孝莫尚乎曾參。
若伊公宰一畜以膳湯，曾子烹隻禽以養點，而皆同趣炎鑊，俱赴鋒
樹。是則大功没於小過，奉上反於惠下。昔彌子矯駕，猶以義弘免
戮。嗚呼！曾謂靈匠不如衞君乎？故知此爲忍人之防，而非仁人

之誠也。若能鑒彼流宕，譬不在佛，觀此禍福，識悟教誘，思息末以尊本，不拔本以拯末，念忘我以弘法，不後法以利我，則雖曰未佛，吾必謂之佛矣。

（選自四部叢刊影印本弘明集卷九）

劉　勰

【簡介】　劉勰,字彦和,生卒年不可詳考, 約生於公元四六五年,死於公元五二〇年左右,東莞莒人(東莞本在山東,但南朝僑置州郡,東莞曾設於京口, 卽今江蘇丹徒)。他一生經歷了宋、齊、梁三朝,青年時家境貧寒,曾依傍著名僧人僧佑,幫助僧佑整理佛典,參與編輯弘明集。至梁代,他做過幾任小官,後來出家當和尚, 改名慧地,不久卽死去。梁書卷五十,南史卷七十二有傳。

劉勰是我國古代著名的文學評論家,他的名著文心雕龍寫於齊代末年, 對我國古代文學理論有着重要的影響。他博通佛教經論, 對於佛教理論有很深的研究。據梁書本傳記載:“勰爲文長於佛理,京師寺塔及名僧碑誌,必請勰製文。”現存劉勰宣揚佛教的遺文,除本書所録的滅惑論外,尚有梁建安王造剡山石城寺石像碑一文。

南北朝時期,由於統治集團内部的鬥爭,又爲了爭奪本教的社會地位, 佛教與道教經常發生激烈的争論。道教以中國本土宗教自居,比附儒家典籍, 攻擊佛教爲蔑棄禮義、忠孝的破國、破家、破身之教。佛教徒也往往以佛教教義與中國傳統的儒家思想完全一致,來回擊道教徒的攻擊。如沈約作均聖論就説:“内聖外聖,義均理一。”劉勰的滅惑論也是爲反對當時道教徒攻擊佛教的三破論(齊道教徒作)而寫的。他的立論完全是從維護佛教教義出發的。

一、滅惑論

　　惑造三破論者，義證庸近，辭體鄙拙。雖至理定於深識，而流言惑於淺情，委巷陋説，誠不足辨。又恐野聽將謂信然，聊擇其可採，略標雅致。

　　三破論云：道家之教，妙在精思得一，而無死入聖。佛家之化，妙在三昧神通，無生可冀，諮死爲泥洹，未見學死而不得死者也。滅惑論曰：二教真偽，焕然易辨。夫佛法練神，道教練形。形器必終，礙於一垣之裏；神識無窮，再撫六合之外。明者資於無窮，教以勝慧；暗者戀其必終，誑以仙術，極於餌藥。慧業始於觀禪，禪練真識，故精妙而泥洹可冀。藥駐偏器，故精思而翻騰無期。若迺棄妙寶藏，遺智養身，據理尋之，其偏可知。假使形翻無際神暗，鳶飛戾天，寧免爲鳥？夫泥洹妙果，道惟常住，學死之談，豈析理哉？

　　三破論云：若言太子是教主，主不落髮，而使人髡頭；主不棄妻，使人斷種，實可笑哉！明知佛教是滅惡之術也。伏聞君子之德，身體髮膚受之父母，不敢毀傷，孝之始也。滅惑論曰：太子棄妻落髮，事顯於經，而反白爲黑，不亦罔乎？夫佛家之孝，所苞蓋遠。理由乎心，無繫於髮，若愛髮棄心，何取於孝？昔泰伯、虞仲斷髮文身，夫子兩稱至德中權。以俗内之賢，宜修世禮；斷髮讓國，聖哲美談。況般若之教，業勝中權；菩提之果，理妙克讓者哉！理妙克讓，故捨髮取道；業勝中權，故棄迹求心。準以兩賢，無缺於孝，鑒以聖境，夫何怪乎？

　　第一破曰：入國而破國者。誑言説偽，興造無費，苦剋百姓，使國空民窮，不助國，生人減損，況人不蠶而衣，不田而食，國滅人絶，由此爲失。日用損費，無纖毫之益，五災之害，不復過此。滅惑論曰：大乘圓極，窮理盡妙，故明二諦以遣有，辨三空以標無，四等弘其勝心，六度振其苦業，誑言之訕一作"謚"，豈傷日月！夫塔寺之興，闡揚靈教，功立一時，而道被千載。昔禹會諸侯，玉帛萬國，至于戰伐，存者七君。更始政阜，民戶殷盛；赤眉兵亂，千里無煙，國滅人絕，寧此之由？宗索之時，石穀十萬，景、武之世，積粟紅腐，非秦末多沙門，而漢初無佛法也。驗古準今，何損於政？

第二破曰：入家而破家。使父子殊事，兄弟異法，遺棄二親，孝道頓絕，憂娛各異，歌哭不同，骨血生讐，服屬永棄，悖化犯順，無昊天之報，五逆不孝，不復過此。滅惑論曰：夫孝理至極，道俗同貫，雖內外跡殊，而神用一揆。若命綴俗因，本修教於儒禮；運稟道果，固弘孝於梵業。是以誥親出家，法華明其義；聽而後學，維摩標其例，豈忘本哉？有由然也。彼皆照悟神理，而鑒燭人世，過駟馬於格言，逝川傷於上哲。故知瞬息盡養，（按，全梁文云："養"下脫一"則"字）無濟幽靈；學道拔親，則冥苦永滅。審妙感之無差，辨勝果之可必，所以輕重相摧（按，全梁文云："摧"當作"權"），去彼取此。若乃服制所施，事由追遠，禮雖因心，抑亦沿世。昔三皇至治，堯、舜所慕，死則衣之以薪，葬之中野，封樹弗修，苴斬無紀，豈可謂三皇教民棄於孝乎？爰及五帝，服制煥然，未聞堯、舜執禮，追責三皇。三皇無責，何獨疑佛？佛之無服，理由拔苦；三皇廢喪，事沿淳樸。淳樸不疑，而拔苦見尤，所謂朝三暮四，而喜怒交設者也。明知聖人之教，觸感圓通，三皇以淳樸無服，五帝以沿情制喪，釋迦拔苦，故棄俗反真。檢迹異路，而玄化同歸。

第三破曰：入身而破身。人生之體，一有毀傷之疾，二有髡頭之苦，三有不孝之逆，四有絕種之罪，五有亡體從誡，唯學不孝。何故言哉？誠令不跪父母，便競從之。兒先作沙彌，其母後作阿尼、則跪其兒。不禮之教，中國絶之，何可得從！滅惑論曰：夫棲形稟識，理定前業，入道居俗，事繫因果。是以釋迦出世，化洽天人，御國統家，並證道跡，未聞世界普同出家。良由緣感不二（按，全梁文云：“二”當作“一”），故名教有二，搢紳沙門所以殊也。但始拔塵域，理由戒定。妻者愛累，髮者形飾；愛累傷神，形飾乖道。所以澄神滅愛，修道棄飾，理出常均，教必翻俗。若乃不跪父母，道尊故也；父母禮之，尊道故也。禮新冠見母，其母拜之，喜其備德，故屈尊禮卑也。介胄之士，見君不拜，重其秉武，故尊不加也。緇弁輕冠，本無神道；介胄凶器，非有至德。然事應加恭，則以母拜子；勢宜停敬，則臣不跪君。禮典世教，周、孔所制，論其變通，不由一軌。況佛道之尊，標出三界，神教妙本，羣致玄宗，以此加人，實尊冠胄。冠胄及禮，古今不疑，佛道加敬，將欲何怪？

　　三破論云：佛，舊經本云浮屠，羅什改爲佛徒，知其源惡故也。所以銘爲浮屠，胡人凶惡，故老子云化其始。不欲傷其形，故髡其頭，名爲浮屠，況屠割也。至僧祐後，改爲佛圖。本舊經云喪門，喪門由死滅之門，云其法無生之教，名曰喪門。至羅什又改爲桑門，僧祐又改爲沙門。沙門由沙汰之法，不足可稱。滅惑論曰：漢明之世，佛經始通，故漢譯言，音字未正。浮音似佛，桑音似沙，聲之誤也；以圖爲屠，字之誤也。羅什語通華、戎，識兼音義，改正三家，固其宜矣。五經世典，學不因譯，而馬、鄭注説，音字互改。是以昭穆不祀，謬師資於周頌；允塞宴安，乖聖德於堯典。至教之深，寧在兩字？得意忘言，莊周所領；以文害志，孟軻所譏。不原大理，唯字是求，宋人申束，豈復過此？

　　三破論曰：有此三破之法，不施中國，本正西域。何言之哉？胡人無二（按，“二”字一本作“義”），剛强無禮，不異禽獸，不信虛無。老子入關，故作形像之教化之。又云：胡人粗獷，欲斷其惡種，故令男不娶妻，女不嫁夫，一國伏法，自然滅盡。滅惑論曰：雙樹晦跡，形像代興，固已理精無始，而道被無窮者矣。案，李叟出關，運當周季，世閉賢隱，故往而忘歸。接輿避世，猶滅其迹，況適外域，孰見其蹤？於是姦猾祭酒，造化胡之經，理拙辭鄙，廝隸所傳。尋西胡怯弱，北狄凶熾，若老子滅惡，棄德用刑，何愛凶狄而反滅弱胡？遂令玁狁橫行，毒流萬世，豺狼當路，而狐狸是誅？淪胥爲酷，覆載無聞，商鞅之法，未至此虐，伯陽之道，豈其然哉？且未服則設像無施，信順則孥戮可息。既已服教矣，方加極刑，一言失道，衆偽可見。東野之語，其如理何？

三破論云：蓋聞三皇、五帝、三王之徒，何以學道並感應而未聞？佛教爲是，九皇忽之。爲是佛教未出？若是佛教未出，則爲邪偽，不復云云。滅惑論曰：神化變通，教體匪一；靈應感會，隱現無際。若緣在妙化，則菩薩弘其道；化在粗緣，則聖帝演其德。夫聖帝、菩薩，隨感現應，殊教合契，未始非佛。固知三皇已來，感滅而名隱，漢明之教，緣應而像現矣。若迺三皇德化，五帝仁教，此之謂道，似非太上。羲、農敷治，未聞奏章；堯、舜緝政，寧肯書符；湯、武抒暴，豈當餌丹？五經典籍，不齒天師，而求授聖帝，豈不悲哉！

三破論云：道以氣爲宗，名爲得一。尋中原人士，莫不奉道，今中國有奉佛者，必是羌、胡之種。若言非邪，何以奉佛？滅惑論曰：至道宗極，理歸乎一；妙法真境，本固無二。佛之至也，則空玄無形，而萬象並應；寂滅無心，而玄智彌照。幽數潛會，莫見其極；冥功日用，靡識其然。但言萬象既生，假名遂立，梵言菩提，漢語曰道。其顯跡也，則金容以表聖；應俗，則王宮以現生。拔愚以四禪爲始，進慧以十地爲階。總龍鬼而均誘，涵蠢動而等慈。權教無方，不以道俗乖應；妙化無外，豈以華、戎阻情？是以一音演法，殊譯共解；一乘敷教，異經同歸。經典由權，故孔、釋教殊而道契；解同由妙，故梵、漢語隔而化通。但感有精粗，故教分道俗；地有東西，故國限內外。其彌綸神化，陶鑄羣生，無異也，固能拯拔六趣，總攝大千。道惟至極，法惟最尊，然至道雖一，岐路生迷，九十六種，俱號爲道。聽名則邪正莫辨，驗法則真偽自分。案道家立法，厥品有三，上標老子，次述神仙，下襲張陵。太上爲宗，尋柱史嘉遯，實惟（按，一本"惟"作"爲"）大賢，著書論道，貴在無爲，理歸靜一，化本虛柔。然而三世弗紀，慧業靡聞，斯迺導俗之良書，非出世之妙經也。若乃神仙小道，名爲五通，福極生天，體盡飛騰，神通而未免有漏，壽遠而不能無終，功非餌藥，德沿業修，於是愚狡方士，僞託遂滋。張陵米賊，述記昇天，葛玄野豎，著傳仙公，愚斯惑矣。智可罔輿？今祖述李叟，則教失如彼；憲章神仙，則體劣如此。上中爲妙，猶不足算，況效陵、魯，醮事章符，設教五斗，欲拯三界，以蚊負山，庸詎勝乎？標名大道，而教甚於俗；舉號太上，而法窮下愚。何故知邪？貪壽忌夭，含識所同，故肉芝石華，謠以翻騰；好色觸情，世所莫異，故黃書御女，誑稱地仙；肌革盈虛，羣生共愛，故寶惜洟唾，以灌靈根；避災苦病，民之恒患，故斬縛魑魅，以快愚情；憑威恃武，俗之舊風，故吏兵鉤騎，以動淺心。至於消災淫術，厭勝姦方，理穢辭辱，非可筆傳。事合氓庶，故比屋歸宗，是以張角、李弘，毒流漢季；盧悚、孫恩，亂盈晉末，餘波所被，實蕃有徒。爵非通侯，而輕立民戶；瑞無虎竹，而濫求租稅。糜費產業，蠱惑士女，運迤則蹷國，世平則蠹民，傷政萌亂，豈與佛同？且夫涅槃大品，寧比玄妙上清？金容妙相，何羨鬼室空屋？降伏天魔，不慕幻邪之詐；淨修戒行，豈同畢券之醜？積弘誓於方寸，孰與藏宮將於丹田；響洪鐘於梵音，豈若鳴天鼓於脣齒？校以形迹，精粗已懸；覈以至理，真偽豈隱？若以粗笑精，以譌謗真，是瞽對離朱，曰我明也。

（選自四部叢刊影印本弘明集卷八）

蕭　統

【簡介】　蕭統，字德施，生於公元五○一年（齊和帝中興元年），死於公元五三一年（梁武帝大通三年），梁武帝蕭衍長子，死後謚號昭明，因此後人稱爲昭明太子。蕭統博通衆學，他主持編選的文選是我國現存最早的一部文學作品選集，在我國文學史上有很大影響。梁書卷八，南史卷五十三有傳。

　　蕭統也是一個佛教信徒，本書選録他的解二諦義令旨與解法身義令旨兩篇文章。其中關於"二諦"、"法身"都是當時大乘空宗各派理論上爭論的重要議題。蕭統對這些問題的看法，基本上發揮了三論（中論、十二門論、百論）的中道觀。如對於眞、俗二諦的看法，他認爲："眞諦離有離無，俗諦卽有卽無。卽有卽無，斯是假名；離有離無，此爲中道。眞爲中道，以不生爲體；俗既假名，以生法爲體。"對法身的看法，他認爲："法身虛寂，遠離有無之境，獨脱因果之外，不可以智知，不可以識識。""所謂常住，本是寄名；稱曰金鋼，本是譬説；及談實體，則性同無生。故云佛身無爲，不墮諸法"等等。在超凡成佛問題上，蕭統則主張"漸見"，認爲："自凡之聖，解有淺深，眞自虛寂，不妨見有由漸。"

一、解二諦義令旨並答問

　　二諦理實深玄，自非虛懷，無以通其弘遠。明道之方，其由非一，舉要論之，不出智境。或時以境明義，或時以智顯行。至於二諦，即是就境明義。若迷其方，三有不絕；若達其致，萬累斯遣。所言二諦者，一是真諦，二名俗諦。真諦亦名第一義諦，俗諦亦名世諦。真諦俗諦，以定體立名；第一義諦世諦，以褒貶立目。若以次第言説，應云一真諦，二俗諦。一與二合，數則爲三，非直數過於二，亦名有前後，於義非便。真既不因俗而有，俗亦不由真而生，正可得言一真一俗。真者是實義，即是平等，更無異法能爲離間。俗者即是集義，此法得生，浮僞起作。第一義者，就無生境中，別立美名。言此法最勝最妙，無能及者。世者，以隔別爲義，生滅流動，無有住相。湼槃經言：出世人所知，名第一義諦；世人所知，名爲世諦。此即文證褒貶之理。二諦立名，差別不同。真俗世等，以一義説，第一義諦，以二義説，正言此理。德既第一，義亦第一；世既浮僞，更無有義。所以但立世名諦者，以審實爲義。真諦審實是真，俗諦審實是俗。真諦離有離無，俗諦即有即無。即有即無斯是假名，離有離無此爲中道。真是中道，以不生爲體；俗既假名，以生法爲體。

南澗寺慧超諮曰：浮僞起作，名之爲俗；離於有無，名之爲真。未審浮僞爲當與真一體，爲當有異？令旨答曰：世人所知，生法爲體；出世人所知，不生爲體。依人作論，應如是説。若論真，即有是空；俗，指空爲有。依此義明，不得別異。又諮：真俗既云一體，未審真諦亦有起動？爲當起動自動，不關真諦？令旨又答：真理寂然，無起動相。凡夫惑識，自横見起動。又諮：未審有起動而凡夫横見，無起動而凡夫横見？令旨又答：若有起動，則不名横見，以無動而見動，所以是横。又諮：若法無起動，則唯應一諦。令旨又答：此理常寂，此自一諦；横見起動，復是一諦。唯應有兩，不得言一。又諮：爲有横見，爲無横見？令旨又答：依人爲語，有此横見。又諮：若依人語，故有横見，依法爲談，不應見動？令旨又答：法乃無動，不妨横者自見其動。

丹陽尹晉安王蕭綱諮曰：解旨依人爲辨，有生不生。未審浮虚之與不生，只是一體，爲當有異？令旨答曰：凡情所見，見其起動；聖人所見，見其不生。依人爲論，乃是異體。若語相卽，則不成異，具如向釋，不復多論。又諮：若真不異俗，俗不異真，豈得俗人所見生法爲體，聖人所見不生爲體？令旨答：卽俗知真，卽真見俗。就此爲談，自成無異；約人辨見，自有生不生殊。又諮：未審俗諦之體既云浮幻，何得於真實之中見此浮幻？令答：真實之體，自無浮幻，惑者横構，謂之爲有，無傷真實，體自虚玄。又諮：聖人所見，見不流動；凡夫所見，自見流動。既流不流異，恩謂不得一。令答：不謂流不流各是一體，正言凡夫於不流之中横見此流。以是爲論，可得成一。又諮：真寂之體，本自不流，凡夫見流，不離真體。然則但有一真，不成二諦。令答：體恆相卽，理不得異。但凡見浮虚，聖覩真寂。約彼凡聖，可得立二諦名。

招提寺慧琰諮曰：凡夫見俗，以生法爲體；聖人見真，以不生爲體。未審生與不生，但見其異，復依何義而得辨一？令答曰：凡夫於無稱有，聖人卽有辯無，有無相卽，此談一體。又諮：未審此得談一，一何所名？令答：正以有不異無，無不異有，故名爲一，更無異名。又諮：若無不異有，有不異無，但見其一，云何爲二？令答：凡夫見有，聖人見無，兩見既分，所以成二。又諮：聖人見無，無可稱諦；凡夫見有，何得稱諦？令答：聖人見無，在聖爲諦；凡夫審謂爲有，故於凡爲諦。

栖玄寺曇宗諮曰：聖人爲見世諦，爲不見世諦？令答曰：聖知凡人見有世諦，若論聖人不復見此。又諮：聖人既不見世諦，云何以世諦教化衆生？令答：聖人無惑，自不見世諦，無妨聖人知凡夫所見，故曲隨物情，説有二諦。又諮：聖人知凡見世諦，卽此凡夫不？令答：此凡卽是世諦，聖人亦不見此凡。又諮：聖既不見凡，焉知凡見世諦？令答：聖雖自無凡，亦能知有凡。自謂爲有，故曲赴其情，爲説世諦。

司徒從事中郎王規諮曰：未審真俗既不同，豈得相卽之義？令答：聖人所得，自見其無；凡人所得，自見其有。見自不同，無仿俗不出真外。又諮：未審既無異質，而有二義，爲當義離於體，爲當卽義卽體？令答：更不相出，名爲一體，愚聖見殊，自成異義。又諮：凡夫爲但見俗，亦得見真？令答：止得見俗，不得見真。又諮：體既相卽，寧不覩真？令答：凡若見真，不應覩俗；覩俗既妄，焉得見真！

靈根寺僧遷諮曰：若第一以無過爲義，此是讚歎之名，真離於俗，亦應是讚歎之名。令答曰：卽此體真，不得言歎。第一義諦既更立美名，所以是歎。又諮：無勝我者既得稱讚歎，我體卽真，何故非歎？令答：無勝我者，所以得稱讚歎。我體卽真，亦是我真，故非讚歎。又諮：我無過者，所以得稱讚歎。我是不偏，何得非讚？令答：不偏直是當體之名。如人體義，謂之解義，正足稱其實體，豈成讚歎？又諮：此法無能出者，焉得卽是讚歎？令答：既云無出，非讚如何？

羅平侯蕭正立諮曰：未審俗諦是生法以不？令答曰：俗諦之體，正是生法。又諮：俗既橫見，何得有生？令答：橫見爲有，所以有生。又諮：橫見爲有，實自無法；實既無法，説何爲生？令答：卽此生法，名爲橫見，亦卽此橫見，名爲生法。又諮：若是橫見，不應有生，若必有生，何名橫見？令答：既云橫見，實自無生，但橫見爲有，有此橫生。

衡山侯蕭恭諮曰：未審第一義諦既有義目，何故世諦獨無義名？令答曰：世既浮俗，無義可辨。又諮：若無義可辨，何以稱諦？令答：凡俗審見，故立諦名。又諮：若凡俗見有，得受諦名，亦應凡俗見有，得安義字！令答：凡俗審見，故諦名可立，浮俗無義，何得強字爲義！又諮：浮俗雖無實義，不無浮俗之義，既有此浮俗，何得不受義名？令答：正以浮俗，故無義可辨，若有義可辨，何名浮俗！

中興寺僧懷諮曰：令旨解言，真不離俗，俗不離真。未審真是無相，俗是有相，有無相殊，何得同體？令答曰：相與無相，此處不同。但凡所見有，即是聖所見無，以此爲論，可得無別？又諮：既是一法，云何得見爲兩？見既有兩，豈是一法？令答：理乃不兩，隨物所見，故得有兩。又諮：見既有兩，豈不相違？令答：法若實兩，可得相違，法常不兩，人見自兩，就此作論，焉得相乖！又諮：人見有兩，可説兩人，理既是一，豈得有兩？令答：理雖不兩，而約人成兩。

始興王第四男蕭映諮曰：第一義諦其義第一，德亦第一不？令答曰：義既第一，德亦第一。又諮：直言第一，已包德義，何得復加義字，以致繁複？令答：直言第一，在義猶昧，第一見義，可得盡美。又諮：若加以義字可得盡美，何不加以德字，可以盡美？令答：第一是德，豈待復加？但加義字，則德義雙美。又諮：直稱第一，足見其美，偏加義字，似有所局。令答：第一表德，復加義字，二美俱陳，豈有所局！

吳平世子蕭勵諮曰：通旨云，第一義諦、世諦，褒貶立名；真俗二諦，定體立名。尋真諦之理既妙絕言慮，未審云何有定體之旨？令答曰：談其無相，無真不真；寄名相説，以真定體。又諮：若真諦無體，今寄言辯體，未審真諦無相，何不寄言辯相？令答：寄言辯體，猶恐貶德，若復寄言辯相，則有累虛玄。又諮：真諦玄虛，離於言説，今既稱有真，豈非寄言辯相？令答：寄有此名，名自是相，無傷此理，無相虛寂。又諮：未審此寄言辯體，爲是當理，爲不當理？令答：無名而説名，不合當理。又諮：若寄言辯名，名不當理，未審此寄將何所説？令答：雖不當理，爲接引衆生，須名相説。

宋熙寺慧令諮曰：真諦以不生爲體，俗諦以生法爲體，而言不生即生，生即不生，爲當體中相即，爲當義中相即？令答云：體中相即，義不相即。又諮：義既不即，體云何即？令答：凡見其有，聖覩其無，約見成異，就體恆即。又諮：體既無兩，何事須即？令答：若體無別兩，緣見有兩，見既兩異，須明體即。又諮：若如解旨，果是就人明即？令答：約人見爲二，二諦所以名生，就人見明，即此亦何妨？

始興王第五男蕭曄諮曰：真諦稱真，是實真不？令答曰：得是實真。又諮：菩薩會真之時，爲忘俗忘真不？令答：忘俗忘真，故説會真。又諮：若忘俗忘真，故説會真，忘俗忘真，何謂實真？令答：若存俗存真，何謂實真？正由兩遣，故謂實真。又諮：若忘俗忘真而是實真，亦應忘真忘俗而是實俗。令答：忘俗忘真，所以見真；忘真忘俗，彌見非俗。又諮：菩薩會真，既忘俗忘真，今呼實真，便成乖理！令答：假呼實真，終自忘真，兩忘稱實，何謂乖理？

興皇寺法宣諮曰：義旨云，俗諦是有是無，故以生法爲體。未審有法有體，可得稱生，無是無法，云何得有生義？令答曰：俗諦有無，相待而立，既是相待，故並得稱生。又諮：若有無兩法並稱爲生，生義既一，則有無無異？令答：俱是凡夫所見，故生義得同。是有是無，焉得不異！又諮：若有無果別，應有生不生。令答：既相待立名，故同一生義。

程鄉侯蕭祗諮曰：未審第一之名是形待以不？令答曰：正是形待。又諮：第一無相，有何形待？令答：既云第一，豈得非待！又諮: 第一是待, 既稱第一世諦, 待於第一。何不名爲第二? 若俗諦是待, 而不稱第二, 亦應真諦是待, 不名第一。令答: 若稱第一是待, 於義已足, 無假説俗第二, 方成相待。又諮: 若世諦之名不稱第二, 則第一之稱無所形待。令答: 第一襃真, 既云相待; 世名是待, 直置可知。

光宅寺法雲諮曰: 聖人所知之境此是真俗。未審能知之智爲是真諦, 爲是俗諦? 令答曰: 能知是智, 所知是境, 智來冥境, 得言卽真。又諮: 有智之人爲是真諦, 爲是俗諦? 令答: 若呼有智之人, 卽是俗諦。又諮: 未審俗諦之人何得有真諦之智? 令答: 聖人能忘於俗, 所以得有真智。又諮: 此人既冥無生, 亦應不得稱人? 令答: 冥於無生, 不得言人; 寄名相説, 常自有人。

靈根寺慧令諮曰: 爲於真諦中見有, 爲俗諦中見有? 令答曰: 於真諦中橫見有俗。又諮: 俗諦之有爲實爲虛? 令答: 是虛妄之有。又諮: 爲當見妄, 爲當見有? 令答: 見於妄有。又諮: 無名相中何得見有名相? 令答: 於無名相見有名相, 所以妄有。又諮: 於無名相妄見爲有, 譬如火熱, 惑者言冷, 得就熱中有冷相不? 若於無相而有名相, 亦於火中應有此冷。令答: 火自常熱, 妄見有冷, 此自惑冷, 熱不嘗異。

湘宮寺慧興諮曰: 凡夫之惑, 爲當但於真有迷, 於俗亦迷? 令答曰: 於真見有, 此是迷真, 既見有俗, 不成迷俗。又諮: 若使解俗, 便成解真, 若不解真, 豈得解俗? 令答: 真理虛寂, 惑心不解, 雖不解真, 何妨解俗。又諮: 此心不解真, 於真可是惑, 此心既解俗, 於惑應非惑! 令答: 實而爲語通, 自是惑辯俗, 森羅於俗中各解。

莊嚴寺僧旻諮曰: 世俗心中所得空解, 爲是真解, 爲是俗解? 令答: 可名相似解。又諮: 未審相似爲真爲俗? 令答: 習觀無生, 不名俗解; 未見無生, 不名真解。又諮: 若能照之智非真非俗, 亦應所照之境非真非俗，則有三諦。令答：所照之境既卽無生，無生是真，豈有三諦？又諮：若境卽真境，何不智卽真智？令答：未見無生，故非真智。何妨此智未真，而習觀真境？豈得以智未真，而使境非真境？

宣武寺法寵諮曰：真諦不生不滅，俗諦有生有滅。真俗兩義，得言有異，談其法體，只得是一。未審體從於義，亦得有二不？令答曰：體亦不得合從於義。又諮：未審就凡聖兩見得言兩義，亦就凡聖兩見得言兩體？令答：理不相異，所以云一。就凡聖兩見，得有二體之殊。又諮：若使凡者見有，聖人見無，便應凡夫但見世諦有，聖人應見太虛無。令答：太虛亦非聖人所見。太虛得名，由於相待，既由待生，並凡所見。又諮：凡夫所見空有，得言是一不？令答：就凡爲語，有實異無；約聖作談，無不異有。

建業寺僧愍諮曰：俗人解俗，爲當解俗參差而言解俗，爲當見俗虛假而言解俗？令答：只是見俗參差而言解俗。又諮：俗諦不但參差，亦是虛妄，何故解參差而不解虛妄？令答：若使凡夫解虛妄，卽是解真。不解虛妄，所以名爲解俗。

光宅寺敬脱諮曰：未審聖人見真，爲當漸見，爲當頓見？令答曰：漸見。又諮：無相虛懷，一見此理，萬相並寂。未審何故見真得有由漸？令答：自凡之聖，解有淺深，真自虛寂，不妨見有由漸。又諮：未審一得無相，並忘萬有，爲不悉忘？令答：一得無相，萬有悉忘。又諮：一得無相，忘萬有者，亦可一得虛懷，窮彼真境，不應漸見1令答：如來會寂，自是窮真，淺行聖人，恆自漸見。又諮：若見真有漸，不可頓會，亦應漸忘萬有，不可頓忘？令答：解有優劣，故有漸見，忘懷無偏，故萬有並寂。

（選自四部叢刊影印本廣弘明集卷二一）

二、解法身義令旨並問答

法身虛寂，遠離有無之境，獨脫因果之外，不可以智知，不可以識識，豈是稱謂所能論辯！將欲顯理，不容默然，故隨從言說，致有法身之稱。天竺云達摩舍利，此土謂之法身。若以當體，則是自性之目；若以言說，則是相待立名。法者，軌則爲旨；身者，有體之義。軌則之體，故曰法身。略就言說，粗陳其體，是常住身，是金鋼身。重加研覈，其則不爾。若定是金鋼，卽爲名相；定是常住，便成方所。所謂常住，本是寄名；稱曰金鋼，本是譬說。及談實體，則性同無生，故云佛身無爲，不墮諸法。故湼槃經說："如來之身，非身是身，無量無邊，無有足迹，無知無形，畢竟清淨。"無知清淨而不可爲無，稱曰妙有而復非有。離無離有，所謂法身。

招提寺慧琰諮曰：未審法身無相，不應有體，何得用體以釋身義？令答曰：無名無相，乃無體可論；寄以名相，不無妙體。又諮：若寄以名相不無妙體，則寄以名相不成無相？令答：既云寄以名相，足明理實無相。又諮：若寄以名相而理實無相，理既無相，云何有體？令答：寄言軌物，何得無體！又諮：亦應寄言軌物，非復無相！令答：軌物義邊，理非無相，所言無相，本談妙體。又諮：真實本來無相，正應以此軌物，何得隱斯真實，强生言相？令答：真實無相，非近學所窺，是故接諸庸淺，必須寄以言相。

光宅寺法雲諮曰：未審法身常住是萬行得不？令答曰：名相道中，萬行所得。又諮：既爲萬行所得，豈是無相？若必無相，豈爲萬行所得？令答：無名無相，何曾有得？寄以名相，假言有得。又諮：實有萬行，實得佛果，安可以無相，全無所得？令答：問者住心，謂實有萬行，今謂萬行自空，豈有實果可得ᵎ又諮：現有衆生，修習萬行，未審何故全謂爲無？令答：凡俗所見謂之爲有，理而檢之實無萬行。又諮：經說常住，以爲妙有，如其假說，何爲妙有？令答：寄以名相，故說妙有；理絕名相，何妙何有？

莊嚴寺僧旻諮曰：未審法身絕相，智不能知，絕相絕知，何得猶有身稱？令答曰：無名無相，曾有何身？假名相說，故曰法身。又諮：亦應假名相說，是智所照，何得不可以智知，不可以識識？令答：亦得寄名相，慧眼所見。又諮：若慧眼能見，則可以智知；若智不能知，則慧眼無見。令答：慧眼無見，亦無法可見。又諮：若云無見，有何法身？令答：理絕聞見，實無法身。又諮：若無法身，則無正覺；正覺既有，法身豈無？令答：恆是寄言，故有正覺，正覺既在寄言，法身何得定有？

宣武寺法寵諮曰：未審法身之稱，爲正在妙本，金姿丈六，亦是法身？令答曰：通而爲論，本迹皆是；別而爲語，止在常住。又諮：若止在常住，不應有身。若通取丈六，丈六何謂法身？令答：常住既有妙體，何得無身？丈六亦能軌物，故可通稱法身。又諮：若常住無累，方稱法身，丈六有累，何謂法身？令答：衆生注仰，妄見丈六，丈六非有，有何實累ᵎ又諮：若丈六非有，指何爲身？令答：隨物見有，謂有應身。又諮：既曰應身，何謂法身？令答：通相爲辯，故兼本迹；覈求實義，不在金姿。

靈根寺慧令諮曰：未審爲以極智名曰法身，爲以絕相故曰法身？令答曰：無名無相，是集藏法身；圓極智慧，是實智法身。又諮：無名無相，則無身不身；既有法身，何謂無相？令答：正以無相，故曰法身。又諮：若以無相故曰法身，則智慧名相非復法身？令答：既是無相，智慧豈非法身ᵎ又諮：如其有身，何名無相？若是無相，何得有身？令答：於無名相，假說法身。又諮：若假說法身，正存名相，云何直指無相，而謂法身？令答：既於無相假立名相，豈得異此無相而說法身！

靈味寺靜安諮曰：未審法身乘應以不？令答曰：法身無應。又諮：本以應化，故稱法身；若無應化，何謂法身？令答曰：本以軌則之體，名爲法身，應化之談，非今所軌。又諮：若無應化，云何可軌？既爲物軌，豈無應化？令答：衆生注仰蒙益，故云能爲物軌。化緣已畢，何所應化？又諮：若能益衆生，便成應化；若無應化，何以益物？令答：能生注仰，軌則自成，何勞至人俯應塵俗！又諮：既生注仰，豈無應化？若無應化，注仰何益？令答：正由世尊至極，神妙特深，但令注仰，自然蒙祐。若應而後益，何謂至神？不應而益，故成窮美，若必令實應，與菩薩豈殊？

（選自四部叢刊影印本廣弘明集卷二一）

慧　皎

【簡介】　慧皎，生卒年不詳，梁朝會稽上虞人。他學通內外典籍，善講經律，住嘉祥寺，春夏弘講佛法，秋冬從事著述，著涅槃與梵網義疏，"盛行於世，爲時所軌"。其最著名的著作是高僧傳。

他對於前人的一些有關僧傳的著作，很不滿意，認爲當時有些僧傳記事有片面性，在介紹思想方面，也沒有抓住中心主旨。因此，他着手收集各種雜錄，乃至大量史書、偽歷、地理雜編等，又"博諮故老，廣訪先達"，反復進行比較選擇，重新編寫僧傳，最後終於寫出了我國第一部系統的高僧傳。它比較詳細地記載了從漢明帝十年，至梁天監十八年，"凡四百五十三載"，"二百五十七人，又傍出附見者二百餘人"的佛教歷史人物傳記。這部著作在我國佛教史學上具有重要的地位。這裏選錄慧皎的高僧傳序和高僧傳中的義解論一文。從序文中可看出他寫作高僧傳的指導思想與寫作過程，對於了解慧皎的佛教思想是有一定幫助的。義解論則強調了義解、即對佛教理論認識的重要。在這兩篇文章中，慧皎都宣揚了佛教的空觀思想。

慧皎認爲，"至道沖漠"（高僧傳序），"至理無言，玄致幽寂"（義解論），總之，世界是"一切皆空"。因此，佛教的真理也就不能用思慮來認識，用語言來表達。那麼，怎樣才能用佛教的道理來教化衆生呢？慧皎援用了魏晉玄學的"得意忘言"的方法，認爲"至道沖漠"可"假蹄筌而後彰"。因而聖人可以"資靈妙以應物，體冥寂以通神，借微言以津道，託形像以傳真"（義解論）。這也就是說，雖然佛教空理不是用言像所能表達的，但還是可以借用言像來宣傳，而使人們去體會它。由此可見，慧皎的思想也是在一定程度上受到當時的玄學思想影響的。

一、高僧傳序

原夫至道沖漠，假蹄筌而後彰；玄致幽凝，藉師保以成用。是由聖迹迭興，賢能異託。辯忠烈孝慈，以定名教之道；明詩書禮樂，以成風俗之訓。或忘功遺事，尚彼虛沖；或體任榮枯，重玆達命。而皆教但域中，功在近益。斯蓋漸染之方，未奧盡其神性。至若能仁之爲訓也，考業果之幽微，則循復三世；言至理之高妙，則貫絕百靈。若夫啟十地以辯慧宗，顯三諦以詮智府，窮神盡性之旨，管一樞極之致，余方亦猶羣流之歸巨壑，衆星之拱北辰，懋哉丨邈矣。信難得以言尚，至迺教滿三千，形偏六道，皆所以接引幽昏，爲大利益，而以淨穢異聞，昇墜殊見。故秋方先音形之奉，東國後見聞之益。

雲龍表於夜明，風虎彰乎宵夢。洪風既扇，大化斯融。自爾西域名僧，往往而至。或傳度經法，或教授禪道，或以異迹化人，或以神力拯物。自漢之梁，紀歷彌遠。世踐六代，年將五百。此土桑門，含章秀發，羣英間出，迭有其人。衆家記錄，叙載各異。沙門法濟，偏叙高逸一迹；沙門法安，但列志節一行；沙門僧寶止命遊方一科；沙門法進，迺通撰論傳，而辭事闕略。並皆互有繁簡，出没成異，考之行事，未見其歸宗。臨川康王義慶宣驗記及幽明録、太原王琰冥祥記、彭城劉悛益部寺記、沙門曇宗京師寺記、太原王延秀感應傳、朱君臺徵應傳、陶淵明搜神録，並傍出諸僧，叙其風素，而皆是附見，亦多疏闕。齊竟陵文宣王三寶記傳，或稱佛史，或號僧錄，既三寶共叙，辭旨相關，混濫難求，更爲蕪昧。琅琊王巾所撰僧史，意似該綜，而文體未足。沙門僧祐撰三藏記，止有三十餘僧，所無甚衆。中書郗景興東山僧傳、治中張孝季廬山僧傳、中書陸明霞沙門傳，各競舉一方，不通今古，務存一善，不及餘行。逮於即時，亦繼有作者。然或褒贊之下，過相揄揚；或敘事之中，空引辭費，求之實理，無的可稱；或復嫌以繁廣，刪減其事，而抗迹之疇，多所遺削，謂出家之士，處國賓王，不應勵然自遠，高蹈獨絕，辭榮棄愛，本以異俗爲賢。若此而不論，竟何所紀？

嘗以暇日遇覽羣作，輒搜檢雜錄數十餘家，及晉宋齊梁春秋書史、秦趙燕涼荒朝僞歷、地理雜篇、孤文片記，并博諮故老，廣訪先達，校其有無，取其同異。始于漢明帝永平十年，終至梁天監十八年，凡四百五十三載，二百五十七人。又傍出附見者二百餘人。開其德業，大爲十例：一曰譯經，二曰義解，三曰神異，四曰習禪，五曰明律，六曰遺身，七曰誦經，八曰興福，九曰經師，十曰唱導。

然法流東土，蓋由傳譯之勳，或踰越沙險，汎漾洪波，皆亡形殉道，委命弘法，震旦開明，一焉是賴。茲德可崇，故列之篇首。至若慧解開神，則道兼萬億；通感適化，則彊暴以綏；靖念安禪，則功德森茂；弘贊毗尼，則禁行清潔；忘形遺體，則矜吝革心；歌誦法言，則幽顯含慶；樹興福善，則遺像可傳。凡此八科，並以軌迹不同，化洽殊異，而皆德效四依，功在三業，故爲羣經之所稱美，衆聖之所褒述。及夫討覈源流，商榷取捨，皆列諸贊論，備之後文。而論所著辭，微異恒體，始標大意，猶類前序。末辯時人，事同后儀。若間施前後，如謂煩雜，故總布一科之末，通稱爲論。其轉讀宣唱，原出非遠，然而應機悟俗，實有偏功。故齊宋雜記，咸條列秀者。今之所取，必其製用超絕，及有一分通感，乃編之傳末。如或異者，非所存焉。

凡十科所敘，皆散在衆記。今止删聚一處，故述而無作。俾夫披覽於一本之內，可兼諸要。其有繁辭虛贊，或德不及稱者，一皆省略。故述六代賢異，止爲十三卷，并序錄合十四軸。號曰：高僧傳。自前代所撰，多曰名僧。然名者本實之賓也。若實行潛光，則高而不名；寡德適時，則名而不高。名而不高，本非所紀；高而不名，則備今錄。故省名音，代以高字。其間草創，或有遺逸。今此十四卷，備贊論者，意以爲定。如未隱括，覽者詳焉。

（選自金陵刻經處本梁慧皎高僧傳卷一）

二、義 解 論

論曰：夫至理無言，玄致幽寂。幽寂故心行處斷，無言故言語路絶。言語路絶，則有言傷其旨。心行處斷，則作意失其真。所以淨名杜口於方丈，釋迦緘默於雙樹，將知理致淵寂，故爲無言。但悠悠夢境，去理殊隔，蠢蠢之徒，非教孰啟？是以聖人資靈妙以應物，體冥寂以通神，借微言以津道，託形像以傳真。故曰：兵者不祥之器，不獲已而用之；言者不真之物，不獲已而陳之。故始自鹿苑，以四諦爲言初，終至鶴林，以三點爲圓極。其間散説流文，數過八億，象駄負而弗窮，龍宮溢而未盡。將令乘蹄以得兔，藉指以知月。知月則廢指，得兔則忘蹄。經云“依義莫依語”，此之謂也。而滯教者謂至道極於篇章，存形者謂法身定於丈六。故須窮達幽旨，妙得言外，四辯莊嚴，爲人廣説，示教利喜，其在法師乎」故士行尋經於于闐，誓志而滅火，終令般若盛於東川，忘相傳乎季末。爰次竺潛、支遁、于蘭、法開等，並氣韻高華，風道清裕，傳化之美，功亦亞焉。中有釋道安者，資學於聖師竺佛圖澄，安又受（受應作授）業於弟子慧遠。惟此三葉，世不乏賢，並戒節嚴明，智寶成就。使夫慧日餘暉，重光千載之下，香吐遺芬，再馥閻浮之地。湧泉猶注，寔賴伊人。遠公既限以虎溪，安師反更同輦，與夫高尚之道，如有忒焉。然而言默動靜，所適唯時。四翁赴漢，用之則行也；三閭辭楚，舍之則藏也。經云：若欲建立正法，則聽親近國王，及持仗者。安雖一時同輦，迺爲百民致諫。故能終感應真，開玄顯報。其後荆陝著名，則以翼、遇爲言初。廬山清素，則以持、永爲上首。融、恒、影、肇，德重關中。生、叡、暢、遠，領宗建業。曇度、僧淵，獨擅江西之寶。超進、惠基，乃摛浙東之盛。雖復人世迭隆，而皆道術懸會。故使像運餘興，歲將五百，功效之美，良足羨焉。贊曰：

遺風眇漫，結浪邅迴，匪伊粹哲，孰振將頹？潛安比曜，遠叡聯環，鐇斧曲戾，彈沐斜埃。素絲既染，永變方來。

（選自金陵刻經處本梁慧皎高僧傳卷九）

道　安

【簡介】　道安，本姓姚，生卒年不詳，馮翊胡城人。他是北周武帝時的名僧，早年住大陟岵寺，後來敕住大中興寺。續高僧傳卷二十三有傳。

周武帝在位時，從天和三年（公元五六八年）開始，至建德年間（公元五七二——五七七年），曾七次令臣下辯論儒、道、佛三教先後。周武帝的基本國策是以儒家思想治理天下，對於佛、道二教，則企圖揚道貶佛。早在公元五六九年四月，武帝就想確定儒教爲先，佛教爲後，道教爲上，因爲大家爭論不休，未能貿然決斷。到了次年，卽公元五七〇年二月十五日，甄鸞上笑道論三卷，攻擊道教；同年五月，道安上二教論，詳細評論儒、道、佛三教之優劣，破斥道教十分劇烈。二教論把佛教稱爲内教，説此教是練心之術；把儒家稱爲外教，説此教是救形之術，兩者雖然都不可缺，但以佛教爲高。至於道教，道安則認爲是依附於儒家的一個旁枝，十分鄙陋，根本沒有甚麼價值。據續高僧傳道安傳記載：周武帝“初覽安論，通問僚宰，文據卓然，莫敢排斥”。直到建德三年（公元五七四年），武帝才下令禁止佛教，同時也不得不禁止道教。此時，道安怕遭到不幸，潛逃於山林。周武帝下令搜訪，結果，道安被執詣王庭，武帝爲了籠絡他，親自相迎，並賜予牙笏綵帛和官職，但均被道安拒絶。最後，死於周世。

道安的著作，除二教論以外，還有訓門人遺誡等文。

一、二教論十二篇

歸宗顯本一

有東都逸俊童子，問於西京通方先生曰：僕聞風流傾墜，六經所以緝脩，誇尚滋彰，二篇所以述作。故擾柔弘潤，於物必濟曰儒；用之不匱，於物必通曰道。斯皆孔、老之神功，可得而詳矣。近覽釋教，文博義豐。觀其汲引，則怐怐善誘；要其旨趣，則亹亹慈良。然三教雖殊，勸善義一；塗迹誠異，理會則同。至於老嗟身患，孔歎逝川，固欲後外以致存生，感往以知物化，何異釋典之厭身無常之說哉？但拘滯之流，未馳高觀，不能齊天地於一指，均是非乎一氣，致令談論之際，每有不同。此所謂匿摩尼於胎殼，掩大明於重夜，傷莫二之淳風，塞洞一之玄旨，祈之彌劫，奚可值哉？敬請先生，爲之開闢。通方先生曰：子之問也激矣哉！可謂窮辨，未盡理也。僕雖不敏，稽疑上國，服膺靈章，陶風下席，今當爲子略陳其要。夫萬化本於無生，而生生者無生；三才兆於無始，而始始者無始。然則無生無始，物之性也；有化有生，人之聚也。聚雖一體，而形神兩異；散雖質別，而心數弗亡。故救形之教，教稱爲外；濟神之典，典號爲內。是以智度有內外兩經，仁王辯內外二論，方等明內外兩律，百論言內外二道。若通論內外，則該彼華夷；若局命此方，則可云儒釋。釋教爲內，儒教爲外。備彰聖典，非爲誕謬。詳覽載籍，尋討源流，教唯有二，寧得有三？何則？昔玄古朴素，墳典之誥未弘；淳風稍離，丘索之文乃著。故包論七典，統括九流，咸爲治國之謨，並是修身之術。故藝文志曰：

儒家之流，蓋出於司徒之官，助人君順陰陽、明教化者也。遊文於六經之中，留意於五德之際，祖述堯、舜，憲章文、武，宗師仲尼，其道最高者也。

道家者流，蓋出於史官，清虛以自守，卑弱以自持，此君人者南面之術。合於堯之克讓，易之謙謙，是其所長也。

陰陽家者流，蓋出於羲和之官，敬順昊天，曆象日月星辰，敬授民時，此其所長也。

法家者流，蓋出於理官，信賞必罰，以輔禮制。易曰：先王以明罰敕法。此其所長也。

名家者流，蓋出於禮官。古者名位不同，禮亦異數。孔子曰：“必也正名乎！名不正則言不順，言不順則事不成。”此其所長也。

墨家者流，蓋出於清廟之官。茅屋采椽，是以貴儉；養三老五更，是以兼愛；選士大射，是以上賢；宗祀嚴父，是以有（漢書藝文志作右）鬼，此其所長也。

縱橫家者流，蓋出於行人之官。孔子曰：“誦詩三百，使乎四方，不能專對，雖多亦奚以爲？”又曰：“使乎，使乎！”言其當權事制宜，受命而不受詞，此其所長也。

雜家者流，蓋出於議官。兼儒、墨，含（漢書藝文志作合）名、法，知國體之有此，見王治無不貫，此其所長也。

農家者流，蓋出於農稷之官。播五穀，勸耕桑，以足衣食，故八政一曰食，二曰貨，此其所長也。

若派而別之，則應有九教；若總而合之，則同屬儒宗。論其官也，各王朝之一職；談其籍也，並皇家之一書。子欲於一代之內，令九流爭川，大道之世，使小成競辨，豈不上傷皇極莫二之風，下開拘放鄙蕩之弊？真所謂巨蠹鴻猷，眩曜朝野矣。

　　佛教者，窮理盡性之格言，出世入眞之軌轍。論其文則部分十
二，語其旨則四種悉檀。理妙域中，固非名號所及；化擅繫表，又非
情智所尋。至於遣累落筌，陶神盡照，近超生死，遠澄泥洹，播闡五
乘，接羣機之深淺；該明六道，辨善惡之升沈；復期出世，而理無不
周；邇比王化，而事無不盡。能博能要，不質不文。自非天下之至
慮，孰能與斯教哉！雖復儒道千家，墨農百氏，取捨驅馳，未及其度
者也。唯釋氏之教，理富權實。有餘不了，稱之曰權；無餘了義，號之
爲實。通云善誘，何成妙賞？子謂三教雖殊，勸善義一；余謂善有
精粗。優劣宜異。精者超百化而高升，粗者循九居而未息，安可同
年而語其勝負哉？又云，教迹誠異，理會則同，爰引世訓，以符玄教。
此蓋悠悠之所昧，未暨其本矣。教者何也？詮理之謂。理者何也？
教之所詮。教若果異，理豈得同？理若必同，教寧得異？筌不期
魚，蹄不爲兔，將爲名乎，理同安在？夫厚生情篤，身患之誡遂興；
不悟遷流，逝川之歎乃作。並是方內之至談，諒非踰方之巨唱。何
者？推色盡於極微，老氏之所未辯；究心窮於生滅，宣尼又所未言，
可謂瞻之似盡，察之未極者也。故涅槃經曰：“分別色心，有無量
相，非諸聲聞緣覺所知。”且聲聞之與菩薩，俱越妄想之鄉，菩薩則
惠兼九道，聲聞則獨善一身。其猶露潤之方巨壑，微塵之比須彌，
況凡夫識想，何得齊乎！故淨名曰：“無以日光等彼螢火。”若夫以
齊而齊不齊者，未齊矣；以齊而齊於齊者，未齊焉。余聞善齊天下
者，以不齊而齊天下者也。何須夷嶽實淵，然後方平；續鳧截鶴，於
焉斯等？此蓋狷夫之野議，豈達士之貞觀？故諺曰：“紫實昧朱，狂
斯濫哲。”請廣其類，更曉子懷。上至天子，下至庶民，莫不資色心
以成軀，稟陰陽以化體。不可以色心是等，而便混以智愚，安得以
陰陽義齊，則使同之貴賤？此之不可，至理皎然，雖強齊之，其義
安在？

儒道升降二<small>儒通六典，道止兩篇；升降二事，備彰四史。</small>

問曰：先生涇渭孔、釋，清濁大懸，與奪儒道，取捨尤濫。史遷六氏，道家爲先；班固九流，儒宗爲上。討其祖述，並可命家；論其憲章，未乖典式。欲言俱非，情謂未可；讜其都是，何宜去取？答曰：塗軌乖順，不可無歸；朱紫之際，久宜有在。漢書十志，並是古則；藝文五行，豈今始有？農爲治本，史遷不言；安毀縱橫，官典俱漏。故孟堅之撰，今古褎其是；子長之論，曩見貶其非。是以前漢書曰："史遷序墳籍，則先黃老後六經；論遊俠，則退處士進姦雄；述貨殖，則崇勢利羞貧賤，此其爲弊也。"後漢書曰："太史令司馬遷，採左氏國語，刪世本戰國策，據楚漢春秋，列時事（後漢書班彪傳作"據楚、漢列國時事"），上自黃帝，下訖獲麟，作本紀、世（本作"三十"，誤。據後漢書班彪傳改）家、列傳、書、表，凡百三十篇，而十篇缺焉。至於採經攄傳，分散百家之事，甚多疏略，不如其本，務欲以多聞廣載爲功論義淺而不篤。其論術學也，則崇黃老而薄五經，輕仁義而賤守節（後漢書班彪傳作"序貨殖，則輕仁義而羞貧窮，道游俠，則賤守節而貴俗功"），此其大弊傷道，所過（遇）極形（刑）之咎也。"又晉書禮樂志曰："世稱子長史記奇而不周。"奇謂博古遠達，不周謂弊於儒道。儒道既弊，聖教不興，何、王慕之，尚道廢儒，惑亂天下，變風毀俗，遂使魏、晉爲之陵遲，四夷交侵，中國微矣。此皆國史實錄之文，奚獨可異？校其得失，詳列典志。取捨升降，何預鄙懷？

問：老子之教，蓋修身治國，絕棄貴尚。論大道則爲三才之元，辨上德則爲五事之本。猶陶埏之成造，譬橐籥之不窮，先生何爲抑在儒下？答曰：余聞恬志大和者，不務變常；安時處順者，不求反古。故詩曰："不愆不忘，率由舊章。"唯藝文之盛，易最優矣！吾子謂老與易何若？昔宓羲氏仰觀象於天，俯察法於地，近取諸身，遠取諸物，於是始作八卦，以通神明之德，以類萬物之情。文王重六爻，孔子弘十翼，故曰易道深矣。人更三聖，世歷三古。故繫詞曰："易有太極，是生兩儀。"易説曰："夫有形生於無形。故曰有太易，有太初，有太始，有太素。太易者，未見氣也；太初者，氣之始；太始者，形之始；太素者，質之始。夫氣，形質而未相離，故曰渾混；視之不見，聽之不聞，修之不得，故曰易也。"孝經説曰："奇者陽節，偶者陰基，得陽而成，合陰而居，數相配偶，乃爲道也。"故曰："一陰一陽之謂道，陰陽不測謂之神。"此而退瞻，足賢於老也。子謂仁由失德而興，禮生忠信之薄，安其所習，毀所不見。且大樂與天地同和，大禮與天地同節，豈在飾敬之年，責報之歲哉？然老氏之旨，本救澆浪，虛柔善下，修身可矣。不尚賢能，於治何續？既扶易之一謙，更是儒之一派，幸勿同放，兼棄五德。

君爲教主三世謂孔、老爲弘教之人，訪之典謨，則君爲教主。

問：敬尋哲製，剖析離合，云派而別之，應有九教；統而合之，同一儒宗。採求理例，猶謂未當。何者？名雜鄧、尹，法參惲、商，墨出由胡，農與野老。斯皆智通賢達，不可以爲教首。孔、老聖歟，可以命教。故九流之中，唯論其二，儒教、道教，豈不婉哉？答曰：子之問也，似未通遠。夫帝王功成作樂，治定制禮，此蓋皇業之盛事也。而左史記言，右史記事；事爲春秋，言爲尚書。百王同其風，萬代齊其軌。若有位無才，猶虧弘闡；有才無位，灼然全闕。昔周公攝政七載，乃制六官；孔、老何人，得爲教主？孔雖聖達，無位者也，自衛迴輪，始弘文軌，正可修述，非爲教源。柱史在朝，本非諸贊，出周入秦，爲尹言道，無聞諸侯，何況天子？既是仙賢，固宜雙缺。道屬儒宗，已彰前簡。

問:孔子問禮於老聃,則師資之義存矣。又,論語孔子自稱曰:"吾述而不作,信而好古,竊比我於老彭。"子云孔聖,而云老賢,比類之義,義將焉在?褒貶乖中,諒爲侮聖。答曰:余既庸昧,奚敢穿鑿!廢智任誠,唯依謨典。稽子云:"老子就涓子學九仙之術。"尋乎練餌,斯或有之,至於聖也,則不云學。論語曰:"生而知之者上也,學而知之者次也。"依前漢書,品孔子爲上上類,皆是聖;以老氏爲中上流,並是賢。又何晏、王弼,咸云老未及聖。此皆典達所位,僕能異乎?孔子曰:"吾無常師。"問禮於老聃,斯其義也。有問農,云:"吾不如老農。"又問圃,云:"吾不如老圃。"入太廟,每事問。豈農圃守廟之人,而賢於孔丘乎?竊比遜詞,斯其類也。故知他評近實,自謙則虛,侮聖之談,恐還自累。孔子問樂於萇弘,學琴於師襄子,豈弘子之流皆賢於孔丘乎?聖人之迹,於斯可見也。

問:魯隱公者,蓋是讓國之賢君,而人表評爲下下;老子者,乃無爲之大聖,漢書品爲中上。故知班彪父子,詮度險巇,先生何乃引之爲證?答曰:吾子近取杜預之談,遠忽春秋之意。隱公者,桓公之庶兄也。桓公幼小,攝行政事,及桓長大,歸政桓公。雖能歸政,不能去猜,譖毒於是縱橫,遂爲桓公所弒。既不自全,陷弟不義;讓國之美,竟復何在?此而非下,孰有下乎?漢書之評,於是乎得。且孔子受命,遂號素王,未聞載籍,稱老爲聖。言不關典,君子所惡。

問:尚書云:"惟狂克念作聖,惟聖罔念則狂。"子云聖也,則不關學,是何言歟?答曰:孔語生知,學言積習,向者論儒,未云釋也。上智下愚,本不隨化;中庸之類,乃順化遷。聖可爲狂,則非上智;狂可爲聖,復非下愚;書辨狂聖,皆中庸也。老子曰:"絕聖棄智,民利百倍。"此蓋中才之聖,非上智也。

詰驗形神四形神之教，初篇已言，今則詰之，驗其典證也。

問曰：先生云，救形之教，教稱爲外。敬尋雅論，寔爲未允。易云："知幾其神乎！"寧得雷同七典，皆爲形教；釋辨濟神，義將安在？答曰：書稱知遠，遠極唐、虞；春秋屬詞，詞盡王業。至若禮、樂之敬良，詩、易之温潔，皆明夫一身，豈論三世？固知教在於形方者，未備洪祐；示逸乎生表者，存而未議。易曰："幾者，動之微也。"能照其微，非神如何？此言神矣，而未辨練神。練神者，閑情關照，期神曠劫，幽靈不亡，積習成聖，階十地而逾明，邁九宅而高蹈。此釋教所弘也。經曰："濟神拔苦，莫若修善六度。"攝生淨心，非事故也。

仙異湟槃五仙明延期之術，不無其終。湟槃常住之果，居然乖異。

問：釋稱湟槃，道言仙化；釋云無生，道稱不死。其揆一也，何可異乎？答曰：靈飛羽化者，並稱神丹之力；無疾輕強者，亦云服餌之功。哀哉！不知善積前成，生甄異氣，壽夭由因，修短在業。佛法以有生爲空幻，故忘身以濟物；道法以吾我爲真實，故服餌以養生。生生不貴存，存存何勸？縱使延期，不能無死。故莊周稱老子曰："古者謂之遁天之形，始以爲其人，今則非人也。"尚非遁天之仙，故有秦佚之弔，死扶風，葬槐里。湟槃者，常恒清涼，無復生死，心不可以智知，形不可以像測，莫知所以名，強謂之寂。其爲至也，亦以極哉！縱其雙林息照，而靈智常存；體示闍維，而舍利恒在。雖復大椿遐壽，以彭年爲殤；非想多劫，與無擇對户。凡聖理懸，動寂天異，焉可同時而辨升降？吾子何爲抗餘燎於日月之下，而欲與曦和爭暉？至於狷也，何至甚乎？

道仙優劣六 道以恬虛寡欲，優在符於謙德；仙則餌服紛紜，劣在徒勤無効。

問：先生高談壽夭，善積前生，業果雖詳，芝丹仍略。且道家之極，極在長生，呼吸太一，吐故納新。子欲劣之，其可得乎？答曰：老氏之旨，蓋虛無爲本，柔弱爲用，渾思天元，恬高人世，浩氣養和，得失無變，窮不謀通，達不謀已。此學者之所以詢仰餘流，其道若存者也。若乃練服金丹，餐霞餌玉，靈升羽蛻，屍解形化，斯皆尤乖老、莊立言本理，其致流漸，非道之儔。雖記奇者有之，而言道者莫取。昔漢武好方技，遂有欒大之妖；光武信讖書，致有桓譚之議。書爲方技，不入墳流；人爲方士，何關雅正？吾子曷爲捨大而從小，背理而趣誕乎？

孔老非佛七 佛生西域，孔氏高推；商宰致問，列子書記。

問：西域名佛，此方云覺；西言菩提，此云爲道；西云泥洹，此言無爲；西稱般若，此翻智慧。准此斯義，則孔、老是佛，無爲大道，先已有之？答曰：鄙俗不可以語大道者，滯於形也；曲士不可以辨宗極者，拘於名也。案孟子以聖人爲先覺，聖王之極，寧過佛哉！故譯經者，以覺翻佛。覺有三種，自覺、覺他、及以滿覺。孟軻一辨，豈具此三菩提者？按大智度，譯云無上慧。然慧照靈通，義翻爲道，道名雖同，道義尤異。何者？若論儒宗，道名通於大小。論語曰："小道必有可觀，致遠恐泥。"若談釋典，道名通於邪正。經曰："九十有六，皆名道也。"聽其名則真偽莫分，驗其法則邪正自辨。菩提大道，以智度爲體；老氏之道，以虛空爲狀。體用既懸，固難影響。外典無爲，以息事爲義；內經無爲，無三相之爲。名同實異，本不相似。故知借此方之稱，翻彼域之宗，寄名談實，何疑之有？準如兹例，則孔、老非佛。何以明其然？昔商太宰問於孔丘曰："夫子聖人歟？"對曰："丘博聞强記，非聖人也。"又問："三王聖人歟？"對曰："三王善用智勇，聖非丘所知。"又問："五帝聖人歟？"對曰："五帝善用仁信，聖非丘所知。"又問："三皇聖人歟？"對曰："三皇善因用時，聖非丘所知。"太宰大駭曰："然則孰者爲聖人乎？"孔子動容有間，曰："丘聞西方之人，有聖者焉。不治而不亂，不言而自信，不化而自行，蕩蕩乎民無能名焉。"若老氏必聖，孔何不言？以此校之，理當推佛。

釋異道流八出世三乘，域中四大，懸如天地，異過塵嶽。

問：後漢書云："佛道神化，興自身毒。按山海經：西方有天毒國。郭景純注云：即天竺國也。而漢書西域傳云：天竺國，又名身毒國也。詳其清心釋累之訓，空有兼遣之宗，道書之流也。"以此推之，則道教收佛。又佛經云："一切文字，悉是佛説，非外道書。"而先生高位釋教，在儒道之表，將不自局，而近誣聖乎？答曰：吾子援引漢書而問，余亦還以漢書而答。後漢西域傳曰："張騫之著天竺，惟云地多濕暑；班勇之列身毒，正言奉佛不殺。而精文善法，導達之功，靡所傳記。余聞之後記也，其國則殷乎中土，玉燭和氣，靈智之所降集，賢哲之所挺生。神迹詭怪，則理絶人區；感驗明顯，則事出天外。而騫、超無聞者，豈其道閉往運，數開叔葉乎？不然，何經典之甚也。漢自楚英始盛齋戒之祀，桓帝大修華蓋之飾，將微義未譯，但神明之耶？且好仁惡殺，蠲弊崇善，所以賢達君子，多受其法焉。然好大不經，奇譎無已，雖鄒衍談天之辨，莊周蝸角之論，未足以概其萬一。"尋漢書之録，兼而有徵。取其微義未譯，則云道書之流；談其神奇感驗，則言理絶天表。唯四藏贍博，二諦並陳。總論九道，則無非佛説；別明三乘，則儒道非流。此乃在我之明證，非吾子之清決乎！

服法非老九絕聖棄智，老氏之心；黃巾禁厭，張家之法。

問：經云："釋迦成佛，已有塵劫之數，或爲儒林之宗，或爲國師道士。"固知佛道，冥如符契。又清淨法行經云："佛遣三弟子，震旦教化。儒童菩薩，彼稱孔丘；光淨菩薩，彼稱顏淵；摩訶迦葉，彼稱老子。"先生辨異，似若自私。答曰：聖道虛寂，圓應無方；無方之應，逗彼羣品。器量有淺深，感通有厚薄。故令無像之像，像遍十方；無言之言，言充八極。應實塵沙，大略有二：八相感成，雙林現滅，斯其大也；權入六道，晦迹塵光，斯其小也。小則或畫卦以御時，或播殖以利世，或修正以定亂，或行禮以誡物，或談無而傲榮，或說有而重爵。何爲老生，獨非一迹？故須彌四域經曰："寶應聲菩薩，名曰伏犧；寶吉祥菩薩，名曰女媧。"但今之道士，始自張陵，乃是鬼道，不關老子。何以知之？李膺蜀記曰："張陵避病瘧於丘社之中，得呪鬼之術書，爲是遂解使鬼法。後爲大蛇所噏，弟子妄述升天。"後漢書稱："沛人張魯，母有姿色，兼挾鬼道，往來劉焉家。益州刺史劉焉，遂任魯以爲督義司馬。魯遂與別部司馬張修將兵，掩殺漢中太守蘇固，斷絕斜谷，殺漢使者。魯既得漢中，遂殺張修而并其衆焉。"於漢爲逆賊，戴黃巾，服黃布揭。"魯字公旗。初，祖父陵，順帝時客於蜀，學道鵠鳴山中，造作符書，以惑百姓。受其道者，輒出米五斗，故世謂之米賊。陵傳其子衡，衡傳於魯，魯遂自號天師君。其來學者，初名鬼卒，後號祭酒，祭酒各領部衆，多者名曰治頭。皆教以誠信，不聽欺妄，有病但令首過而已。諸祭酒各起義舍於同路，同路懸亭，置米肉以給行旅，食者量腹取足，過多則鬼能病人。犯法者先加三令，然後行刑。不置長吏，以祭酒爲治。民夷信向，朝廷不能討，遂就拜魯鎮夷中郎將，通其貢獻。""自魯在漢，垂三十年，獻帝建安二十年，曹操征之。至陽平，魯欲舉漢中

降，其弟衞不聽，率衆數萬，拒關固守。操破衞，斬之。魯聞陽平已
陷，將稽顙歸降，閻圃說曰：'今以急往，其功爲輕，不如且依巴中，
然後委質，功必多也。' 於是乃奔南山。左右欲悉焚寶貨倉庫，魯
曰：'本欲歸命國家，其意未達，今日之走，以避鋒銳，非有惡意。' 遂
封藏而去。操入南鄭，甚嘉之。又以魯本有善意，遣人慰安之，魯
卽與家屬出迎，拜鎮南將軍，封閬中侯。" 而張角、張魯等，本因鬼
言漢末黃衣當王，於是始服之。曹操受命，以黃代赤，黃巾之賊，至
是始平。自此已來，遂有茲弊。至宋武帝，悉皆斷之。至寇謙之
時，稍稍還有。今旣大道之世，風化宜同，小巫巾色，寔宜改復。且
老子大賢，絕棄貴尚，又是朝臣，服色寧異？古有專經之學，而無服
象之殊。黃巾布衣，出自張魯，國典明文，豈虛也哉？夫聖賢作訓，
弘裕溫柔；鬼神嚴厲，動爲寒暑。老子誠味，祭酒皆飲，張製鬼服，
黃布則齊。真僞皎然，急緩可見。自下略引張氏數條妄說，用懲革
未聞。

　　或禁經止價 玄光論云：道家諸經，制雜凡意，教迹邪險，是故不傳。但得金帛，
便與其經。貪者造之，至死不視，寶利無慈，逆莫過此。又其方術，穢濁不清，乃有扣齒
爲天鼓，咽唾爲醴泉，馬屎爲鹽薪，老鼠爲芝藥。資此求道，焉得乎？

　　或妄稱真道 蜀記曰：張陵入鵠鳴山，自稱天師，漢嘉末年，爲蟒蛇所噉。子衡
奔出，尋屍無所，畏負清議之譏，乃假設權方，以表靈化之迹。生糜鵠足，置石崖頂。到
光和元年，遣使告曰：正月七日，天師昇玄都米民之山僚，遂因妄傳。販死利生，逆莫過
此之甚也。

　　或含氣釋罪 妄造黃書，呪癩無端。乃開命門，抱真人嬰兒，迴龍虎戲，備如黃
書所說。三五七九，天羅地網，士女溷漫，不異禽獸。用消災禍，其可然乎？

　　或挾道作亂 黃巾鬼道，毒流漢室；孫恩求仙，禍延皇晉。破國害民，惑亂
天下。

　　或章書代德 邈邈七祖，乞免擔沙，橫費紙筆，奏章太上。戊辰之日，上必不達；
不達太上，則生民枉死。嗚呼哀哉！

或畏鬼帶符 左佩太極章,右佩昆吾鐵,指日則停暉,擬鬼千里血。若受黄書赤章,即是靈仙。

或制民輸課 蜀記曰:受其道者,輸米肉、布絹、器物、紙筆、薦蓆五綵。後生邪濁,增立米民。

或解除墓門 左道餘氣,墓門解除;春秋二分,祭竈祠社;冬夏兩至,祀祠同俗;先受治錄,兵符社契。皆言軍將吏兵,都無教誡之義。

或苦妄度厄 塗炭齋者,事起張魯。驢輾泥中,黄土塗面,摘頭懸柳,埏埴使熟。至義熙初,王公期省去打拍,吳陸修静猶泥額反縛,懸頭而已。資此度厄,何癡之甚?

或夢中作罪 夢見先亡,輒云變怪,召食鬼神,軍將吏兵,奏章斷之。

或輕作兇佞 造黄神越章,用持殺鬼;又造赤章,用持殺人。取悦世情,不計殃罪;陰謀懷嫉,兇邪之甚。

斯皆三張之鬼法,豈老子之懷乎? 自於上代,爰至符姚,皆呼衆僧以爲道士。至寇謙之,始竊道士之號,私易祭酒之名,曹簡姚書,略可詳究。然法行經者,無有人瓢,雖入疑科,未傷弘旨。摩訶迦葉,釋迦弟子,稟道闡猷,詎希方駕。三張符籙,詭托老言,捃採譎詞,以相扶助,復引實談,證其虛説。嗚呼可歎! 幸深察焉。

問:敬尋道家,厥品有三:一者老子無爲,二者神仙餌服,三者符籙禁獸。就其章式,大有精粗,粗者厭人殺鬼,精者練屍延壽。更有青籙,受須金帛。王侯受之,則延年益祚;庶人受之,則輕健少疾。君何不論,唯貶鄙者?答曰:子之所言,何其陋矣! 唯王者興作,非詐力所致,必有靈命,以應天人。至於符瑞,不無階降,上則河圖洛書,次則龜龍麟鳳,此是帝皇之符籙也。今大周馭宇,膺曆受圖,出震爲神,電軒流景,上宣衢室,下闢靈臺。列彼三光,摇兹二柄,而德侔終古,動植效靈,仁並二儀,幽明薦祉。故真容表相,不假尋於具茨;澄照淵猷,無惑求於象罔。牢籠語默,彈壓名言,超絶有無,廻踰彼此。劣狗萬機,不可謂之爲有;孝慈兆庶,不可謂之爲無;四海一家,不可謂之爲彼;九州遼曠,不可謂之爲此。故遊之者莫測其淺深，蹈之者未窮其厚薄。加以三足九尾，赤雀綠龜，嘉瑞相尋，不時而至。茲乃大道弘仁，光盈四表，慶靈總萃，厚祚無疆。豈聖德之清寧，天朝之多士，尚信鬼籙之談，猶傳巫覡之説者哉？昔神賜號田，若始求田之義；民供趙雀，由初受爵之徵。此皆委巷鄙言，子從所不許也。然皇帝之號，尊極天人之義；王者之名，大盡霸功之業。當受命神宗，廓風化於寰已；封禪山岳，報成功於天地。不見鬼言，預經綸之始；曾無詭説，達致遠之宗。徒訛惑生民，敗傷王教，真俗擾動，歸正無從。唯孔子貴知命，伯陽去奇尚，奚取鬼符，望致其壽？若言受之必益，今佩符道士，悉可長年；無籙生民，並應短壽。事既不徵，何道之有？

明典真偽十<small>兩經實談爲真，三洞誕謬爲偽。</small>

問：老經五千，最爲淺略。上清三洞，乃是幽深。且靈寶尊經，天文玉字，超九流，越百氏。儒統道家，豈及此乎？答曰：老子道經，朴素可崇；莊生內篇，宗師可領。暨茲已外，製自凡情。黃庭、元陽，採撮法華；以道換佛，改用尤拙。靈寶創自張陵，吳赤烏之年始出。上清肇自葛玄，宋、齊之間乃行。尋聖人設教，本爲招勸；天文大字，何所詮談？始自古文，大小兩篆，以例求之，都不相似，陽平鬼書，於是乎驗。晉元康中，鮑靖造三皇經被誅，事在晉史。後人諱之，改爲三洞。其名雖變，厥體尚存。猶明三皇以爲宗極，斯皆語出凡心，寔知非教，不關聖口，豈是典經？而張、葛之徒，皆雜符禁，化俗怪誕，違爽無爲。哀哉。吁！何乃指蟲迹欲比蒼文，以毒乳而方甘露乎？<small>依張魯蜀記，凡有二十四治。而陽平一治，最爲大者。今道士上章，及奏符厭，皆稱陽平，重其本故也。以上清爲洞玄，靈寶爲洞真，三皇爲洞神，故曰三皇。</small>

問：道經幽簡，本接利人；佛經顯博，源拔鈍士，窮理微事，皎然可見？答曰：釋典汪汪，幽顯並蘊；玄章浩浩，廣略俱通。大智度曰：“爲利人略説，爲解義故；爲利人廣説，爲誦持故。爲鈍人略説，爲誦持故；爲鈍人廣説，爲解義故。如般若一座，敷玄鷲嶽，及其皆益，乃數十周。”智典既然，餘經皆爾。通言博在其鈍，何誣之甚？香城金簡，龍宮玉牒，天上人間，經典何量？八音部裏，其數無邊，十二該之，罄無不盡。可謂詩篇三百，蔽者一言。以此例之，廣略可見。詳其道經，三十六部，廣則定廣，無略可收，即是純鈍，何利之有？廣而可略，則非定廣；略而可廣，則非定略；釋典之深，於是乎在。

教指通局十一 典康世治，而不出生死爲局；近比王化，而遠期出世爲通。

問：姬、孔立教，可以安上治民，移風易俗；老、莊談玄，可以歸淳反素，息尚無爲。爲化足矣，何假胡經？又簪抽髮削，毀容易姓，可以化彼強夷，不可施之中夏。其猶車可陸運，不可汎流；船可水行，不宜陸載。佛經怪誕，大而無徵。怖以地獄，則使怯者寒心；誘以天堂，則令愚者虛企。竪説塵劫，尚云不遙；傍談沙界，猶言未遠。或説貧由慳至，富籍施來，貴因恭恪，賤興侮慢；慈仁不殺，則壽命延長，多殘掠漁獵，則年算減夭。尋討云云，難相符允。竊見好施不害，貧而早終；慳貪多殺，富而長壽；禪戒苦節，嬰罹疾患；坑殘至廣，封賞始隆。信謂苦惱由惑而生，爵禄因殺而得，其猶種角生葦，母子乖張，牛毛生蒲，因果不類。雖言業報，無以愜心；徒説將來，何殊繫影？未若陶甄稟於自然，森羅均於獨化，忽然自有，怳爾而無，吉凶任運，離合非我，人死神滅，其猶若鑪，膏明俱盡，知何所至？何勞步驟於空談之際，馳騁於無驗之中？答曰：異哉！子之所陳，何其鄙也。果以拘纏窅井，封守一方故耳。孟子曰：“人之所知，未若人之所不知。"信矣！吾當告子。古之明大道者，五變而形名可舉，九變而賞罰可言，所以方內階漸，猶未可頓者也。至於鉤七順時，禁四民之暴；三驅之禮，顯王迹之仁，可謂美矣，未盡善也。尋先生制作，局云寰宇。天分十二，野極流沙；地列九州，西窮黑水。談遺過去，辨略未來；事盡一生，未論三世。豈聖達之不知，信嘉綵之未構？釋迦發窮源之真唱，演大哀之洪慈，上極聖人，下及蜫蟻，等行不殺，仁人之至也。若乃道包真俗，義冠精靈，移仁壽於菩提，徙教義於權實，使宗虛者悟空空之旨，存有者進戒定之權。於是慧光退炤，莊王因覩夜明；靈液方津，明帝以之神夢。春秋左傳曰：魯莊公七年，歲次甲午，四月辛卯夜，恒星不見，星隕如雨，即周之莊王十年也。莊王別傳曰：遂卽易筮，云西域銅色人出也，所以夜明，非中夏之災也。案佛經：如來四月八日入胎，二月八日生，亦二月八日成道。生及成佛，皆放光明。而云出世卽成佛年也。周以十一月爲正，春秋四月，卽夏之二月也。依天竺用正與夏同，杜預用晉曆算，辛卯二月五日也。安共董奉忠用魯曆算，卽二月七日。用前周曆算，卽二月八日也。又依什法師年紀及石柱銘，並與春秋符同。如來，周桓王五年，歲次乙丑生；桓王二十三年，歲次癸未出家；莊王十年，歲在甲午成佛；襄王十五年，歲在甲申而滅度，至今一千二百五年也。良謂遂通資感，悟涉藉緣，運值百齡，齊均萬劫。於是秦景西使，而摩騰東逝，道陽皇漢之朝，訓敷永平之祀。物無爝螢，人斯草偃，始知放華猶昏，而文宣未旭也。吾子初云其同，而未識其異，故知始之所同者非同，末之所異者非異。何則？修淳道者，務在反俗；俗既可反，道則可淳。反俗之謨，莫先剃落，而削髮毀容，事存高素，辭親革愛，趣聖之方。祛嗜欲於始心，忘形骸於終果，何眷戀乎三界，豈留連於六道？泰伯文身斷髮，匪是西夷；范蠡易姓改名，寧非東夏？近讓千乘，論語稱其至德；遠辭九宅，寧羅氏族之拘。故阿含經曰："四姓出家，同一釋種。"莊子舟車之喻，譬以古今，猶禮有損益，樂有相沿。吾子何爲濫云國土？唯聖化無方，不以人天乖應；妙化無外，豈以華戎阻情？是以一音演唱，萬品齊悟，豈以夷夏而爲隔哉？維摩經曰："佛以一音演説法，衆生隨類各得解。"夫纖介之惡，歷劫不亡；毫釐之善，永爲身用。但禍福相乘，不無倚伏；得失相襲，輕重冥傳。福成則天堂自至，罪積則地獄斯臻。此乃必然之數，無所容疑。若造善於幽，得報於顯，世謂陰德，人咸信矣。造惡於顯，得報於幽，斯理盡然，寧不信也？易曰："積善必有餘慶，積惡必有餘殃。"而商臣肆惡乃獲長壽，顔子庶幾而致早終，伯牛含沖和而納疾，盜跖抱凶悖而輕彊。斯皆善惡無徵，生兹綱惑。若無釋教，則此塗永躓矣。經曰："業有三報，一者現報，二者生報，三者後報。"現報者，善惡始於此身，苦樂即此身受；生報者，次身便受；後報者，或二生、或三生、百千萬生，然後乃受。受之無主，必由於心；心無定司，必感於事。緣有彊弱，故報有遲速。故經曰："譬如負債，強者先牽。"此因果之賞罰，三報之弘趣，自非通才遠識，罕得其門。世或有積善而得殃，或有凶邪而致慶，此皆現業未熟，而前報已應。故曰："禎祥遇禍，妖孽享福，疑似之嫌，於是乎在。"斯則顔子短壽，運鍾在昔；今之積德，利在方將。盜跖長年，酬於往善；今之肆惡，衰在未來。注曰："楚穆王，字商臣，楚成王之太子，世有殺父之愆，謐之爲穆。"名實之差，起於此矣。此皆身後一報，非現報也。故經曰："雜業故雜受。"如歐利王之刖羼提，現被霹靂；末利夫人供養須菩提，見爲王后。若斯之流，皆現報也。子云多殘爲富貴之因，持戒爲患疾之本，經有成通，可得而言矣。或有惡緣發善業，多殺而致爵；或有善緣發惡業，多禪戒而獲病。病從惡業而招，豈修善而得？貴從善業而興，非坑殘所感。故論曰："是緣不定，非受不定。"受定者，言因不可變也。其猶種稻得稻，必不生麥；麥雖不生，不可陸種。地爲緣也，稻即因矣。然因果浩博，諒難詳究，依經誠言，略標二種：一者生業，二者受業。俱行十善，同得人身，生業也。貧富貴賤，聰鈍短長，受業也。故施獲大富，慳致貧窮，忍得端正，瞋招醜陋，相當因果也。唯業報理微，通人尚昧，思不能及，邪見是興。或説人死神滅，更無來生。斷見也。或云聚散莫窮，心神無間。常見也。或言吉凶苦樂，皆天所爲。他因外道。或計諸法自然，不由因得。無因外道。果以禍福之數，交謝於六府，苦樂之報，迭代而行，遂使遇之者，非其所對。乃謂名教之書，無宗於上；善惡報應，無徵於下。若能覽三報以觀窮通之分，則尼父不答仲由，斷可知矣。是故文子稱黃帝之言曰："形有糜而神不化，以不化乘其變無窮。"又嬴博之葬曰："骨肉歸乎地，而神氣無不之。"釋典曰："識神無形，假乘四蛇，形無常主，神無常家。"斯皆神馳六道之明證，形盡一生之朗説。未能信經，希詳軒昊？因兹而觀，佛經所以越六典，絶九流者，豈不以疏神達要，陶鑄靈府，窮源盡化，水鏡無垠者矣。

依法除疑第十二法有常楷，人無定則，若能依法，則衆疑自除也。

於是童子愀然而怒曰：僕聞釋典沖深，非名教所議；玄風悠邈，豈器象所該？故染漬風流者，脱形梏於始心；研窮理味者，蕩心塵於終慮。抗志與夷、皓齊蹤，潔己與嚴、鄭等跡。忽榮譽，去嗜欲。然釋訓稍陵，競爲奢侈，上減父母之資，下損妻孥之分，齋會盡肴膳之甘，塔寺極莊嚴之美，罄私家之年儲，費軍國之資實。然諸沙門，秀異者寡，受兹重惠，未能報德。或墾植田圃，與農夫等流；或估貨求財，與商民争利；或交託貴勝，以自矜豪；或占算吉凶，徇於名譽。遂使澄源漸濁，流浪轉渾。僕所以致怪，良在於斯。覬欲清心佛法，鑽仰餘風，覩此悵然，洗心無託。先生憮然而笑曰：余聞鱗介之物，不達皋壤之事；毛羽之族，豈識流浪之形？類異區分，固其宜耳；惟十性淵博，含生等有；二諦該深，物我斯貫。辨有也，則九道森然；

談空也，則萬像斯寂。故般若曰："色即薩婆若，薩婆若即色。"然色是無知之頑質，薩婆若諸佛之靈照。論有居然無別，言無一而莫異。極矣哉！極矣哉！老氏之虛無，乃有外而張義；釋師之法性，乃即色而遊玄。遊玄不礙於器象，何緣假之可除；即色而冥乎法性，則境智而俱寂。般若曰："不壞假名，而說諸法實相。"維摩曰："但除其病，而不除法。"信哉此道，孰可逮乎！故能拯溺俗於沈流，拔幽根於重劫，遠開三乘之津，廣闢天人之路。夫大士建行，以檀度為先；標牓宗極，以塔寺為首。施而有報，匪成虛費；惠而有德，豈曰空為？且精微稍薄，華侈漸興；失在物懷，何關聖慮？故崇軒玉璽，非堯、舜之心；翠居麗食，豈釋迦之意？今大周馭宇，淳風遐被，震道綱於六合，布德網於八荒。川無扣浪之夫，谷無含歎之士，四民咸安其業，百官各盡其分，嘉穀秀於中田，倉庫積而成朽。方將擊壤以頌太平，鼓腹而觀盛化，吾子何拘，妄慮窮竭？古人歎曰："才之為難。"信矣！孔門三千，並海內翹秀，簡充四科，數不盈十。其中伯牛惡疾，回也六極，商也慳恡，賜也貨殖，求也聚斂，由也凶頑，而舉世推戴，為人倫之宗；欽尚高軌，為搢紳之表，百代慕其遺風，千載仰其景行。至於沙門，苦相駁節。蓋髮膚徽嗣，世人之所重，而沙門遺之如脫屣；名位財色，有情之所滯，而沙門視之如秕穢。斯乃忍人所不能忍，去人所不能去，可謂超世之津梁，弘道之勝趣也。錄其脫俗之誠，足消四事；採其高尚之迹，可報四恩，況優於此者乎？夫崑山多玉，尚有礫沙；浮水豐金，寧無土石？沙門之中，禪禁寔多，不無五三缺於戒律，正可以道廢人，不應以人廢道。子何覩此遽替釋教？故經曰："依法不依人，依智不依識。"不可見紂、跖之蹤，而忽堯、孔之軌；覽調達之迹，而忘妙德之風。今當為子，撮言其致。三乘俱出生死，而幽駕大有淺深；九流咸明宇內，沖轍寧無總別？儒經曰："夫孝德之本，教之所由生也。"既云德本，道高仁義之迹；教之由生，墳典因之以弘。然則同歸而殊塗，一致而百慮，孝慈爲總，子何惑焉？儒之爲統，子何疑焉？於是童子莞然而悅曰：夫柏梁之構興，乃知茆茨之仄陋；仰日月之彌高，何丘陵之可窄；覩真筌之遼廓，覺世訓之爲近；尋二經之實談，悟三張之詭妄。佛生西域，形儀罔覿；教流東土，得聽餘音。然神蹤曠遠，理乖稱謂；因果寂遼，信絕名言。今以淺懷，得聞高論；銷疑散滯，渙若春冰。始知釋典茫茫，該羅二諦；儒宗硈硈，總括九流，信侤常談，無得而稱者矣！僕誠不敏，謹承嘉誨。

（選自四部叢刊影印本廣弘明集卷八）

慧　思

【簡介】 慧思，俗姓李，生於公元 515 年（梁天監十四年），卒
於 577 年（陳太建九年）。元魏南豫州汝陽郡武津縣人。他十五歲
卽出家修道，研究法華經和各種大乘經典，尤其重視禪學的研究。
以後他又受業於北齊慧文禪師。據唐高僧傳記載，慧思悟得所謂
“我今病者皆從業生，業由心起，本無外境。反見心源，業非可得，
身如雲影，相自體空”的道理。從而鼓吹由“空定”而達到“心境廓
然”的禪理。從此以後他的名行遠聞，學徒日衆。

慧思之學，以禪學爲主，主張以定發慧，定慧雙開。據唐高僧
傳記載，南朝的佛教本來是重理義而輕禪法的，北方的佛教則重禪
定。慧思南渡之後，開定慧雙修，融通南北之學，使得南北思想日
趨一致，這是南北朝走向統一的趨勢在佛教思想中的反映。慧思
主張“心性清靜”、“業由心起”、“本無外境”，卽認爲客觀物質世界
是由主觀的心所造成的，所以他講“一心具万處”才是“法華圓頓
旨”。（唐高僧傳）從這裏可以看到慧思的思想已經具有了後來智
顗所創立的天台宗“一念三千”、“圓融無礙”等思想的雛形，所以天
台宗把他奉爲本宗的第二代祖師是有一定理由的。慧思的思想
中，還有一個值得注意的問題，卽他的思想中揉和了道教的思想，
宣揚爲了護法（佛法）和化度衆生，自己應當先求得長生不死，慧思
這種思想對以後儒、釋、道三教合流起了一定的作用。

慧思的著作除了有諸法無静三昧法門兩卷外，尚有四十二字
門兩卷，釋論玄、隨自意、安樂行（卽法華經安樂行義）、次第禪要、

三智觀門等五部各一卷。此外還有南嶽思大禪師立誓願文一卷和大乘止觀法門兩卷，這兩篇是否慧思的著作，在學術界早就存在着不同的看法。南嶽思大禪師立誓願文一卷，有人依據唐高僧傳未有記載爲理由，判爲僞書。但大唐内典錄中已有著錄，文中記錄慧思的出家求道過程和活動，與唐高僧傳相合；文中的思想主禪定，宣揚“於一念心中，現一切色身”等，亦頗與慧思的基本思想相合，所以我們認爲誓願一文很可能是慧思的著作。至於大乘止觀法門一書，唐高僧傳及大唐内典錄、開元釋教錄等唐代目錄均未著錄，又此書直至北宋真宗咸平時才從日本國返海而歸，我國早已失佚，所以疑點頗多。再考其思想亦與慧思基本思想多有不合之處。如：慧思主禪定，認爲一切智慧皆從禪定生，大乘止觀法門並不只講由定發慧，而講定慧互生。又如：慧思的主要著作諸法無諍三昧法門、法華經安樂行義等，都未涉及到大乘起信論的思想，而大乘止觀法門則揉合了天台教觀與大乘起信論中的阿黎耶識與雜淨二法等思想。因此此書係僞作的可能性很大，不能當作慧思的著作來對待，今選錄其中部分内容作爲附錄，以備讀者參考。

一、諸法無諍三昧法門

卷　上

如萬行中説，從初發心至成佛道，一身一心一智慧，欲爲教化衆生故，萬行名字差別異。夫欲學一切佛法，先持淨戒勤禪定，得一切佛法諸三昧門、百八三昧、五百陀羅尼，及諸解脱、大慈大悲、一切種智、五眼、六神通、三明、八解脱、十力、四無畏、十八不共法、三

十二相、八十種好、六波羅密、三十七品、四弘大誓願、四無量心、如
意神通、四攝法，如是無量佛法功德，一切皆從禪生。何以故？三世
十方無量諸佛，若欲說法度無量衆生時，先入禪定，以十力道種智，
觀察衆生根性差別，知其對治，得道因緣，以法眼觀察竟，以一切種
智，說法度衆生。一切種智者，名爲佛眼，亦名現一切色身三昧，亦
名普現色身三昧。上作一切佛身、諸菩薩身、辟支佛身、阿羅漢身、
諸天王身、轉輪聖帝諸小王身；下作三塗六趣衆生之身。如是一切
佛身，一切衆生身，一念心中一時行，無前、無後、亦無中間，一時說
法度衆生，皆是禪波羅密功德所成。是故佛言：若不坐禪，平地顚
墜；若欲斷煩惱，先以定動，然後智拔。定名奢摩他，智慧名毘婆舍
那。定有無量，總說三種：下定名欲界定，中定曰色界定，上定名無
色界定。復次，下定是聲聞定，總攬三界。中定是辟支佛定。上定
是如來定，及諸菩薩定。智有無量，說有三：一者道智，二者道種
智，三者一切種智。慧亦有三：一者道慧，二者道種慧，三者一切種
慧。復次，分別說有十一智，何者是耶？法智、世智、他心智、宿命
智、苦智、集智、滅智、道智、盡智、無生智、如實智。復次，盡智、無
生智，分別則有十八種智。盡智有九，無生智有九，是名十八智，亦
得名爲十八心。三乘聖人共在四禪諸智慧中，問如實道如實智者，
於一切法總相、別相，如實能知故，名如實智。是諸智慧，卽是一切
智，亦名無智。何以故？如先尼梵志問佛。經中說先尼梵志白佛
言：世尊，如來一切智慧，從何處得？佛答先尼：無有得處。先尼復
問：云何智慧無有得處？佛復答言：非內觀中得是智慧，非外觀中
得是智慧，非內外觀中得是智慧，亦非不觀得是智慧，是故智慧無
有得處，故名無智。如奇特品說：一字入四十二字，四十二字還
入一字，亦不見一字，唯佛與佛善知字法，善知無字法，爲無字法故
說於字法，不爲字法故說於字法，是故四十二字，卽是無字。復次，

欲坐禪時，應先觀身本。身本者，如來藏也，亦名自性清淨心。是名真實心，不在內，不在外，不在中間，不斷不常，亦非中道，無名無字，無相貌，無自無他，無生無滅，無來無去，無住處，無愚無智，無縛無解，生死涅槃無一二，無前、無後、無中間，從昔已來無名字，如是觀察真實竟。次觀身身，復觀心身。身身者，從妄念心生，隨業受報，天人諸趣，實無去來，妄見生滅，此事難知，當譬喻說：身本及真心，譬如虛空月，無初、無後、無圓滿，無出、無没、無去來。衆生妄見謂生滅，大海江河及陂池，溪潭渠浴及泉源，普現衆影似真月，身身心心如月影，觀身然欲甚相似，身本真僞亦如是。月在虛空無來去，凡夫妄見在衆水。雖無去來無生滅，與空中月甚相似。雖現六趣衆色像，如來藏身未曾異。譬如幻師著獸皮，飛禽走獸種種像，貴賤男女差別異，端正醜陋及老少，世間種種可笑事。幻師雖作種種變，本丈夫形未曾異。凡夫雖受六趣色，如來藏色不變異。身本及真心，譬如幻師睡，身心無思覺，寂然不變易。身身及心數，如幻師遊戲，故示六趣形，種種可笑事。身身衆生體，難解譬喻說。如此法性無涅槃，亦無有生死。譬如眠熟時，夢見種種事，心體尚空無，何況有夢事。覺雖了了憶，實無有於此，凡夫顛倒識，譬喻亦如是。禪定智慧能覺了，餘散心智不能解，非但凡夫如夢幻，月影現水種種事。復次，諸佛菩薩聖皆爾，從初發心至佛果，持戒禪定種種事，甚深定心不變易，智慧神通幻化異。法身不動如空月，普現色身作佛事，雖無去來無生滅，亦如月影現衆水。何以故？如經論中說：欲學一切智定，必修諸善心。若在定能知世間生滅法相，亦知出世三乘聖道，制心禪智，無事不辦。欲求佛道持淨戒，專修禪觀得神通，能降天魔破外道，能度衆生斷煩惱。問曰：般若經中佛自說言，欲學聲聞，當學般若；欲學緣覺，當學般若；欲學菩薩，當學般若。復次有六波羅密，般若爲前導，亦是三世諸佛母，汝今云何偏讚禪，不讚五波羅密。復次,如經中說,五度如盲,般若如眼,汝今云何偏讚度,不讚明眼。誰能信者,願廣解說,除我等疑惑。答曰:諦聽善思念之,吾當爲汝決定說。

三乘般若同一觀,隨證淺深差別異。如大海水無增減,隨取者器大小異。聲聞緣覺及菩薩,如來智慧亦如是。十二因緣四種智,下智聲聞、中緣覺,巧慧上智名菩薩,如來頓覺上上智,以無名法化衆生,方便假名差別異,三乘智慧不能知,唯佛世尊獨知耳。如大集經離四諦,三乘法行同一義。陳如稽首白世尊,十方菩薩大衆集,云何名法行比丘,願佛演說法行義。爾時佛告憍陳如,至心諦聽今當說,共求法行諸比丘,誦如來十二部經,謂修多羅及毘曇,優婆提舍及毘尼,樂爲四衆敷暢說,是樂誦說非法行。若更復有諸比丘,誦如來十二部經,能廣演說思維義,是樂思維無法行。若復次有諸比丘,更讀誦十二部經,演說思維觀其義,是名樂觀無法行。夫法行者三乘同一觀,我今當說者,有比丘能觀身心,心不貪著一切相,謙虛下意不生慢,不以愛水洗業田,不於中種識種子,滅覺觀法境界息,永離煩惱心寂靜,比丘如是觀身心,佛說是人真法行。如是比丘,即能得聲聞、緣覺、佛菩提。法行比丘觀三事,觀身、觀受及觀心。比丘觀察三念已,一心、四禪、十八智。復次大智論中說,聲聞、緣覺及諸佛,四禪二九十八智,同共證道明闇異,共觀四諦、十二緣,隨機感悟種種異,聲聞四諦十六心,闢支、獨覺、無漏智。菩薩亦解二乘法,獲得無礙十六諦。如諸天共寶器食,飯色黑白各有異。四諦譬喻如鐙品,定如淨油智如炷,禪慧如大放光明,照物無二是般若。鐙明本無差別照,覩者眼目明暗異。禪定道品及六度,般若一法無有二,覺道神通從禪發,隨機化俗差別異。

問曰:佛何經中說,般若諸慧皆從禪定生。答曰:如禪定論中說,三乘一切智慧皆從禪生。般若論中,亦有此語,般若從禪生。汝

無所知，不解佛語，而生疑惑，作是狂難。汝何不見，十方諸佛，若
欲説法度衆生時，先入禪定，以神通力，能令天地十方世界，六種震
動，三變土田，轉穢爲淨；或至七變，能令一切未曾有事，悉具出現，
悦可衆心，放大光明，普照十方，他方菩薩悉來集會，復以五眼觀其
性欲，然後説法。復次，般若波羅密光明釋論中説，有人疑問佛，佛
是一切智人，智慧自在，卽應説法，何故先入禪定，然後説法，如不
知相。論主答曰：言如來一切智慧，及大光明，大神通力，皆在禪定
中得。佛今欲説摩訶般若大智慧法，先入禪定，現大神通，放大光
明，遍照一切十方衆生，報禪定恩故，然後説法，爲破外道執。外道
六師，常作是言，我是等智慧，於一切常用常説，不須入禪定。佛爲
降伏如是邪見諸外道輩，先入禪定，然後説法。復次，如勝定經中
所説，若復有人，不須禪定，身不證法，散心讀誦十二部經，卷卷側
滿，十方世界皆闇誦通利，復大精進，恒河沙劫，講説是經，不如一
念思維入定。何以故？但使發心欲坐禪者，雖未得禪定，已勝十方
一切論師，何況得禪定。説是語時，五百論師來詣佛所，俱白佛言，
我等多聞，總持十二部經，及韋陀論五部，毘尼講説無礙，十六大國
敬我如佛世尊，何故不讚我等多聞智慧，獨讚禪定。佛告諸論師：
汝等心亂，假使多聞何所益也。汝欲與禪定角力，如盲眼人欲視衆
色，如無手足欲抱須彌山王，如折翅鳥欲飛騰虛空，如蚊子翅欲遮
日月光，如無船舫人欲度大海，皆無是處。汝等論師，亦復如是，欲
角量禪定，無有是處。復次毘婆沙中説：若有比丘，不肯坐禪，身不
證法，散心讀誦，講説文字，辨説爲能，不知詐言知，不解詐言解，不
自覺知，高心輕慢坐禪之人，如是論師，死入地獄，吞熱鐵丸，出爲
飛鳥、豬、羊、畜獸，雞狗野干（牛），狐狼等身。若復有人不近善知
識，雖復坐禪，獲得四禪定，無有轉治，無方便智；不能斷煩惱，雖得
寂靜之樂，煩惱不起，獲四禪時，謂得寂滅涅槃之道，便作是念：我

今已得阿羅漢果，更不復生。如此比丘，實不得道，不斷煩惱，但得
似道禪定，不近善知識，無方便智，謂得實道，起增上慢，臨命終見
受生處，即生疑悔：阿羅漢者更不復生，我今更生，當知諸佛誑惑於
我。作是念時，即墜地獄，何況餘人不坐禪者。重宣此義，而說
偈言：

　　欲自求度及眾生，普遍十方行六度，先發無上菩提心，修習忍
辱堅持戒，晝夜六時勤懺悔，發大慈悲平等心，不惜身命大精進。欲
求佛道持淨戒，專修禪智獲神通，能降天魔破外道，能度眾生斷煩
惱。從初發心至成佛，一身、一心、一智慧，為欲教化眾生故，萬行
名字差別異。欲覺一切諸佛法，持清淨戒修禪定，捨諸名聞及利
養，遠離憒閙癡眷屬，念十方佛常懺悔，不顧身命求佛道，獲得百八
三昧門；亦得五百陀羅尼，及諸解脫大慈悲，五眼六通一切智；亦得
三明八解脫，具足十力四無畏，三十二相八十好，三十七品具六度，
十八不共微妙法，視諸眾生如一子，四弘誓願具四攝，四無量心道
種智，一切種智四如意。觀察眾生廣法施，入四禪定放光明，遍照
十方諸世界，變穢為淨大震動，現諸奇特希有事。十方菩薩悉集
會，三界天王皆在此，端坐瞻仰一心待，同聲三請願聞法。從禪方
便三昧起，為眾隨應演說法，色身香聲種種別，禪定寂然心不異，雖
在座坐現法身，十方九道無不遍，淨戒禪定三昧力，十方了了分明
見，應可度者如眼前，未可度者即不見，如空月影現眾水，闇室深井
即不現。譬如幻師種種變，盲瞎之人則不見。盲瞎睡重者不見，諸
佛法身鏡亦爾，三障眾生不能見，若無淨戒禪智慧，如來藏身不可
見。如金鑛中有真金，因緣不具金不現。眾生雖有如來藏，不修戒
定則不見。淨戒禪智具六度，清淨法身乃顯現。淨妙真金如水銀，
能塗世間種種像。如來藏金和禪定，法身神通應現在。普告後世
求道人，不修戒定莫能彊，無戒定智皆不應，忽忽亂心講文字，死入

地獄吞鐵丸，出爲畜生彌劫矣。如是衆生不自知，自稱我有大智
慧，輕毀一切坐禪人，壞亂正法作魔事，假使講經恒沙劫，都不曾識
佛法義，如殺三千世界人，及諸一切衆生類，高心謗禪壞亂衆，其罪
甚重過於此。譬如羣賊劫牛乳，高聲唱得醍醐味，不知鑽搖及摎
煖，亦失酪漿生熟酥，粗淺薄味尚都失，醍醐上味在何處。不修禪智
無法喜，譬喻説言無婦女。不淨亂心執文字，故言皮囊可盛貯。譬
如盲狗咬草叢，不見人及非人類，但聞風吹草鳴聲，高聲叫言賊虎
至。養一盲狗虎咬故，舉世盲狗叫亂沸，其心散亂都不定。覺觀心
語亦如是，讚百千經心常亂，如蛇吐毒與世静，增見諸非毒轉盛，自
言壞常子難生，既見禪智法喜妻，石女無兒難可生。解文字空不
貪著，若修定時解無生。禪智方便般若母，巧慧方便以爲父。禪智
般若無著慧，和合共生如來子。三乘聖種從是學，故稱一切衆導
師。淨戒禪智如大地，能生萬物載羣類。禪智神通巧方便，能生三
乘一切智。若能一念在禪定，能報三世佛恩義。三世諸佛坐道場，
覺悟衆生皆由此。一切凡夫共一身，一煩惱心一智慧，真如一像不
變易，善惡業影六道異。諸佛菩薩一法身，亦同一心一智慧。一字
萬行化衆生，一聖假名四十二。凡聖色藏一而二，方便道中凡聖
二。色藏無象無一二，唯佛與佛乃知此。我從無數十方佛，聞此一
字無量義，少行法師不能知，文字論師不能解。若人不近善知識，
學得有漏似道禪，初禪謂得須陀洹，四禪謂得阿羅漢，起增上慢諸
漏盡，謂言斷結不更生，臨命終時見生處，卽作是言佛欺我，阿羅漢
者不更生，我今云何更受生。身證不了尚如此，何況散心著文字，
不知詐知起我慢，顛倒説法誑衆生。身不證法昇高座，死入阿鼻大
地獄。身證不了尚生疑，何況不證盲心説。高心亂語謗諸佛，受學
之徒皆效此，從地獄出爲畜生，備作種種諸雜類。若人親近善知識，
證無漏禪乃明解，具足禪智多聞義，如是導師可依止，禪定深隱難

可知。

復次，禪波羅密，有無量名字，爲求佛道，修學甚深，微妙禪定，身心得證，斷諸煩惱，得一切神通，立大誓願，度一切衆生，是乃名爲禪波羅密。立大誓願故，禪定轉名四弘。欲度衆生故，入深禪定，以道種智清淨法眼，觀察衆生是處非處十力智，爾時禪定轉名四無量心。慈悲愍衆生，拔苦與樂，離憎愛心，平等觀察，爾時禪定，轉名慈悲、喜、捨。既觀察已，與其同事，隨意說法，爾時禪定，轉名四攝法。布施、愛語、利益、同事，是名四攝法也。復次，大慈大悲，現如意神通一切色身，以神通力入五欲中，遍行六趣，隨欲度衆生，爾時禪定，轉名神通波羅密。亦普現十方一切佛事，常在禪定寂然無念。復次，深大慈悲憐愍衆生，上作十方一切佛身、緣覺、聲聞一切色形；下作六趣衆生之身。如是一切佛身，一切衆生身，一念心中一時行，無前、無後、無中間，一時說法度衆生，爾時禪定及神通波羅密，轉名一切種智，亦名佛眼。復次，菩薩摩訶薩，持戒清淨，深妙禪定，斷習氣故，遠離三世諸愛見故，爾時禪定，轉名十八不共法。復次，菩薩摩訶薩，以三明智分別衆生，爾時禪定，轉名十力，善知是處及漏盡故。復次，菩薩摩訶薩，色如受想行識如，觀一切法，始從初學終至成佛斷煩惱，及神通盡知十方世界名號，亦知三世諸佛名號，及知諸佛弟子名號，亦知一切衆生名號，及知衆生煩惱名號，解脫名號，一念一時知，及知宿命因緣之事，爾時禪定，轉名十號也。復次，菩薩摩訶薩，以諸法無所有性，一念一心具足萬行，巧方便慧，從初發心至成佛果，作大佛事，心無所著，總相智，別相智，辯說無礙，具足神通波羅密，供養十方一切佛，淨佛國土，教化衆生，爾時禪定，轉名般若波羅密。復次，行者爲出世間故，三界九地名爲八背捨。次第斷煩惱，欲界未到地禪及中間，二禪及四禪，空處及非有想，最後滅受想，於欲界中具五方便，一者發大善心，求佛道故，欲得禪定，名善欲心。是善欲心，能生一切佛法，能入一切禪定，能證一切解脫，起一切神通，分別欲界、色界、無色界、五陰、三毒、四大、十二入、十八界、十二因緣，一切諸法無常變異，苦空無我；亦知諸法無生滅真實相，無名無字，無漏無爲，無相無貌，覺了諸法，故名法智。未到初禪得金剛智，能斷煩惱證諸解脫，是名未到地。初欲界地及未到地，如是二地，是佛道初門，欲得禪定，是名欲心。復次，初夜後夜，專精學禪，節食攝心，捨離眷屬，斷諸攀緣，是名精進。復次，專念初禪樂，更無餘念，是名念心。復次，巧慧籌量欲界五欲，欺誑不淨，是三惡道伴，初禪定樂，斷諸欺誑，得真智慧，是入涅槃伴，是籌量，是名巧慧心。復次，專心一處，滅諸覺觀，境界都息，身心寂靜，是名一心。如是五方便，能斷五欲妖媚煩惱，滅除五蓋，有覺有觀，離生得喜樂入初禪，名初背捨。得入二禪名二背捨。入第三禪，名三背捨。喜樂心內清淨得四禪，名爲入一切處，滅一切色相。捨第四禪，滅有對想，入無邊虛空處，名爲空一切處。第四背捨虛空處定，得一切識處定，是名識一切處第五背捨。復次，捨識處定，入無所有處定，是名第六背捨。捨無所有處定，得入非有想非無想處定，生厭離心，是名第七背捨。捨非有想非無想處定，入滅定受想定，心無所著，是名第八背捨。爾時禪波羅密，轉名八背捨。復次，自覺覺他，通達無礙，得三解脫，能破三界一切煩惱，爾時禪波羅密，轉名十一智。復次，行者，總持旋陀羅尼，戒定慧三分，八聖道，破四顛倒，獲四真諦，爾時禪波羅密，轉名三十七品，起一切神通，所謂四念處、四正勤、四如意足、五根、五力、七覺分、八聖道分，名爲摩訶衍。如四念處品中説，轉一切智慧，以一神通，現一切神通；以一解脫，作一切解脫；轉一名字語句，入一切名字語句；如是一切名字語句，還入一名一字一語一句，平等不異，是四念處字等語等，諸字入門，一切佛法盡在其中。復次，菩薩摩訶薩，欲教化衆生，令生清淨歡喜信心故，與一切聖人，建立一聖官階位次第，衆生之得大歡喜，決定無疑，爾時誓願勤修禪定，得六神通，作轉輪聖王，入五道中，飛行十方，廣行布施，須衣與衣，須食與食，金銀七寶，象馬車乘，樓櫓宮殿，房舍屋宅，五欲衆具，簫邃箜篌，琴瑟鼓吹，隨衆生欲盡給與之，後爲説法令其得道。雖作如是種種法施，實無施者，無財物，無説無示，無聽法者，譬如幻師幻作幻人，四衢道中化作高座，廣説三乘微妙聖法，又作四衆集共聽受，如是幻師所作幻事，無色無心，無示無聽，無受無聞，無得菩薩，爾時禪波羅密，轉名檀波羅密。何以故？施人物時，雖知諸法無所有性，無施無受，無財物相，三事俱空，雖知空寂，勤行布施。復次，菩薩摩訶薩，雖知諸法空罪相不可得，持戒破戒，如夢如幻，如影如化，如水中月；雖知諸法無生滅，堅持淨戒無毀缺，亦以戒法爲他人説，若人惡心不受戒，化作禽獸行，禮儀人類，見此大羞辱，各發善心，堅持淨戒，發大誓願，遍十方不顧身命行戒施，常現六道種種形，廣説如來清淨戒，以宿命智觀察之，必令歡喜無瞋害，非但爲説戒法，亦説攝根定共戒、道共戒、性寂戒、報寂戒，爾時禪波羅密，轉名尸波羅密。復次，菩薩摩訶薩，行此財施、法施、戒施時，受者瞋恚來打罵，割截手足心不動，乃至失命心不悔，爾時禪定，轉名羼提波羅密。菩薩行是甚深禪定，於一切聖行，以法忍故，心無所著，禪定即是羼提波羅密。復次，菩薩，學四念處時，獲得四禪，復作是念：我於身念處未得如意神通，受念處未獲宿命神通，修心念處未獲他心智，不知十方凡聖心故。修法念處時，如是思維：我今未獲漏盡神通，修身念處，觀一切色，亦未得清淨天眼，於受念處，未證因緣業報垢淨神通，於心念處未得衆生語言三昧。作是念己，勤精進求乃至成就，具六神通，爾時禪定，轉名精進毘梨耶波羅密。復次，菩薩，爲起神通故，修練禪定，從初禪次第，入二禪、三禪、四禪、四空定，乃至滅受想定，一心次第，入無雜念心，是時禪波羅密，轉名九次第定。復次，菩薩，入初禪時，觀入出息，自見其身，皆悉空寂，遠離色相，獲得神通。乃至四禪，亦復如是。入初禪時，觀入出息，見三世色，乃至微細，如微塵許，悉見無礙，亦見眾生出沒果報差別，於無量劫通達無礙，是名天眼神通。乃至四禪，亦復如是。入初禪時，觀息出入，以次第觀聲，悉同十方凡聖音聲，是名天耳神通。乃至四禪，亦復如是。入初禪時，觀入出息住息住舍摩他，觀色相貌，以毘婆舍那，觀他心相，善知十方凡聖之心，是名他心智神通。乃至四禪，亦復如是。入初禪時，觀息入出，獲得眼通，得眼通己，觀於有歌羅邏時五陰生滅，乃至無量劫中五陰生滅，獲得宿命，是名宿命神通。乃至四禪，亦復如是。悉能觀察一切眾生，善惡業行差別不同，亦復知其發心早晚，入道遠近，十方三世通達無礙，是名道種智慧神通。爾時禪定，轉名師子奮迅三昧。以神通力，供養十方佛，及教化眾生，淨佛國土，邊際智滿十地具足，變身如佛滿十方，學佛神通，未得滿足，是師子奮迅三昧。唯有諸佛，乃能具足。復次，菩薩，入重玄門，修四十心，從凡夫地初發心時，所修禪定，次第重入，乃至最後無垢地，修諸禪定，學佛神通化眾生法，從初禪入，乃至滅受想定，三禪、四禪、四空，亦復如是，是名順超無礙。從滅受想定超住散心中，超入初禪，非有想非無想處，無所有處，識處空處，四禪乃至二禪，亦復如是，是名逆超自在無礙。爾時禪定，轉名超越三昧。修佛神通，得佛智慧，餘五波羅密亦復如是，是少一波羅密，不名五波羅密。復次，學禪定時，修四念處，於欲界中，觀內外色，入初背捨，具足聞慧，觀內外假二相不可得故，亦非是一如如性故，一解脫。復次，思慧具足，觀察內外法，內外一切法，總相、別相、異相，不可得如如故，二解脫。復次，修慧，六觀具足，色界五陰空，三解脫。復次，聞慧修慧，用巧方便金剛智，破四空定，無貪著心,空五陰不可得故;得解脫空處，得解脫識處，得解脫無所有處,得解脫非有想非非想處,得解脫觀滅受想定,不可得故;得是解脫,是名八解脫。如如性故,無縛無脫,菩薩爾時,禪波羅密名八解脫。復次,菩薩禪定,修四念處,得三十七品,具足佛法。何以故?是身念處,觀色法故,一念具足四念處故;是身念處，用念覺分,觀五陰時,能斷一切煩惱故;觀色陰時,是身念處,不淨觀九想,具足舍摩他,能破一切煩惱,是名爲定。如論偈中説:

初觀身念念,系縛心令定,亦系縛識定,及除煩惱怨。

九想舍摩他,欲界金剛定,能破五欲如縛賊。十想毘婆舍那,欲界未到地金剛智,能觀五陰，畢竟盡想，不能更生,得盡智無生智,斷一切煩惱,如意利刀,斬斷賊頭,觀色如受想行識如,深觀五陰如如性故,卽無煩惱可斷,亦無解脫涅槃可證。何以故?色卽是空,空卽是色;受想行識卽是空,空卽是受想行識;空卽是涅槃,涅槃卽是空;煩惱卽是空,空卽是煩惱;智慧卽是空,空卽是智慧;不可以虛空斷虛空,不可以虛空證虛空。如論偈説:

觀身不淨相,真如性常定,諸受及以心,法亦如是觀。

煩惱者,六欲心也。初死想,能斷威儀語言欲。膨脹想、壞想、散想,能斷形容欲。青瘀血塗想、膿爛想,能斷色欲。骨想、燒想,能斷細滑欲。散想、滅盡想,能斷人欲。如論中説:

四蛇同一篋,六賊同一村,及王旃陀羅,分自守根門。六欲妖姬起,愛怨詐爲親,聲香味觸法,六情起諸塵。貪欲如猛火,瞋恚如蛇蚖。愚癡覆心眼,智者常善觀。外想三四塊,身器二六城,中含十二穢,九孔惡露盈,癰疽蟲血雜,膨脹臭爛膿,骨鎖分離斷,六欲失姿容。九想觀成時,六賊漸已除,及識愛怨詐,兼知假實虛,四大共相依,緣習成假名,行者諦觀察,但見骨人形,初觀如珂許,後漸滿一城,骨人遍法界,深生憂厭道,從生至老死,老死復有生,轉輪十二緣，生死如循環。三塗苦難忍，人天亦復然，誰聞六道苦，而不興厭心。妄識本無體，依因寂法生，妄想生妄想，轉輪十二緣，知過二業患，現不造三因，老死更不續，反流盡生源。

卷　下

四念處觀

身念處觀如音品

觀身不淨時，先觀息入出，生滅不可得。次觀心心相，若先觀色，粗利難解，沈重難輕。若先觀心，微細難見，心空無體，託緣妄念，無有實主，氣息處中，輕空易解。先觀入息從何方來，都無所從，亦無生處，入至何處，都無歸趣，不見滅相，無有處所。入息既無，復觀出息從何處生，審諦觀察，都無生處，至何處滅，不見去相，亦無滅處。既無入出，復觀中間相貌何似，如是觀時，如空微風，都無相貌。息無自體，生滅由心，妄念息即動，無念即無生。即觀此心，住在何處，復觀身內，都不見心。復觀身外，亦無心相。復觀中間，無有相貌。復作是念，心息既無，我今此身從何生，如是觀時，都無生處，但從貪愛虛妄念起。復觀貪愛妄念之心，畢竟空寂，無生無滅，即知此身化生不實。頭等六分色，如空影，如虛薄雲。入息氣、出息氣，如空微風。如是觀時，影雲微風，皆悉空寂，無斷無常，無生無滅，無相無貌，無名無字。既無生死，亦無涅槃，一相無相，一切眾生，亦復如是，是名總觀諸法實相，如是觀竟。欲得神通，觀身四大，如空如影，復觀外四大，地、水、火、風，石壁瓦礫，刀杖毒藥，如影如空。影不能害影，空不能害空。入初禪時，觀息入出，從頭至足，從皮至髓，上下縱橫，氣息一時，出入無礙，常念己身，作輕空想，捨粗重想，是氣息入無聚集，出無分散，是息風力能輕舉，自見己身空如水沫，如泡如影，猶如虛空。如是觀察，久修習竟，遠離色相，獲得神通，飛行無礙，去住遠近，任意自在，是身念處，不淨觀法。九想十想，及觀氣息生滅出入空無障礙，亦能獲得如意神通。先證肉眼，次觀天眼，能見無量阿僧祇十方三世微細色等，亦見衆生生死出没善惡業報，皆悉知之，明了無礙，總攝十力十八不共法，能作大身，遍滿十方，能作小身，細如微塵。一能作多，多能作一，重能作輕，輕能作重，醜陋作端正，端正作醜陋，長短大小，青黄赤白，悉能變化。虛空作地，地作虛空，地作水火，水火作地，能令變作。金銀七寶，石壁草木，亦復如是，皆能變作。金銀七寶，象馬車乘，城郭樓櫓，宮殿屋宅，房舍燈燭，日月大珠，及如意珠，飲食衣服，床榻被褥，筲笛箜篌，五欲衆具。衆生所須，盡給與之，然後説法，令入佛道，能自變身，作十方佛身，名字不同，色像差別。亦復能令皆作金色、三十二相、八十種好、頂上肉髻光明，普遍滿十方，間無空處，十方遠近，如對目前，過去未來，亦復如是。人天交接，兩得相見，亦復能作菩薩、緣覺、阿羅漢身、釋梵四王諸天身、轉輪聖王諸小王身，能作四種佛弟子形，男變爲女，女變爲男，亦作六趣衆生之身，如是凡聖衆色像，一念心中一時行。語言音聲，亦復如是，亦復能作臭爛死屍，縛魔波旬，令捨高慢，遠離魔業，求佛正道，臭爛屍觀，非獨系縛波旬魔王，亦能降伏一切婬女，令捨要欲發清淨心信求佛道，是禪波羅密身念不淨觀法。初修行時，能斷五欲一切煩惱，能除五蓋，能斷十纏，若人修習，如偈所説：

氣息輕空風火觀，飛行十方無障礙，皮肉筋骨不淨觀，獲得如意大神通，總名八大自在我，一切形色能變化；總名十四變化心，非但變化如上事，能令大地六種動，變十方穢爲淨土，是身念處不淨觀；總説如是大功德，若廣諸説不可盡，三十七品亦在中。今已總説身念處，種種功德差別法。

受念處品

復次，禪波羅密中受念處觀，如偈説：

能斷一切受，今當更總説，斷除三受法，一切受亦盡。

三受者，一者苦受，二者樂受，三者不苦不樂受。如十二因緣中説：不苦不樂受，但是無明，有名無色。苦樂二受是行識、名色、六入、觸、受、愛、取、有生、老死、滅壞、苦憂、悲惱，如是三受和合共成事，不能一一獨生煩惱。內受、外受、內外受，內受是六根，名爲六情。外受是六塵，名爲六境。內外受名六識，亦名爲心思維分別。如是內外，有三十種。六根、六塵、六識、六觸、六受、是名三十，皆由無明不能了故，貪善惡業遍生六趣。若能修習戒、定、智慧，淨三毒根，名曰六度。是故論言智度，大道佛從來生死往來故，曰大道智慧，斷三受故名爲度。是故佛言：淨於三毒根，成佛道無疑。一切貪瞋癡，三受以爲根，破戒是惡趣門，持戒是善趣門。若修戒、定、智，閉塞諸惡道，通達善趣門，亦得名爲關閉一切諸惡趣門，開佛無上大菩提門。六根名爲門，心爲自在王。造生死業時，貪著六塵，至死不捨，無能制者，自在如王，是故名爲無上死王。譬如世間五月時雨大惡雹，五穀果樹摧折墮落，人畜皆死，是惡雹雨。譬如金剛，無能制者，斷諸善根，作一闡提，是故名爲死金剛雨。譬如世間金翅鳥王，飛行虛空，四大海中，擒捉諸龍，自在無礙，食噉令盡，無能制者，是故名爲死金翅鳥。譬如世間惡轉輪王，飛行虛空，遍四天下，擒捉諸王，自在無礙，壞他事業，無能制者，是故復名死轉輪王。一切天人王，無能制者，唯除一人，大力神僊，幻術呪師，智如金剛，能伏一切，乃能伏此生死心王，亦復如是。二十五有，無能制者，唯除菩薩，修戒、定、慧智獲得初禪，至第四禪及滅受想定，成就四念處，法忍具足，得大神通，乃能降伏生死心王。一切凡夫及二乘人，不能降伏如是死王，爲無常法之所遷故，不能降伏，唯有法大力菩薩生分盡者，乃能降之，無習氣故。苦受內苦外苦，內苦者，飢餓悲惱，愁憂瞋恚，嫌恨宿怨，不適意事，怨憎會時，內心大苦，如是等苦，名爲內苦。復次，求物不得，若得更失五欲衆具，愛別離故，父母兄弟妻子眷屬，抄劫死亡，若遭惡病，無藥可治，必死無疑，憂悲啼哭，如是等苦，皆名內苦。聞外惡聲，罵辱譏刺，內懷忿怒，亦名內苦。外苦者，若爲王法所加鞭杖拷楚，牢獄系閉，杻械枷鎖，名爲外苦，亦名內外苦。若師子虎狼，諸惡毒獸，風雨寒熱，如是等，此名爲外苦。若自身有病，諸根不具足，名身苦。若爲他役使，擔負重載，若行遠路，中間嶮難，無止息處，如是等苦，是名身苦。應學慈悲修空，忍之不生瞋恚，於怨憎處，應作是念，是我先世，惱害彼人，今但自責，不應瞋他，虎狼獅子，狂象惡王，亦復如是。於貪求處，應求捨心，不應瞋惱，觀惡音聲，如空中響，彼聲不來，耳不往受，隨聞隨滅，誰罵誰受，則無瞋恚。聞好音聲，稱揚讚嘆，如前觀之，亦不生喜，禮拜供養，一切樂受，應作是念，彼自求福，便於我處，自作功德，不聞我事，不應歡喜。譬如廢田，有人耕種，自求報故，地不應喜；復有異人，多持糞穢，毒刺惡草，積種在中，掘鑿穿穴，高下不平，彼人自生，如是惡心，地亦不瞋，亦不念彼徒自苦惱。有人問言：怨害罵辱，能忍不瞋，是事可爾。禮拜供養讚嘆樂受，何以不喜？答曰：彼今雖復供養讚嘆於我，後若遇惡緣，即便瞋我，若打若殺，不應生喜，苦受樂受，皆如幻化，無有定相，不應瞋喜。如彼大地，無憎愛心。菩薩欲求無上佛道，應先修學大地三昧，亦應學如虛空三昧。不苦不樂受，亦復如是，不應貪著，應作是念。苦樂中間故，有不苦不樂，若無苦樂，則無不苦不樂。一切皆是無常生滅，不曾暫停，生滅無故，無生滅處，求不可得，如是觀時，即無三受，得三解脫。男女等相，亦復如是，如幻如化，無生無滅，不可得故。如身念處，五陰如相，不可得故，無十八界，故無一切受。何以故？六根、六塵、六識空故，求不可見，名之爲空，求亦不得，名之空空，亦無有空。復次，禪波羅密中，觀受念處，無生無滅，無一切受，即是涅槃。觀察涅槃，亦不可得，無名字故，即無涅槃。如是觀時，初學能斷一切煩惱，又得一切宿命通，自觀己身現在初生五陰歌羅邏時，生滅不住，亦見過去無量阿僧祇劫五陰生滅。以身念處天眼力故，住初禪中，能見如是宿命神通，一切生處，壽命長短，苦樂受報，飲食衣服，種性名字，生死出没，國土世界，欲性善惡悉見悉知；現在未來宿命因緣，及一切事，悉見悉知；如過去世，亦知諸天六趣衆生三世宿命知己不異，亦復能知諸佛、菩薩、緣覺、聲聞一切宿命。一念心中，稱量盡願，明了無礙，衆一切衆生中，得自在壽命，隨其所感，長短不同，爲衆生故，現一切身，受一切命，欲度十方三惡道衆生。欲度餓鬼，觀受念處，住初禪中，用如意通，施美飲食，令其苦息，而爲說法。欲度畜生時，觀受念處，入初禪時已入第四禪，從四禪起住第二禪，用如意神通，令諸衆生離畜生業得人天，令其歡喜，即爲說法。欲度地獄衆生時，觀受念處，入初禪時已入第二禪，從二禪起入第四禪，從四禪起住第三禪，以如意通，變化十方阿鼻地獄及諸地獄，悉爲天堂，一切苦具，變爲瓔珞，如其苦息，如第三禪樂，隨應說法。欲度福德大力衆生時，觀受念處及三念，入初禪，初禪起入二禪，二禪起入三禪，三禪起入第四禪。住火一切處，放大光明，遍照十方。住地一切處，十方大地六種震動。住風一切處，戒、定、慧香，遍熏十方。住水一切處，現月愛三昧，十方重病苦惱衆生悉得消除，身心安樂。住地一切處，穢惡世界，變爲淨土，池流華果，七寶莊嚴，放眉間光，召集十方諸大菩薩，悉求集會，口光頂光，放中間光，集三界天王、轉輪聖王、阿修羅王及諸小王並諸天人，放下光明，普及三塗一切衆生，集會聽法，悉爲受記。受記之法，凡有九種，三乘及六道，是名九種差別受記。如摩訶般若放光論中說：若放頂上內髻光明，遍照十方，集大菩薩，並集過去多寶佛等，又及

十方分身應化無量諸佛十方世界，爲一切佛土滿中諸佛，移諸天人三塗八難，置於他土，不令在會，無餘雜衆，當知此會，但說一乘，爲一生補處菩薩受如來記。若放眉間大光明，同頂光中事，當知此會，爲大聲聞密行菩薩過十地入佛境界者受如來記。如法華中說：二種放光受記之法，但說佛果事一乘佛智慧，無餘雜衆故，不說九道記。問曰：佛大慈悲平等說法，衆生普聞，復何意故，說法華時，三變世界八方通同爲一佛土。初第一變，八方五百萬億那由他恒河沙等諸佛世界，同於娑婆，上下兩方，亦復如是。第二變化，八方各變二百萬億那由他恒河沙等諸佛世界，亦同娑婆。第三變化，八方各二百萬億那由他恒河沙等諸佛世界，同於娑婆。如是三變，各放眉間白毫光明，移諸天、人、阿修羅等三塗八難，置於他方，不得聞法，當知如來心不平等。答曰：是事不然。如來智慧，非汝境界，不應難言佛不平等。彼以何故，妙法華會但說一乘頓中，極頓諸佛智慧，爲大菩薩受如來記，難信難解，是故漏盡二乘人，新發意菩薩及以不退諸菩薩等，疑惑不能解，何況餘人。譬如世間轉輪聖王，莊嚴四天下，集諸轉輪王，共論聖王事，唯有王邊智慧大臣，乃能信解，得近王座，同論王事。諸餘惡臣，愚闇無智，則不堪聞，不得同座。何況餘小王，及諸僕使，而近王座。如來頓教，亦復如是。唯有一生補處無垢大士，得佛智慧，受如來記者，乃得聞之，此會不說引導之教，是故餘人不得在座。餘人若聞不解故，即生疑謗，墮於地獄，是故移之置於他土，四衆五千，亦復如是。譬如閻浮提人眼不得見上界諸天，若得見者，兩眼雙瞎，薄福德故，不堪見此諸天光明，是故見者兩眼雙瞎。天、人、阿修羅、三塗八難，亦復如是，尚不得見肉眼眉間受記光明，何況聞說受如來記也。若得聞者，則生誹謗，永失信心，斷諸善根，作一闡提，將護彼意，不得聞之。譬如世間飢餓病瘦絕食來久薄腹者，不得一往多食乾麨，及以彊餅逆麨驗酒，一往飽食，必死不疑。五千四衆、天、人、阿修羅、三塗八難，亦復如是，薄福德故，不堪得聞受如來記。問曰：諸佛神通無量方便，一音說法，隨類得解，何故移之置於他土？答曰：如汝所問，他土之音有二義：一者本土，是如來藏，一切衆生不能解故，貪善惡業輪迴六趣。二者一切衆生，無量劫來，常在六趣，輪迴不離，如已舍宅，亦名本土。天、人、阿修羅等薄福德故，不能感見三變座席，復不感聞本無如教甚深妙聲，是本無如如來如一如無二如本末究竟等。唯佛與佛乃能知之，餘人不解，五千四衆、天、人、阿修羅、三塗八難，不聞本無如，不得究竟解故，是故名爲置於他土。復次，五千天、人、阿修羅及難處，異座異聞，得解薄少，永捨六趣，是故復名置於他土，實不移却，不覺不知，不離本座，物解不同，故言他土。欲重宣受念義，而說偈言：

行者初觀受念時，三種受法難捨離，苦受能生諸怖畏，亦生九惱諸怨害，常懷怼難作方便，得怨便時斷其命，或靜五欲起怨心，或靜名利作怨害，或貪住處獲利養，見勝已來欲殺害，或加誹謗惡名流，或時願人令殺害，是苦受法有三種：內受、外受、內外受。若欲斷除諸苦受，當觀怨家如赤子，亦如父母及兄弟，亦如諸師及同學。生生無不從彼生，是無量劫之父母。我曠劫來曾生彼，一切皆是我赤子。此觀成時瞋恚盡，獲得大慈大悲心，怨家悲嘆生悔心，如見父母悉歸命。我往昔曾彼受學，一切皆是我大師。或修俗禮及五經，或學出世解脫道，學善法故好名流，忍惱害故得神通，一切皆是我和尚，亦是諸師及同學，應當孝順勤供養。恭敬供養如佛想，若受上妙五欲樂，人天王處自在樂，三界天王人王樂，無常至時皆碎破，一切樂受是苦本。樂報盡故苦報至，貪受榮華謂是常，愛別離時地獄至。苦樂受盡則無苦，不苦不樂則無生，具五方便除五欲，亦除五蓋障道因。五欲五蓋煩惱盡，具足五支入初禪，二禪、三禪、第四禪，還入初禪觀五陰。見身如泡空如影，出入息如空中風，見過去世無量劫，諸受五陰生滅空。斷五欲故煩惱盡，斷五蓋故獲五通；斷五欲故獲如意，斷五蓋故獲三明。是故諸佛而説偈，言内外怨賊皆已除，無明父亦滅退，若能斷貪諸愛盡，自覺覺他名解脱。諸行魔母既滅盡，無明魔父亦破碎。既斷煩惱獲六通，立大誓願度一切。自能斷除三受已，亦斷衆生一切受，得自在受無量命，亦知一切解脱受。知受凡聖九道記，亦受補處如來記。若欲説法度衆生，先現希有奇特事，深入禪定放光明，普照十方諸世界，變諸穢惡爲淨土，七寶行樹以莊嚴，三塗八難悉解脱，等齊人天來聽法，以受念處觀察之，然後爲其演説法。或令世界淨穢異，衆生各見不相知，形色音聲種種別，衆生各聞皆不同，各見佛同爲説法，都不見他前有佛，雖復差別各各異，能令一時各解脱，隨衆生壽命長短，能自在受種種命，或見短壽入涅槃，或見長壽無量劫。是受念處初學時，能斷苦樂諸系縛，初觀諸受内外苦，亦觀諸受内外空，不苦不樂受亦空，斷陰界入破無明，觀三受性非空有，則無系縛無解脱。**法性無佛無涅槃，亦無説法度衆生，衆生與佛一如如，本末究竟無差別，坐道場得成佛道，即是導師方便説。如人夢中得成佛，放光説法度衆生，此無佛道無衆生。佛法性相亦復然，衆生迷惑不覺知，深著苦因不暫捨。諸苦所因貪爲本，捨貪求心無相依，見諸受空無生滅，證苦無生苦聖諦，内外假合名爲集，無十八界集聖諦，生滅滅已名寂滅，證無寂滅滅聖諦，陰無縛解無邪正，證平等慧道聖諦，四諦無二是一諦，實無差別四種諦。一諦空故即無諦，無諦巧慧佛三諦。一切衆生從本來，無生無滅無縛解，五陰如性非明闇，凡夫與佛無一二。**

　　三十七品亦在其中，觀受念處多故，受念處爲主，獨稱其名。（略説受念處竟）

心念處品

復次，行者初學禪時，思想多念，覺觀攀緣，如猿猴走，不曾暫停。假使行者，數隨心觀，亦不能攝，即作是念，三界虛妄，皆心所作。即觀是心從何處生，心若在內，何處居止，遍觀身內，求心不得，無初生處，亦無相貌。心若在外，住在何所，遍觀身外，覓心方所，都不見心。復觀中間，亦不見心，如是觀時，不見內入心，不見外入心，不見內外入心，不見陰中心，不見界中心，當知此心空無有主，無名無名行，無相貌，不從緣生，不從非緣生，亦非自生。是是名者，能觀心念，心念生滅，觀念念生滅觀念念相，不可得故，亦無生滅，如觀我心，他心亦然。復觀心性，無有心性。無有心性，亦無相貌，畢竟無心，亦無不見心，如是觀竟，身心空寂，次第八禪，能起神通。復次，菩薩摩訶薩，觀心念處，學得一切禪定解脫，起如意神通，立大誓願，度一切衆生，應先觀其心入初禪，次第入至第四禪，乃至滅受想定，還入初禪心。觀念處，內心、外心、內外心，亦復觀察三毒、四大、五陰、十二入、十八界、十二因緣，如是觀竟，觀諸解脫遍一切他心智三昧，以他心智如意神通，亦入天眼宿命漏盡神通遍觀中，如是諸神通已觀七覺分，住他心智三昧，用念覺分擇分覺分及精進覺分遍觀十方一切衆生心心性欲，用十力智分別之。一一衆生，感聞何法，聞何音聲，見何色像，於何解脫門，而得解脫。如是觀竟，用喜覺分神通三昧，悉令十方六道衆生皆大歡喜，用除覺分定覺分捨覺分，用如意神通，普現色身，上、中、下、根，隨機說法，悉令解脫。此心念處，初修學時，身心得證，自斷一切心想妄念諸結煩惱，亦能如已教他人學，但未得神通，不能明力，不識衆生種種根性所念各異，不稱其機，利益甚少，作是思維，但是學時，未是說時，不應彊說非時之言。若修禪定，獲大神通如意自在，得他心智差別三昧，一念悉知凡聖差別之心，通達無量阿僧祇劫過去未來，如現在世，如是學竟，乃可説法。思維既竟，還入初禪觀於身心，空如影，息如空風，心無相貌，輕空自在，即得神通，住第四禪，放大光明。一者色光遍照十方凡聖色身，二者放於智慧光明遍照十方九道，凡聖上下智慧悉能遍知彼是處非處，及知宿世因緣果報，亦如身念處受念處三昧，如是竟現一切身，十方遠近，如對眼前，各爲説法，悉令解脱。欲説法時，現希有事，悦可衆生，令大歡喜。以神通力，十方世界穢惡之處，變爲淨土，金銀瑠璃一切衆寶，間錯其地，充滿世界，上妙栴檀，七寶行樹，華果茂盛，行列相當，臺館樓櫓，城邑聚落，七寶房榻，如意寶珠，光明相照，若日月現。猶如如來所居淨土，諸佛菩薩充滿其中，各現神通，降伏天魔，破諸外道。或有諸佛，寂然禪定，上下身分放大光明，猶如段雲，遍滿十方光明中現一切佛事。或有菩薩，現不思議，四大海水，置一毛孔，水性之屬，不覺往來，須彌王（“王”疑當作“山”）置芥子中亦不迫迮，還置本處，諸四天王及切利天，不覺不知，三千世界置一毛端，亦不傾側，一切大衆不覺寬迮，如故不異，人天交接，兩得相見。一切人天未得道者，及諸聲聞小行菩薩，皆得見此不思議事。十方諸佛諸四天王，及阿修羅迦樓羅緊那羅摩護羅伽等，悉與菩薩對面共語，能以一面對一切面，如鏡中像面亦不異，然後説法，悉令聞者一時得道，是名菩薩住心念處。如願神通，如願三昧，三十七品，一切佛法，悉在其中觀心念處本，是故心念處爲主，獨舉其名，宣心議而説偈言：

內心、外心、中間心，一切皆是心心數。心性清淨無有相，不在內外非中間，不生不滅常寂然，非垢、非淨、非明暗，非定、非亂、非緣慮、非動、非住、非來去，非生、非死、非涅槃，非斷、非常、非縛解、非如來藏、非凡聖，不了名凡，了即聖。行者初學求道時，觀察心數及心性。觀察心數名方便，覺了心性名爲慧。初坐禪時觀不淨，觀出入息生滅相，不淨觀及出入息，是心心數非心性。觀心心數斷煩

惱，心性卽是煩惱性，心數心性平等觀，具足禪慧成大聖。不淨初
學斷五欲，久修獲得如意通。初觀息解假名空，久修飛行無障閡。
二觀具足成一觀，獲得三明見三世。身念受念及法念，覺了三念由
觀心。內假、外假、內外假，此三假名非實法，心念非假非真實。求
了三假當觀心，一名心相二名性，三假由相不由性，自無明緣至老
死，皆是心相之所造，此假名身及諸受，善不善法及無記，皆由妄念
心所作。觀妄念心無生處，卽無煩惱無無明，心性無念不可觀，觀
四念處心想盡，煩惱盡故卽盡智。若觀心性了四念，解無生法無生
智，無妄念心無緣慮，無雜染故無六道。若人隨順妄念心，持戒坐
禪欲求道，如雨綵衣其色變，不證無漏著禪味，不得解脫歸四趣，何
況破戒無禪定，顛倒亂心著文字。心性清淨如明珠，不爲衆色之所
污，譬如清淨如意珠，雜色物裏置水中，能令清水隨色變，青物裏時
水則青，黃、赤、白、黑皆隨變，珠色寂然不變異。心性清淨如意
珠，善惡業雜緣色雜，十善有漏禪生天，行十惡業生四趣，持戒清淨
修禪智，證得無漏解脫道，從生死際至涅槃，心性寂然不變異。譬
如世間如意珠，隨人所求皆應現，珠無心相無異念，隨所求念悉
周遍。心性無體無名字，隨學者業凡聖現，若人欲求解脫道，具足
十善觀三性，心性眼性及意性，具足三信三解脫。觀身心空持淨
戒，證真如解名信戒。觀身如影如化生，觀心無主無名字，觀罪不
罪如夢幻，乃至失命不破戒。持戒畢竟證寂滅，速離得相之分別，
持戒雖空不雜世，亦不著空隨世法，深入涅槃解脫意，不捨世間十
善行，獲得無漏禪智慧，無定亂心定信時，修四念處斷四倒，證四真
諦一諦相，是名般若波羅密。諸法如性如慧信，若人具足此三信，是
人乃可得法施。信施戒聞慧慚愧，是此七財名導師。若不具足此七
法，是人不應昇高座。既無信證自不知，向衆妄語何所說，此人誑
自亦誑他，忽忽亂心謗佛說。如富長者自有財，所行法施名實施。

若人修道證解脫，如富長者行實施，受者學者皆效此。先學自證如實說，不應忽忽亂後世，佛意甚深難可知，如教修行證乃解，此性雖空無生滅，隨善惡業必有報。譬如虛空無明暗，風雲静亂有明暗，若平旦時無風雲，日出虛空大明浮；若風黑雲暴亂起，虛空塵霧大黑風；是虛空性無垢淨，不爲明暗之所染。衆生心性亦如是，生死涅槃不能染；衆生心性亦如是，不爲斷常之所染。衆生心性若無常，念念滅壞無業報。衆生心性若是常，如空不變無業報。心性亦非非無常，除煩惱故得解脫，生死解脫不失故。若言心性非無常，求道不應得解脫。若捨生死得解脫，當知解脫卽無常。若生死性不可捨，當知則無有解脫。若言生死不可捨，此人所説不可捨。若言生死是可捨，此人所説不可依。若言死法不可捨，衆生則不得解脫。是義應然何以故？衆生非是生死法。衆生若是生死法，捨生死則捨衆生。衆生若是自捨者，亦應自捨解脫法。衆生之性卽心性，性無生死無解脫。如虛空性無明暗，無有生死無解脫。衆生心性如明珠，生死解脫喩如水，萬惡萬善喩衆色，隨善惡業種種現，顛倒妄念造善惡，隨業受報遍六道。若持淨戒修禪智，法身處處皆應現，雖隨業影種種現，心性明珠不曾變。舍利弗問一比丘：比丘汝今得解脫？比丘答言舍利弗，我今獲得諸煩惱，法今不在於涅槃，亦復不在於生死。若言生死卽涅槃，卽陰計我是外道。若言生死非涅槃，離陰是我是外道。若言不卽不離是，亦非不卽非不離，此人具足六十二，悉是邪見外道輩。衆生非是衆生相，亦復非是非衆生，生死涅槃假名説，唯佛與佛乃知此。（略説心義竟）

　　法念處品

　　復次，菩薩初學坐禪觀法念處者，善法、不善法、無記法。善法者有二種：一者有漏十善道，及有漏四禪四空定，是世間善法；二者出世間善，無漏四禪四空定，四四定、滅受想定、三十七品，是出世問善法。不善法者,有二種:一者身口意十惡法, 二者身口意作五逆罪。復有一人,重於五逆,是人學道,值惡知識,魔鬼入心, 常説是言:我解大乘甚深空義,犯四重罪,婬欲熾盛,飲酒食肉, 不持齋戒,作如是言:諸法悉空,誰垢誰淨,誰是誰非, 誰作誰受。作是念已,即便破威儀,破正命,無量衆生,懶墮懈怠,不能求道,見此易行惡趣空法,即便破戒,共相朋黨,謗佛謗法,罵比丘僧, 輕毀一切比丘,令使疑惑悉皆破戒,斷諸佛種,罪重五逆, 命終悉入阿鼻地獄。常詐稱言,我如善根法師,解甚深義,餘精進者, 悉是勝意比丘,不如我等。如是欺誑,壞衆生故,但著惡趣空, 實不識佛法,毀三寶故, 罪重五逆。大集經中, 佛告頻婆娑羅王:未來世有諸惡比丘,行婬破戒,飲酒食肉,向四衆説,我解如此大乘空義,多領無量破戒眷屬,四衆無力,不能治之。佛復語王言:我今以此大乘經法, 付囑國王,令治破戒諸惡比丘,王若不治,死入地獄。頻婆娑羅王聞已,悉之是名惡法。法行比丘,則不行此破戒惡法。無記法者,一非十善,二非十惡,中間散亂無記之心,善惡不攝,是名無記。復次, 阿毘曇中,色中一可見十則説有對,無記謂八種, 餘則善不善,此是十二入。色中一可見者,眼有二入,但見前境, 善惡衆色不自見。眼根覺是名一可見,若見人等,怨親中人記之, 妄別經久,後得相見時,猶故相識,我曾某處共居。相見餘衆生非衆生色,亦復如是,皆屬一色入,是故説言色中一可見。十則説有對者:耳對音聲, 鼻對香臭,舌對於味,身對衆觸,意對法,是故説言十則説有對。無記謂八種者,耳根對聲,不能相見,不知處所,不見色像,不能記錄,亦復不識冤親中人及餘音聲非人響聲。若眼不見, 心意不覽, 悉不能記,但能相對。譬如有人於説法座下坐,心緣外事,境外境界,眼亦不觀,乃至緣座,都不曾聞法師語聲,鼻舌身根, 亦復如是, 不能記錄故名無記。設有記者,悉意等三事和合,乃能記之,獨不能記,四根對四塵,故言八種不能相記,是故説言無記謂八種。餘則善不善者,意法相對,悉能記録善不善事:我曾某處作如是功德若干善法;我曾某處作若干重罪,若干輕罪;我於某處不作善惡,隨宜而住,都無所作;我曾某處得若干好物,若干不好物;善不善法,亦復如是。然其意根,都無處所,能懸屬正當五塵之事。譬如神龜懸悟密事悉能記録,不名無記,但得名爲善不善法心,能總覽十二入法。六識由心,意但少分,不能盡知,攀緣計校,名之爲心。屬當受持,名之爲意。是故大集經中,坐禪學道法行比丘,但觀三性:一者心性,二者眼性,三者意性,此三法輕利用事彊故。復次,法念處,内法、外法、内外法。内法者,是六情。外法者,是六塵,名爲六境。内外法者,名爲六識,亦名六神。名十八界、三毒、四大、五陰、十二入、十二因緣,悉是其中。今但總説餘者,亦攝一切。一切煩惱,無明爲主。因眼見色,生貪愛心,愛者卽是無明;爲愛造業,名之爲行;至心至念,名之爲識;識共色行,名曰名色;六處生貪,名爲六入;因入求受,名之爲觸;念色至法,名之爲受;貪著心者,卽名爲愛;四方求覓,名之爲取;如是法生,名之爲有;次第不斷,名之爲生;次第斷故,名之爲死;衆苦所逼,名之爲惱;乃至識法因緣生貪,亦復如是。如是十二因緣,一人一念中心,悉皆具足,名爲煩惱。生老病死,十二因緣,非是解脱。夫解脱者,因眼見色,生貪愛心,名爲無明;爲愛造業,名之爲行;未睹色時,名爲獨頭無明,亦名無始無明,亦名不共無明。若眼不對色,則不能生愛,無伴合共故,無愛行二法,不能於中種識種子。是故名爲無明,獨頭無明,不共無明。二乘聲聞,及諸行人,初入道者,不能斷此無始無明。諸佛菩薩,及二乘行人,但斷有始共伴。無明共愛合故,名之爲伴,能作行業,名爲始生,是身初因,是故爲無始無明。無明爲父,愛心爲母,行業和合,生識種子,亦得名爲種識種子。種未來身故名爲種,名色是芽故名生,如是別知乃能斷除。求解脱者，應觀察生死父母，斷令皆盡，不令有餘。夫觀察者，眼見色時，應作是念：空明根塵，意識屬當，妄想和合，共生眼識，覩衆色像，假名爲眼。復作是念，何者是眼？空是眼邪？明是眼也，塵是眼也，意是眼也，爲當識獨生名爲眼也，眶骨是眼也，精涙是眼也，瞳人是眼也。若空是眼，無色無對無所見故，不應是眼。若明是眼，無根無覺無所知故，不應是眼。若根是眼，精涙瞳人，匡骨白異，空明未見，覩不見色，空明設現，精盲之人，眼不破，不能見色。當知空明及根，都無有眼。若色是明，色性無知，不能自見，空無生處，無情無對，不與根合，當知色塵空無有眼。何以故？假使根塵對，空明不現，意不屬當，卽不見色，當知根塵空無眼。復作是念，意是眼也。若意是眼，能見色者，盲瞎之人，意根不壞，不能見色，當知無眼。假使不盲有眼之人，眼不對時，意根不壞，不能見色，以是定知意非是眼。意空無根，無生無滅，無名無字。眼空無根，無有生滅，亦無眼名字諸因緣故，無集、無散、無識名，如是觀時，不見眼始來處。無始法亦無，求無始法，不可得故，名曰無始空無。有無始可破故，亦無無始空，爲世流布故，名爲方便慧明解。無始空是名方便慧。無始空亦無，無無性亦無，名之爲慧性。若破和合，共伴無明，是方便智；若破無始無明，名之爲度，故名爲智度菩薩母，方便慧以爲父。一切衆導師，無不由是生萬行，得蒱蔬則生如來家故，名不生生。更有一解，若斷有始和合無明，是名無生；若知無始無明，能斷能知，無所斷故，是名無生法，名之爲慧，是名中慧。破有始無明名爲盡智慧，亦得名爲盡智。有爲煩惱盡故，名爲盡智。斷無始無明，名爲無生智。若知無無始則無始空，名無生法忍。無法亦無不見，不無無亦不有，是觀無明生亦無，亦不見無性，不見無無性，亦非是不見，非非無所見，無有無所見，亦非非無，有無所見，不名有所得，不名無所得，名爲如如性。無生法忍慧，非智之所及，十八種空智所能攝，無名可說故，亦非是無明。是故佛言五陰之法，既非是有，亦非是無，不斷不常不在中道，無空無無相亦無有無作，不合亦不散，名相法亦無，既見有衆生，不見無衆生，湼槃非是有，亦復非是無，是名法念處。雖知諸法爾，精進禪定，苦行求佛道，不墮惡趣空，誓度一切衆，其心不退轉，更略說。復次，眼見色時，即反觀察内求覓眼，誰能見色，何者是眼，從何處生，如是處生，如是觀時，都不見眼，亦無生處，亦不見，亦無生，名無字，都無明貌。復觀於色，從何處生，誰使汝來，如是觀時，不見生處，亦無使來者，求其生處，不可得故，如空中影，如夢所見，如幻化，無生無滅，即無有色，無所得故，耳、鼻、舌、身、意，亦復如是。六識爲枝條，心識爲根本。無明波浪起，隨緣生六識。六識假名字，名爲分張識。隨緣不自在，故名假名識。心識名爲動轉識，遊戲六情作煩惱。六識緣行善惡業，隨業受報遍六道，能觀六根空無主，即悟諸法畢竟空。觀安念心無生滅，即斷無始無明空。解六識空得解脱，無六識空無縛解。何以故？六識非有，亦非空，無名無字無相貌，亦無系縛無解脱。爲欲教化衆生故，假名方便說解脱。解脱心空，名金剛智。何以故？心不在内，不在外，不在中間，無生滅，無名字，無相貌，無系無縛無解脱，一切結無障礙，假名說爲金剛智。更總說心作，二分名心相，二分名心性，相常共六識行，心性畢竟常空寂，無有生滅，無三受，則無一切諸煩惱。復次，修行者，欲破業障諸煩惱，作如是思維，由我有身故，諸業聚集生，我今此身，從何處來，本無從何生，誰之所作，如是觀時，即知此身因過去世無明、行、業，和合聚集，而來生此，我今不能見過去世造業因緣，但觀現世從生已來所作善惡，比知過去。作是念竟，觀我現在世殺生偷劫邪婬善惡及無記心。先觀婬欲，愛境强故，我於某處某年某時，共某甲，誰使我作業，在何處。業若屬我遍身，内外中間，觀察都不見業；業若在身外，在何方所，遍觀察之，都無處所。既不見業觀造業心。業若與心俱，心念念滅，業亦應滅。如是觀時，亦不見不滅。初念見和合，觀察即空，無念無滅，默然正定。念起即更觀，數數重觀察，不念見和合，念生不復生。既無妄念心，則無現在世，過去亦爾。復作是念，心行若無常，我亦無業報。何以故？念念滅盡故。心行若是常，我亦無業報。何以故？常法如空，不變易故。但虛妄念如夢所見，無作夢者，何況見夢法。心相如夢者，諸行如夢法，無夢無夢法，亦無觀察者。夢非是生滅，亦非無生滅，觀夢者亦然。觀察心相及行業，不斷不常，觀亦爾，是名觀心相破一切業障，名之爲解脱。即觀心性時，心性無生滅，無名無字，無斷常，無始無原，不可得。當知無心、無無心，亦無心名字，如是觀察竟，坐禪眼不睡，覺觀不復生，次第入諸禪，觀身如泡影，次第發五通，獲得如意通，誓度衆生，是名解脱也。

坐禪修覺意

復次，修法念處，應勤坐禪，久久修習，得一切定解脱三昧如意神通，發願誓度一切衆生。先觀衆生感聞何法而得入道，若修多羅，若優婆提舍，若毘尼，若阿毘曇，若布施戒忍辱精進禪定智慧，若説三毒對治之法，若四大，若五陰，若十二入、十八界，若十二因緣，若四念處，若四禪，若四真諦，若不説法直現神通，若疾是遲是處非處，如是各各感聞，不同色像音聲，名字差別，各各不同，皆得聖道；或有衆生，不可教化，假使説法神通變化無如之何，或有衆生，若先説法，及現神通，不能生信，要先同事自恣五欲，及餘方便破戒之事，欲心得息，隨應説法，即可得道。如是觀竟，示諸衆生，一切世事，應可度者，乃得見耳，餘人不見，如是籌量，觀弟子心，而爲説法，是名好説法，不令著機十號中，名修伽陀佛。如是觀察入初禪，初禪起入二禪，二禪起入三禪，三禪起入四禪，四禪起入四空定，四空定入滅受想定，滅受想定起住第四禪，觀四念處，入法念處三昧如意神通，十方世界六種震動，放大光明，遍照十方，諸大菩薩三界人天悉來集會，四念處力，能令大衆各見世界淨穢不等，各不相知，現不思議神通變化無量種異。感見佛身，亦復如是。於一法門，無量名字，差別不等，現無量身，爲衆説法，各不相知，獨見一佛，一念心中一時説法，見聞雖復各不相同，得道無二，只是一法，是名菩薩法自在三昧。法念處成就故，三十七品亦在其中，但法念處爲主，獨稱其名。總説法念處竟。

（選自明南本大藏經）

〔附：大乘止觀法門（卷第二）〕

問曰：違本起違末，便違不二之體，卽應並有滅離之義也。何故上言法界法爾具足二性，不可破壞耶？答曰：違本雖起違末，但是理用故，與順一味，卽不可除。違末雖依違本，但是事用故，卽有別義，是故可滅。以此義故，二性不壞之義成也。

問曰：我仍不解染用違心之義，願爲説之。答曰：無明染法，實從心體染性而起，但以體闇故，不知自己及諸境界從心而起，亦不知淨心具足染淨二性，而無異相，一味平等，以不知如此道理故。名之爲違。智慧淨法，實從心體而起，以明利故，能知己及諸法皆從心作，復知心體具足染淨二性而無異相，一味平等，以如此稱理而知故，名之爲順。如似窮子，實從父生，父實追念，但以癡故，不知己從父生，復不知父意，雖在父舍，不認其父，名之爲違。復爲父誘説，經歷多年，乃知己從父生，復知父意，乃認家業，受父教敕，名之爲順。衆生亦爾，以無明故，不知己身及以諸法，悉從心生，復遇諸佛方便教化故，隨順淨心，能證真如也。

問曰：既説無明染法與心相違，云何得熏心耶？答曰：無明染法，無別有體，故不離淨心。以不離心故，雖復相違而得相熏。如木出火炎，炎違木體而上騰，以無別體，不離木故，還燒於木。後復不得聞斯譬喻，便起鎔鑪之執也。此明心體具足染性，名爲不空也。次明心體具足染事者，即彼染性，爲染業熏故，成無明住地，及一切染法種子，依此種子，現種種果報，此無明及與業果，即是染事也。然此無明住地及以種子果報等，雖有相別顯現，説之爲事，而悉一心爲體，悉不在心外，以是義故，復以此心爲不空也。譬如明鏡所現色像，無別有體，唯是一鏡，而復不妨萬像區分不同。不同之狀，皆在鏡中顯現，故名不空鏡也。是以起信論言："因熏習鏡，謂如實不空，一切世間境界悉於中現。不出不入，不失不壞，常住一心，以一切法即真實性故。"以此驗之，具足世間染法，亦是不空如來藏也。上來明具足染淨二法以明不空義竟。次明藏體一異以釋實有義。就中復有六種差別：一明圓融無礙法界法門，二明因果法身名別之義，三明真體在障出障之理，四明事用相攝之相，五明治惑受報不同之義，六明共不共相識。第一明圓融無礙法界法門者。

問曰：不空如來藏者，爲一一衆生各有一如來藏，爲一切衆生、一切諸佛唯共一如來藏耶？答曰：一切衆生、一切諸佛唯共一如來藏也。

問曰：所言藏體具包染淨者，爲俱時具，爲始終具耶？答曰：所言如來藏具染淨者，有其二種：一者性染性淨，二者事染事淨，如上已明也。若據性染性淨，即無始以來俱時具有。若據事染事淨，即有二種差別：一者一一時中俱具染淨二事，二者始終方具染淨二事。此義云何？謂如來藏體，具足一切衆生之性，各各差別不同，即是無差別之差別也。然此一一衆生性中，從本已來，復具無量無邊之性，所謂六道四生，苦樂好醜，壽命形量，愚癡智慧等，一切世間染法,及三乘因果等,一切出世淨法,如是等無量差別法性,一一衆生性中,悉具不少也。以是義故,如來之藏,從本已來,俱時具有染淨二性。以具染性故,能現一切衆生等染事。故以此藏爲在障本住法身,亦名佛性。復具淨性故,能現一切諸佛等淨德,故以此藏爲出障法身,亦名性淨法身,亦名性淨涅槃也。然諸一一衆生無始已來,雖復各各具足染淨二性,但以造業不同故,熏種子性,成種子用,亦即有別。種子用別故,一時之中,受報不同,所謂有成佛者,有成二乘果者,有入三塗者,有生天人中者,復於一一趣中,無量差別不同。以此論之,如來藏心之內,俱時得具染淨二事。如一時中,一切時中,亦復如是也。然此一一凡聖,雖於一時之中受報各別,但因緣之法無定,故一一凡聖,無始以來,具經諸趣,無數迴返,後遇善友,教修出離,學三乘行,及得道杲。以此論之,一一衆生,始終乃具染淨二事。何以故?以一衆生受地獄身時,無餘趣報;受天報時,亦無餘趣報,受一一趣中一一身時,亦無餘身報。又受世間報時,不得有出世果;受出世果時,無世間報。以是義故,一衆生不得俱時具染淨二事,始終方具二事也。一切衆生亦如是。是故如來之藏,有始終方具染淨二事之義也。

問曰:如來之藏,具如是等無量法性之時,爲有差別,爲無差別?答曰:藏體平等,實無差別,即是空如來藏。然此藏體,復有不可思議用故,具足一切法性,有其差別,即是不空如來藏。此蓋無差別之差別也。此義云何?謂非如泥團具衆微塵也。何以故?泥團是假,微塵是實,故一一微塵,各有別質,但以和合成一團泥,此泥團即具多塵之別。如來之藏,即不如是,何以故?以如來藏是真實法,圓融無二故。是故如來之藏,全體是一衆生一毛孔性。全體是一衆生一切毛孔性,如毛孔性,其餘一切所有世間一一法性,亦復如是。如一衆生世間法性,一切衆生所有世間一一法性,一切諸佛所有出世間一一法性，亦復如是，是如來藏全體也。是故舉一衆生一毛孔性，卽攝一切衆生所有世間法性，及攝一切諸佛所有出世間法性。如舉一毛孔性，卽攝一切法性，舉其餘一切世間一一法性，亦復如是，卽攝一切法性。如舉世間一一法性，卽攝一切法性，舉一切出世間所有一一法性，亦復如是，卽攝一切法性。又復如舉一毛孔事，卽攝一切世出世事，如舉一毛孔事，卽攝一切事。舉其餘世間出世間中一切所有，隨一一事亦復如是，卽攝一切世出世事。何以故？謂以一切世間出世間事，卽以彼世間出世間性爲體故。是故世間出世間性，體融相攝故。世間出世間事，亦卽圓融相攝無礙也。是故經言：心、佛及衆生，是三無差別。譬如明鏡體，具一切像性，各各差別不同，卽是無差別之差別也。若此鏡體本無像性差別之義者，設有衆色來對，像終不現。如彼燧火，雖復明淨，不能現像者，以其本無像性也。既見鏡能現像，定知本具像性。以是義故，此一明鏡於一時中俱能現於一切淨穢等像，而復淨像不妨於穢，穢像不妨於淨。無障無礙，淨穢用別。雖然有此像性像相之別，而復圓融不異，唯是一鏡。何以故？謂以此鏡全體是一毛孔像性故，全體是一切毛孔像性故。如毛孔像性，其餘一一微細像性，一一粗大像性，一淨像性，一穢像性等，亦復如是，是鏡全體也。是故若舉一毛孔像性，卽攝其餘一切像性。如舉一毛孔像性，卽攝一切像性，舉其餘一一像性，亦復如是，卽攝一切像性也。又若舉一毛孔像相，卽攝一切像相。如舉一毛孔像相，卽攝一切像相，舉其餘一一像相，亦復如是，卽攝一切像相。何以故？以一切像相，卽以彼像性爲體故。是故一切像性，體融相攝故，一切像相，亦卽相融相攝也。以是譬故，一切諸佛、一切衆生，同一淨心如來之藏，不相妨礙，卽應可信。是故經言：譬如明淨鏡，隨對面像現，各各不相知，業性亦如是。此義云何？謂明淨鏡者，卽喻淨心體也。隨對者，卽喻淨心體具一切法性，故能受一切熏習，隨其熏別，現報不同也。面者，即喻染淨二業也。像現者，即喻心體染淨二性，依熏力故，現染淨二報也。各各不相知者，即喻淨心與業果報各不相知也。業者，染淨二業，合上面也。性者，即是真心染淨二性，合上明鏡具一切像性也。亦如是者，總結成此義也。又復長行問云：心性是一者，此據法性體融，説爲一也。云何能生種種果報者，謂不解無差別之差別，故言云何能生種種果報也。此修多羅中喻意，偏明心性能生世間果報。今即通明能生世出世果，亦無所妨也。是故論云："三者用大，能生世間出世間善惡因果故。"以此義故，一切凡聖，一心爲體，決定不疑也。又復經言："一切諸佛法身，唯是一法身者。"此即證知一切諸佛，同一真心爲體。以一切諸佛法身是一故，一切衆生及與諸佛，即同一法身也。何以故？修多羅爲證故。所證云何？謂即此法身，流轉五道，説名衆生；反流盡源，説名爲佛。以是義故，一切衆生，一切諸佛，唯其一清淨心如來之藏平等法身也。此明第一圓融無礙法界法門竟。次明第二因果法身名別之義。

　　問曰：既言法身唯一，何故上言衆生本住法身，及云諸佛法身耶？答曰：此有二義：一者以事約體，説此二名。二者約事辨性，以性約體。説此二名，所言以事約體者，説二法身名者，然法身雖一，但所現之相，凡聖不同。故以事約體，説言諸佛法身、衆生法身之異。然其心體平等，實無殊二也。若復以此無二之體，收彼所現之事者，彼事亦即平等，凡聖一味也。譬如一明鏡，能現一切色像。若以像約鏡，即云人像體鏡，馬像體鏡，即有衆鏡之名。若廢像論鏡，其唯一焉。若復以此無二之鏡體，收彼人馬之異像者，人馬之像，亦即同體無二也。淨心如鏡，凡聖如像，類此可知。以是義故，常同常別。法界法門以常同故，論云平等真法界，佛不度衆生。以常別故，經云而常修淨土，教化諸衆生。此明約事辨體也。所言約事辨性，以性約體，説有凡聖法身之異名者，所謂以此真心能現淨德故，即知真心本具淨性也；復以真心能現染事故，即知真心本具染性也。以本具染性故，説名衆生法身。以本具淨性故，説名諸佛法身。以此義故，有凡聖法身之異名。若廢二性之能以論心體者，即非染非淨、非聖非凡、非一非異、非静非亂、圓融平等，不可名目。但以無異相故，稱之爲一。復是諸法之實故，名爲心。復爲一切法所依止故，名平等法身。依此平等法身有染淨性故，得論凡聖法身之異。然實無別有體，爲凡聖二種法身也。是故道一切凡聖，同一法身，亦無所妨。何以故？以依平等義故。道一一凡，一一聖，各別法身，亦無所失。何以故？以依性別義故。

問曰：如來之藏體具染淨二性者，爲是習以成性，爲是不改之性耶？答曰：此是理體，用不改之性，非習成之性也，故云佛性大王，非造作法，焉可習成也？佛性即是淨性，既不可造作故，染性與彼同體，是法界法爾，亦不可習成。

問曰：若如來藏體具染性，能生生死者，應言佛性之中有衆生，不應言衆生身中有佛性。答曰：若言如來藏體具染性，能生生死者，此明法性能生諸法之義。若言衆生身中有佛性者，此明體爲相隱之語。如説一切色法，依空而起，悉在空内。復言一切色中，悉有虚空，空喻真性，色喻衆生，類此可知。以是義故，如來藏性能生生死，衆生身中悉有佛性，義不相妨。

問曰：真如出障，既名性淨涅槃。真如在障，應名性染生死。何得稱爲佛性耶？答曰：在纏之實，雖體具染性故，能建生死之用。而即體具淨性故，畢竟有出障之能，故稱佛性。若據真體具足染淨二性之義者，莫問在障出障，俱得稱爲性淨涅槃，竝合名性染生死。但名涉事染，化儀有濫，是故在障出障俱匿性染之義也。又復事染生死，唯多熱惱，事淨涅槃，偏足清涼，是以單彰性淨涅槃，爲欲起彼事淨之泥洹，便隱性染輪迴，冀得廢斯事染之生死。若孤題性染，惑者便則無羨於真源，故偏導清昇，愚子遂乃有欣於實際。是故在障出障，法身俱隱性染之名。有垢無垢，真如竝彰性淨之號。此明第二因果法身名別之義竟。次明第三在障出障之義。

問曰：既言真如法身平等無二，何得論在障出障有垢無垢之異耶？答曰：若論心體平等，實無障與不障，不論垢與不垢。若就染淨二性，亦復體融一味，不相妨礙。但就染性依熏起故，有障垢之名。此義云何？謂以染業熏於真心，違性故。性依熏力起種種染用，以此染用，違隱真如順用之照性。故即說此違用之暗，以爲能障，亦名爲垢。此之垢用，不離真體故。所以即名真如心爲在障法身，亦名爲有垢真如。若以淨業熏於真心，順性故，性依熏力，起種種淨用，能除染用之垢，以此淨用，順顯真心體照之明性。故即說此順用之照，以爲圓覺大智，亦即名大淨波羅蜜。然此淨用，不離真體故，所以即名真心爲出障法身，亦名無垢真如。以是義故，若總據一切凡聖以論出障在障之義，即真如法身於一時中竝具在障出障二用。若別據一一凡聖以論在障出障之義，即真如法身始終方具在障出障二事也。然此有垢、無垢、在障、出障之別，但約於染淨之用說也，非是真心之體有此垢與不垢、障與不障。

問曰：違用既論爲障垢，違性應說爲礙染。答曰：俱是障性垢性，亦得名爲性障性垢。此蓋平等之差別，圓融之能所。然即唯一真心，勿謂相礙不融也。

問曰：既言有平等之差別能所，亦應有自體在障出障耶？答曰：亦得有此義。謂據染性而說，無一淨性而非染，即是自體爲能障，自體爲所障，自體爲在障。就淨性而論，無一染性而非淨。即是自體爲能除，自體爲所除，自體爲出障。是故染以淨爲體，淨以染爲體，染是淨，淨是染，一味平等，無有差別之相，此是法界法門常同常別之義。不得聞言平等，便謂無有差別。不得聞言差別，便謂乖於平等也。此明第三在障出障之義竟。次明第四事用相攝之相。

問曰：體性染淨，既得如此圓融，可解少分。但上言事法染淨，亦得無礙相攝，其相云何？答曰：若偏就分別妄執之事，即一向不融。若據心性緣起依持之用，即可得相攝。所謂一切衆生，悉於一佛身中起業招報。一切諸佛，復在一衆生毛孔中修行成道。此即凡聖多少以相攝。若十方世界，內纖塵而不迮，三世時劫，入促念而能容。此即長短大小相收。是故經云：一一塵中，顯現十方一切佛土。又云：三世一切劫，解之即一念，即其事也。又復經言：過去是未來，未來是現在。此是三世以相攝。其餘淨穢好醜，高下彼此，明暗一異，靜亂有無等，一切對法及不對法，悉得相攝者，蓋由相無自實，起必依心，心體既融，相亦無礙也。

問曰：我今一念即與三世等耶？所見一塵，即共十方齊乎？答曰：非但一念與三世等，亦可一念即是三世時劫。非但一塵共十方齊，亦可一塵即是十方世界。何以故？以一切法唯一心故，是以別無自別。別是一心，心具衆用。一心是別，常同常異，法界法爾。

問曰：此之相攝，既理實不虛。故聖人即能以自攝他，以大爲小，促長演短，合多離一，何故凡夫不得如此？答曰：凡聖理實同爾圓融。但聖人稱理施作，所以皆成；凡夫情執乖旨，是故不得。

問曰：聖人得理，便應不見別相。何得以彼小事以包納大法？答曰：若據第一義諦，真如平等，實無差別，不妨即寂緣起，世諦不壞而有相別。

問曰：若約真諦本無衆相，故不論攝與不攝。若據世諦彼此差別，故不可大小相收。答曰：若二諦一向異體，可如來難。今既以體作用，名爲世諦，用全是體，名爲真諦，寧不相攝。

問曰：體用無二，只可二諦相攝。何得世諦還攝世事？答曰：今云體用無二者，非如攬衆塵之別用，成泥團之一體。但以世諦之中，一一事相，卽是真諦全體，故云體用無二。以是義故，若真諦攝世諦中一切事相得盡，卽世諦中一一事相，亦攝世諦中一切事相皆盡。如上已具明此道理竟，不須更致餘詰。

問曰：若言世諦之中一一事相，卽是真諦全體者，此則真心遍一切處，與彼外道所計神我遍一切處，義有何異耶？答曰：外道所計，心外有法，大小遠近，三世六道，歷然是實。但以神我微妙廣大，故遍一切處猶如虛空。此卽見有實事之相異神我，神我之相異實事也。設使卽事計我，我與事一。但彼執事爲實，彼此不融，佛法之內，卽不如是。知一切法悉是心作，但以心性緣起，不無相別。雖復相別，其唯一心爲體，以體爲用，故言實際無處不至，非謂心外有其實事。心徧在中，名爲至也。此事用相攝之義難知，我今方便，令汝得解。汝用我語不？外人曰：善哉！受教。沙門曰：汝當閉目，憶想身上一小毛孔，卽能見不？外人憶想一小毛孔已，報曰：我已了了見也。沙門曰：汝當閉目憶想作一大城廣數十里，卽能見不？外人想作城已，報曰：我於心中了了見也。沙門曰：毛孔與城，大小異不？外人曰：異。沙門曰：向者毛孔與城，但是心作不？外人曰：是心作。沙門曰：汝心有小大耶？外人曰：心無形相，焉可見有小大。沙門曰：汝想作毛孔時，爲減小許心作，爲全用一心作耶？外人曰：心無形段，焉可減小許用之，是故我全用一念想作毛孔也。沙門曰：汝想作大城時，爲只用自家一心作，爲更別得他人心神共作耶？外人曰：唯用自心作城，更無他人心也。沙門曰：然則一心全體，唯作一小毛孔，復全體能作大城，心既是一，無大小故，毛孔與城，俱全用一心爲體，當知毛孔與城，體融平等也。以是義故，舉小收大，無大而非小，舉大攝小，無小而非大。無小而非大，故大入小而大不減。無大而非小，故小容大而小不增。是以小無異增故，芥子舊質不改；大無異滅故，須彌大相如故。此即據緣起之義也。若以心體平等之義望彼，即大小之相，本來非有，不生不滅，唯一真心也。我今又問汝，汝嘗夢不？外人曰：我嘗有夢。沙門曰：汝曾夢見經歷十年五歲時節以不？外人曰：我實曾見歷涉多年，或經旬月時節，亦有晝夜，與覺無異。沙門曰：汝若覺已，自知睡經幾時？外人曰：我既覺已，借問他人，言我睡始經食頃。沙門曰：奇哉！於一食之頃，而見多年之事。以是義故，據覺論夢，夢裏長時便則不實。據夢論覺，覺時食頃亦則爲虛。若覺夢據情論，即長短各論，各謂爲實，一向不融。若覺夢據理論，即長短相攝，長時是短，短時是長，而不妨長短相別。若以一心望彼，則長短俱無，本來平等一心也。正以心體平等，非長非短故，心性所起長短之相，即無長短之實，故得相攝。若此長時自有長體，短時自有短體，非是一心起作者，即不得長短相攝。又雖同一心爲體，若長時則全用一心而作，短時即減少許心作者，亦不得長短相攝。正以一心，全體復作短時，全體復作長時，故得相攝也。是故聖人依平等義故，即不見三世時節長短之相。依緣起義故，即知短時長時體融相攝。又復聖人善知緣起之法，唯虛無實，悉是心作。是心作故，用心想彼七日以爲一劫，但以一切法本來皆從心作。故一劫之相，隨心即成，七日之相，隨心即謝。演短既爾，促長亦然。若凡夫之輩，於此緣起法上，妄執爲實，是故不知長短相攝，又不能演短促長也。此明第四事用相攝之相竟。次明第五治惑受報同異所由。

問曰：如來之藏，既具一切世法出世法，種子之性，及果報性，若衆生修對治道，熏彼對治種子性，分分成對治種子事用時，何故彼先所有惑染種子事，即分分滅也？即能治所治種子，皆依性起，即應不可一成一壞。答曰：法界法爾，所治之法，爲能治之所滅也。

問曰：所治之事，既爲能治之事所滅者，所治之性，亦應爲能治之性所滅？答曰：不然。如上已説，事法有成有敗，故此生彼滅，性義無始竝具，又復體融無二，故不可一滅一存也。是故衆生未修治道之前，雙有能治所治之性，但所治染法之性，依熏起用，能治淨法之性，未有熏力，故無用也。若修治道之後，亦竝具能治所治之性，但能治之性，依熏力故，分分起於淨用。所治之性，無所熏力，被對治故，染用分分損減。是故經言：但治其病而不除法。法者法界法爾，即是能治所治之性，病即是所治之事。

問曰：能治所治可爾。其未修對治者，即無始已來，具有一切故業種子。此種子中，即應備有六道之業。又復一一衆生，各各本具六道果報之性。何不依彼無始六道種子，令一衆生俱時受六道身耶？答曰：不得。何以故？以法界法爾故。但可具有無始六道種子在於心中，隨一道種子偏彊偏熟者，先受果報，隨是一報之中，不妨自雜受苦樂之事，要不得令一衆生俱受六道之身。後若作菩薩自在用時，以悲願力故，用彼故業種子，一時於六道中，受無量身教化衆生也。

問曰：據一衆生，即以一心爲體，心體之力，實具六道果報之性，復有無始六道種子，而不得令一衆生，一時之中，俱受六道之報者，一切諸佛，一切衆生，亦同以一心爲體故。雖各各自具六道果報之性，及六道種子，亦應一切凡聖次第先後受報，不應一時之中，有衆多凡聖。答曰：不由以一心爲體故，便不得受衆多身。亦不由以一心爲體故，要須一時受衆多身。但法界法爾，若總據一切凡聖，雖同一心爲體，即不妨一時俱有一切凡聖。若別據一衆生，雖亦一心爲體，即不得一時俱受六道報也。若如來藏中，唯具先後受報之法，不具一時受報之法者，何名法界法爾具一切法耶？

問曰：上言據一衆生，即以一心爲體。心體雖具染淨二性，而淨事起時，能除染事者，一切諸佛，一切衆生，既同以一心爲體，亦應由佛是淨事故，能治餘衆生染事。若爾者，一切衆生自然成佛，即不須自修因行。答曰：不由以一心爲體故，染淨二事相除。亦不由以一心爲體故，染淨二法不得相除。亦不由別心爲體故，凡聖二事不得相除。但法界法爾一切凡聖，雖同一心爲體，而不相滅。若別據一衆生，雖亦一心爲體，即染淨二事相除也。如來之藏，唯有染淨相除之法，無染淨不相除法者，何名法界法爾具一切法。

問曰：向者兩番都言法界法爾，實自難信。如我意者所解，謂一一凡聖，各自別有淨心爲體。何以故？以各各一心爲體故。不得於一心中俱現多身，所以一一凡聖，不俱受無量身。又復各各依心起用故，不妨俱時有衆多凡聖。此義即便。又復一一衆生，各以別心爲體故，一一心中，不容染淨二法，是故能治之法熏心時，自己惑滅，以與他人別心故，不妨他惑不滅。此義亦便。何爲辛苦堅成一切凡聖同一心耶？答曰：癡人。若一切凡聖，不同一真心爲體者，即無共相平等法身。是故經言："由共相身故，一切諸佛畢竟不成佛也。"汝言一一凡聖，各各別心爲體，故於一心中，不得俱現多身。是故一衆生不俱受無量身者，如法華中所明無量分身釋迦俱現於世，亦應不得以一法身爲體。若彼一切釋迦唯以一心爲法身者，汝云何言一心不得俱現多身耶？若一心既得俱現多身者，何爲汝意欲使一一凡聖各別一心爲體故，方得俱時有凡聖耶？又復經言："一切諸佛身，唯是一法身。"若諸衆生法身，不反流盡源即是佛法身者，可言一切衆生在凡之時，各各別有法身。既衆生法身，即是諸佛法身，諸佛法身既只是一，何爲一一凡聖，各各別有真心爲法身耶？又復善財童子，自見遍十方佛前悉有己身，爾時豈有多心爲體耶？又復一人夢中，一時見無數人，豈可有無數心，與彼夢裏諸人爲體耶？又復菩薩以悲願力，用故業受生之時，一念俱受無量種身，豈有多淨心爲體耶？又復汝言一一凡聖，各以一心爲體，一心之中，不得容於染淨二法故。所以能治之法熏心時，自己惑滅，以與他別心故，不妨他惑不滅。此義爲便者，一人初修治道時，此人惑染心悉應滅盡，何以故？以一心之內，不容染淨二法故。若此人淨法熏心，心中有淨法時，仍有染法者，此人應有二心。何以故？以他人與我別心故。我修智時，他惑不滅，我今修智，自惑亦復未滅，定知須有二心。若使此人唯有一心，而得俱有染淨二法者，汝云何言，以一心之內，不容染淨二法，故淨生染滅耶？是故諸大菩薩，留隨眠惑在於心中，復修福智淨法熏心而不相妨，又復隨眠之惑，與對治之智，同時而不相礙。何爲一心之內，不得容染淨二法耶？以是義故，如來之藏，一時具包一切凡聖，無所妨礙也。

問曰：既引如此道理，得以一心爲體，不妨一時有多凡聖者，何爲一衆生不俱受六道報耶？又復修行之人，一心之中，俱有解惑種子不相妨者，有何道理，得以智斷惑耶？答曰：矇蟲。如上已言法界法爾，一心之中，具有一切凡聖。法界法爾一一凡聖，各各先後隨自種子彊者受報，不得一人俱受六道之身。法界法爾一心之中，一時俱有凡聖，不相除滅。法界法爾一切凡聖，雖同一心，不妨一一凡聖各自修智，自斷其惑。法界法爾智慧分起，能分除惑，智慧滿足，除惑皆盡，不由一心之內，不容染淨，故斷惑也。法界法爾，惑未盡時，解惑同體，不由別有心故，雙有解惑。是故但知真心能與一切凡聖爲體，心體具一切法性。如卽時世間出世間事得成立者，皆由心性有此道理也。若無道理者，終不可成。如外道修行，不得解脫者，由不與心性解脫道理相應也。法界法爾，行與心性相應，所作得成。行若不與心性相應，卽所爲不成就。此明第五治惑受報不同所由竟。次明第六共相不共相識。

問曰：一切凡聖，既唯一心爲體，何爲有相見者，有不相見者，有同受用者，有不同受用者？答曰：所言一切凡聖，唯以一心爲體者，此心就體相論之，有其二種：一者真如平等心，此是體也，卽是一切凡聖平等共相法身。二者阿棃耶識，卽是相也。就此阿棃耶識中，復有二種：一者清淨分依他性，亦名清淨和合識，卽是一切聖人體也。二者染濁分依他性，亦名染濁和合識，卽是一切衆生體也。此二種依他性，雖有用別，而體融一味，唯是一真如平等心也。以此二種依他性體同無二故，就中卽合有二事別：一者共相識，二者不共相識。何故有耶？以真如體中，具此共相識性，不共相識性故。一切凡聖，造同業熏此共相性故，卽成共相識也。若一一凡聖，各各別造別業，熏此不共相性故，卽成不共相識也。何者？所謂外諸法、五塵器世界等，一切凡聖同受用者，是共相識相也。如一切衆生，同修無量壽業者，皆悉熏於真心共相之性，性依熏起，顯現淨土，故得凡聖同受用也。如淨土由共業成，其餘雜穢等土，亦復如是。然此同用之土，唯是心相，故言共相識。又此同用之土，雖一切凡聖，共業所起，而不妨一一衆生，一一聖人，一身造業，卽能獨感此土。是故無量衆生，餘處託生不廢，此土常存不缺。又雖一一凡聖，皆有獨感此土之業、而不相妨，唯是一土。是故無量衆生新生，而舊土之相更無改增。唯除其時，一切衆生同業轉勝，土卽變異。同業轉惡，土亦改變。若不爾者，卽土常一定也。所言不共相者，謂一一凡聖，內身別報是也。以一一凡聖造業不同，熏於真心，真心不共之性，依熏所起，顯現別報，各各不同，自他兩別也。然此不同之報，唯是心相，故言不共相識。就共相中，復有不共相識義，謂如餓鬼等，與人同造共業故，同得器世界報。及遙見恆河，卽是共相故。復以彼等，別業尤重爲障故，至彼河邊，但見種種別事，不得水飲，卽是共中不共也。復據彼同類同造餓業故，同於恆河之上，不得水飲，復是共相之義。於中復所見不同，或見流火，或見枯竭，或見膿血等，無量差別，復是共中不共。若如是顯現之時，隨有同見同用者,卽名爲共相識。不同見聞,不同受用者,卽是共不共相識。隨義分別,一切衆生,悉皆如是可知也。就不共相中,復有共義,謂眷屬知識,乃至時項同處同語同知同解,或暫相見,若怨若親,及與中人，相識及不相識,乃至畜生天道,互相見知者,皆由過去造相見知等業，熏心共相性故。心緣熏力,顯現如此相見相知等事,卽是不共相中共相義也。或有我知見他,他不知見我者,卽於我爲共,於他爲不共,如是隨義分別可知。又如一人之身,卽是不共相識。復爲八萬户蟲所依故,卽此一身,復與彼蟲爲共相識。亦是不共中共相義也。以有此共相不共相道理故,一切凡聖,雖同一心爲體,而有相見,不相見,同受用,不同受用也。是故靈山常曜,而覩林樹潛輝；丈六金軀，復見土灰衆色；蓮花妙刹,反謂丘墟；莊嚴寶地,倒言砂礫；斯等皆由共不共之致也。此明不空如來藏中,藏體一異六種差別之義竟。上來總明止觀依止中,何所依止訖。

（選自金陵刻經處本大乘止觀法門）

二、南嶽思大禪師立誓願文

我聞如是: 釋迦牟尼佛悲門三昧觀衆生品本起經中説,佛從癸丑年七月七日入胎,至甲寅年四月八日生,至壬申年年十九,二月八日出家,至癸未年年三十,是臘月八日得成道,至癸酉年年八十,二月十五日方便入涅槃。正法從甲戌年至癸巳年,足滿五百歲止住。像法從甲午年至癸酉年,足滿一千歲止住。末法從甲戌年至癸丑年,足滿一萬歲止住。入末法過九千八百年後,月光菩薩出真丹國説法,大度衆生,滿五十二年入涅槃後,首楞嚴經般舟三昧先滅不現,餘經次第滅,無量壽經在後得百年住,大度衆生,然後滅去至大惡世。

我今誓願持令不滅，教化衆生至彌勒佛出。佛從癸西年入涅槃後，至未來賢劫初，彌勒成佛時，有五十六億萬歲。我從末法初始立大誓願，修習苦行，如是過五十六億萬歲，必願具足佛道功德見彌勒佛。如願中説入道之由莫不行願，早修禪業少習弘經，中間障難事緣非一，略記本源兼發誓願，及造金字二部經典，稽首歸命十方諸佛，稽首歸命十二部經，稽首歸命諸大菩薩、四十二地諸賢聖僧，稽首歸命一切緣覺、聲聞、學、無．學、衆。又復稽首梵釋四王天龍八部，冥空善神護法大將。

慧思自惟有此神識，無始已來，不種無漏善根，是故恒爲愛見所牽，無明覆蔽，致令虛妄，生死日增，苦輪常轉未曾休息，往來五道橫使六識輪迴六趣，進不值釋迦出世，後復未蒙彌勒三會，居前後衆難之中。又藉往昔微善根力，釋迦末世得善人身，仰承聖教之所宣説。釋迦牟尼説法住世八十餘年，導利衆生化緣既訖，便取滅度。滅度之後，正法住世逕五百歲，正法滅已，像法住世逕一千歲，像法滅已，末法住世逕一萬年。我慧思即是末法八十二年，太歲在乙未十一月十一日，於大魏國南豫州汝陽郡武津縣生，至年十五出家修道，誦法華經及諸大乘，精進苦行。

至年二十，見世無常衆生多死，輒自思惟，此身無常、苦、空、無有我人，不得自在，生滅敗壞，衆苦不息，甚可怖畏。世法如雲有爲難信，其愛著者即爲煩惱大火所燒，若棄捨者則至無爲涅槃大樂。一切衆生迷失正道永無出心，我爲衆生及爲我身求解脱故，發菩提心立大誓願，欲求如來一切神通，若不自證何能度人，先學已證然後得行，自求道果爲度十方無量衆生，爲斷十方一切衆生諸煩惱故，爲令十方無量衆生，通達一切諸法門故，爲欲成就十方無量一切衆生菩提道故，求無上道爲首楞嚴，遍歷齊國諸大禪師學摩訶衍，恆居林野，經行修禪。

　　年三十四時，在河南兗州界論義，故遭值諸惡比丘，以惡毒藥令慧思食，舉身爛壞，五臟亦爛，垂死之間而更得活。初意欲渡河遍歷諸禪師，中路值此惡毒困藥，厭此言説知其妨道，卽持餘命還歸信州不復渡河，心心專念入深山中。欲去之間，是時信州刺史，共諸守令苦苦留停，建立禪齋説摩訶衍義，頻經三年未曾休息。梁州許昌而復來請，又信州刺史復欲送啟，將歸鄴郡，慧思意決不欲向北，心欲南行，卽便捨衆渡，向淮南山中停住。從年二十至三十八，恒在河南習學大乘，親覲供養諸大禪師，遊行諸州非一處住。是時國勅喚國內一切禪師入臺供養。慧思自量，愚無道德，不肯隨勅，方便捨避，渡淮南入山。

　　至年三十九，是末法一百二十年，淮南郢州劉懷寶共遊郢州山中，喚出講摩訶衍義，是時爲義相答，故有諸法師起大瞋怒，有五人惡論師以生金藥置飲食中，令慧思食，所有餘殘三人噉之一日卽死。慧思於時身懷極困，得停七日氣命垂盡，臨死之際，一心合掌向十方佛懺悔，念般若波羅密作如是言，不得他心智不應説法。如是念時，生金毒藥卽得消除還更得差。從是已後數遭非一。

　　年至四十，是末法一百二十一年，在光州開岳寺，巴子立五百家共光州刺史，請講摩訶衍般若波羅密經一遍。

　　至年四十一，是末法一百二十二年，在光州境大蘇山中，講摩訶衍義一遍。

　　至年四十二，是末法一百二十三年，在光州城西觀邑寺上，又講摩訶衍義一遍。是時多有衆惡論師，競來惱亂生嫉妬心，咸欲殺害毀壞般若波羅密義。我於彼時起大悲心念衆惡論師，卽發誓願作如是言，誓造金字摩訶般若及諸大乘，瑠璃寶函奉盛經卷。現無量身於十方國土講説是經，令一切衆惡論師，咸得信心，住不退轉。

至年四十三，是末法一百二十四年，在南定州，刺史請講摩訶衍義一遍。是時多有衆惡論師，競起惡心作大惱亂，復作種種諸惡方便，斷諸檀越不令送食，經五十日唯遣弟子化得以濟身命。於時發願，我爲是等及一切衆生，誓造金字摩訶衍般若波羅密一部，以淨瑠璃七寶作函，奉盛經卷。衆寶高座，七寶帳蓋、珠交露幔、華香瓔珞種種供具，供養般若波羅密。然後我當十方六道普現無量色身，不計劫數，至成菩提，當爲十方一切衆生，講説般若波羅密經。於是中間若作法師如曇無竭，若作求法弟子如薩陀波崙。發願之後衆惡比丘皆悉退散，發此願已卽便教化作如是言，我造金字摩訶衍般若波羅密經。

至年四十四，是末法一百二十五年，太歲戊寅還於大蘇山光州境内，唱告諸方，我欲奉造金字摩訶般若波羅密經，須造經首誰能造者。時有一比丘，名曰僧合而忽自來，作如是言，我能造金字般若。卽得經首，卽遍教化諸州刺史及土境人民白黑道俗，得諸財寶，持買金色造作經用。從正月十五日教化，至十一月十一日，於南光州光城都光城縣齊光寺，方得就手報先心願，奉造金字摩訶衍般若波羅密經一部，並造瑠璃寶函盛之。卽於爾時發大誓願，願此金字摩訶衍般若波羅密經及七寶函，以大願故，一切衆魔諸惡災難不能沮壞，願於當來彌勒世尊出興於世，普爲一切無量衆生，説是般若波羅密經時：

以我誓願，金字威力，當今彌勒，莊嚴世界，六種震動，大衆生疑，稽首問佛，有何因緣，大地震動，唯願世尊，敷演説之。時彌勒佛，告諸弟子：汝等應當，一心合掌，諦聽諦信。過去有佛，號釋迦文，出現世間，説是般若波羅密經，廣度衆生。彼佛世尊，滅度之後，正法像法，皆已過去，遺法住也，末法之中，是時世惡，五濁競興，人令（“令”應作“命”）短促，不滿百年，行十惡業，共相殺害。是時般若波羅密經，興於世間。時有比丘，名曰慧思，造此摩訶波羅密經，黃金爲字，瑠璃寶函，盛此經典，發弘誓願，我當度脱，無量衆生，未來賢劫。彌勒出世，説是摩訶般若經典，波羅密經。我以誓願，金經寶函，威神力故，當令彌勒，七寶世界，六種震動，大衆生疑，稽首問佛，唯願説此，地動因緣。時佛世尊，告諸大衆：汝等當知，是彼比丘，願力因緣，金經寶函，今欲出現。大衆白佛：唯願世尊，以神通力，令我得見，金經寶函。佛言汝等，應當一心，禮過去佛，釋迦牟尼，亦當一心，專念般若波羅密經。佛説是時，大地以復，六種震動，出大光明，普照十方，無量世界，其香殊妙，超過栴檀，百千萬倍。衆生聞者，發菩提心，瑠璃寶函，現大衆前，唯可眼見，無能開者。時諸大衆，踴躍歡喜，俱白佛言：唯然世尊，云何得見般若經文。彌勒佛言：彼造經者，有大誓願，汝等應當，一心念彼，稱其名號，自當得見。説是語時，一切大衆，稱我名號，南無慧思，是時四方，從地湧出，遍滿虚空，身皆金色，三十二相，無量光明，悉是往昔，造經之人。以佛力故，寶函自開，出大音聲，震動十方，一切世界，於時金經，放大光明，無量衆色，猶如大雲，流滿十方，一切世界，種種音聲，普告衆生，復有妙香，悦可衆心。是時衆生，以我願力，及覩地動，又見光明，聞香聲告，得未曾有，身心悦樂。譬如比丘，入第三禪，即於是時，悉得具足，三乘聖道，及至具足，一切種智。此願不滿，不取妙覺。又願十方，諸佛世尊，説此般若波羅密處，一切皆如，彌勒大會。若使十方，無量諸佛，一時説法，亦願此經，一時皆得，普現於前，一一瑞相。諸佛大會，等度衆生，一一世尊，皆稱釋迦，及我名字，亦如彌勒，大會無量。若不爾者，不取妙覺。又願當來，十方國土，函及經卷，無量名字，隨諸國土，人量大小。人身大處，函及經卷，文字亦大；人身小處，函及經卷，文字亦小。隨其國土，衆寶中精，人所貴者，般若力故。函及經卷，文字變作，上妙珍寶，終不當爲，瑠璃金字，書經之紙，爲金剛精，不可損壞。至於未來，不可思議。無量劫數，十方世界，有佛出世，説是般若波羅密處，亦復如是。若不爾者，不取妙覺。願於來世，十方國土，諸佛世界，皆稱釋迦，如來名號，金經寶函，及我名字，是故音聲，遍至十方，一切世界，衆生普聞，皆得入道。若有衆生，不入道者，種種方便，神足變化，而調伏之，必令得道。若不爾者，不取妙覺。又復發願，我今入山，懺悔一切，障道重罪，經行修禪，若得成就，五通神仙，及六神通，闇誦如來，十二部經，並誦三藏，一切外書，通佛法義，作無量身，飛行虚空，過色究竟，至非非想，聽采諸天，所説法門，我亦於彼，向諸天説，所持佛經，還下閻浮，爲人廣説，值至三途，至金剛際，説所持法，遍滿三千，大千世界，十方國土，亦復如是。供養諸佛，及化衆生，自在變化，一時俱行。若不爾者，不取妙覺。上妙栴檀爲高座，衆彩雜色以莊嚴。上妙七寶爲帳蓋，衆寶莊嚴放光明。閻浮檀金爲經字，瑠璃水精爲經函。敬諸佛法好供養，然後説法化衆生。無前、無後、無中間，一念心中一時行，我今入山爲學此，非爲幻惑誑衆生。若有惡人障礙我，令其現世不吉祥，備受種種諸惡報。若不改心自中傷，死墮地獄入鑊湯，謗法罪報劫數長，願令彼發菩提心，持戒修善至道場。我爲衆生行此願，令佛法藏得久住，惡人嫉妬橫惱亂，妨廢修行不得作。若得好人擁護我，諸天善神爲佐助，令其護法得久住，後生淨土得佛道，令其修道速成就，我無二心發此願，願令衆生識果報。又復發願，十方諸佛，自當證知。我今爲此，摩訶般若，妙法蓮華，二部金字，大乘經故，欲於十方，廣説法故。三業無力，不得自在，不能十方，一時出現，調伏身心，及化衆生。今故入山，懺悔修禪，學五通仙，求無上道，願先成就，五通神仙，然後乃學，第六神通，受持釋迦，十二部經，及十方佛，所有法藏，並諸菩薩，所有論藏，辯説無礙，十方普現，供養諸佛，於惡世中，持釋迦法，令不斷絕，於十方佛，法欲盡處，願悉在彼，持令不滅，誓願此土，具足十地，種智圓滿，成就佛地。是故先作，長壽仙人，藉五通力，學菩薩道，自非神仙，不得久住，爲法學仙，不貪壽命，誓以此身，未來賢劫，見彌勒佛。若不爾者，不取妙覺。誠心發願，願我當來，賢劫之初，彌勒世尊，成佛道已，爲大衆説大品經時，我以今日，發誓願力，醜陋之形，卑小色陰，見彌勒佛。以誓願力，更立一身，色像無比，過於人天，無量辯才，神通變化，隨意自在，見彌勒佛。以此二身，一時見佛。以誓願力，卑小醜身，亦能變化，具足成就，無礙神通，諸波羅密，以造金字，誓願之力，在彌勒前。二身一時，普現變化，遍滿十方，廣説深法摩訶般若，六波羅密，三十七品，及神通事，度衆生已，忽然不現，願彌勒佛。爲諸大衆，説我今身，發願因緣。若不爾者，誓不成佛。又復發願，我今稽首，誠心懺悔，從無始劫，至於今身，多作冤對，惱他因緣，見他修善，爲作障礙，壞他善事，不自覺知，自恃種姓，盛年放逸，以勢陵他，不思道理，信邪倒見，事外道師，於三寶中，多作留難，久積罪業，報在今身。是故稽首，誠心懺悔，十方諸佛，一切賢聖，梵釋四王，天龍八部，護法善神，冥空幽顯，願爲證明，除障道罪，身心清淨，從今已後，所作吉祥，無諸障礙，願在深山，思維佛道，願得甚深，諸禪解脱，得神通力，報諸佛恩。誓於此身，得不退智。若不爾者，誓不成佛。

又願一切十方國土，若有四衆比丘、比丘尼及餘智者，受持談誦摩訶般若波羅密經，若在山林曠野靜處城邑聚落，爲諸大衆敷揚解説，有諸魔衆竟來惱亂破壞般若波羅密，是人若能一心合掌稱我名字，即得無量神通。我於爾時亦作化人在彼衆中，現爲眷屬稱彼弟子，降伏衆魔破諸外道，令彼智者大得名稱，我時復爲化作四衆，山林聚落處處皆現爲作衛護，或作大力鬼神王像，或作沙門，或作居士，或作國王、大臣、宰相，勅令國内治罰一切破戒惡人。若有剛强不改心者，或令現入阿鼻地獄，種種逼切必令改心，還令歸命彼説法者，叩頭求哀爲作弟子乃可放耳，令諸惡事變爲吉祥。若不爾者，不取妙覺。我從發心所有福業盡施衆生，至於當來彌勒世尊出世之時，具足十地入無垢位，於授記人中最爲第一，於未來世過算數劫得成佛道時，不可思議三千大千世界爲一佛土，超殊十方嚴淨世界。過此之外所有穢土，以我願力令諸衆生雖一處住所見各異，調伏惡人發菩提心，即發心已有諸穢惡悉皆當淨，七寶華果應時具足，無有四時差別之異，所住國土天人之類同一金色，三十二相、八十種好，具六神通與佛無異，除佛智慧無能知者。若不爾者，不取妙覺。設我得佛，十方衆生皆悉發願來生我國，一切具足普賢之道，隨其本願修短自在，色身相好智慧神通，教化衆生等無差別，飲食衣服應念化現不須造作。若不爾者，不取妙覺。設我得佛，十方衆生聞我名字，持戒精進修行六度，受持我願稱我名字，願見我身修行七日至三七日，即得見我一切善願具足。若不爾者，不取妙覺。設我得佛，十方世界若有衆生，具五逆罪應墮地獄，臨命終時值善知識教稱我名，罪人聞已，合掌稱名聲聞不絶，經十念頃，命欲終時，即得見我，迎其精神來生我國爲説大乘，是人聞法得無生忍，永不退轉。若不爾者，不取妙覺。設我得佛，世界清淨無三惡道亦無女人，一切衆生皆悉化生，三十二相飛行自在，光明普照無有日月，七寶國土無諸穢惡。若不爾者，不取妙覺。若有衆生在大地獄，聞我名字即得解脱。若不爾者，不取妙覺。若有衆生墮餓鬼中，百千萬劫乃至不聞飲食之名，恒爲熾然饑火所燒，受大苦惱聞我名字即將飽滿，得正念力，捨餓鬼身，生人天中，發菩提心至不退轉。若不爾者，不取妙覺。若有衆生以惡業故，墮畜生中受種種苦,聞我名字衆苦永滅,即得人天端正之身,即聞正法具足聖道。若不爾者,不取妙覺。若有衆生牢獄系閉,鞭撻楚毒,稱我名字發菩提心,而得解脫瘡痍亦滅,因是發心住不退轉。若不爾者,不取妙覺。若有衆生橫被系縛,遇大禍對,若有罪若無罪,臨當刑戮稱我名字,彼所執刀杖杻械枷鎖,皆悉摧碎即得解脫,發菩提心住不退轉。若不爾者,不取妙覺。一切十方無量衆生,百千病苦及以業障諸根不具,稱我名字執持不忘,正念思維,病苦消滅,諸根具足即得平復。若不爾者,不取妙覺。若有比丘在山林中,讀誦般若及諸大乘,修學禪定及神通力,宿罪障故,修不能得,於日夜中應各三時,稱十方佛,持我名字,是人心願種種所求,即得具足。若不爾者,不取妙覺。若我得佛,十方世界六道衆生聞我名字,即發無上菩提之心,住不退轉。若不爾者,不取妙覺。若得佛時,無量光明常照一切,若諸四衆求佛道者,聞我名字,修行我願,應時即得十地,具足入如來慧。若不爾者,不取妙覺。若我得佛,十方世界一切諸佛皆共稱揚,説我本願及佛功德,衆生聞者即得受記,此願不滿,不取妙覺。我未來世得成佛時,爲大衆説般若波羅密,十方世界六種震動,金經寶函於前湧現,爲大衆演説本願因緣,如諸佛會等無有異。若不爾者,不取妙覺。如我所發上來諸願求佛道故,不計劫數勤修方便,學習種種微妙法門,爲衆生故起大悲心常無懈倦,功德智慧皆悉滿足,如上諸願必剋不虚。若不爾者,不取妙覺。誓於此生得大仙報,獲六神通,種種變化十方六道,普現色身一時説法,衆生聞者得不退轉速成菩提。若不爾者,不取妙覺。從此願後金經文字瑠璃寶函,爲説般若七寶帳蓋金銀鈴網敷座寶物,及諸一切供養之具,若有惡人來欲偷劫此諸寶物,令此惡心時心痛悶絕;或復顛狂亂語自説其罪,手觸此物手即碎折,惡眼視者兩眼盲瞎,惡言毀謗即令惡人口啞無舌;若惡心來欲作惱亂作諸障礙,兩脚雙折;

或復病癩; 或復生入阿鼻地獄, 發大惡聲交徹四方, 令諸惡人皆見此事。令法久住護正法故, 化衆生故, 發如是願, 我無惡心亦無嫉妬, 十方賢聖自當證知, 欲重宣願意, 而説倡言:

　　願得身心證, 般若波羅密, 具足無量義, 廣爲衆生説: 願得身心證, 般若波羅密, 未來賢劫初, 得見彌勒佛, 於受記人中, 名號最第一, 具足諸禪定, 神通波羅密。願我從此生, 修一切苦行, 爲求佛道故, 不顧於身命, 過五十億萬, 如是世數中, 爲道修苦行, 復過六億萬, 爾乃至賢劫, 得見彌勒佛, 具一切種智, 受記最第一。決誓後賢劫, 具六波羅密, 自在神通力, 等齊十方佛。誓在賢劫初, 説法度衆生, 以此誓願力, 轉無上法輪, 住壽無量劫, 常住不涅槃, 應化遍十方, 忍苦爲衆生。世界甚清淨, 衆生皆化生, 又無三惡道, 亦無諸女人, 天人同一類, 相好如世尊, 悉具如意通, 智慧亦同然, 生即能飛行, 亦具足諸禪, 等齊佛菩薩, 無二乘、聲聞。十方世界中, 諸不淨穢土, 三障惡衆生, 不聞三寶名, 以大誓願力, 慈悲等化之, 轉穢爲淨土, 衆生亦齊平, 天人等無差, 飛行放光明, 女悉變爲男, 斷三惡道名, 十方大地獄, 我悉於中行, 教化諸罪人, 悉令生人天, 應時齊菩薩, 不作二乘人, 畜生及餓鬼, 轉報亦同然。十方世界中, 若有一國土, 衆生不如此, 誓不成正覺。十方世界中, 若有惡國土, 衆生皆邪見, 剛彊無善心。我以誓願力, 神通摧伏之, 種種苦逼切, 必令歸三寶; 或先問其事, 方便引導之, 既悦可其心, 轉令入佛道。十方世界中, 剛彊惡衆生, 三途及八難, 悉聞我名字, 柔化及苦切, 必令入佛道; 或先隨其意, 後令斷煩惱。十方世界中, 若有刀兵劫, 國國相殺害, 人民皆饑饉; 或現作猛將, 降伏使安和, 五穀悉豐熟, 萬民心安寧; 或復方便化, 作天龍神鬼, 方便治惡王, 及其惡人民, 遍歷惡國土, 隨我本願行, 降伏一闡提, 悉發菩薩心。十方世界中, 淨土諸如來, 悉在大衆中, 稱歎我名號, 彼諸佛世尊, 我悉到其所, 供養及奉侍，無前後中間，於一念心中，現一切色身，持一切供養，供養諸世尊，受持佛法藏，及以化衆生，供養諸菩薩，亦供養聲聞，以此方便力，願速成菩提，未來賢劫初，見彌勒世尊，誓願賢劫中，具三十七品，獲大神通力。在賢劫數中，我從初發心，乃至得菩提，於其兩中間，爲道學苦行，捨名聞利養，捨一切眷屬，悉常在深山，懺悔障道罪，若得神通力，報十方佛恩，願持釋迦法，常住不滅盡，至彌勒出世，化衆生不絕。誓於此生作，長壽五通仙，修習諸禪定，學第六神通，具足諸法門，分就等覺地，妙覺常湛然，以此度衆生。諸佛無優劣，但隨本願行，隨諸佛方便，示現種種名。

我今入山修習苦行，懺悔破戒障道重罪，今身及先身是罪悉懺悔，爲護法故求長壽命，不願生天及餘趣，願諸賢聖佐助我，得好芝草及神丹，療治衆病除飢渴，常得經行修諸禪，願得深山寂靜處，足神丹藥修此願，藉外丹力修內丹，欲安衆生先自安，已身有縛能解他縛，無有是處。

以此求道誓願力，作長壽仙見彌勒，不貪身命發此願，既是凡夫未得道，脫恐捨命生異路，輪迴六趣妨修道。諸法性相雖空寂，善惡行業必有報，誓願入山學神仙，得長命力求佛道。若得此願入龍宮，受持七佛世尊經，過去、未來、今諸佛，所有經藏我悉持。一切十方世界中，若有佛法欲滅處，我願持讀令不滅，爲彼國土人廣說，十方世界惡比丘，及以邪見惡俗人，見行法者競惱亂，我當作助摧伏之，令說法者得安隱，降伏惡人化衆生。稽首十方現在佛，菩薩、緣覺、及聲聞，梵王、帝釋、四天王，護法大將及金剛，五通神仙及地神，六齋使者及冥官，一切護法諸善神。我今懺悔障道罪，願爲證明除癡恚，爲求道故早成仙，宣暢廣說釋迦法，不計劫數報佛恩。爲護正法發此願，故造金字般若經。爲護衆生及已身，復造金字法華經。爲大乘故入深山，願速成就大仙人，壽命長遠具神通，供養十方諸世尊，未來賢劫彌勒佛。爲大衆説般若經，以我誓願神通力，金經寶函現其前，從地湧出住空中，大地震動放光明，遍照十方諸世界，種種妙音告衆生，稱揚讚歎釋迦法，三途八難悉解脫，彌勒會前現此事，十方佛前亦復然。願諸世尊説我願，以此因緣度衆生，發大誓願修此行，願速成就大仙人，爲護正法求此願，願佛哀愍令速成，諸佛世尊同證知，梵、釋、四王爲證明，日月參辰及星宿、金剛大士及神仙、五嶽四海及名山、諸大聖王亦證明，願以慈悲擁護我，令此誓願速得成。

應常念本願，捨諸有爲事，名聞及利養乃至惡弟子，内外悉應捨，專求四如意、八種自在我、五眼及種智。爲佛一切智，當發大精進，具足神通力，可化衆生耳。當念十方佛海慧諸大士，世間所有道俗殷勤請講供養者，乃至彊勸請令講經者，此等道俗皆非善知識是惡知識耳。何以故？皆是惡魔所使，初卽假作殷勤似有好心，後卽鬥生忿怒，善惡二魔俱非好事。從今已後不應信此，所有學士亦復如是，皆不可信，如怨詐親，苦哉苦哉！不可思議。諸王刹利處，皆亦復如是。擇擇擇擇！南嶽思大禪師立誓願文。

（選自大正大藏經）

〔附〕　慧思傳

釋慧思，俗姓李氏，武津人也。少以弘恕慈育知名，閭里稱言，頌逸恒聞。嘗夢梵僧勸令出俗，駭悟斯瑞，辭親入道。所投之寺非是練若，數感神僧訓令齋戒，奉持守素梵行清慎。及禀具足，道志彌隆，迥栖幽静，常坐綜業，日惟一食，不受別供，周旋迎送，都皆杜絶。誦法華等經三十餘卷，數年之間千遍便滿。所止菴舍，野人所焚，遂顯癘疾，求誠乞懺，仍卽許焉。既受草室，持經如故，其人不久所患平復。

又，夢梵僧數百，形服瓌異，上座命曰："汝先受戒律儀非勝，安能開發於正道也？"既遇清衆，宜更翻壇祈請師僧三十二人，加羯磨法具足成就。後忽驚寤，方知夢受。自斯已後，勤務更深，剋念翹專，無棄昏曉，坐誦相尋，用爲恒業。由此苦行，得見三生所行道事。又，夢彌勒、彌陀，説法開悟，故造二像，並同供養。又，夢隨從彌勒與諸眷屬，同會龍華。心自惟曰：我於釋迦末法，受持法華，今值慈尊，感傷悲泣。豁然覺悟，轉復精進，靈瑞重沓，瓶水常滿，供事嚴備，若有天童侍衛之者。因讀妙勝定經，歎禪功德，便爾發心修尋定支。

時禪師慧文，聚徒數百，衆法清肅，道俗高尚。乃往歸依，從受正法。性樂苦節，營僧爲業，冬夏供養，不憚勞苦，晝夜攝心，理事籌度。訖此兩時未有所證，又於來夏束身長坐，繫念在前。始三七日，發少静觀，見一生來善惡業相，因此驚嗟，倍復勇猛。遂動八觸，發本初禪。自此禪障忽起，四肢緩弱不勝行步，身不隨心。卽自觀察，我今病者，皆從業生，業由心起，本無外境。反見心源，業非可得，身如雲影，相有體空。如是觀已，顛倒想滅，心性清淨，所苦消除。又發空定，心境廓然。夏竟受歲，慨無所獲，自傷昏沈，生爲空過，深懷慚愧。放身倚壁，背未至間，霍爾開悟法華三昧，大乘法門，一念明達；十六特勝，背捨陰入，便自通徹，不由他悟。後往鑒、最等師，述己所證，皆蒙隨喜。研練逾久，前觀轉增，名行遠聞，四方欽德，學徒日盛，機悟寔繁。乃以大、小乘中定慧等法，敷揚引喻，用攝自他，衆雜精粗，是非由起。怨嫉鴆毒，毒所不傷；異道興謀，謀不爲害。乃顧徒屬曰：大聖在世不免流言，況吾無德，豈逃此責？責是宿作，時來須受，此私事也。然我佛法不久應滅，當往何方，以避此難？時冥空有聲曰：若欲修定，可往武當南嶽，此入道山也。以齊武平之初，背此嵩陽，領徒南逝高騖前賢，以希棲隱。

初，至光州，值梁孝元傾覆國亂，前路梗塞，權上大蘇山，數年之間歸徒如市。其地陳齊邊境，兵刃所衝，佛法雲崩，五衆離潰。其中英挺者，皆輕其生，重其法。忽夕死慶朝聞，相從跨險而到者，填聚山林，思供以事資，施以理味。又以道俗福施，造金字般若二十七卷、金字法華，琉璃寶函，莊嚴炫曜，功德傑異，大發衆心。又請講二經，即而敘構，隨文造盡，莫非幽頤。後命學士江陵智顗，代講金經，至一心具萬行處，顗有疑焉。思爲釋曰：汝向所疑，此乃大品次第意耳，未是法華圓頓旨也。吾昔夏中苦節思此，後夜一念頓發諸法，吾既身證，不勞致疑。顗即諮受法華行法，三七境界難卒載敘。又諮師位即是十地。思曰：非也。吾是十信鐵輪位耳。時以事驗，解行高明，根識清淨，相同初依，能知密藏。又如仁王，十善發心長別苦海，然其謙退言難見實，故本迹叵詳。

後在大蘇，弊於烽警，山侶棲遑不安其地。又將四十餘僧徑趣南嶽，即陳光大二年六月二十二日也。即至告曰：吾寄此山正當十載，過此已後必事遠遊。又曰：吾前世時曾履此處。巡至衡陽，值一佳所，林泉竦淨，見者悅心。思曰：此古寺也，吾昔曾住。依言掘之，果獲房殿基墌，僧用器皿。又往巖下，吾此坐禪，賊斬吾首，由此命終，有全身也。僉共尋覓，乃得枯體一聚。又下細尋便獲體骨。思得而頂之，爲起勝塔，報昔恩也。故其往往傳事驗如合契，其類非一。

自陳世心學莫不歸宗，大乘經論鎮長講悟，故使山門告集，日積高名。致有異道懷嫉，密告陳主，誣思北僧，受齊國募，掘破南嶽。敕使至山，見兩虎咆憤，驚眩而退。數日更進，乃有小蜂來螫思額，尋有大蜂嚙殺小者，銜首思前飛揚而去。陳主具問，不以介意。不久謀罔一人暴死，二爲猘狗囓死。蜂相所徵，於是驗矣。敕承靈應，乃迎下都止棲玄寺。

　　嘗往瓦官，遇雨不濕，履泥不污。僧正慧暠與諸學徒，相逢於路，曰：此神異人，如何至此｜舉朝屬目，道俗傾仰。大都督吳明徹，敬重之，至奉以犀枕。別將夏侯孝威，往寺禮覲，在道念言：吳儀同所奉枕者，如何可見？比至思所，將行致敬，便語威曰：欲見犀枕可往視之。又於一日忽有聲告：灑掃庭宇，聖人尋至。即如其語，須臾思到。威懷仰之，言於道俗。故貴賤卑素不敢延留，人船供給送別江渚。思云：寄於南嶽止十年耳，年滿當移，不識其旨。

　　及還山舍，每年陳主三信參勞，供填衆積，榮盛莫加。說法倍常，神異難測，或現形小大，或寂爾藏身，或異香奇色，祥瑞亂舉。臨將終時，從山頂下半山道場，大集門學，連日說法，苦切訶責，聞者寒心。告衆人曰：若有十人不惜身命，常修法華般舟，念佛三昧，方等懺悔，常坐苦行者，隨有所須，吾自供給，必相利益，如無此人，吾當遠去。苦行事難，竟無答者。因屛衆斂念，泯然命盡。小僧靈辯，見氣乃絕，號吼大叫。思便開目曰：汝是惡魔｜我將欲去，衆聖曼然，相迎極多，論受生處，何意驚動，妨亂吾耶｜癡人出去｜因更攝心諦坐。至盡，咸聞異香滿於室內，頂煖身煖顏色如常，即陳大建九年六月二十二日也。取驗十年宛同符矣。春秋六十有四。

　　自江東佛法宏重義門，至於禪法，蓋蔑如也。而思慨斯南服，定慧雙開，晝談理義，夜便思擇。故所發言無非致遠，便驗因定發慧，此旨不虛，南北禪宗罕不承緒。然而身相挺特，能自勝持，不倚不斜，牛象象視，頂有肉髻，異相莊嚴，見者迴心不覺傾伏。又善識人心，鑒照冥伏，訥於言過，方便誨引，行大慈悲，奉菩薩戒。至如繪纊皮革，多由損生，故其徒屬服章率加以布，寒則艾納用犯風霜。

自佛法東流，幾六百載，唯斯南嶽慈行可歸。余嘗參傳譯，屢觀梵經討問所被法衣，至今都無蠶服，縱加受法，不云得成。故知若乞若得，蠶綿作衣，準律結科，斬捨定矣。約情貪附，何由縱之？思所獨斷，高遵聖檢。凡所著作，口授成章，無所刪改。造四十二字門兩卷，無諍行門兩卷，釋論玄、隨自意、安樂行、次第禪要、三智觀門等五部各一卷，並行於世。

（選自金陵刻經處本唐道宣續高僧傳卷二一）

顏 之 推

【簡介】 顏之推，字介，生於公元五三一年（梁武帝中大通三年），約死於公元五九五年（隋文帝開皇十五年），瑯琊臨沂人（今山東臨沂）。他原來在梁朝做官，北齊攻占江陵後，歸北齊，歷北周而終於隋。北齊書卷四十五有傳。

顏之推的顏氏家訓一書，寫於北齊時期，在封建社會中享有盛名。此書中心在宣揚儒家的封建倫理綱常思想，但也兼及道、釋。本書節選其中的歸心篇，就是他揉合儒釋，宣揚佛教三世輪回、因果報應的作品。此外，他還著有一部名爲冤魂志的志怪小説，也是揉合儒釋，引證經史，宣揚神鬼報應之説的東西。

一、歸 心 篇

三世之事，信而有徵，家素歸心，勿輕慢也。其間妙旨，具諸經論，不復於此少能讚述。但懼汝曹猶未牢固，略重勸誘耳。

原夫四塵五陰，剖析形有；六舟三駕，運載羣生。萬行歸空，千門入善。辯才智慧，豈徒七經百氏之博哉？明非堯、舜、周、孔、老、莊（按，漢魏叢書本無“老、莊”二字）之所及也。內外兩教，本爲一體，漸極爲異，深淺不同。內典初門，設五種之禁，與外書仁義五常符同。仁者，不殺之禁也；義者，不盜之禁也；禮者，不邪之禁也；智者，不酒（按，漢魏叢書本“酒”作“淫”）之禁也；信者，不妄之禁也。

至如畋狩軍旅，燕饗刑罰，因（按，漢魏叢書本"因"作"固"）民之性，不可卒除，就爲之節，使不淫濫耳。歸周、孔而背釋宗，何其迷也。俗之謗者，大抵有五：其一，以世界外事及神化無方爲迂誕也。其二，以吉凶禍福或未報應爲欺誑也。其三，以僧尼行業多不精純爲姦慝也。其四，以糜費金寶、減耗課役爲損國也。其五，以縱有因緣而報善惡，安能辛苦今日之甲，利益後世之乙乎？爲異人也。今並釋之于下云：

釋一曰：夫遙大之物，寧可度量？今人所知，莫若天地。天爲精氣，（按，漢魏叢書本"天爲精氣"作"天爲積氣"，下並有"地爲積塊"一句）日爲陽精，月爲陰精，星爲萬物之精，儒家所安也。星有墜落，乃爲石矣。精若是石，不可有光，性又質重，何所繫屬？一星之徑，大者百里；一宿首尾，相去數萬。百里之物，數萬相連，闊狹從斜，常不盈縮。又，星與日月，光（按，漢魏叢書本"光"作"形"）色同耳，但以大小爲其等差，然而日月又當石耶？石既牢密，烏免焉容？石在氣中，豈能獨運？日月星辰若皆是氣，氣體輕浮，當與天合，往來環轉，不得錯違，其間遲速，理寧（按，漢魏叢書本"寧"作"宜"）一等。何故日月五星，二十八宿，各有度數，移動不均？寧當氣墜，忽變爲石？地既渣濁，法應沉厚，鑿土得泉，乃浮水上。積水之下，復有何物？江河百谷，從何處生？東流到海，何爲不溢？歸塘尾閭，渫何所到？沃焦之石，何氣所然？潮汐去還，誰所節度？天漢懸指，那不散落？水性就下，何故上騰？天地初開，便有星宿，九州未畫（按，漢魏叢書本"畫"作"劃"），列國未分，剪疆區野，若爲躔次。封建已來，誰所制割？國有增減，星無進退，災祥禍福，就中不差。懸象之大，列星之夥，何爲分野止繫中國？昴爲旄頭，匈奴之次，西胡東夷—作越，彫題交趾，獨棄之乎？以此而求，迄無了者。豈得以人事尋常，抑必宇宙之外乎？凡人所信，唯耳與目，自此之外，咸致疑焉。儒家説天，自有數義，或渾或蓋，乍穹（按，漢魏叢書本“穹”作“宣”）乍安，斗極所周，苑—作管維所屬。若所親見，不容不同；若所測量，寧足依據。何故信凡人之臆説，疑大聖之妙旨，而欲必無恆沙世界、微塵數刧乎？而鄒衍亦有九州之談。山中人不信有魚大如木，海上人不信有木大如魚。漢武不信弦膠，魏文不信火布。胡人見錦，不信有蟲食樹吐絲所成。昔在江南，不信有千人氈帳，及來河北，不信有二萬石船，皆實驗也。世有祝師及諸幻術，猶能屦火蹈刃，種瓜移井，倏忽之間千變萬化。人力所爲，尚能如此，何妨神通感應，不可思量？千里寶幢，百由旬座，化成淨土，踊生—作出妙塔乎？

　　釋二曰：夫信謗之興（按，漢魏叢書本“興”作“徵”），有如影響，耳聞眼見，其事已多。或乃精誠不深，業緣未感，時儻差閒，終難獲報耳。善惡之行，禍福所歸，九流百氏皆同此論，豈獨釋典爲虛妄乎？項橐、顔回之短折，伯夷、原憲之凍餒，盜跖、莊蹻之福壽，齊景、桓魋之富强，若引之先業，冀以後生，更爲實耳。如以行善而偶鍾禍報，爲惡而儻值福徵，便可怨尤，即爲欺詭，則亦堯、舜之云虛，周、孔之不實也。又安所依信而立身乎？

　　釋三曰：開闢已來，不善人多而善人少，何由悉責其精潔乎？見有名僧高行，棄而不説，若覩凡猥（按，漢魏叢書本“猥”作“僧”）流俗，便生誹毀。且學者之不勤，豈教者之爲過？俗僧之學經律，何異士人之學詩禮？詩禮之教（按，漢魏叢書本於“詩禮之教”前有一“以”字），格朝廷之士，略無全行者。經律之禁（按，漢魏叢書本於“經律之禁”前有一“以”字），格出家之輩，而獨責無犯哉？且闕行之臣，猶求祿位；毀禁之侶，何慚供養乎？其於戒行，自當有犯，一被法服，已墮僧數。歲中所計，齋講誦持，比諸白衣，猶不啻山海也。

釋四曰:內教多途,出家自是其一法耳。若能誠孝在心,仁惠爲本,須達流水,不必剔落髦髮。豈令罄井田而起塔廟,窮編戶以爲僧尼也?皆由爲政不能節之,遂使非法之寺妨民稼穡,無業之僧空國賦算,非大覺之本旨也。抑又論之,求道者身計也,惜費者國謀也。身計、國謀不可兩道 ·作遂。誠臣狥主而棄親,孝子安家而忘國,各有行也。儒有不屈王侯,高尚其事,隱有讓王辭相,避世山林,安可計其賦役,以爲罪人也?若能皆化黔首,悉入道場,如妙樂之世,儴佉之國,則有自然秔米,無盡寶藏,安求田蠶之利乎?

釋五曰:形體雖死,精神猶存。人生在世,望於後身,似不連屬,及其沒後,則與前身猶老少朝夕耳。世有魂神,亦見夢想,或降僮妾,或感妻孥,求索飲食,徵須福祐,亦爲不少矣。今人貧賤疾苦,莫不怨尤前世不修功德。以此而論,可不爲之作福地乎?夫有子孫,自是天地間一蒼生耳,何以身事而乃愛護,遺以基址?況於己之神爽,頓欲棄之乎?故兩疎得其一隅,累代詠而彌光矣。凡夫蒙蔽,不見未來,故言彼生與今生非一體耳。若有天眼,鑒其念念隨滅,生生不斷,豈可不怖畏邪?又,君子處世,貴能克己復禮,濟時益物。治家者,欲一家之慶;治國者,欲一國之良。僕臣妾臣民與(按,漢魏叢書本於“與”下有一“身”字)竟何親也,而爲其勤苦修德乎?亦是堯、舜、周、孔虛失愉樂。一人修道,濟度幾許蒼生,免脫幾身罪累,幸熟思之。人生居世,須顧俗計,樹立門戶,不得悉棄妻子,一皆出家。但當兼修行業,留心讀誦,以爲來世資糧。人身難得,勿虛過也。(按,自“人生居世,須顧俗計”以下,漢魏叢書本作“汝曹若觀俗計,樹立門戶,不棄妻子,未能出家,但當兼修戒行,留心誦讀,以爲來世津梁。人身難得,勿虛過也”)

（選自四部叢刊影印本 廣弘明集卷三）

附　錄

一、後漢書、三國志、後漢紀中關於佛教傳入的一些記載

天竺國，一名身毒，在月氏之東南數千里。俗與月氏同，而卑溼暑熱。其國臨大水，乘象而戰。其人弱於月氏，修浮圖道，不殺伐，遂以成俗。……世傳明帝夢見金人，長大，頂有光明。以問羣臣，或曰：西方有神，名曰佛，其形長丈六尺而黃金色。帝於是遣使天竺問佛道法，遂於中國圖畫形像焉。楚王英始信其術，中國因此頗有奉其道者。後桓帝好神數，祀浮圖、老子，百姓稍有奉者。後遂轉盛。

（選自後漢書卷八十八西域傳）

至於佛道神化，興自身毒，而二漢方志，莫有稱焉。張騫但著地多暑濕，乘象而戰，班勇雖列其奉浮圖，不殺伐，而精文善法，導達之功，靡所傳述。余聞之後說也，其國則殷乎中土，玉燭和氣，靈聖之所降集，賢懿之所挺生。神迹詭怪，則理絕人區，感驗明顯，則事出天外。而騫、超無聞者，豈其道閉往運，數開叔葉乎？不然，何誣異之甚也。漢自楚英始盛齋戒之祀，桓帝又修華蓋之飾。將微義未譯，而但神明之邪？詳其清心釋累之訓，空有兼遣之宗，道書之流也。且好仁惡殺，蠲敝崇善，所以賢達君子，多愛其法焉。然

好大不經，奇譎無已，雖鄒衍談天之辯，莊周蝸角之論，尚未足以概其萬一。又，精靈起滅，因報相尋，若曉而昧者，故通人多惑焉。

（選自後漢書卷八十八西域傳論）

臨兒國，浮屠經云，其國王生浮屠。浮屠，太子也。父曰屑頭邪，母云莫邪。浮屠身服色黃，髮青如青絲，乳青毛蛉，〔爪〕（按，“爪”字據世説新語注引補）赤如銅。始莫邪夢白象而孕，及生，從母左脅出，生而有結，墮地能行七步。此國在天竺城中。天竺又有神人名沙律。昔漢哀帝元壽元年，博士弟子景盧，受大月氏王使伊存口受浮屠經，曰復立（按，世説新語注引“立”作“豆”。“復豆”，即“浮屠”異譯音）者，其人也。浮屠所載臨蒲塞、桑門、伯聞、疏問、白疏聞、比丘、晨門，皆弟子號也。浮屠所載，與中國老子經相出入。

（選自三國志魏書卷三〇裴注引魏略西戎傳）

浮屠者，佛也。西域天竺，有佛道焉。佛者，漢言覺，將悟羣生也。其教以修善慈心爲主，不殺生，專務清淨。其精者，號爲沙門。沙門者，漢言息也。蓋息意去欲，而歸於無爲也。又，以爲人死精神不滅，隨復受形，生時所行善惡，皆有報應。故所貴行善修道，以鍊精神而不已，以至無爲而得爲佛也。佛身長一丈六尺，黃金色，項中佩日月光，變化無方，無所不入。故能化通萬物，而大濟羣生。初，帝夢見金人，長大，項有日月光。以問羣臣，或曰：“西方有神，其名曰佛，其形長大。”而問其道術，遂於中國而圖其形像焉。有經數十萬，以虛無爲宗，苞羅精粗，無所不統，善爲宏闊勝大之言。所求在一體之內，而所明在視聽之外，世俗之人以爲虛誕。然歸於玄微深遠，難得而測，故王公大人觀死生報應之際，莫不矍然自失。

（選自袁宏後漢紀卷一〇）

二、何尚之答宋文帝讚揚佛教事

元嘉十二年五月乙酉，有司奏丹陽尹蕭摹之上言，稱佛化被于中國已歷四代，塔寺形像所在千計，進可以擊心，退足以招勸。而自頃世已來，情敬浮末，不以精誠爲至，更以奢競爲重。舊宇頹圮，曾莫之修，而各造新構，以相誇尚。申地顯宅，於茲殆盡，材竹銅綵，糜損無極，違中越制，宜加檢裁，不爲之防，流遁未已。請自今已後，有欲鑄銅像者，悉詣臺自聞，興造塔寺精舍，皆先詣所在二千石，通發本末，依事列言本州，必須報許，然後就功。其有輒鑄銅制、輒造寺舍者，皆以不承用詔書律論，銅宅材瓦，悉沒入官。奏可。

是時有沙門慧琳，假服僧次而毀其法，著白黑論。衡陽太守何承天，與琳比狎，雅相擊揚，著達性論，並拘滯一方，詆呵釋教。永嘉太守顏延之、太子中舍人宗炳，信法者也，檢駮二論各萬餘言。琳等始亦往還，未抵續乃止。炳因著明佛論以廣其宗。帝善之，謂侍中何尚之曰："吾少不讀經，比復無暇，三世因果，未辨致懷，而復不敢立異者，正以前達及卿輩時秀率皆敬信故也。范泰、謝靈運每云，六經典文，本在濟俗爲治耳。必求性靈真奧，豈得不以佛經爲指南邪？顏延年之折達性，宗少文之難白黑，論明佛法汪汪，尤爲名理並足，開獎人意。若使率土之濱皆純此化，則吾坐致太平，夫復何事？近蕭摹之請制，未全經通，即已相示。委卿增損，必有以式遏浮淫、無傷弘獎者，乃當著令耳。"

尚之對曰："悠悠之徒，多不信法，以臣庸蔽，獨秉愚勤，懼以闕薄，貽點大教，今乃更荷襃拂，非所敢當。至如前代羣賢，則不負明詔矣。中朝已遠，難復盡知。渡江已來，則王導、周顗，宰輔之冠蓋；王濛、謝尚，人倫之羽儀；郗超、王坦、王恭、王謐，或號絶倫，或稱獨步，韶氣貞情，又爲物表。郭文、謝敷、戴逵等，皆置心天人之際，抗身煙霞之間。亡高祖兄弟，以清識軌世，王元琳昆季，以才華冠朝。其餘范汪、孫綽、張玄、殷顗，略數十人，靡非時俊。又，炳論所列諸沙門等，帛、曇、邃者，其下輩也，所與比對，則庾元規。自邃已上，護、蘭諸公，皆將亞迹黄中，或不測人也。近世道俗，較談便爾。若當備舉夷、夏，爰逮漢、魏，奇才異德，胡可勝言？寧當空天性靈，坐棄天屬，淪惑於幻妄之説，自陷於無徵之化哉？陛下思洞機表，慮玄象外，鉤深致遠，無容近取於斯。自臣等已降，若能謹推此例，則清信之士無乏於時。所謂人能弘道，豈虚言哉？慧遠法師嘗云：'釋氏之化，無所不可。適道固自教源，濟俗亦爲要務。世主若能剪其訛僞，奬其驗實，與皇之政，並行四海，幽顯協力，共敦黎庶，何成、康、文、景獨可奇哉？使周、漢之初，復兼此化，頌作刑清，倍當速耳。'竊謂，此説有契理奥。何者？百家之鄉，十人持五戒，則十人淳謹矣；千室之邑，百人修十善，則百人和厚矣。傳此風訓，以遍宇内，編户千萬，則仁人百萬矣。此舉戒善之全具者耳。若持一戒一善，悉計爲數者，抑將十有二三矣。夫能行一善，則去一惡，一惡既去，則息一刑，一刑息於家，則萬刑息於國，四百之獄，何足難錯？雅頌之興，理宜倍速。即陛下所謂坐致太平者也。

論理則其如此，徵事則臣復言之。前史稱西域之俗，皆奉佛敬法，故大國之衆數萬，小國數百，而終不相兼并。内屬之後，習俗頗弊，猶甚淳弱，罕行殺伐。又，五胡亂華已來，生民塗炭，寃橫死亡者不可勝數，其中誤獲穌息，必釋教是賴。故佛圖澄入鄴，而石虎殺戮減半；洮池塔放光，而符楗椎鋸用息。蒙遜反噬無親，虐如豺虎，末節感悟，遂成善人。法逮道人，力兼萬夫，幾亂河、渭，面縛甘死，以赴師範一作尼。此非有他，敬信故也。夫神道助教，有自來矣。雷霆所擊，暑雨恒事，及展廟遇震，而書爲隱慝。桀、紂之朝，寃死者不可稱紀，而周宣、晉景，獨以深刑受祟。檢報應之數，既有不符，徵古今之例，秪更增惑。而經文載之，以彰勸戒，萬一影像，猶云深切。豈若佛教，責言義，則有可然可信之致；考事實，又無已乖已妄之咎。且觀世大士，所降近驗，並即表身世，衆目共視，祈求之家，其事相繼，所以爲勸戒，所以爲深切，豈當與彼同日而談乎？而愚暗之徒，苟遂毀黷，忽重殉輕，滯小迷大。患僧尼之絶牉育，嫉像塔之費朱紫。此猶生民荷覆載之德，日用而不論；吏司苦埋瘞之勞，有時而詆慢。慧琳、承天，蓋亦然耳。蕭摹啓制，臣亦不謂全非，但傷蠹道俗，最在無行僧尼，而情貌難分，未可輕去。金銅土木，雖糜費滋深，必福業所寄，復難得頓絶。臣比思爲斟酌，進退難安。今日親奉德音，實用夷泰。”

時吏部郎羊玄保在座，進曰：“此談蓋天人之際，豈臣所宜預？竊恐秦、楚論強兵之術，孫、吳盡吞并之計，將無取於此邪？”帝曰：“此非戰國之具，良如卿言。”尚之曰：“夫禮隱逸則戰士怠，貴仁德則兵氣衰。若以孫、吳爲志，苟在吞噬，亦無取堯、舜之道，豈唯釋教而已？”帝悦曰：“釋門有卿，亦猶孔氏之有季路，所謂惡言不入於耳。”

（選自四部叢刊影印本弘明集卷一一）

三、魏書釋老志（節選）

············

案漢武元狩中，遣霍去病討匈奴，至皋蘭，過居延，斬首大獲。

昆邪王殺休屠王，將其衆五萬來降。獲其金人，帝以爲大神，列於甘泉宫。金人率長丈餘，不祭祀，但燒香禮拜而已。此則佛道流通之漸也。

及開西域，遣張騫使大夏還，傳其旁有身毒國，一名天竺，始聞有浮屠之教。哀帝元壽元年，博士弟子秦景憲受大月氏王使伊存口授浮屠經。中土聞之，未之信了也。後孝明帝夜夢金人，項有日光，飛行殿庭，乃訪羣臣，傅毅始以佛對。帝遣郎中蔡愔、博士弟子秦景等使於天竺，寫浮屠遺範。愔仍與沙門攝摩騰、竺法蘭東還洛陽。中國有沙門及跪拜之法，自此始也。愔又得佛經四十二章及釋迦立像。明帝令畫工圖佛像，置清涼臺及顯節陵上，經緘於蘭臺石室。愔之還也，以白馬負經而至，漢因立白馬寺於洛城雍門西。摩騰、法蘭咸卒於此寺。

浮屠正號曰佛陀，佛陀與浮圖聲相近，皆西方言，其來轉爲二音。華言譯之則謂淨覺，言滅穢成明，道爲聖悟。凡其經旨，大抵言生生之類，皆因行業而起。有過去、當今、未來，歷三世，識神常不滅。凡爲善惡，必有報應。漸積勝業，陶冶粗鄙，經無數形。澡練神明，乃致無生而得佛道。其間階次心行，等級非一，皆緣淺以至深，藉微而爲著。率在於積仁順，蠲嗜慾，習虛静而成通照也。故其始修心則依佛、法、僧，謂之三歸，若君子之三畏也。又有五戒，去殺、盜、淫、妄言、飲酒，大意與仁、義、禮、智、信同，名爲異耳。云奉持之，則生天人勝處，虧犯則墜鬼畜諸苦。又善惡生處，凡有六道焉。

諸服其道者，則剃落鬚髮，釋累辭家，結師資，遵律度，相與和居，治心修淨，行乞以自給。謂之沙門，或曰桑門，亦聲相近，總謂之僧，皆胡言也。僧，譯爲和命衆，桑門爲息心，比丘爲行乞。俗人之信憑道法者，男曰優婆塞，女曰優婆夷。其爲沙門者，初修十誡，曰沙彌，而終於二百五十，則具足成大僧。婦人道者曰比丘尼。其誡至於五百，皆以□爲本，隨事增數，在於防心、攝身、正口。心去貪、恚、癡，身除殺、淫、盜，口斷妄、雜、諸非正言，總謂之十善道。能具此，謂之三業清淨。凡人修行粗爲極。云可以達惡善報，漸階聖迹。初階聖者，有三種人，其根業各差，謂之三乘，聲聞乘、緣覺乘、大乘。取其可乘運，以至道爲名。此三人惡迹已盡，但修心盪累，濟物進德。初根人爲小乘，行四諦法；中根人爲中乘，受十二因緣；上根人爲大乘，則修六度。雖階三乘，而要由修進萬行，拯度億流，彌歷長遠，乃可登佛境矣。

　　所謂佛者，本號釋迦文者，譯言能仁，謂德充道備，堪濟萬物也。釋迦前有六佛，釋迦繼六佛而成道，處今賢刧。文言將來有彌勒佛，方繼釋迦而降世。釋迦即天竺迦維衛國王之子。天竺其總稱，迦維別名也。初，釋迦於四月八日夜，從母右脅而生。既生，姿相超異者三十二種。天降嘉瑞以應之，亦三十二。其本起經說之備矣。釋迦生時，當周莊王九年。春秋魯莊公七年夏四月，恒星不見，夜明，是也。至魏武定八年，凡一千二百三十七年云。釋迦年三十成佛，導化羣生，四十九載，乃於拘尸那城娑羅雙樹間，以二月十五日而入般涅槃。涅槃譯云滅度，或言常樂我淨，明無遷謝及諸苦累也。

　　諸佛法身有二種義，一者真實，二者權應。真實身，謂至極之體，妙絕拘累，不得以方處期，不可以形量限，有感斯應，體常湛然。權應身者，謂和光六道，同塵萬類，生滅隨時，修短應物，形由感生，體非實有。權形雖謝，真體不遷，但時無妙感，故莫得常見耳。明佛生非實生，滅非實滅也。佛既謝世，香木焚尸。靈骨分碎，大小如粒，擊之不壞，焚亦不燋，或有光明神驗，胡言謂之“舍利”。弟子收奉，置之寶瓶，竭香花，致敬慕，建宮宇，謂爲“塔”。塔亦胡言，猶宗廟也，故世稱塔廟。於後百年，有王阿育，以神力分佛舍利，役諸鬼神，造八萬四千塔，布於世界，皆同日而就。今洛陽、彭城、姑臧、臨淄皆有阿育王寺，蓋承其遺迹焉。釋迦雖般涅槃，而留影迹爪齒於天竺，於今猶在。中土來往，並稱見之。

初，釋迦所説教法，既涅槃後，有聲聞弟子大迦葉、阿難等五百人，撰集著録。阿難親承囑授，多聞總持，蓋能綜攝深致，無所漏失。乃綴文字，撰載三藏十二部經，如九流之異統，其大歸終以三乘爲本。後數百年，有羅漢、菩薩相繼著論，贊明經義，以破外道，摩訶衍，大、小阿毗曇，中論，十二門論，百法論，成實論等是也。皆傍諸藏部大義，假立外問，而以内法釋之。

漢章帝時，楚王英喜爲浮屠齋戒，遣郎中令奉黄縑白紈三十匹，詣國相以贖愆。詔報曰：“楚王尚浮屠之仁祠，潔齋三月，與神爲誓，何嫌何疑，當有悔吝。其還贖，以助伊蒲塞、桑門之盛饌。”因以班示諸國。桓帝時，襄楷言佛陀、黄老道以諫，欲令好生惡殺，少嗜慾，去奢泰，尚無爲。魏明帝曾欲壞宮西佛圖。外國沙門乃金盤盛水，置於殿前，以佛舍利投之於水，乃有五色光起，於是帝歎曰：“自非靈異，安得爾乎？”遂徙於道東，爲作周閣百間。佛圖故處，鑿爲濛氾池，種芙蓉於中。後有天竺沙門曇柯迦羅入洛，宣譯誡律，中國誡律之始也。自洛中構白馬寺，盛飾佛圖，畫迹甚妙，爲四方式。凡宮塔制度，猶依天竺舊狀而重構之，從一級至三、五、七、九。世人相承，謂之“浮圖”，或云“佛圖”。晉世，洛中佛圖有四十二所矣。漢世沙門，皆衣赤布，後乃易以雜色。

晉元康中，有胡沙門支恭明譯佛經維摩、法華、三本起等。微言隱義，未之能究。後有沙門常山衛道安性聰敏，日誦經萬餘言，研求幽旨。概無師匠，獨坐静室十二年，覃思構精，神悟妙賾，以前所出經，多有舛駁，乃正其乖謬。石勒時，有天竺沙門浮圖澄，少於烏萇國就羅漢入道，劉曜時到襄國。後爲石勒所宗信，號爲大和尚，軍國規謨頗訪之，所言多驗。道安曾至鄴候澄，澄見而異之。澄卒後，中國紛亂，道安乃率門徒，南遊新野。欲令玄宗在所流布，分遣弟子，各趣諸方。法汰諸揚州，法和入蜀，道安與慧遠之襄陽。道安後入苻堅，堅素欽德問，既見，宗以師禮。時西域有胡沙門鳩摩羅什，思通法門，道安思與講釋，每勸堅致羅什。什亦承安令問，謂之東方聖人，或時遙拜致敬。道安卒後二十餘載而羅什至長安，恨不及安，以爲深慨。道安所正經義，與羅什譯出，符會如一，初無乖舛。於是法旨大著中原。

魏先建國於玄朔，風俗淳一，無爲以自守，與西域殊絕，莫能往來。故浮圖之教，未之得聞，或聞而未信也。及神元與魏、晉通聘，文帝久在洛陽，昭成又至襄國，乃備究南夏佛法之事。太祖平中山，經略燕趙，所逕郡國佛寺，見諸沙門、道士，皆致精敬，禁軍旅無有所犯。帝好黃老，頗覽佛經。但天下初定，戎車屢動，庶事草創，未建圖宇，招延僧衆也。然時時旁求。先是，有沙門僧朗，與其徒隱于泰山之琨瑞谷。帝遣使致書，以繒、素、旒罽、銀鉢爲禮。今猶號曰朗公谷焉。天興元年，下詔曰："夫佛法之興，其來遠矣。濟益之功，冥及存沒，神蹤遺軌，信可依憑。其敕有司，於京城建飾容範，修整宮舍，令信向之徒，有所居止。"是歲，始作五級佛圖、耆闍崛山及須彌山殿，加以績飾。別構講堂、禪堂及沙門座，莫不嚴具焉。太宗踐位，遵太祖之業，亦好黃老，又崇佛法，京邑四方，建立圖像，仍令沙門敷導民俗。

初，皇始中，趙郡有沙門法果，誠行精至，開演法籍。太祖聞其名，詔以禮徵赴京師。後以爲道人統，綰攝僧徒。每與帝言，多所愜允，供施甚厚。至太宗，彌加崇敬，永興中，前後授以輔國、宜城子、忠信侯、安成公之號，皆固辭。帝常親幸其居，以門小狹，不容輿輦，更廣大之。年八十餘，泰常中卒。未殯，帝三臨其喪，追贈老壽將軍、趙胡靈公。初，法果每言，太祖明叡好道，即是當今如來，沙門宜應盡禮，遂常致拜。謂人曰："能鴻道者人主也，我非拜天子，乃是禮佛耳。"法果四十，始爲沙門。有子曰猛，詔令襲果所加爵。帝後幸廣宗，有沙門曇證，年且百歲。邀見於路，奉致果物。帝敬其年老志力不衰，亦加以老壽將軍號。

是時，鳩摩羅什爲姚興所敬，於長安草堂寺集義學八百人，重譯經本。羅什聰辯有淵思，達東西方言。時沙門道肜、僧略、道恆、道標、僧肇、曇影等，與羅什共相提挈，發明幽致。諸深大經論十有餘部，更定章句，辭義通明，至今沙門共所祖習。道肜等皆識學洽通，僧肇尤爲其最。羅什之撰譯，僧肇常執筆，定諸辭義，注維摩經，又著數論，皆有妙旨，學者宗之。

又沙門法顯，慨律藏不具，自長安遊天竺。歷三十餘國，隨有經律之處，學其書語，譯而寫之。十年，乃於南海師子國，隨商人汎舟東下。晝夜昏迷，將二百日，乃至青州長廣郡不其勞山，南下乃出海焉。是歲，神瑞二年也。法顯所巡諸國，傳記之，今行於世。其所得律，通譯未能盡正。至江南，更與天竺禪師跋陀羅辯定之，謂之僧祇律，大備於前，爲今沙門所持受。先是，有沙門法領，從揚州入西域，得華嚴經本。定律從數年，跋陀羅共沙門法業重加譯撰，宣行於時。

世祖初即位，亦遵太祖、太宗之業，每引高德沙門，與共談論。於四月八日，輿諸佛像，行於廣衢，帝親御門樓，臨觀散花，以致禮敬。

先是，沮渠蒙遜在涼州，亦好佛法。有罽賓沙門曇摩讖，習諸經論。於姑臧，與沙門智嵩等，譯涅槃諸經十餘部。又曉術數、禁呪，歷言他國安危，多所中驗。蒙遜每以國事諮之。神䴥中，帝命蒙遜送讖詣京師，惜而不遣。既而，懼魏威責，遂使人殺讖。讖死之日，謂門徒曰：“今時將有客來，可早食以待之。”食訖而走使至。時人謂之知命。智嵩亦爽悟，篤志經籍。後乃以新出經論，於涼土教授，辯論幽旨，著涅槃義記。戒行峻整，門人齊肅。知涼州將有兵役，與門徒數人，欲往胡地。道路飢饉，絶糧積日，弟子求得禽獸肉，請嵩强食。嵩以戒自誓，遂餓死於酒泉之西山。弟子積薪焚其屍，骸骨灰燼，唯舌獨全，色狀不變。時人以爲誦説功報。涼州自張軌後，世信佛教。敦煌地接西域，道俗交得其舊式，村塢相屬，多有塔寺。太延中，涼州平，徙其國人於京邑，沙門佛事皆俱東，象教彌增矣。尋以沙門衆多，詔罷年五十已下者。

世祖初平赫連昌，得沙門惠始，姓張。家本清河，聞羅什出新經，遂詣長安見之，觀習經典。坐禪於白渠北，晝則入城聽講，夕則還處静坐。三輔有識多宗之。劉裕滅姚泓，留子義真鎮長安，義真及僚佐皆敬重焉。義真之去長安也，赫連屈丐追敗之，道俗少長咸見坑戮。惠始身被白刃，而體不傷。衆大怪異，言於屈丐。屈丐大怒，召惠始於前，以所持寶劍擊之，又不能害，乃懼而謝罪。統萬平，惠始到京都，多所訓導，時人莫測其迹。世祖甚重之，每加禮敬。始自習禪，至於没世，稱五十餘年，未嘗寢卧。或時跣行，雖履泥塵，初不汙足，色愈鮮白，世號之曰白脚師。太延中，臨終於八角寺，齊潔端坐，僧徒滿側，凝泊而絶。停屍十餘日，坐既不改，容色如一，舉世神異之。遂瘞寺内。至真君六年，制城内不得留瘞，乃葬於南郊之外。始死十年矣，開殯儼然，初不傾壞。送葬者六千餘人，莫不感慟。中書監高允爲其傳，頌其德迹。惠始塚上，立石精舍，圖其形像。經毁法時，猶自全立。

世祖即位，富於春秋。既而鋭志武功，每以平定禍亂爲先。雖歸宗佛法，敬重沙門，而未存覽經教，深求緣報之意。及得寇謙之道，帝以清淨無爲，有仙化之證，遂信行其術。時司徒崔浩，博學多聞，帝每訪以大事。浩奉謙之道，尤不信佛，與帝言，數加非毀，常謂虛誕，爲世費害。帝以其辯博，頗信之。會蓋吳反杏城，關中騷動，帝乃西伐，至於長安。先是，長安沙門種麥寺内，御騶牧馬於麥中，帝入觀馬。沙門飲從官酒，從官入其便室，見大有弓矢矛盾，出以奏聞。帝怒曰：“此非沙門所用，當與蓋吳通謀，規害人耳！”命有司案誅一寺，閲其財産，大得釀酒具及州郡牧守富人所寄藏物，蓋以萬計。又爲屈室，與貴室女私行淫亂。帝既忿沙門非法，浩時從行，因進其説。詔誅長安沙門，焚破佛像，敕留臺下四方令，一依長安行事。又詔曰：“彼沙門者，假西戎虛誕，妄生妖孽，非所以一齊政化，布淳德於天下也。自王公已下，有私養沙門者，皆送官曹，不得隱匿。限今年二月十五日，過期不出，沙門身死，容止者誅一門。”

　　時恭宗爲太子監國，素敬佛道。頻上表，陳刑殺沙門之濫，又非圖像之罪。今罷其道，杜諸寺門，世不修奉，土木丹青，自然毀滅。如是再三，不許。乃下詔曰：“昔後漢荒君，信惑邪僞，妄假睡夢，事胡妖鬼，以亂天常，自古九州之中無此也。夸誕大言，不本人情。叔季之世，暗君亂主，莫不眩焉。由是政教不行，禮義大壞，鬼道熾盛，視王者之法，蔑如也。自此以來，代經亂禍，天罰亟行，生民死盡，五服之内，鞠爲丘墟，千里蕭條，不見人迹，皆由於此。朕承天緒，屬當窮運之弊，欲除僞定真，復羲農之治。其一切盪除胡神，滅其蹤迹，庶無謝於風氏矣。自今以後，敢有事胡神及造形像泥人、銅人者，門誅。雖言胡神，問今胡人，共云無有。皆是前世漢人無賴子弟劉元真、吕伯强之徒，接乞胡之誕言，用老莊之虛假，附而益之，皆非真實。至使王法廢而不行，蓋大姦之魁也。有非常之人，然後能行非常之事。非朕孰能去此歷代之僞物！有司宜告征鎮諸軍、刺史，諸有佛圖形像及胡經，盡皆擊破焚燒，沙門無少長悉坑之。”是歲，真君七年三月也。恭宗言雖不用，然猶緩宣詔書，遠近皆豫聞知，得各爲計。四方沙門，多亡匿獲免，在京邑者，亦蒙全濟。金銀寶像及諸經論，大得秘藏。而土木宮塔，聲教所及，莫不畢毀矣。

始謙之與浩同從車駕，苦與浩諍，浩不肯，謂浩曰：“卿今促年受戮，滅門户矣。”後四年，浩誅，備五刑，時年七十。浩既誅死，帝頗悔之。業已行，難中修復。恭宗潛欲興之，未敢言也。佛淪廢終帝世，積七八年。然禁稍寬弛，篤信之家，得密奉事，沙門專至者，猶竊法服誦習焉。唯不得顯行於京都矣。

先是，沙門曇曜有操尚，又爲恭宗所知禮。佛法之滅，沙門多以餘能自效，還俗求見。曜誓欲守死，恭宗親加勸喻，至於再三，不得已，乃止。密持法服器物，不暫離身，聞者歎重之。

高宗踐極，下詔曰：“夫爲帝王者，必祇奉明靈，顯彰仁道，其能惠著生民，濟益羣品者，雖在古昔，猶序其風烈。是以春秋嘉崇明之禮，祭典載祀功之族。況釋迦如來功濟大千，惠流塵境，等生死者歎其達觀，覽文義者貴其妙明，助王政之禁律，益仁智之善性，排斥羣邪，開演正覺。故前代已來，莫不崇尚，亦我國家常所尊事也。世祖太武皇帝，開廣邊荒，德澤遐及。沙門道士善行純誠，惠始之倫，無遠不至，風義相感，往往如林。夫山海之深，怪物多有，姦淫之徒，得容假託，講寺之中，致有凶黨。是以先朝因其瑕釁，戮其有罪。有司失旨，一切禁斷。景穆皇帝每爲慨然，值軍國多事，未遑修復。朕承洪緒，君臨萬邦，思述先志，以隆斯道。今制諸州郡縣，於衆居之所，各聽建佛圖一區，任其財用，不制會限。其好樂道法，欲爲沙門，不問長幼，出於良家，性行素篤，無諸嫌穢，鄉里所明者，聽其出家。率大州五十，小州四十人，其郡遙遠臺者十人。各當局分，皆足以化惡就善，播揚道教也。"天下承風，朝不及夕，往時所毀圖寺，乃還修矣。佛像經論，皆得復顯。

京師沙門師賢，本罽賓國王種人，少入道，東遊涼城，涼平赴京。罷佛法時，師賢假爲醫術還俗，而守道不改。於修復日，即反沙門，其同輩五人。帝乃親爲下髮。師賢仍爲道人統。是年，詔有司爲石像，令如帝身。既成，顏上足下，各有黑石，冥同帝體上下黑子。論者以爲純誠所感。興光元年秋，敕有司於五級大寺内，爲太祖已下五帝，鑄釋迦立像五，各長一丈六尺，都用赤金二十五萬斤。太安初，有師子國胡沙門邪奢遺多、浮陀難提等五人，奉佛像三，到京都。皆云：備歷西域諸國，見佛影迹及肉髻，外國諸王相承，咸遣工匠，摹寫其容，莫能及難提所造者，去十餘步，視之炳然，轉近轉微。又沙勒胡沙門，赴京師致佛鉢並畫像迹。

和平初，師賢卒。曇曜代之，更名沙門統。初曇曜以復佛法之明年，自中山被命赴京，值帝出，見于路，御馬前銜曜衣，時以爲馬識善人。帝後奉以師禮。曇曜白帝，於京城西武州塞，鑿山石壁，開窟五所，鐫建佛像各一。高者七十尺，次六十尺，彫飾奇偉，冠於一世。曇曜奏：平齊户及諸民，有能歲輸穀六十斛入僧曹者，即爲"僧祇户"，粟爲"僧祇粟"，至於儉歲，賑給飢民。又請民犯重罪及官奴以爲"佛圖户"，以供諸寺掃灑，歲兼營田輸粟。高宗並許之。於是僧祇户、粟及寺户，徧於州鎮矣。曇曜又與天竺沙門常那邪舍等，譯出新經十四部。又有沙門道進、僧超、法存等，並有名於時，演唱諸異。

顯祖即位，敦信尤深，覽諸經論，好老莊。每引諸沙門及能談玄之士，與論理要。初高宗太安末，劉駿於丹陽中興寺設齋。有一沙門，容止獨秀，舉衆往目，皆莫識焉。沙門惠璩起問之，答名惠明。又問所住，答云，從天安寺來。語訖，忽然不見。駿君臣以爲靈感，改中興爲天安寺。是後七年而帝踐祚，號天安元年。是年，劉彧徐州刺史薛安都始以城地來降。明年，盡有淮北之地。其歲，高祖誕載。於時起永寧寺，構七級佛圖，高三百餘尺，基架博敞，爲天下第一。又於天宮寺，造釋迦立像，高四十三尺，用赤金十萬斤，黃金六百斤。皇興中，又構三級石佛圖，榱棟楣楹，上下重結，大小皆石，高十丈，鎭固巧密，爲京華壯觀。

高祖踐位，顯祖移御北苑崇光宮，覽習玄籍。建鹿野佛圖於苑中之西山，去崇光右十里，巖房禪堂，禪僧居其中焉。

延興二年夏四月，詔曰："比丘不在寺舍，遊涉村落，交通姦猾，經歷年歲。令民間五五相保，不得容止。無籍之僧，精加隱括，有者送付州鎭，其在畿郡，送付本曹。若爲三寶巡民教化者，在外齎州鎭維那文移，在臺者齎都維那等印牒，然後聽行。違者加罪。"又詔曰："內外之人，興建福業，造立圖寺，高敞顯博，亦足以輝隆至教矣。然無知之徒，各相高尚，貧富相競，費竭財産，務存高廣，傷殺昆蟲含生之類。苟能精致，累土聚沙，福鍾不朽。欲建爲福之因，未知傷生之業。朕爲民父母，慈養是務。自今一切斷之。"又詔曰："夫信誠則應遠，行篤則感深，歷觀先世靈瑞，乃有禽獸易色，草木移性。濟州東平郡，靈像發輝，變成金銅之色。殊常之事，絕於往古；熙隆妙法，理在當今。有司與沙門統曇曜令州送像達都，使道俗咸覩實相之容，普告天下，皆使聞知。"

三年十二月，顯祖因田鷹獲鴛鴦一，其偶悲鳴，上下不去。帝乃惕然，問左右曰："此飛鳴者，爲雌爲雄?"左右對曰："臣以爲雌。"帝曰："何以知?"對曰："陽性剛，陰性柔，以剛柔推之，必是雌矣。"帝乃慨然而歎曰："雖人鳥事別，至於資識性情，竟何異哉!"於是下詔，禁斷鷙鳥，不得畜焉。

承明元年八月，高祖於永寧寺，設太法供，度良家男女爲僧尼者百有餘人，帝爲剃髮，施以僧服，令修道戒，資福於顯祖。是月，又詔起建明寺。太和元年二月，幸永寧寺設齋，赦死罪囚。三月，又幸永寧寺設會，行道聽講，命中、祕二省與僧徒討論佛義，施僧衣服、寶器有差。又於方山太祖營壘之處，建思遠寺。自興光至此，京城内新舊且百所，僧尼二千餘人，四方諸寺六千四百七十八，僧尼七萬七千二百五十八人。四年春，詔以鷹師爲報德寺。九年秋，有司奏，上谷郡比丘尼惠香，在北山松樹下死，屍形不壞。爾來三年，士女觀者有千百。於時人皆異之。十年冬，有司又奏："前被敕以勒籍之初，愚民僥倖，假稱入道，以避輸課，其無籍僧尼罷遣還俗。重被旨，所檢僧尼，寺主、維那當寺隱審。其有道行精勤者，聽仍在道；爲行凡粗者，有籍無籍，悉罷歸齊民。今依旨簡遣，其諸州還俗者，僧尼合一千三百二十七人。"奏可。十六年詔："四月八日、七月十五日，聽大州度一百人爲僧尼，中州五十人，下州二十人，以爲常準，著於令。"十七年，詔立僧制四十七條。十九年四月，帝幸徐州白塔寺。顧謂諸王及侍官曰："此寺近有名僧嵩法師，受成實論於羅什，在此流通。後授淵法師，淵法師授登、紀二法師。朕每玩成實論，可以釋人染情，故至此寺焉。"時沙門道登，雅有義業，爲高祖眷賞，恒侍講論。曾於禁内與帝夜談，同見一鬼。二十年卒，高祖甚悼惜之，詔施帛一千匹。又設一切僧齋，並命京城七日行道。又詔："朕師登法師奄至徂背，痛怛摧慟，不能已已。比藥治慎喪，未容卽赴，便準師義，哭諸門外。"緇素榮之。又有西域沙門名跋陀，有道業，深爲高祖所敬信。詔於少室山陰，立少林寺而居之，公給衣供。二十一年五月，詔曰："羅什法師可謂神出五才，志入四行者也。今常住寺，猶有遺地，欽悦修蹤，情深遐遠，可於舊堂所，爲建三級浮圖。又見逼昏虐，爲道殄軀，既暫同俗禮，應有子胤，可推訪以聞，當加敍接。"

先是，立監福曹，又改爲昭玄，備有官屬，以斷僧務。高祖時，沙門道順、惠覺、僧意、惠紀、僧範、道弁、惠度、智誕、僧顯、僧義、僧利，並以義行知重。

世宗卽位，永平元年秋，詔曰：“緇素既殊，法律亦異。故道教彰於互顯，禁勸各有所宜。自今已後，衆僧犯殺人已上罪者，仍依俗斷，餘犯悉付昭玄，以内律僧制治之。”二年冬，沙門統惠深上言：“僧尼浩曠，清濁混流，不遵禁典，精粗莫別。輒與經律法師羣議立制：諸州、鎮、郡維那、上坐、寺主，各令戒律自修，咸依内禁，若不解律者，退其本次。又，出家之人，不應犯法，積八不淨物。然經律所制，通塞有方。依律，車牛淨人，不淨之物，不得爲己私畜。唯有老病年六十以上者，限聽一乘。又，比來僧尼，或因三寶，出貸私財。緣州外。又，出家捨著，本無凶儀，不應廢道從俗。其父母三師，遠聞凶問，聽哭三日。若在見前，限以七日。或有不安寺舍，遊止民間，亂道生過，皆由此等。若有犯者，脱服還民。其有造寺者，限僧五十以上，啓聞聽造。若有輒營置者，處以違敕之罪，其寺僧衆擯出外州。僧尼之法，不得爲俗人所使。若有犯者，還配本屬。其外國僧尼來歸化者，求精檢有德行合三藏者聽住，若無德行，遣還本國，若其不去，依此僧制治罪。”詔從之。

先是，於恒農荆山造珉玉丈六像一。三年冬，迎置於洛濱之報德寺，世宗躬覩致敬。

四年夏，詔曰：“僧祇之粟，本期濟施，儉年出貸，豐則收入。山林僧尼，隨以給施；民有窘弊，亦卽賑之。但主司冒利，規取贏息，及其徵責，不計水旱，或償利過本，或翻改券契，侵盡貧下，莫知紀極。細民嗟毒，歲月滋深。非所以矜此窮乏，宗尚慈拯之本意也。自今已後，不得專委維那、都尉，可令刺史共加監括。尚書檢諸有僧祇穀之處，州別列其元數，出入贏息，賑給多少，並貸償歲月，見在未收，上臺録記。若收利過本，及翻改初券，依律免之，勿復徵責。或有私債，轉施償僧，即以丐民，不聽收檢。後有出貸，先盡貧窮，徵債之科，一準舊格。富有之家，不聽輒貸。脱仍冒濫，依法治罪。”

又尚書令高肇奏言：“謹案：故沙門統曇曜，昔於承明元年，奏涼州軍户趙苟子等二百家爲僧祇户，立課積粟，擬濟饑年，不限道俗，皆以拯施。又依内律，僧祇户不得别屬一寺。而都維那僧遷、僧頻等，進違成旨，退乖内法，肆意任情，奏求逼召，致使吁嗟之怨，盈於行道，棄子傷生，自縊溺死，五十餘人。豈是仰贊聖明慈育之意，深失陛下歸依之心。遂令此等，行號巷哭，叫訴無所，至乃白羽貫耳，列訟宫闕。悠悠之人，尚爲哀痛，況慈悲之士，而可安之。請聽苟子等還鄉課輸，儉乏之年，周給貧寡，若有不虞，以擬邊捍。其遷等違旨背律，謬奏之愆，請付昭玄，依僧律推處。”詔曰：“遷等特可原之，餘如奏。”

世宗篤好佛理，每年常於禁中，親講經論，廣集名僧，標明義旨。沙門條録，爲内起居焉。上既崇之，下彌企尚。至延昌中，天下州郡僧尼寺，積有一萬三千七百二十七所，徒侣逾衆。

熙平元年，詔遣沙門惠生使西域，採諸經律。正光三年冬，還京師。所得經論一百七十部，行於世。

二年春，靈太后令曰：“年常度僧，依限大州應百人者，州郡於前十日解送三百人，其中州二百人，小州一百人。州統、維那與官及精練簡取充數。若無精行，不得濫採。若取非人，刺史爲首，以違旨論，太守、縣令、綱僚節級連坐，統及維那移五百里外異州爲僧。自今奴婢悉不聽出家，諸王及親貴，亦不得輒啓請。有犯者，以違旨論。其僧尼輒度他人奴婢者，亦移五百里外爲僧。僧尼多養親識及他人奴婢子，年大私度爲弟子，自今斷之。有犯還俗，被養者歸本等。寺主聽容一人，出寺五百里，二人千里。私度之僧，皆由三長罪不及已，容多隱濫。自今有一人私度，皆以違旨論。隣長爲首，里、黨各相降一等。縣滿十五人，郡滿三十人，州鎮滿三十人，免官，僚吏節級連坐。私度之身，配當州下役。”時法禁寬弛，不能改肅也。

景明初，世宗詔大長秋卿白整準代京靈岩寺石窟，於洛南伊闕山，爲高祖、文昭皇太后營石窟二所。初建之始，窟頂去地三百一十尺。至正始二年中，始出斬山二十三丈。至大長秋卿王質，謂斬山太高，費功難就，奏求下移就平，去地一百尺，南北一百四十尺。永平中，中尹劉騰奏爲世宗復造石窟一，凡爲三所。從景明元年至正光四年六月已前，用功八十萬二千三百六十六。肅宗熙平中，於城內太社西，起永寧寺。靈太后親率百僚，表基立刹。佛圖九層，高四十餘丈，其諸費用，不可勝計。景明寺佛圖，亦其亞也。至於官私寺塔，其數甚衆。

神龜元年冬，司空公、尚書令、任城王澄奏曰：

仰惟高祖，定鼎嵩瀍，卜世悠遠。慮括終始，制治天人，造物開符，垂之萬葉。故都城制云，城內唯擬一永寧寺地，郭內唯擬尼寺一所，餘悉城郭之外。欲令永遵此制，無敢踰矩。逮景明之初，微有犯禁。故世宗仰修先志，爰發明旨，城內不造立浮圖、僧尼寺舍，亦欲絶其希覬。文武二帝，豈不愛尚佛法，蓋以道俗殊歸，理無相亂故也。但俗眩虛聲，僧貪厚潤，雖有顯禁，猶自冒營。至正始三年，沙門統惠深有違景明之禁，便云：“營就之寺，不忍移毀，求自今已後，更不聽立。”先旨含寬，抑典從請。前班之詔，仍卷不行，後來私謁，彌以奔競。永平二年，深等復立條制，啓云：“自今已後，欲造寺者，限僧五十已上，聞輒聽造。若有輒營置者，依俗違敕之罪，其寺僧衆，擯出外州。”爾來十年，私營轉盛，罪擯之事，寂爾無聞。豈非朝格雖明，恃福共毀，僧制徒立，顧利莫從者也。不俗不道，務爲損法，人而無厭，其可極乎？

　　夫學迹沖妙，非浮識所辯；玄門曠寂，豈短辭能究。然淨居塵外，道家所先，功緣冥深，匪尚華遁。苟能誠信，童子聚沙，可邁於道場；純陀儉設，足薦於雙樹。何必縱其盜竊，資營寺觀。此乃民之多幸，非國之福也。然比日私造，動盈百數。或乘請公地，輒樹私福；或啓得造寺，限外廣制。如此欺罔，非可稍計。臣以才劣，誠忝工務，奉遵成規，裁量是總。所以披尋舊旨，研究圖格，輒遣府司馬陸昶、屬崔孝芬，都城之中及郭邑之內檢括寺舍，數乘五百，空地表刹，未立塔宇，不在其數。民不畏法，乃至於斯！自遷都已來，年踰二紀，寺奪民居，三分且一。高祖立制，非徒欲使緇素殊途，抑亦防微深慮。世宗述之，亦不錮禁營福，當在杜塞未萌。今之僧寺，無處不有。或比滿城邑之中，或連溢屠沽之肆，或三五少僧，共爲一寺。梵唱屠音，連簷接響，像塔纏於腥臊，性靈没於嗜慾，真僞混居，往來紛雜。下司因習而莫非，僧曹對制而不問。其於汙染真行，塵穢練僧，薰蕕同器，不亦甚歟！往在北代，有法秀之謀；近日冀州，遭大乘之變。皆初假神教，以惑衆心，終設姦誑，用逞私悖。太和之制，因法秀而杜遠；景明之禁，慮大乘之將亂。始知祖宗叡聖，防遏處深。履霜堅冰，不可不慎。

　　昔如來闡教，多依山林，今此僧徒，戀著城邑。豈湫隘是經行所宜，浮諠必棲禪之宅，當由利引其心，莫能自止。處者既失其真，造者或損其福，乃釋氏之糟糠，法中之社鼠，內戒所不容，王典所應棄矣。非但京邑如此，天下州、鎮僧寺亦然。侵奪細民，廣占田宅，有傷慈矜，用長嗟苦。且人心不同，善惡亦異。或有棲心真趣，道業清遠者；或外假法服，内懷悖德者。如此之徒，宜辨涇渭。若雷同一貫，何以勸善。然視法贊善，凡人所知；矯俗避嫌，物情同趣。臣獨何爲，孤議獨發。誠以國典一廢，追理至難，法網暫失，條綱將亂。是以冒陳愚見，兩願其益。

　　臣聞設令在於必行，立爵貴能肅物。令而不行，不如無令；爵不能肅，孰與亡爵。頃明詔屢下，而造者更滋，嚴限驟施，而違犯不息者，豈不以假福託善，幸罪不加。人殉其私，吏難苟劾。前制無追往之辜，後旨開自今之恕，悠悠世情，遂忽成法。今宜加以嚴科，特設重禁，糾其來違，懲其往失。脱不峻檢，方垂容借，恐今旨雖明，復如往日。又旨令所斷，標榜禮拜之處，悉聽不禁。愚以爲，樹榜無常，禮處難驗，欲云有造，立榜證公，須營之辭，指言嘗禮。如此則徒有禁名，實通造路。且徙御已後，斷詔四行，而私造之徒，不懼制旨。豈是百官有司，怠於奉法？將由網漏禁寬，容託有他故耳。如臣愚意，都城之中，雖有標榜，營造粗功，事可改立者，請依先制。在於郭外，任擇所便。其地若買得，券證分明者，聽其轉之。若官地盜作，卽令還官。若靈像既成，不可移撤，請依今敕，如舊不禁，悉令坊内行止，不聽毀坊開門，以妨里内通巷。若被旨者，不在斷限。郭内準此商量。其廟像嚴立，而逼近屠沽，請斷旁屠殺，以潔靈居。雖有僧數，而事在可移者，令就閑敞，以避隘陋。如今年正月赦後造者，求依僧制，案法科治。若僧不滿五十者，共相通容，小就大寺，必令充限。其地賣還，一如上式。自今外州，若欲造寺，僧滿五十已上，先令本州表列，昭玄量審，奏聽乃立。若有違犯，悉依前科。州郡已下，容而不禁，罪同違旨。庶仰遵先皇不朽之業，俯奉今旨慈悲之令，則繩墨可全，聖道不墜矣。

奏可。未幾，天下喪亂，加以河陰之酷，朝士死者，其家多捨居宅，以施僧尼，京邑第舍，略爲寺矣。前日禁令，不復行焉。

元象元年秋，詔曰："梵境幽玄，義歸清曠，伽藍淨土，理絕囂塵。前朝城内，先有禁斷，自奉來遷鄴，率由舊章。而百辟士民，届都之始，城外新城，並皆給宅。舊城中暫時普借，更擬後須，非爲永久。如聞諸人，多以二處得地，或捨舊城所借之宅，擅立爲寺。知非己有，假此一名。終恐因習滋甚，有虧恒式。宜付有司，精加隱括。且城中舊寺及宅，並有定帳，其新立之徒，悉從毀廢。"冬，又詔："天下牧守令長，悉不聽造寺。若有違者，不問財之所出，並計所營功庸，悉以枉法論。"興和二年春，詔以鄴城舊宫爲天平寺。

世宗以來至武定末，沙門知名者，有惠猛、惠辨、惠深、僧暹、道欽、僧獻、道晞、僧深、惠光、惠顯、法榮、道長，並見重於當世。

魏有天下，至於禪讓，佛經流通，大集中國，凡有四百一十五部，合一千九百一十九卷。正光已後，天下多虞，王役尤甚，於是所在編民，相與入道，假慕沙門，實避調役，猥濫之極，自中國之有佛法，未之有也。略而計之，僧尼大衆二百萬矣，其寺三萬有餘。流弊不歸，一至於此，識者所以歎息也。

‥‥‥‥‥

（據中華書局一九七四年校點本魏書卷一一四）